KARL MAY'S
GESAMMELTE WERKE

BAND 83

AM MARTERPFAHL

KARL-MAY-VERLAG
BAMBERG·RADEBEUL

AM MARTERPFAHL

KARL MAYS LEIDENSWEG

AUTOBIOGRAFISCHE SCHRIFTEN

1.–20. TAUSEND

KARL-MAY-VERLAG
BAMBERG · RADEBEUL

INHALT

VORWORT 5

EIN SCHUNDVERLAG 25

EIN SCHUNDVERLAG UND SEINE
HELFERSHELFER...................... 205

AN DIE 4. STRAFKAMMER DES KÖNIG-
LICHEN LANDGERICHTS III IN BERLIN...... 294

BEGLEITWORT der Erstfassung von 1910 487

Herausgegeben von Lothar und Bernhard Schmid
© 2001 Karl-May-Verlag, Bamberg
Alle Urheber- und Verlagsrechte vorbehalten
Deckelbild: Carl-Heinz Dömken

Druck: Fuldaer Verlagsagentur
ISBN 3-7802-0083-X

VORWORT

In den Jahren nach seiner großen Orientreise 1901 musste sich Karl May zunehmend gegen Angriffe literarischer und persönlicher Gegner zur Wehr setzen, die schließlich auch vor Verunglimpfungen des Dichters in der Öffentlichkeit nicht zurückschreckten. Damit begann Mays Leidensweg im Alter. Neben den erzählerischen Hauptwerken jener Jahre – vor allem den Bänden III und IV des umfangreichen Zyklus *Im Reiche des silbernen Löwen*, den kleineren Novellen wie *Abdahn Effendi*, dem zweiteiligen Roman *Ardistan und Dschinnistan* und dem Drama *Babel und Bibel* – sah er sich immer wieder gezwungen, verteidigende beziehungsweise polemische Schriften gegen einzelne Widersacher zu verfassen. In Ergänzung der Selbstbiografie *Mein Leben und Streben* (1910)[1], deren zweiter Teil nie erschienen ist, stellen diese Texte einen wesentlichen Bestandteil der Äußerungen Mays zu seinem Leben bzw. zu seinen schriftstellerischen Absichten dar. Daher finden sie nun auch Aufnahme in die *Gesammelten Werke*, was eine Reihe begleitender Hinweise notwendig macht.

Karl May erwehrte sich durch zahlreiche Prozesse – unter anderem gegen die Witwe des Verlegers H. G. Münchmeyer, Pauline – vor allem zweier Arten von Anschuldigungen. Zum einen ging es um den Vorwurf, er habe in den fünf umfangreichen Münchmeyer-Romanen (1882-1887) eine große Zahl sittlich anstößiger Stellen produziert, besonders die Schilderung ‚weiblicher Reize' betreffend; insgesamt seien die Romane der ‚Schundliteratur' zuzurechnen. Zum anderen wurde geltend gemacht – hierin tat sich vor allem Rudolf Lebius hervor –, May habe die Öffentlichkeit über sein nicht ganz einwandfreies Vorleben und insbesondere über seine Vorstrafen getäuscht. Auch habe er sich etwa in Kürschners Schriftstellerlexikon

---

[1] Heute in Karl May's Gesammelte Werke Band 34, „ICH"

als Katholik ausgegeben, obwohl er doch protestantischer Konfession war, und seine katholischen Verleger wie Pustet in Regensburg, den Herausgeber des *Deutschen Hausschatz*, durch ein ‚katholisches Mäntelchen' irregeführt.

May verfolgte in der Auseinandersetzung mit Münchmeyer bzw. dessen Nachfolgern mehrere Interessen, denn einerseits war ihm daran gelegen, vom Verlag vorenthaltene Honorare einzuklagen, andererseits verwahrte er sich dagegen, selbst Urheber der inkriminierten anstößigen Stellen gewesen zu sein. Diese seien vielmehr von fremder Feder in die Romantexte hereingetragen worden.

Im Laufe der Auseinandersetzungen fiel es dem Schriftsteller ersichtlich zunehmend schwerer, zwischen ehrenwerten Gegnern wie dem Redakteur Dr. Hermann Cardauns und solchen mit eigennützigen Motiven wie Lebius zu differenzieren. Cardauns ging es insgesamt mehr um die Abwehr von Strömungen, die nach seiner Auffassung dem politischen und literarischen Katholizismus Schaden zufügen wollten – was sicher nicht Mays Absicht war. Im Falle Lebius hatte May ganz offenkundige finanzielle Forderungen des Redakteurs der eher obskuren *Sachsenstimme* abgelehnt, worauf dessen persönliche Attacken erst einsetzten.

Karl May aber mussten alle diese Gegner immer mehr als persönliche Feinde erscheinen, die es geradezu auf seine Vernichtung abgesehen hatten. Entsprechend vehement fielen seine Gegenattacken aus, zumindest fallweise. Die im vorliegenden Band aufgenommenen Texte wurden ursprünglich als Privatdrucke „nur für den Verfasser" bzw. als „gedrucktes Manuskript" aufgelegt. Der Zweiteiler *Ein Schundverlag* (1905) und *Ein Schundverlag und seine Helfershelfer* (1909) war wohl immer ein Fragment; außer den heute bekannten Teilen (S. 257-418 des 1. Bandes bzw. S. 81-148 des 2. Bandes[1]) ist offenbar nie mehr gedruckt worden und die Manu-

---

[1] Bei den genannten Seitenzahlen handelt es sich um die Paginierung des Erstdrucks, der seit 1982 auch als Reprint im Karl-May-Verlag vorliegt (Prozess-Schriften Band 2).

skripte existieren nicht mehr, weshalb auch die vorliegende Ausgabe mitten im Satz beginnt. Allerdings ist keineswegs sicher, ob May nicht tatsächlich mehr verfasst hat, aber nur diejenigen Passagen zum Druck gab, die ihm aus prozesstaktischen Gründen wichtig erschienen. Der recht uneinheitliche Charakter des Textes lässt diese Möglichkeit immerhin offen. Doch steht wohl außer Zweifel, dass May durch die Paginierung den Eindruck erwecken wollte, er hätte noch wesentlich mehr enthüllendes Material über die bedenklichen Geschäftspraktiken des Hauses Münchmeyer in petto.

Ab dem 5. Kapitel, das die Überschrift „Als Redakteur" trägt, ändert sich der Tonfall: die zielgerichtete Kampfansage wird zur allgemein gehaltenen Lebensbeschreibung. Auch wenn konkrete Beweise dafür fehlen, scheint es durchaus möglich, dass Karl May hier zwei Texte vermischt hat: eine autobiografische Niederschrift und eine direkt auf prozesstaktische Zwecke bezogene Polemik. Der Autor beginnt mit offenen Briefen an verschiedene Gegner, allen voran an den Dresdner Kunsthistoriker Cornelius Gurlitt, der May in der Dresdner Presse angegriffen hatte. Während hier ein insgesamt anklagender und nahezu pathetischer Klang vorherrscht, bedient sich May in den ausgesprochen autobiografischen Teilen eines mehr erzählenden, bei aller Schärfe betont detaillierten, manchmal fast witzig-ironischen Stils. Da die Darstellung aber teilweise dem widerspricht, was er in seiner Autobiografie zur Sache ausführt, muss auch die Vermutung, May habe vielleicht Teile des *Schundverlag*-Manuskripts für *Mein Leben und Streben* verwendet, rein spekulativ bleiben.

Über Karl Mays inhaltliche Ausführungen in den Privatdrucken ist in der Vergangenheit durchaus kontrovers diskutiert worden. Dass er hier seine Autorschaft besonders an den ‚unsittlichen' Stellen der Münchmeyerschen Kolportageromane bestritt, wurde mitunter als reine Schutzbehauptung Mays abgetan. Dagegen ist jedoch einzuwenden, dass Kolportageverlage des 19. Jahrhunderts nachweislich mit den Manuskripten der Autoren ziemlich frei umzugehen pflegten. Dazu wurden im May-Münchmeyer-Prozess nach 1902 eindeutige Zeugenaussagen u. a. von Münchmeyers Neffen Adolf, der Schriftstellerwitwe Johanna Spindler und dem mit den Kolportage-Usancen vertrauten späteren May-Verleger Dr. Euchar Albrecht Schmid vorgebracht. Wenn in den Kolportagetexten Karl Mays dennoch für ihn typische Stilmerkmale zu finden sind, so beweist dies nicht mehr als die – auch vom Autoren unbestrittene – Tatsache, dass seine eigenen Manuskripte den Drucken zugrunde gelegt worden waren, leider aber eben unter Einschaltung von Änderungen fremder Hand. Sogar der Münchmeyer-Anwalt Oskar Gerlach gab am 25. September 1909 vor dem Dresdner Landgericht Eingriffe in den originalen Text von „nicht mehr als 5%" der Romane zu, was immerhin im Einzelfall bis zu 260 Seiten bedeutete!

Von den Fragen nach Veränderungen oder deren Umfang ganz abgesehen mussten die in vielen Teilen trivialen Werke dem späteren Geschmack Mays nach 1900 und seinen neuen literarischen Vorstellungen, die zu den symbolischen Spätwerken führten, dezidiert widersprechen und den Autor, der seine Texte nach vielen Jahren erstmals wieder zu Gesicht bekam, zutiefst schockieren. Das Entsetzen, das aus vielen Passagen der Drucke spricht, war zweifellos echt und ungespielt, zumal die Münchmeyer-Witwe Pauline May nicht nur nachweislich um einen Gutteil der ihm zustehenden Honorare betrog, sondern ihn auch durch ihren Anwalt Oskar Gerlach moralisch verächtlich zu machen suchte. So ist von Mays Darstellung der Verhältnisse im Hause Münchmeyer aus heutiger Sicht vor allem jener Teil bedeutsam, der über seine frühe Schriftstellertätigkeit Auskunft gibt, trotz mancher kleinerer Widersprüche zwischen dem *Schundverlag* und den späteren entsprechenden Ausführungen in *Mein Leben und Streben*. Für Mays Reiseerzählungen und die Position des

Ich-Erzählers dort ist ja besonders die moralische Perspektive bemerkenswert, der Versuch des Schriftstellers, nicht nur spannende Abenteuer zu erzählen, sondern auch ‚das Gute' zu vertreten. Rückblickend schildert May im ersten Band des *Schundverlags* die Zustände bei Münchmeyers stark moralisierend und aus der Perspektive des ‚Wissenden'. Es dürfte ersichtlich und menschlich verständlich sein, dass May die dortigen Verhältnisse im Jahre 1875, als er seine Redakteursstelle antrat, noch nicht durchschauen konnte. Auch wissen wir nichts Genaues über die Gründe, die ihn schon 1877 zur Kündigung bewogen. Sicher scheint zu sein, dass der Schlendrian, den May im Hause und Verlag Münchmeyer vorfand – er monierte beispielsweise das Fehlen einer ordentlichen Buchführung – nicht nur für diesen Kolportagebetrieb prägend war. Insgesamt wurde im Geschäft mit der Trivialliteratur, wie wir aus zeitgenössischen Quellen wissen, nicht sehr zimperlich mit geschäftlichen Fakten und insbesondere nicht mit den Autoren umgesprungen, die sich oft nackter Ausbeutung ausgeliefert sahen.

Auch hatte May 1882 recht leichtgläubig oder zumindest vertrauensselig mit Münchmeyer die Abmachung bezüglich der fünf Lieferungsromane getroffen, denn es existierte hierüber kein schriftlicher Kontrakt. Was mündliche Zusicherungen wert waren wie die, es sollten nicht mehr als 20.000 Exemplare von jedem Romanheft gedruckt werden und der Verfasser bei pflichtgemäßer Erfüllung seiner Aufgaben eine „feine Gratifikation" erhalten, hätte er aus früheren Erfahrungen mit Münchmeyer eigentlich besser wissen müssen. Jedenfalls war er im Jahre 1882 offenbar zu froh, schriftstellerische Aufgaben zu bekommen, als dass er wirklich lange gezögert hätte. Dass das Geschäftsgebaren Münchmeyers, ja der ganze Stil der Kolportage, nicht Mays Wesen und Auffassungen entsprachen, darf man als gegeben ansehen. Die moralische Entrüstung des Autors wurde aber zweifellos 1905, als er seine Beziehungen zur Kolportage ausführlich für

Prozesszwecke niederschrieb, durch die Fülle der Ärgernisse und ausufernden Angriffe noch erheblich verstärkt.

Für den heutigen Leser, zumal den mit Leben und Werk Karl Mays etwas näher vertrauten, ist allerdings eher zweitrangig, inwieweit sich alle Vorkommnisse wirklich genau so abgespielt haben, wie es im *Schundverlag* zu lesen ist. Bedeutsam ist vielmehr, dass sich auch in diesem ungewöhnlichen Schriftwerk – zumindest partienweise – das erzählerische Können Mays entfaltet, seine Fähigkeit, den Leser zu fesseln, Charaktere und Personen mit wenigen Strichen treffend zu schildern, Situationen genüsslich und mit Humor auszumalen.

Aus allen Kampfschriften der letzten Lebensjahre ist zu konstatieren, dass Mays argumentative Technik, die klare und deutliche Gliederung der einzelnen Fakten, die er gegen seine literarischen Widersacher zu Felde führt, und die logische Folgerung aus gegebenen Tatsachen nicht seine Stärke waren. Immer wieder wird der Faden der Darstellung seiner Jahre in Diensten des Trivialverlegers durch persönliche Bemerkungen, durch Rekurs auf Presseartikel, durch ausführliche Rekapitulation von Vorwürfen und die Replik auf dieselben unterbrochen. Man kann sich leicht vorstellen, dass Journalisten, die etwa diesen Privatdruck erhalten sollten – denn May hat ihn offenbar nicht bei Gericht vorgelegt, aber möglicherweise an mit den Prozessen befasste Personen weitergegeben –, die Lektüre bereits nach kurzem eher verwirrt abgebrochen hätten. Schlüssiges Argumentieren war May in seiner verständlichen Aufregung nicht immer möglich.

Stattdessen fasziniert der Text da, wo Situationen und Erlebnisse „im Dunstkreis der Kolportage" ganz plastisch und nicht ohne das Behagen des gewieften Erzählers auszukosten geschildert werden. Als formale Gliederung findet sich im ersten Teil immer wieder wie ein Leitmotiv der Ausdruck „**Lüge**", um so das vorherrschende Element Münchmeyerschen Denkens und Handelns aus der Sicht des Opfers zu charakterisieren. May zeigt auf, wie nach seinem Empfinden das Element der Lüge in all ihren verschiedenen Ausprägungen Leben und Arbeit im Hause Münchmeyer bestimmt hat. Besonders prangert er Münchmeyers Geiz und dessen übergroße ‚Geschäftstüchtigkeit‘ an. Aber auch Pauline habe ihren Mann hinters Licht geführt, schreibt May, etwa durch private Wechsel hinter seinem Rücken. Zur Atmosphäre der Lüge gehört weiter die Vorspiegelung eines familiären Umgangs mit Geschäftspartnern und Mitarbeitern. Hinter der erheuchelten Fassade des gutbürgerlichen Verlagsbetriebs entlarvt May bestechend ein Bild permanenter heimlicher Betrügerei; ganz deutlich wird hier auch, dass er – durchaus zu Recht – das Prinzip ‚mehr Schein als Sein‘ als Grundmechanismus des Kolportagegeschäfts und der von ihm hervorgebrachten Literatur begriff. Diese zeichnet ja ein verfärbtes Bild der Wirklichkeit; einerseits wird der Leser in eine bunte Scheinwelt abenteuerlicher Chimären gelockt, die ihn von seinen alltäglichen Problemen ablenken sollen. Andererseits gaukelt der Kolportageroman mit seinen fantastischen Happyends den Dienstmädchen und anderen typischen Lesern ein rosafarbenes Ideal vor, in dem wunderbare Schickungen immer zu einem guten Ende führen und Liebe und Glück als wundersame Himmelsmächte über alle Widernisse siegen.

Dieses Prinzip des schönen Scheins, der bewusst übertriebenen Emotionen, Ausdrucksformen und Erlebnisse kennzeichnet auch – mit Abstrichen – die Maysche Kolportage. Nicht zuletzt ist die Abrechnung des Autors mit der Kolportageschreiberei also auch ein Abrücken von einer Phase seines eigenen Schaffens. Die moralischen Maximen, die er in der Auseinandersetzung mit der ‚Münchmeyerei‘ aufstellt, sind somit auch als Impuls für sein spätes Werk zu verstehen.

Wenn May Münchmeyers Großmannssucht tadelt, sein Prahlen mit scheinbar großen Erfolgen und mit falschen Titeln, sein Doppelspiel hinter der bürgerlich-ehrbaren

Fassade usw., dann ist dies auch eine Spiegelung eigener Irrwege, die er in seinem Schaffen ging. May schreibt über einen Verlagsmitarbeiter: „Das war der Buchdrucker Gleissner, ein fast über seine Kräfte arbeitsamer, höchst brauchbarer, gewissenhafter Mann, dem Münchmeyer zur größten Dankbarkeit verpflichtet war, denn ohne den unausgesetzten Beistand dieses klugen, umsichtigen und außerordentlich treuen Geschäftsmanns wäre Münchmeyer ohne alle Frage geblieben, was er war. Gleissner war die Seele des Geschäfts. Er konnte alles, entdeckte stets Neues, war vorsichtig, doch unternehmend und wusste überall Rat. Es fehlte ihm nur eines, seinen eigenen Weg zu machen, nämlich das selbstbewusste Auftreten, das Imponieren, die Suada, der Kothurn. Es war ihm nicht gegeben, jemand zu überreden; darum blieb er stets im Hintergrund. Der ‚Heinrich' besaß das alles in hohem Grade; er hatte es sich auf seinen Kolportagewanderungen angeeignet. Er verstand es ausgezeichnet, die Gedanken anderer als die seinigen auszumalen und sich nutzbar zu machen; er stand stets vorn, im Licht."[1]

Zweifellos stimmt diese scharfe Charakteristik mit dem überein, was uns ansonsten auch über den Menschen Heinrich Gotthold Münchmeyer und besonders über sein Auftreten als Verleger überliefert ist. Von Haus aus war er Handwerker und Zimmergeselle, und im Buchhändler und Verleger Zimmermann, einem üblen Ausbeuter schriftstellerischer Talente in Mays Kolportagewerk *Der verlorene Sohn* lässt sich ebenfalls ein Stück seiner Persönlichkeit wieder erkennen. Dennoch kann man nicht umhin, ein wenig von dieser Wesensschilderung auch auf May selbst zu beziehen. In seinen Reiseerzählungen versteht er es in virtuoser Weise, den Eindruck zu erwecken, er habe dies alles selbst erlebt, und zu der May-Begeisterung in den 1890er Jahren gehörte auch ein Stück Selbstbeweihräu-

[1] Vgl. Seite 57 des vorliegenden Bandes

cherung. Denn die Verehrer, die Karl May in der Villa „Shatterhand" besuchten, meinten ja nicht nur dem Schriftsteller, sondern dem Mythos Old Shatterhand oder Kara Ben Nemsi zu begegnen. Wenn May also die Machenschaften im Hause Münchmeyer als übertriebene Selbstgefälligkeit und Hochstapelei kritisiert, so ist dies mit ein Indiz dafür, dass er zumindest unbewusst ähnliche Tendenzen in seinen bisherigen Taten und Werken wieder finden konnte. Ausgangspunkt des Spätwerks war es ja, nicht mehr wilde Geschichten erfinden zu wollen, sondern Gleichnisse zu bieten, den Lesern in Bildern den Spiegel des eigenen Ichs, der menschlichen Fehler und Schwächen – und der möglichen Höherentwicklung zum „Edelmenschen" – vorzuhalten. Der Bruch mit dem eigenen Schreiben vor der Spätphase spielt ja im symbolischen Alterswerk eine bedeutsame Rolle und wird zum Beispiel in *Im Reiche des Silbernen Löwen IV* [1] deutlich thematisiert: Im einleitenden Nachtgespräch mit dem Ustad, dem Meister – alter ego des aufwärts strebenden Karl May – entsagt der wie immer in der ersten Person erzählende Autor gleich zu Beginn den abenteuerlichen Ich-Fiktionen wie Old Shatterhand und Kara Ben Nemsi. Und am Schluss des Romans siegt der verunstaltete Hengst Kiss-y-Darr – was laut May ‚Schundroman' bedeutet – über das Pferd des Ghulam, des Henkers: Hinter dieser Figur verbirgt sich offenkundig Hermann Cardauns, der es als sein Hauptziel gesehen hatte, die Kolportageromane Mays als Produkt einer verderbten schriftstellerischen Fantasie und Doppelmoral zu brandmarken, die im Stande war, auf der einen Seite „sittlich einwandfreie" Reiseerzählungen, auf der anderen Seite „verderbliche" Kolportage zu schreiben. Nun, im Roman, muss Ghulam gestehen, dass Kiss-y-Darr nur von ihm selbst und seinen Helfershelfern „zum Schund gelogen" wurde.

---

[1] Heute in Karl May's Gesammelte Werke Band 29, „Das versteinerte Gebet"

Wenn man die Romanfiktion auflöst, lässt sich folgende Botschaft entschlüsseln: Auch hinter den vermeintlichen Schundromanen der Münchmeyer-Phase verbirgt sich Maysches Denken von echter Moralität. Im Bannkreis der lügenhaften Kolportagepraxis wurde dieses Denken aber in blendende, täuschende Trivialfiktion verwandelt. Indem May sich im *Silberlöwen IV* und in seinem gesamten Spätwerk von den Aufschneidereien der frühen Werke distanziert und von seiner Helden-Fiktion als Kara Ben Nemsi oder Old Shatterhand Abschied nimmt, wird auch der vermeintliche Schund der Kolportage als lediglich verkleidete Wahrheit neu bewertet. Es kann so nicht Wunder nehmen, dass auch in Mays Kolportageromanen moralische Maximen erkennbar sind, die sich durch das Gesamtschaffen bis hin zum esoterischen Spätwerk wieder finden lassen.

Indem May die Münchmeyerei enttarnte, wie er sich das in den beiden Teilen des *Schundverlags* vorgenommen hatte, vollzog er in Wahrheit auch eine Abkehr von seiner eigenen Vergangenheit, mit dem Fehlverhalten seiner frühen Jahre. Eine scheinbar nebensächliche Formulierung im *Schundverlag* deutet dies an. May spricht über Unterschlagungen, die Pauline Münchmeyer gegenüber ihrem Mann verheimlichen musste und bei der er, May, zum Mitschuldigen gemacht wurde, wenn auch nicht im strafrechtlichen Sinne.

Wörtlich schreibt er in dieser Passage: „Und das Schlimmste für mich, ich war Mitwisser geworden. Mitschuldiger, Hehler! Die giftige Säure hatte auch mich schon ergriffen! Und ich hatte mir doch so Gutes, so Hohes, so Edles vorgenommen gehabt!"[1] Interessanterweise hat die Metapher der „giftigen Säure" für Lüge und Heuchelei im späten Werk Karl Mays eine kluge Entsprechung gefunden: Als er im Rahmen eines Vergleichs 1903 dem Münchmeyer-

---

[1] Vgl. S. 64 des vorliegenden Bandes

Nachfolger Adalbert Fischer einen Band mit *Erzgebirgischen Dorfgeschichten*[1] liefern musste, hat May, von Fischer wahrscheinlich kaum bemerkt, unter das alte Material aus den späten 1870er und 1880er Jahren zwei ganz neue Texte gemischt, von denen *Das Geldmännle* umso bedeutungsvoller ist, als sich hier wiederum eine Abrechnung mit den Münchmeyerschen Praktiken in verschlüsselter Form findet. Der Papiergeldfälscher Frommhold (lies: Gotthold!) Uhlig bringt den strebsamen, aber armen Musteranton durch die giftigen Dünste seiner Falschgeldfabrikationsmaschine um. Die Geschichte lässt sich im Kontext des *Schundverlags* leicht deuten: Der Musteranton ist der nach Höherem strebende Karl May selbst, hinter seinem Arbeitgeber Frommhold verbirgt sich Heinrich Gotthold Münchmeyer, der durch den giftigen Extrakt seiner verleumderischen und heuchlerischen Machenschaften den moralischen Tod des Angestellten Musteranton alias Karl May herbeiführt. Wer das für Überinterpretation hält, sei daran erinnert, dass May in der Phase seiner Prozesse und scheinbar nicht enden wollenden Kämpfe gegen persönliche und literarische Gegner in den letzten beinahe zwölf Lebensjahren mehrfach nicht nur psychisch, sondern auch physisch dem Zusammenbruch nahe war – und „Zusammenbruch" ist nicht zufällig auch das vierte Kapitel des *Silberlöwen IV* überschrieben. Hier findet die entscheidende, letzte Auseinandersetzung mit den Widersachern statt, die am Ende allesamt sterben oder wahnsinnig werden: Ghulam el Multasim, der Henker, wird vom Scheik ul Islam, dem Hüter der religiösen Dogmen erdolcht. Der Scheik ul Islam und die Gul-i-Schiraz, die verführerische Blume des Bösen, hinter der man nicht nur eine verschwommene und übertriebene Darstellung von Mays erster Frau, Emma Pollmer, als vielmehr eine Metamorphose des ‚bösen', verführerischen ‚weiblichen Prinzips' schlecht-

---

[1] Reprint im Karl-May-Verlag 1996

hin erblicken mag, sterben und Ahriman Mirza verfällt in Wahn. Im realen Leben aber waren diese Gegenspieler weiterhin tätig und führten zu der fast völligen geistigen und körperlichen Erschöpfung des an den Pranger gestellten Schriftstellers.

Wenn man die *Schundverlag*-Privatdrucke heute liest, im Abstand von fast neunzig Jahren, so mag man gelegentlich über die beinahe brillante Bösartigkeit der Mayschen Charakterporträts erschrecken oder sich verwundern über den Versuch, aus einem ganz gewöhnlichen, mittelmäßigen Kolportageverlag namens Münchmeyer so etwas wie eine besondere Spielart des Bösen herauszuarbeiten. In diesem Zusammenhang sei erwähnt, dass May einmal schreibt, Münchmeyers Bruder Fritz habe seine Schwägerin Pauline stets nur das „alte M..." genannt.[1] Hinter dieser Anspielung verbirgt sich der sächsische Dialektausdruck ‚Mensch': Das ‚Mensch', wie May es boshaft andeutet, kann hier aber nicht nur als herabsetzendes Neutrum für eine Frau gelesen werden, die – laut May – keine Kinder bekommen konnte oder wollte; wir wollen den Dialektausdruck nicht einseitig negativ interpretieren, sondern auch als unbewussten Ausdruck dafür, dass es in jenen Geschichten Mays unübersehbar ‚menschelt', im guten wie im schlechten Sinne. Auch wenn May da oder dort die Grenze zur persönlichen Beleidigung sogar überschritten haben könnte, sind seine Anmerkungen über den ‚Fall Münchmeyer' heute längst verjährt, aber als psychologisches Dokument über den gehetzten Menschen Karl May in den Jahren um 1905 bis heute bedeutend und von großem Wert für den Leser, der sich über Mays Psyche im Ganzen, ohne verklärende Scheuklappen, ein Bild machen will.

Somit ist die Zeit reif, auch die sehr persönlichen Bekundungen Karl Mays unverkürzt und lediglich orthografisch sowie in einzelnen Stilfragen modernisiert in die *Ge-*

---

[1] Vgl. S. 75 des vorliegenden Bandes

sammelten Werke aufzunehmen. Dasselbe gilt auf Grund des engen inhaltlichen Zusammenhangs für einen weiteren Privatdruck, nämlich die Verteidigungsschrift *An die 4. Strafkammer des Königlichen Landgerichtes in Berlin*. Dem Text vom 3.12.1911 folgt das *Begleitwort*, das May im August 1910 dem kürzeren ersten Entwurf beigegeben hatte.

Anders als beim *Schundverlag* handelte May hier konkret in einer bestimmten Rechtssache, nämlich seiner Privatklage gegen den Journalisten Rudolf Lebius, der ihn in zahlreichen Publikationen mit ehrenrührigen Beschuldigungen belegt hatte. Die beiden Privatdrucke bezogen allgemein gegen die Angriffe im Zusammenhang mit der Kolportagetätigkeit und gegen den Vorwurf Stellung, May habe unsittliche Romane verfasst. Die ursprünglich 48-seitige Schrift *An die 4. Strafkammer* dagegen wurde gezielt zur Begründung der Mayschen Berufung gegen das Urteil vom 10.4.1910 des Amtgerichts in Berlin-Charlottenburg verfasst und im Jahre 1911 noch einmal erheblich erweitert. Zur Sache sei kurz Folgendes gesagt: Lebius, damals Redakteur des wenig bedeutenden Dresdner Blattes *Sachsenstimme*, hatte sich im Frühjahr 1904 wegen eines Darlehens an May gewandt, unterstützt von einer anonymen Drohung vor den Folgen der Nichtzahlung. May reagierte auf diesen offenkundigen Erpressungsversuch nicht, worauf Lebius eine Serie von ‚enthüllenden' Artikeln über seine Vorstrafen etc. herausbrachte. Daraufhin klagte May gegen Lebius und erreichte im Jahre 1905, dass dieser seine Zeitschrift einstellen und sich schimpflich aus Dresden zurückziehen musste – was dazu führte, dass Lebius in seinem Hass auf May noch bestärkt wurde. Neue Arbeit fand er in den Publikationen der so genannten ‚gelben' Werkvereine, einer Art gegen die Sozialdemokratie gerichteten Gewerkschaftsbewegung. Im *Vorwärts*, dem Partei-Organ der SPD, erschienen 1907 Vorwürfe, Lebius sei kein Ehrenmann, gegen die jener seinerseits gerichtlich vorging. Karl May sollte in der Sache aussagen, was Lebius mit allen Mitteln zu verhindern suchte. Unter dem Namen eines Strohmanns, Friedrich Wilhelm Kahl aus Basel, veröffentlichte er 1908 die Schmähschrift *Karl May, ein Verderber der deutschen Jugend*. Kahl, ein idealistischer junger Mann, der von Lebius offenbar getäuscht worden war, zog sich dann aber, als die Hintergründe der Fehde bekannt wurden, von der Sache zurück. Die Broschüre durfte nicht weiter verbreitet werden.

Lebius gab in seinem Bemühen, Karl May geradezu menschlich zu vernichten und seinen Ruf zu zerstören, nicht auf, trachtete aber nun auf anderen Wegen sein Ziel zu erreichen. Er suchte die von Karl May geschiedene und über die Umstände der Trennung und ihr ganzes Leben deutlich verbitterte Emma Pollmer auf und erhielt von ihr allerhand Informationen über Mays angebliche sexuelle Zügellosigkeit. Aus obskuren Quellen vermochte Lebius auch zu ‚ermitteln‘, dass May ein Räuberleben geführt habe und in den Wäldern des Erzgebirges unter anderem mit dem berüchtigten Louis Napoleon Krügel herumgezogen sei, um dort Untaten zu verüben. Alle diese und noch viel mehr sensationell verdrehte Lügen über Karl May präsentierte Lebius 1909 und 1910 im Presseorgan der ‚gelben‘ Vereine, dem *Bund*. May wehrte sich gerichtlich, indem er Lebius wegen Verleumdung und Beleidigung verklagte und auch gegen Emma und andere Informanten juristisch vorging. Nachdem es im Mai 1909 zu einem Vergleich gekommen war, mussten sich beide Parteien zu einem friedlichen Verhalten in der Zukunft verpflichten. Lebius hielt sich aber nicht an seinen Teil der Absprache und fuhr fort, May zu beleidigen. Dabei spielte eine wichtige Rolle, dass er den Schriftsteller unter anderem in Anlehnung an die Theorien des bekannten italienischen Kriminologen und Psychologen Cesare Lombroso als „geborenen Verbrecher" bezeichnete. Der solcherart Beleidigte stellte daraufhin Anfang 1910 Strafantrag wegen Verleumdung und übler Nachrede. Als er zudem Kenntnis vom einem Privatbrief erlangte, in dem Lebius die Lombroso-Worte explizit auf seine Person anwandte, stellte Karl May wegen dieses Vorgangs erneut Strafantrag und erhob Privatklage. Die Sache wurde vor dem Charlottenburger Amtsgericht am 10.4.1910 verhandelt und nahm einen von May völlig unerwarteten Verlauf. Im Vertrauen auf die unumstößlichen Fakten und die offenkundigen Verleumdungsabsichten des Rudolf Lebius erschien May ohne Anwalt und erhielt auch zunächst durchaus Recht. Der schon recht betagte Amtsrichter schickte sich gerade an, eine Verurteilung auszusprechen, als Lebius' Anwalt eingriff und den Richter sogar dazu bewegen konnte, den Spruch abzuändern und Lebius wegen „Wahrnehmung berechtigter Interessen" freizusprechen. Dieses Fehlurteil hat Karl May in großem Maße Schaden zugefügt, weil nun in breiten Teilen der Presse der Eindruck entstehen konnte, er sei tatsächlich eine Person mit ‚unsauberer' Vergangenheit. Von den unwiderlegbaren Fakten, den Vorstrafen Mays etwa, wurde dabei eigentlich weniger Gebrauch gemacht; dafür kursierten die von Lebius verbreiteten Schauergeschichten nunmehr unter marktschreierischen Überschriften in vielen Presseorganen.

Der Schlag, den das Charlottenburger Urteil Karl May versetzt hat, ist mit der Wiedergabe nüchterner Fakten gar nicht nachvollziehbar. Er war geradezu seelisch gebrochen und auch in seiner schriftstellerischen Tätigkeit eingeschränkt, seine Kräfte waren verbraucht. Indiz dafür dürfte es sein, dass May im Jahre 1911 nur eine einzige Arbeit zu Papier brachte, eben jene zweite Fassung der Schrift *An die 4. Strafkammer*, mit der er seine Berufung gegen das Charlottenburger Urteil begründete. Immerhin wendete sich das Blatt, zumindest in diesem Teilabschnitt der gerichtlichen Auseinandersetzungen, noch einmal zu Mays Gunsten: Bei der Berufungsverhandlung am 18.12.1911 wurde Lebius wegen schwerer Beleidigung zu einer – allerdings geringen – Geldstrafe verurteilt. Weniger das Urteil selbst als vielmehr das ganze Verhalten des den Prozess leitenden Vorsitzenden Richters, der May ausdrücklich gegen Vorwürfe des Lebius-Anwalts in Schutz nahm, führten dazu, dass in der Folge auch wieder für May positive Stimmen hörbar wurden und der Wiener Akademische Verband für Literatur und Musik ihn sogar durch seinen Vorsitzenden Robert Müller zu einem Vortrag im März 1912 in Wien einlud. Kurze Zeit später, am 30. März 1912, kurz nach der erfolgreichen Wiener Rede, verstarb Karl May. Das Ende der Prozesse gegen den Münchmeyer-Verlag – letztlich ein Sieg, aber ein zu später Sieg – sollte er nicht mehr erleben; auch die Klagen gegen Lebius von Anfang 1910 ‚erledigten' sich erst durch den Tod des Dichters.

Man muss alle diese Fakten berücksichtigen, um zu verstehen, warum May so viel Kraft und Energie in seine Verteidigung steckte. Die Schrift *An die 4. Strafkammer*, wie sie hier in der zweiten, erheblich längeren Fassung von 1911 vorliegt, ist ein erschütterndes Dokument des Kampfes gegen wirkliche menschliche Niedertracht. May macht sehr deutlich, dass Emma Pollmers Bemerkung, nachdem ihr die Augen über Lebius geöffnet worden waren, dieser sei „ein Schuft, der über Leichen geht", zutreffend war.

Ein großer Teil von *An die 4. Strafkammer* ist damit ausgefüllt, dass May die einzelnen Beleidigungen und Unwahrheiten von Lebius im Detail anführt und zum größten Teil durch Fakten und Zeugenaussagen anderer Personen widerlegt. Die entsprechenden Teile des Schriftsatzes lesen sich heute natürlich ausgesprochen mühsam, zumal wenn man mit den Fakten nicht detailliert vertraut ist. In diesem Zusammenhang ist wichtig zu wissen, dass May die erste Fassung, die bereits Mitte Juni 1910 gedruckt und vervielfältigt wurde, im Laufe des Jahres 1911 vollständig neu gestalten und erheblich erweitern musste, weil Lebius inzwischen in seinem Buch *Die Zeugen Karl und Klara May* 1910 neues, massiv beleidigendes Material vorgelegt hatte. Dass May sich immer wieder mit stets üblieren Vorwürfen auseinanderzusetzen hatte, führte offenkundig dazu, dass seine Verteidigungsschrift nicht ganz übersichtlich geriet. Während der Arbeit kamen May offenkundig stets neue Vorwürfe bzw. Argumente in den Sinn, zu denen er Stellung nehmen musste. Dennoch ist die Fassung von 1911 partienweise von großem Interesse, weil May sich hier zum Teil recht differenziert über Lebius und auch über seine erste Ehefrau Emma äußert.

In dem Manuskript *Frau Pollmer, eine psychologische Studie*[1] von 1907, das May „nur für mich allein" schrieb, wird die ganze Tiefe der psychologischen Abgründe deutlich, die sich besonders nach der Scheidung zu seiner ersten Ehefrau auftaten. Verglichen mit diesen teilweise hasserfüllten Charakterisierungen hat sich May 1911 bewusst zurückgehalten. Von großer Bedeutung sind hier die längeren Ausführungen zur Frühzeit seiner Ehe, mit der er gleichzeitig auch das Verhältnis zu Münchmeyer neu beleuchtet.[2] Emma May wird als leichtsinnig, ungebildet, vielleicht sogar extrem verführbar in jeder Hinsicht gekennzeichnet, was May zum Teil aber auch auf die Verhältnisse, unter denen sie aufwuchs, zurückführt. Dass „Frau Pollmer an der Scheidung ihrer Ehe schuldig ist", diese Darlegung nimmt einen großen Teil des Schriftsatzes ein und muss natürlich unter dem Gesichtspunkt gelesen werden, dass May hier zu begründen suchte, warum sich seine erste Frau so leicht zum Werkzeug des Lebius machen ließ. Die dort angeführten Gründe, insbesondere die Behauptung, Emma habe sich von ihren Freundinnen gegen ihren damaligen Mann einnehmen lassen, sind sicherlich bis zu einem gewissen Maß einseitig. Die ganze Tragödie der Ehescheidung, bei der auch die immer stärkere, gewiss teilweise auch auf gemeinsamen geistigen Interessen beruhende Beziehung zu Mays späterer zweiter

---

[1] Reprint im Karl-May-Verlag (Prozess-Schriften Band 1) 1982
[2] Vgl. S. 360 ff. des vorliegenden Bandes

Frau Klara eine Rolle spielte, kann hier nicht erläutert werden.[1] Manche Details, die in der Landgerichtsschrift ausgeführt werden, sind auch für die biografische Spiegelung im Spätwerk, besonders in den Teilen III und IV des *Silberlöwen* bedeutungsvoll; so wird Emmas Angebot erwähnt, auch nach der Scheidung als Köchin zu May und Klara gehen zu wollen.[2] Pekala, die Emma-Spiegelung des *Silberlöwen*, ist als Köchin im Reich des Ustad tätig. So kann ein aufmerksamer Leser aus diesen sehr ausführlichen Darlegungen von 1911 manches Detail aus dem Leben Karl Mays erfahren, das ihm bisher noch entgangen war. Auch die Charakterisierung Lebius' durch May ist sehr eingehend und aufschlussreich, besonders in den Passagen, in denen Letzterer die Sprache seines Peinigers analysiert und neben dem Verleumder und „Schuft" auch den Politiker Lebius ins Rampenlicht rückt, der alle seine Manöver unter dem Gesichtspunkt der Zweckmäßigkeit, quasi mit taktischen Vorgaben vornahm.

An die 4. Strafkammer in der zweiten, erweiterten Fassung ist Karl Mays letzte größere schriftstellerische Arbeit. Obwohl bzw. gerade weil der Text eine seltsame Mischung aus Verteidigungsschrift, Darstellung der Ehescheidung und allgemeiner autobiografischer Daten bietet, ist er von großem Interesse für Mays letzte Lebensjahre und für die große Tragik, die die Prozesslawine der Jahre nach 1901 auslöste

In Mays großen Reiseerzählungen kommt es immer wieder vor, dass die Bösewichte, aber auch die edlen Helden am Marterpfahl eines Indianerstammes landen – wobei zumindest die Guten auf ihre endliche Rettung hoffen

---

[1] Über diese Thematik informieren detailliert die im Karl-May-Verlag erschienene Studie von Fritz Maschke „Karl May und Emma Pollmer. Die Geschichte einer Ehe" (Beiträge zur Karl-May-Forschung 3) sowie Heinz Stoltes Vorwort zum Band 1 der Prozess-Schriften-Reprints.

[2] Vgl. S. 408 des vorliegenden Bandes

dürfen. Karl May kam bei der Abwehr seiner ebenso hartnäckigen, wenn auch vielleicht nicht immer unmittelbar tödlichen literarischen und persönlichen Gegner dieses Motiv wieder in den Kopf und so stellte er im *Schundverlag* schmerzlich und tief enttäuscht fest: „Ich hänge am Marterpfahl, und alle Welt schlägt auf mich ein."[1] Eine im übertragenen Sinne nur allzu treffende Einschätzung der Vorgänge, die den Verfasser bewegten; noch Anfang 1910 übrigens plante Karl May, seine Autobiografie *Am Marterpfahl und Pranger* zu nennen.

Auch wenn die Lektüre dieser Texte nicht immer so fröhlich unterhaltsam sein mag wie bei den Reiseabenteuern – aufschlussreich und typisch für das, was Karl May in seinen letzten Jahren zu verarbeiten hatte, sind sie allemal.

Christoph F. Lorenz

---

[1] Vgl. S. 186 des vorliegenden Bandes

EIN SCHUNDVERLAG

...und keineswegs zu wiederholen, dass ich dieses Buch nicht schreibe, um behördliche Organe zu kritisieren, sondern um denen, die nach uns kommen, zu zeigen, was der Humanität und Christlichkeit des jetzt beginnenden Jahrhunderts noch alles möglich war. Auch der Gedanke, Böses vergelten zu wollen, liegt mir vollständig fern. Da aber meine Person von der Zukunft meiner literarischen Werke nicht abzutrennen ist, so habe ich das, was jetzt mit mir geschieht, dem Urteil unserer Nachfolger vorzulegen, und zwar so objektiv, dass noch die spätere Zeit mir zugeben muss, die Wahrheit gesagt zu haben. Es ist in der Literatur noch keines einzigen Volkes ein derartiges Haberfeldtreiben veranstaltet worden wie gegen mich, und sobald die künftigen Geschlechter davon hören, sollen sie zugleich im Stande sein, zu entscheiden, ob ich dies verdiente oder nicht. Der in der Gegenwart Lebende darf noch in Nebel schauen; der auf sie Zurückblickende aber muss klaren Auges sein.

Darum habe ich im ersten Kapitel dieses Buches zwar die ablehnenden Bescheide der Königlichen Staatsanwaltschaft ganz wörtlich wiedergegeben und auch die Namen der beiden Beamten hinzugefügt, mich aber einer Bemerkung hierzu sorgfältig enthalten. Die beiden Anzeigen liegen nun bei der nächsthöheren Instanz, deren Entscheidung abzuwarten ist, bevor ich weiteres hierüber registriere. Aber da mit Bestimmtheit vorauszusehen ist, dass unsere neue, vollständig umgewandelte Psychologie uns ganz unmöglich erlauben kann, in der bisherigen, ebenso ungerechten wie grausamen Unterdrückung der ethisch Auferstandenen fortzufahren, so halte ich es für geboten, eine dann geltende Regel, die man zwar jetzt schon kennt, aber leider fast nie beachtet, hier anticipando[1] zu nehmen. Ich meine den Satz: Auf geradem Lebensweg beweist man nichts.

---

[1] Lat.: vorweg

Nur wer steigt, zeigt, dass er will und kann. Wer aber abstürzte und doch nicht unterging, sondern sich trotz seiner zerschlagenen Glieder wohl gar noch höher emporarbeitete, als er früher stand, der hat doppelten Aufstieg hinter sich und zweifachen Beweis erbracht, dass die Stelle, an der er stürzte, den Vorwurf verdient, nicht aber er. Jedermann, der klar und unbefangen denkt, sagt sich von den bisherigen Versündigungen los und bekennt sich zu dem unanfechtbaren Axiom: Wer nur leicht fiel, der kann sich leicht erheben, aber auch leicht wieder fallen. Je schwerer einer fehlte, desto schwerer kommt er wieder auf, doch umso sicherer steht er dann auf seinen neuen Füßen. Es ist nicht nur in psychologischer Beziehung, sondern auch noch anderweit sehr falsch, dem zur Gesellschaft Zurückgekehrten umso mehr zu misstrauen, je tiefer sein Fall gewesen ist. Vielmehr lehrt die einfachste Logik ebenso wie die tägliche Erfahrung, dass er ganz im Gegenteil der Versuchung viel besser widersteht als der leicht oder gar nicht Bestrafte, denn er hat sich kennen und verachten gelernt. Und je längere Zeit zwischen damals und jetzt vergangen ist, umso weniger ist es angezeigt, noch auf das Vorhandensein alter Rückstände zu schließen. Nicht im scheinbar gesunden Dahinleben und auch nicht nach leichten, sondern nur nach schweren Krankheiten pflegt eine neue und meist viel kräftigere Konstitution geboren zu werden. Es wird Zeit, dies endlich auch auf das Gebiet des Ethischen anzuwenden: Nicht nach der scheinbaren Größe der Schuld messt euren gegenwärtigen Zweifel, sondern nach der Größe der damaligen Katastrophen wachse euer jetziges Vertrauen. Denn es ist hier auf diesem Gebiet genauso wie auf allen andern, dass es keine Besserung gibt, als nur durch Katastrophen. Und wer die Kraft besaß, solche Verhängnisse niederzuringen, der ist zu schützen, nicht aber zu vernichten.

Und noch einen zweiten Punkt gestatte ich mir hier festzustellen. Ich darf dies nicht unterlassen, obgleich ich noch am anderen Ort auf Herrn Rudolf Lebius zurückzukommen habe. In dem mir auf meine Anzeige von der Königlichen Staatsanwaltschaft zugegangenen Einstellungsbeschluss heißt es nämlich: „Der Sachsenstimmenartikel vom 11. September 1904 stellt sich objektiv als ein rein sachlich gehaltener dar, der zwar nach manchen Richtungen hin Tadel ausspricht, der aber gleichzeitig verschiedenfach Seiten Mays hervorhebt, die der Verfasser bewundert. Er geht nach keiner Richtung über eine zulässige sachliche Kritik hinaus."

Dieser Sachsenstimmenartikel befindet sich neben dem Einstellungsbeschluss im ersten Kapitel dieses Buches. Ich habe mich dort jeder subjektiven Bemerkung enthalten und tue dies auch jetzt noch. Vollständig objektiv zu konstatieren aber habe ich Folgendes:

Erstens behandelt der erwähnte Artikel einen Besuch, den ich dem Herrn Lebius bei mir erlaubte. Ich zog aber aus nahe liegenden Gründen einen Zeugen hinzu, der die ganze Unterredung vom ersten bis mit dem letzten Wort hörte. Ich weiß nichts davon, dass dieser Zeuge von der Staatsanwaltschaft vernommen worden ist. Er kennt den Artikel und bezeichnet ihn als eine einzige, große, böswillige Verzerrung und Fälschung unserer Unterredung. Er stellt auf 200 Zeilen genau 75 Behauptungen fest, die nicht auf Wahrheit fußen. Er ist ebenso wie ich jederzeit bereit, dies nachzuweisen.

Zweitens sagt Friedrich Hebbel auf Seite 20 seines zehnten Bandes: „Lessing macht es mit Recht zur moralischen Bedingung aller Kritik, die sich nicht von vornherein um den Kredit bringen will, dass dem Kritiker von einem Autor nie mehr bekannt sein dürfe, als das zu besprechende Werk selbst ihm verrate; auf den Missbrauch amtlicher Erfahrungen sind sogar angemessene Strafen gesetzt."

Ich bemerke auch hierzu nichts; aber ich gestatte mir, anzunehmen, dass Lessing und Hebbel doch wohl Männer waren, welche genau wussten, was man unter einer

„zulässigen, sachlichen Kritik" zu verstehen hat. Ich lese daraufhin den Lebius-Artikel mit seinen 75 persönlich zugespitzten Punkten noch einmal durch und lege ihn dann den Manen[14] dieser beiden berühmten deutschen Dichter und kritischen Autoritäten in die Hände. Gegen den oben gekennzeichneten „Missbrauch amtlicher Erfahrungen" von Seiten des Herrn Lebius haben wir dann später aufzukommen. Für jetzt erübrigt nur noch, mein im vorigen Kapitel gegebenes Versprechen zu erfüllen und die dort erwähnten vier Schriftstücke hier anzufügen. In welcher Absicht dies geschieht, habe ich an dem angegebenen Ort bereits gesagt.

No. 1
Herrn Geheimen Hofrat, Rektor magnificus, Professor
Dr. Gurlitt, Dresden

———

Sehr geehrter Herr!

Soeben lese ich Ihre Erklärung im „Dresdner Journal" vom 9.2.05. Man ist also gewillt, diese geradezu lächerliche Angelegenheit immer wieder aufzuwärmen. Da beeile ich mich denn, Sie um Ihrer selbst willen zu ersuchen, die dort erwähnten, Ihnen „von verschiedenen Seiten zugegangenen Anfragen" ja nicht etwa in den Papierkorb zu werfen, sondern sorgfältig aufzubewahren. Sie werden nämlich Gelegenheit finden, sich durch Vorzeigen derselben als den Mann zu legitimieren, der jene Anfrage nach mir nur aus höchsten und reinsten Gründen an das Königliche Ministerium gerichtet hat, nicht aber in Beeinflussung von Personen, welche der Herausgeberin des einst so hochinteressanten „Venustempels" dienen.

---

[1] Lat.: freundliche, hilfreiche Totengeister

Dieser „Venustempel" war ein ganz unbeschreibliches Werk über die allerniedrigste, venerische Kloakenliebe, mit nackten Frauen und Geschlechtsteilen, in hundert verschiedenen Lagen und Zuständen abgebildet. „Das ist unser schönstes Werk", pflegte Frau Münchmeyer zu sagen, „das bringt Geld, viel, viel Geld!" Aber die Dresdner Sittenpolizei war anderer Meinung. Sie hielt diese Geldquelle für skandalös unsittlich und stellte sich eines Tages in bedeutender Anzahl ein, um den „Venustempel" zu konfiszieren. Die Ausbeute war nicht groß, denn Herr und Frau Münchmeyer hatten Wind bekommen und die Vorräte alle gut versteckt. Hinter anderen, schnell vorgeschobenen Werken, im Fahrstuhl, von Vexierriegeln vortrefflich beschützt, an jedem verborgenen Ort standen die hohen Säulen der nackten Göttin, für fremde Augen fast unmöglich zu entdecken. Auch in den Wohnräumen war die liebe Venus untergebracht. Sie steckte sogar unter den Betten, in denen die Kinder anderer Leute schliefen. Zeugen hierfür sind noch heute mehr als genug vorhanden; sie stehen bereit. Man rief sich damals über den Münchmeyerschen Hof herüber und hinüber lachend zu, in wie köstlicher Weise die Sittenpolizei der Haupt- und Residenzstadt Dresden auf Jagdweg No. 13 „gemünchmeyert" worden sei! Das war zur Zeit, als ich der Schwager von Frau Münchmeyer werden und ihre Schwester heiraten sollte. Ich lehnte aber ab, kündigte meine Stelle als Redakteur und ging. Vexierschlösser, um verbotene „Venustempeleien" vor der Polizei verstecken zu können, das passte nicht in meinen Lebensplan.

Warum ich Ihnen das erzähle, Herr Rektor? Weil Sie mir Leid tun! Es handelt sich zwar jetzt nicht mehr um den alten „Venustempel", aber doch um etwas nicht weniger schlimmes, nämlich um fünf, sage fünf Romane von abgrundtiefer Unsittlichkeit, die ich verschwinden lassen will, damit die deutsche Volksseele nicht länger mehr von ihnen vergiftet werde. Von wem diese giftigen Stellen stammen, ob von mir oder von späteren anderen, hat erst in zweiter Linie zu stehen, obgleich es sich grad hierbei um meine Schriftstellerehre handelt. Vor allen Dingen und zunächst hat diese Münchmeyersche Eiterbeule aufzuhören, ihre Jauche weiter zu ergießen. Und da mein Name es ist, den man bei dieser moralischen Volksvergiftung reklametrommelnd in die Gassen schreit, so habe ich nicht nur die heilige Pflicht, sondern auch das unumstößliche Recht, diesem skandalösen Treiben Einhalt zu gebieten. Hat doch der jetzige Besitzer der Firma erst kürzlich, am letzten 21. Dezember, vor allen Richtern der 6. Zivilkammer des Königlichen Landgerichts ohne alle Scheu und Scham in lauten Worten erklärt, dass „solche Stellen in Menge vorhanden seien!"

Wissen Sie, was das heißt, mein Herr? Ich kämpfe den schwersten Kampf, den man sich denken kann, um die deutsche Volksseele von dieser Pest zu befreien. Ich habe die Religion, das Gesetz, die Moral, die gute Sitte auf meiner Seite. Mir gegenüber stehen die, welche mit dieser „abgrundtiefen Unsittlichkeit" nicht nur Hunderttausende, sondern Millionen verdienten und weiter verdienen wollen. Sie genieren sich nicht im Geringsten. Sie geben die Unsittlichkeit sogar gerichtlich zu; aber sie wollen ihre Säckel noch höher füllen, wollen weiter infizieren, weiter anstecken und vergiften, weiter demoralisieren, weiter zerstören und wehren sich gegen mein gutes Recht und meine guten Absichten wie die Geier, denen man ihren Fraß, das Aas entreissen will.

Wie ganz natürlich, habe ich alle unbefangen, loyal und unparteiisch denkenden Leute auf meiner Seite. Wer auf der anderen steht, den brauche ich nicht zu beschreiben: Er kennzeichnet sich von selbst! Es hat jahrelang durch alle Zeitungen und Journale deutscher Zunge geklungen, dass diese Romane verderblich wirken müssen. Ich weiß mich mit allen diesen Stimmen und mit der deutschen Ethik eins, indem ich um die Vernichtung dieses Aussatzes prozessiere und den Hohn und Spott aller derer ruhig auf mich nehme, die sich vom Geruch der eiternden Stelle angezogen fühlen.

Sie können sich also denken, wie betroffen ich war, als ich auch Ihren Namen auf der Seite derer las, die ich mit gutem Grund nicht näher bezeichne. Und warum Sie? Meines „amerikanischen Doktortitels" wegen. Wie lächerlich! Den führe nämlich nicht ich, sondern die Firma Münchmeyer. Ich habe dieser Firma extra und mit größtem Nachdruck verboten, mich Doktor zu nennen; sie hört trotzdem nicht auf und hat mich erst vor noch nicht langer Zeit in sechs Zeilen viermal „Herr Dr. phil. Karl May" tituliert. Ich muss also sehr bitten, mich mit derartigen Vorwürfen zu verschonen und dafür lieber Münchmeyers wegen Bombardement mit unerlaubten Amerikanern gerichtlich bestrafen zu lassen!

Übrigens, dass ich dem Herrn Minister mein Diplom zum hohen Bescheid eingeschickt habe, das war offen und ehrlich, rechtschaffen und redlich gehandelt, nach meiner Pflicht als sächsischer Untertan. Den von mir erwähnten Bescheid hat meine Frau mündlich erhalten, bei der betreffenden Audienz im Ministerium, und zwar von Ihrem, meinerseits so hochverehrten Kollegen, Herrn Regierungsrat und Professor Freiherrn von Welck. Wer in dieser Angelegenheit mit vollem Bewusstsein gelogen hat, ob Gurlitt oder May, ob Gerlach oder Lebius, das wird die Untersuchung ergeben. Für jetzt und für mich genügt ja schon das eine: Um mich als Lügner hinzustellen, wurde am 18. Dezember frischweg behauptet, ich hätte das Diplom im März 1904 eingereicht. Jetzt am 9. Februar, lässt sich aus Ihrer Veröffentlichung ersehen, dass es bereits im Jahre 1903 geschah. Wem ist da wohl um seine öffentliche Ehre, um seine Wahrheitsliebe angst und bange geworden, Gerlach oder Lebius, Gurlitt oder May? Dass in dieser Beziehung auf Würden und Titel nichts gegeben werden kann, zeigt folgender Fall: Ich hatte einen rheinischen Chefredakteur öffentlich als Zeugen meiner Gegenpartei benannt.

Er wurde sofort von einem Dresdner Redakteur für Kunst und Wissenschaft darüber befragt und stellte es in Abrede. Der Dresdner Herr stäupte mich hierauf öffentlich als einen Menschen, der etwas behauptet hat, was der Wahrheit nicht entspricht. In meinen und meines Rechtsanwalts Handakten aber liegt eine Zufertigung des Großherzoglich Hessischen Amtsgerichts Friedberg vom 1. September 1904, in welcher der Herr Chefredakteur als Zeuge gegen mich angegeben wird. Jedermann kann dieses Aktenstück einsehen. Hat da etwa das Amtsgericht Friedberg gelogen? Der rheinische Herr ist Doktor der Philosophie, der Dresdner ist dasselbe und noch dazu Professor! Ich nehme nicht sogleich absichtliches Lügen an, denn ich kenne beide Herren sehr genau; aber es zeigt sich da doch wieder wie so oft, dass weder Titel noch Würden in die Waagschale fallen dürfen, wenn zwischen Schuld und Unschuld zu entscheiden ist.

Trotzdem sagte ich vorn, (auf Seite 5 im Original), dass Sie mir Leid tun, Herr Rektor. Denn was Sie für das Lebiussche Blättchen und seine über hundert Zeilen lange Lüge
„Amtliches Material über Karl May"
hergeliehen haben, das war nicht bloß das, was Ihnen gehörte, nämlich Ihre äußere und innere Persönlichkeit, sondern auch ihre „Magnifizenz", und diese durften Sie nicht solchen Zwecken dienstbar machen, denn sie ist nicht Ihr individuelles Eigentum, sondern ein ebenso heiliges wie köstliches Gemeingut, an welchem jeder Ihrer Herren Professoren partizipiert. Sie haben sie unbefleckt und unentweiht am Schluss Ihres Jahres zurückzugeben. Mag man nun „den klaren Tatbestand wieder verdrehen" oder nicht (Sie sehen, ich bediene mich ganz derselben Worte), so ist als Wahrheit deutlich zu erkennen:

Sie haben der Herausgeberin des „Venustempels" und der fünf „abgrundtiefen Unsittlichkeiten" als Kundschafter im Ministerium beigestanden. Das Ergebnis Ihrer Erkundigungen wurde von Rudolf Lebius veröffentlicht, nicht von Herrn Hofrat Doenges, an den Sie infolge Ihrer hohen Stellung allein gewiesen waren. Tun Sie, was Sie wollen, Sie kommen nicht von diesem Lebius los, selbst dadurch nicht, dass sie den Fehler nach fast zwei Monaten nachzuholen versuchen. Es wurde Ihnen eine Veröffentlichung „in geeigneter Weise" erlaubt. Fast möchte ich den Herrn Minister bitten, zu entscheiden, ob der über hundert Zeilen lange Morast in Nr. 47 der „Sachsenstimme" als „geeignete" Ablade- und Umschaufelungsstelle für ministerielle Mitteilungen zu betrachten sei. Dieser Morast hat sich von hier über das ganze Zeitungswesen ergossen. Unter der Maske des „Rektor magnificus der Dresdner technischen Hochschule" und der Überschrift „Amtliches Material" ist von dieser Eiterbeule aus alles Mögliche und Unmögliche an die Öffentlichkeit hinausgeschmuggelt worden. Das alles, alles bleibt auf Ihnen liegen, Herr Rektor. Ob Sie es haben sein wollen oder nicht, man wird Sie für einen Münchmeyerschen Handlanger halten, zumal Sie Ihre jetzige Erklärung vom 9. Februar keineswegs benützten, den Inhalt des „Sachsenstimmen"-Artikels vom 18. Dezember von sich abzuweisen.

Schließlich unter vier Augen noch eine Frage: Wie ist denn eigentlich der Wortlaut jenes Paragrafen, von dem Sie nicht als Gurlitt und nicht als Gerlachs Schwager, sondern ganz ausschließlich nur als Rektor magnificus der Königlichen technischen Hochschule partout gezwungen wurden, sich mit mir zu beschäftigen? Hätte das ein anderer Rektor auch tun müssen? Bitte, lassen Sie diesen Paragrafen hören und zeigen Sie die „Anfragen von verschiedenen Seiten" vor! Ich werde Ihnen Gelegenheit dazu geben, denn es liegt mir wirklich aufrichtig und viel daran, den Begriff „Rektor magnificus" genau so weiter definieren zu dürfen, wie er von mir bisher definiert worden ist!

Radebeul, am 12. Februar 1905
                    Hochachtungsvoll
                              Karl May

No. 2
Offener Brief
an den Hauptredakteur der „Kölnischen Volkszeitung"
Herrn Dr. phil. Hermann Cardauns

Geehrter Herr Redakteur!

Die gleich anfangs und von mir vorausgesehene Zeit ist da, mich mit vorliegendem Brief an Sie zu wenden.

Wie Sie wissen, führe ich meinen dreijährigen Prozess gegen die Dresdner Kolportage-Firma H. G. Münchmeyer sowohl gegen die frühere Inhaberin als auch gegen den jetzigen Besitzer. Ich freue mich herzlich, dass die gesamte deutsche Presse daran denjenigen regen Anteil genommen hat, den solch eine Sache verdient. Nur war leider dieses Interesse ein so ungeduldiges, dass ein ruhiges Abwarten des Richterspruchs nicht im Bereich der Möglichkeit gelegen zu haben scheint. Man hat vielmehr diesem Urteil weit vorausgegriffen und mich, Karl May, durch die ganze deutsche Presse als den „Entlarvten" hingestellt, ohne zu bedenken, wie erschwerend und schädigend dies auf den Gang dieser Rechtssache einwirken musste. Es war nicht etwa leicht für mich, dies ruhig hinzunehmen!

Es handelt sich um diejenigen „Romane", welche Sie, Herr Redakteur, sowohl in den Zeitungen als auch in Ihren öffentlichen Vorträgen als „abgrundtief unsittlich" gekennzeichnet und gebrandmarkt haben. Hunderte von Blättern und hunderte von Kritikern haben ganz genau dieselbe Ansicht geäußert, und da es auch die meinige ist, wie ich schon längst veröffentlicht habe, so gereicht es mir zur freudigen Genugtuung, mich den Verbreitern dieser „abgrundtiefen Unsittlichkeiten" gegenüber nicht allein, sondern unter so vortrefflichem Schutz zu wissen.

Es kann mir nicht einfallen, nun auch meinerseits dem Gang des Prozesses vorauszugreifen, aber da so oft versichert worden ist, dass ich ihn nur aus pekuniären, überhaupt niedrigen Gründen führe, so darf ich mir wohl folgende Berichtigung gestatten:

Die Firma Münchmeyer hat mir erklärt, dass sie diese „Unsittlichkeiten" für unzertrennlich von diesen Romanen halte und mit ihnen so viel Geld wie möglich verdienen wolle. Ich kann dies jederzeit durch unanfechtbare briefliche Dokumente beweisen. Um diese Ausnützung der Unsittlichkeiten endlos fortsetzen zu können, behauptet man, dass ich auf alle Urheber- und Verlagsrechte verzichtet habe, wobei sogar das Recht der beliebigen Veränderung, Umarbeitung usw. mit inbegriffen sei. Ich hingegen prozessiere, um diese mir gewaltsam vorenthaltenen Rechte mir gerichtlich bestätigen und die Romane dann sofort und für immer verschwinden zu lassen. Das ist zunächst meine erste und höchste Pflicht; die Vergiftung hat ganz unbedingt schnellstens aufzuhören. Ob ich sie damals genau so geschrieben habe, wie sie jetzt gedruckt werden, ob man berechtigt ist, die Unsittlichkeiten gar noch zu illustrieren usw., das sind Fragen, die darum erst an zweiter Stelle zu stehen haben, obgleich sie mich nicht weniger berühren. Diese unsittlichen Werke zunächst und so schnell wie möglich aus dem Buchhandel und aus den Verkaufsläden heraus, das ist für mich die Hauptsache! Denn, wenn der jetzige Besitzer der Kolportagefabrik von H. G. Münchmeyer auch zehn und hundert Mal öffentlich erklärt, dass die schlechten Stellen nicht von mir stammen, sondern von anderer Hand hineingetragen worden seien, so geschieht das nicht etwa zu meiner „Ehrenrettung", es wird vielmehr durch diese höchst pfiffige Reklame ganz besonders auf die Schlüpfrigkeit dieser Werke aufmerksam gemacht, damit sich zu den zahllosen Maylesern auch noch diejenigen gesellen möchten, die May nur deshalb nicht lesen, weil seine Bücher keine aufreizenden Liebesgeschichten enthalten. Ich habe mich also gegen alle derartigen „Sittenzeugnisse" des Herausgebers solcher Werke auf das

Energischste zu verwahren. Es soll nicht wieder von ihm und mir geschrieben werden:

„Sie vertragen sich!"

Indem ich mich in dem Bestreben, diese Münchmeyerschen Werke schleunigst verschwinden zu lassen, mit jedermann einig weiß, dem das Wohl und die Gesundheit der Volksseele am Herzen liegt, darf ich nicht beachten, dass ich mich dadurch wahrscheinlich selbst auch schädige. Und noch viel weniger darf mich der Umstand zur Nachsicht bewegen, dass die Hersteller und Vertreiber dieser „abgrundtiefen Unsittlichkeiten" es verstanden haben, sich hoch klingende Namen und hoch gestellte Personen dienstbar zu machen, von denen ich nur sagen kann, dass ich sie bedaure, weil sie nicht wissen, was sie tun.

Der gegenwärtige Besitzer der Fabrik wagte erst kürzlich, am 21. Dezember 1904, vor Gericht zu erklären, er gebe diese Romane in 30 Bänden heraus und der unsittlichen Stellen seien eine ganze Menge darin. Dann ging er hin, um weiter zu drucken und weiter zu verbreiten. Man denke, vor Gericht! Das ist doch wohl schon mehr als kühn! Hätte er das wagen können, ohne so einflussreiche Personen hinter dem Namen Münchmeyer zu wissen? Man sieht, wie weit das Gift zu schleichen vermag, und es ist wohl an der Zeit, diesem Umsichgreifen der Schundromanmoral aus allen Kräften Einhalt zu tun! Man gründet Vereine, um derartige Romane aus der Literatur hinauszuschreiben zu lassen, übrigens ganz derselbe Zweck, den ich damals verfolgte. Es treten hohe Herrschaften an die Spitze dieser Vereine. Man setzt Preise aus, man scheut keine Opfer und gibt sich alle Mühe. Was nützt aber dies alles, wenn der Verleger von 30 Bänden „abgrundtiefer Unsittlichkeit" sich geschäftlich, rechtlich und moralisch so sicher weiß, dass er sich herausnehmen darf, vor Gericht mit ihnen zu prahlen, ohne dass irgendjemand die Macht besitzt, ihm das Handwerk zu legen! Dieser Mann scheint wohl gewusst zu haben, wie die Karten liegen, als er mir am Anfang des

Prozesses drohte, ich sollte ja auf den Vergleich eingehen, denn falls er der Verlierende sei, werde er mich mit Hilfe der Zeitungen moralisch kaputtmachen!

Oder sollten wir uns irren, Sie, Herr Redakteur, und ich und die vielen anderen alle, die über die Romane jenes schwere, vernichtende Urteil ausgesprochen haben? Sollte die Verbreitung dieser „Unsittlichkeiten" ein so großes Verdienst um unser Volk und seine Seele sein, dass man sogar Geheime Hofräte respektive einen Rektor magnificus in Bewegung setzen darf, wenn es gilt, mit allen möglichen und unmöglichen Mitteln den Fortbestand der ge- resp. erwerbsmäßigen Unsittlichkeit zu erzwingen? Denn das ist sie doch, da man durch sie nur Geld verdienen will, weiter nichts! Fast hat es den Anschein, als ob man geneigt sei, unsere einstimmige Konstatierung und Verurteilung der Unsittlichkeit für eine Farce oder Faxe zu halten, der gegenüber man die Verbreiter und Verkäufer zu beschützen habe. Da wollen wir uns denn doch beeilen, uns Klarheit zu verschaffen.

Nämlich ich werde sehr wahrscheinlich nächstens veranlasst werden, Ihnen Gelegenheit zu geben, sich vor Gericht hierüber auszusprechen. Sie standen und stehen noch heute an der Spitze derer, die in sittlicher Empörung über die Münchmeyerschen Romane zum Wort und zur Feder griffen. Es würde mich unendlich freuen, wenn Sie heute noch derselben Meinung wie damals wären und auch mit ganz derselben Begeisterung für sie eintreten wollten. Denn ich bitte Sie hiermit um die Erlaubnis, Sie in dieser Angelegenheit als Kenner, Sachverständigen und Zeugen angeben zu können.

Ich befürchte nicht, mit dieser meiner Bitte von Ihnen zurückgewiesen zu werden, und habe dazu folgenden Grund: Ich hatte Sie in einem hiesigen Blatt gelegentlich als Zeugen meiner Gegenpartei im Beleidigungsprozess May gegen Praxmarer bezeichnet. Ich nannte natürlich keinen Namen, weil es sich um einen sehr tüchtigen, katholischen Pfarrer, einen berühmten katholischen Erzieher und einen hohen österreichischen Prälaten handelte.

Die Namen dieser drei Herren zu erfahren, wäre der hiesigen Presse eine wahre Wonne gewesen. Man versuchte, mich zur Indiskretion zu reizen. Man schrieb an Sie. Man hatte sich nicht verrechnet. Sie stellten in Abrede, Zeuge gewesen zu sein. Hierauf koramierte[1] man mich öffentlich als Lügner; ich ging aber nicht auf den Leim. Zwar befindet sich in meinen und in meines Rechtsanwalts Handakten die betreffende Zufertigung des Großherzoglich Hessischen Amtsgerichts Friedberg vom 1. September 1904, in welcher wir benachrichtigt werden, dass Sie als Zeuge angegeben und vorzuladen seien; der Beweis, dass nicht ich gelogen habe, wäre mir also sehr leicht gefallen; aber ich schwieg trotzdem, denn zu verantworten pflegt man sich doch nicht vor Leuten, die einem weder amtlich noch intellektuell etwas zu sagen haben, und ich bin ja gewohnt, unsagbar Albernes über mich schwatzen zu lassen, ohne darauf einzugehen! Von Interesse war mir nur, was man Ihnen in den Mund legte, nämlich: „Wäre ich als Zeuge über seine Kolportageromane vernommen worden, so hätte ich umso mehr gesagt."

Wie mich das freute, als ich es las! Sie haben sich zwar in mir, ich mich aber nicht in Ihnen geirrt! Das, was Sie da tun wollen, ist ja grad das, was ich mir von Ihnen wünsche, und ich habe Sie nur zu bitten, „halten Sie aber auch Wort, Herr Redakteur!" Ich werde sehr wahrscheinlich, wenn Sie in Köln vernommen werden, mich beim Verhör einfinden, bitte Sie aber schon jetzt, vollständig überzeugt zu sein, dass Sie meiner guten Sache umso mehr dienen werden, je weniger nachsichtig Sie mit diesen Münchmeyerschen Romanen verfahren.

Radebeul – Dresden, den 1. März 1905
        In höflichster Hochachtung
                Karl May

---

[1] koramieren = öffentlich tadeln

No. 3

Sehr geehrter Herr!

Sie forderten mich auf, in Ihrem „Beobachter" das Wort zu ergreifen. Sie wollen dadurch Klarheit schaffen; das ist lobenswert. Ich tue es also und sage Ihnen Dank.

Nein, Jugendschriftsteller bin ich nicht. Meine Gegner haben mich so getauft, um mich angreifen zu können; es würde sich ja sonst keine Handhabe gegen mich ergeben. Wer meine Bücher mit Verständnis liest, der findet es ganz unbegreiflich, dass sich Jugendschriftenvereine und Jugendschriftenkommissionen dazu gebrauchen lassen, mir mein Taschentuch streitig zu machen, um die Nase irgendeines Kunst- und Literaturpapstes damit zu putzen. Ich schreibe für Leute, welche Geist besitzen, mögen sie jung sein oder alt. Wenn die Jungen mich lesen und gewisse Alte mich verwerfen, so beweist das nicht etwa, dass ich Jugendschriftsteller bin, sondern dass unsere jetzige Jugend mehr Geist besitzt, als diese Alten je besessen haben.

Meine Bücher verursachen den oben genannten Päpsten Kopfzerbrechen. Die wissen nicht, wohin sie mit ihnen sollen. Für das, was ich schreibe, gibt es bei ihnen weder einen besonderen Kasten noch eine besondere Nummer. Sie können also nicht antworten, wenn man sie nach mir fragt. Darum werfen sie mich gleich lieber zum Fenster hinaus; da sind sie mit mir fertig. Es ist kaum glaublich, aber wahr! Meine Reiseerzählungen erschienen alle in hochbedeutenden Journalen, die nur von erwachsenen, geistig reifen Menschen gelesen werden, und doch wagt man es, sie der Volksseele nur als Lesefutter für dumme Jungens zu bezeichnen. Warum? Damit diese Seele, wie der arme Lazarus beim reichen Mann, nur von den Brocken lebe, die ihr die Koryphäen herunterfallen lassen! Und was noch schlimmer ist: Diese Erzählungen sind nun ein volles Vierteljahrhundert alt, und trotz dieser langen Zeit hat sich unter besagten Literaturpäpsten noch kein einziger gefunden, der scharfsinnig genug war, einzusehen, dass sie noch gar nicht diskutierbar sind. Es gibt außer mir kaum vier oder fünf Personen, welche wissen, was ich mit ihnen eigentlich will, und es ist im höchsten Grade spaßig, dass man trotzdem Leute hat, welche mir den Platz schon prophezeien, den ich in der Literaturgeschichte einst angewiesen bekommen werde. Herr Redakteur, ich sage Ihnen, dass ich nach einer ganz anderen Unsterblichkeit trachte als nach dieser bloß literarischen!

Das betraf die erste Frage. Nun die zweite: Nein, angefeindet werde ich nicht. Das klingt Ihnen sonderbar, nicht? Ist aber doch wahr! Angefeindet wird nämlich nur mein Zerrbild, welches im Gehirn eines bekannten, defekten Kopfes entstanden ist und seitdem überall sein Wesen treibt, wo andere Köpfe an ähnlicher Defektheit leiden. Wenn ich wirklich der Karl May wäre, für den mich diese armen Teufel ausgeben, so wäre ich entweder der schlechteste oder der verrückteste Mensch, den man je auf Erden gefunden hat. Eine einzelne Fantasie kann gar nicht krank genug sein, sich eine solche Missgestalt auszudenken; es gehört eben die Arbeit so vieler lädierter Gehirne dazu und dann die ganz unbegreifliche Denkfaulheit aller derer, die grad das, was unglaublich ist, am allerleichtesten glauben. Noch nie und nirgends hat dieses Zerrbild May derart gespukt wie jetzt und hier in Dresden. Wenn all die armen Leute, in deren Köpfen es sich herumtreibt, wüssten, was ich denke, wenn ich mit ihnen spreche! Indem sie mich mit dieser monströsen Kreatur ihrer eigenen Gedanken verwechseln, glauben sie, unendlich hoch über mir zu stehen, und ahnen nicht, wie sehr ich sie bedaure! Und indem ich ihnen ansehe, dass sie sich die größte Mühe geben, einen humanen Ton gegen mich anzuschlagen, wissen sie nichts von der Größe der Nachsicht, die ich ihnen widme.

Freilich, wenn ich sehe, was alles über mich geschrieben wird und wie man sich auf gewisser Seite die größte Mühe gibt, diese Karikatur als Wahrheit hinzustellen, so kann ich es dem, der mich nicht persönlich kennt, allerdings nicht übel nehmen, wenn er den May, der in Radebeul wohnt, mit dem May verwechselt, der nur in der Lüge der Abgefeimten und in der Leichtgläubigkeit der Borniertenexistiert.

Es hat in keiner Literatur irgendeines Landes einen ähnlichen Fall gegeben, und ich bin es nicht nur mir und meinen wohlmeinenden Lesern schuldig, dafür zu sorgen, dass dieser Zustand ein Ende nehme. Hiermit komme ich auf Ihre letzte Frage, die für mich die jetzt aktuellste ist. Ja, richtig! Es ist durch alle Deutsch sprechenden Länder und Zeitungen konstatiert worden, dass die Romane, welche die Firma Münchmeyer unter meinem Namen herausgibt, pornografischen Inhalts sind. Sie werden von den besten Kennern als „abgrundtief unsittlich" bezeichnet und ich selbst habe mich bereits schon vor Jahren diesem sehr wahren Urteil öffentlich angeschlossen. Ich kämpfe mit allen Kräften gegen diese Unsittlichkeit. Ich führe den bekannten Prozess zu keinem anderen Zweck, als um dieses fürchterliche Gift zu vernichten, an dem die ethische Gesundheit unserer Volksseele zu Grunde gehen muss. Die Firma Münchmeyer verbreitet eine große Anzahl von Romanen, aber schon allein für die fünf, um die es sich handelt, wird bei jeder Auflage, nur zu 5.000 gerechnet, der armen Leserwelt die ungeheure Summe von 750.000 Mark entzogen, bei jeder Auflage, merken Sie wohl! Und was bekommt sie dafür? Einen Lesestoff, der jedem Leser die eigene Scham, die Scham vor sich selbst im Inneren tötet. Und dieses Gift liegt in allen Häusern herum und wird von den Kindern mit verschlungen! Das hat aufzuhören, und zwar möglichst bald! Es ist nicht nur die Pflicht des Gesetzes, sondern die Pflicht jedermanns, dieser Volksverderbnis Einhalt zu tun. Vor allen Dingen aber die meinige, weil diese „abgrundtiefe Unsittlichkeit" meinen Namen trägt. Ob ich sie selbst geschrieben habe oder ob meine ursprünglichen Arbeiten von anderen Händen so lüstern gefärbt worden sind, das hat erst an zweiter Stelle zu kommen; an erster Stelle muss es unbedingt heißen: „Weg, sofort weg mit dieser Münchmeyerschen Eiterbeule! Herausgeschnitten muss sie werden und vernichtet für immer!" Jeder wohldenkende Mensch, der nicht von den Krankheiten der Volksseele lebt, wird mir dabei zur Seite stehen! Ich kämpfe nicht etwa gegen die Kolportage überhaupt; nein, die brauchen wir und ich achte und ehre sie. Sondern ich kämpfe nur gegen jene ungeheure Schamlosigkeit, die ihren verderblichen Handel vor aller Augen treibt und sich nicht einmal darüber schämt, dass sie sich nicht mehr schämen kann. Der grässlichste aller dieser Handelsartikel war der Münchmeyersche „Venustempel". Der Tempel wurde polizeilich vernichtet, aber die Venus lebt noch heute, und der, der will ich das Handwerk endlich legen!

„Münchmeyers" sträuben sich, wie man sieht, aus allen Kräften gegen diese Abrechnung mit mir. Noch ehe ich den Prozess begann, wurde die Parole ausgegeben: „Wenn May verklagt, machen wir ihn öffentlich kaputt in allen Zeitungen!" Nun, ich habe trotzdem geklagt und alle Welt beobachtet jetzt, in welcher raffinierten, unerbittlichen Weise ich öffentlich hingerichtet werde. Es ist ernst, bitter ernst, denn das verderbliche Gift ist überall hingedrungen, selbst in diejenigen Kreise, deren Pflicht es ist, mir beizustehen. Man kennt ja jenen Dresdner Professor, Doktor und Redakteur für Kunst und Wissenschaft, der es mir in seinem Amtsblatt vorwarf, dass ich gegen diese „Münchmeyers" prozessiere, anstatt ihnen „meine Liebe" zu erweisen! Man kennt die ganz besonderen Angriffe eines gewissen Herrn Lebius, der soeben wieder eine Mitteilung aus der Quelle des Herrn Rektors magnificus Geheimen Hofrat Professor Dr. Gurlitt bringt, welcher der Schwager des Münchmeyerschen Rechtsanwalts ist und die Unwahrheiten nicht berichtigt, die unter seinem Namen gegen mich veröffentlicht werden.

Sie sehen, es wird mir gar nicht leicht gemacht, die Eiterbeule auszuschneiden und zu vernichten, aber es ist mir trotzdem nicht bange. Die künstlich gegen mich gemachte, scharf giftige Stimmung muss doch endlich weichen, denn meine Sache ist gerecht und ich befinde mich in einem Land, in welchem unsere göttlich und moralisch vorgeschriebenen Sittengesetze maßgebend sind, nicht aber die in den gegen mich verteidigten Venustempeleien versteckten Sittenlosigkeiten!

Was man durch Herrn Lebius über mich verbreitet, findet selbstverständlich strafrichterlichen Abschluss. Übrigens arbeite ich an einer höchst eingehenden Schilderung meines Lebens, in der ich alle meine bekannten und unbekannten Fehler öffentlich beichte. Ja, das werde ich tun, aus eigenem Antrieb. Abzubitten aber habe ich der Menschheit . . . **nichts!**

Indem Sie diese Zeilen drucken, werden Sie zum Vorkämpfer der öffentlichen guten Sitte. Ich danke Ihnen nochmals.

Hochachtungsvoll

Karl May

―――

No. 4

Sehr geehrter Herr!

Sie wollen in Ihrer nächsten Nummer für mich das Wort ergreifen? Nein! Bitte, tun Sie das nicht! Und warum nicht? Das will ich Ihnen sagen.

Sie kennen doch jedenfalls Professor Dr. Ludwig Freytag, den erfahrenen und hochverdienten Literaturkenner, Kritiker und Redakteur des „Pädagogischen Archives"? Dieser Herr schrieb kürzlich nach einer wohlwollenden Kritik über mich: „Die **plötzliche** Feindschaft gegen den Dichter ist derart, dass man ihre Ursachen heutzutage nicht klarlegen **darf**, ohne sich Prozessen auszusetzen." Er charakterisierte hiermit das Gebaren jener gewalttätigen, terroristischen Clique, deren unversöhnliche Feindschaft Sie sich sofort zuziehen, falls Sie es wagen, ein wohlwollendes Wort über mich zu veröffentlichen.

Die allergeringste Strafe, der Sie aber mit umso größerer Sicherheit entgegengehen, ist die Anschuldigung, dass Sie von meiner Unterstützung leben und sich den Artikel von mir selbst schreiben lassen. Ich fühle die innere Verpflichtung, Sie, der Sie mir Ihre Spalten in ebenso freiwilliger wie uneigennütziger Weise geöffnet haben, vor derartigen Verlästerungen zu bewahren. Wenn Sie meinen, dass das, was Sie sagen wollen, unbedingt gesagt werden muss, so lassen Sie mich es tun, der ich weder geschäftliche noch irgendeine andere Rücksicht zu nehmen habe. Und sollte man sich auf jener Seite etwa darüber mokieren, dass ich nicht ein so genanntes „höheres" Blatt zur Aussprache wähle, so brauche ich mich nur auf den Herrn Geheimen Hofrat Professor Dr. Gurlitt zu berufen, der sowohl als Rektor magnificus der Königlichen technischen Hochschule wie auch heute noch nichts dagegen tun zu wollen scheint, für einen Freund, Gesinnungsgenossen und Mitarbeiter eines Blättchens gehalten zu werden, für dessen Rang ich vergeblich nach einem Maßstab suche. Also, Ihre Einwilligung voraussetzend, erlaube ich mir, an Ihrer Stelle zu sprechen.

Ich weiß, Sie wollen zweierlei tun, Herr Redakteur, nämlich warnen und aufklären; warnen vor Übereilung und Bissigkeit und aufklären über die angebliche Macht und Fürchterlichkeit meiner so genannten Gegner. Die Übereilung ist leider schon längst in vollstem Gang. Man beurteilt mich in hergebrachter Weise, nach alter bequem gewordener Schablone. Darum begreift man nicht, dass ich bis jetzt noch gar nicht gearbeitet, sondern nur Versuche gemacht habe. Alle meine nachdenkenden Leser wissen, dass es mir noch gar nicht eingefallen ist, ein „wirkliches Etwas" zu leisten. Ich habe mir nur eine einzige Aufgabe gestellt und werde also nur eine einzige Arbeit liefern. Ich durfte mir nicht erlauben, mit dieser Arbeit zu beginnen, bevor ich die nötige Reife zu ihr besaß. Darum war meine bisherige Tätigkeit nur der Übung, der Präparation gewidmet. Ich schulte mich in der Führung des Stiftes, in der Verteilung von Licht und Schatten, im Treffen aller möglichen Tinten. Ich schrieb mir die verschiedenen geistigen und seelischen Farben und Farbenmischungen meiner Palette zusammen. Ich prüfte die Farben, Tinten, Lichter und Schatten in ihren Wirkungen auf meine Leser. Und nun ich mit diesen meinen Vorstudien zu Ende bin, glaube ich, es wagen zu dürfen, meine eigentliche Arbeit zu beginnen.

Ich habe also bisher nur skizziert, mich vorbereitet. Es gibt aus meiner Feder noch nichts, was ich als „Werk" bezeichnen darf. Nun stehe ich als dreiundsechzigjähriger Mann vor einer vollständig leeren Leinwand. Meine Palette ist zwar reich, wohl vorbereitet, aber ich kann mich leicht in meinem Können täuschen; dann war mein Leben nichts; kein Mensch braucht ein Wort darüber zu verlieren! Und dennoch, dennoch – – wie viel ist schon über mich gesprochen und geschrieben worden! Ganz unnütz, ohne allen Zweck! Man sollte es nicht glauben, aber es gibt wirklich Leute, welche meine Übungen für fertige Werke, meine Palette für ein Gemälde halten. Und grad sie sind es, die ihr voreiliges Urteil in die Welt hinausposaunen und gar nicht ahnen, wie sehr sie sich dieser ihrer Unwissenheit zu schämen haben. Wer berufen zu sein glaubt, literarisch zu Gericht zu sitzen, der muss doch wenigstens so viel gelernt haben, dass er die Vorübung, den Vorversuch vom wirklichen Werk, das erst noch zu erwarten ist, unterscheiden kann. Und gesellt sich zu diesem Unvermögen noch jene scharfe, giftige Bissigkeit, über die ich mich so oft zu verwundern habe, so kann man als vernünftiger Mann nichts weiter tun als – schweigen.

Was nun zweitens die angeblich große Zahl und Macht meiner Gegner betrifft, so ist das eine Übertreibung, die nur den Zweck verfolgt, sich wichtig zu machen. Wie man früher den großen Fehler beging, mich unverdient zu loben, so begeht man jetzt den glücklicherweise geringeren, mich allzu sehr zu tadeln. Diese Umwandlung war eine so plötzliche und so oberflächliche, dass sie unbedingt Verdacht erwecken muss. Veranlasst wurde sie durch die Kolportagefirma Münchmeyer und deren „abgrundtief unsittliche, höchst pornografische" Romane, vor deren Lektüre ich gar nicht genug warnen kann, obgleich sie unter meinem Namen herausgegeben werden. Ich prozessiere gegen die weitere Verbreitung dieses Gifts und hoffe, dass es mir gelingt, es aus der Welt zu schaffen.

Zwar wird von gegnerischer Seite der Anschein erweckt, als ob die Stimmung gegen mich eine allgemeine sei und tiefe Wurzeln geschlagen habe; dies ist aber keineswegs der Fall, sondern sie beschränkt sich nur auf solche Punkte oder engere Kreise, die entweder von den Münchmeyerschen Kolporteuren bestrichen werden oder irgendeine egoistische Veranlassung haben, mich mit diesen Schundromanen in eine Beziehung zu bringen, die ich von mir weisen muss. Die paar hundert Personen, um die es sich handelt, haben für die Seele unseres deutschen Volkes fast nichts oder doch herzlich wenig zu sagen; umso größer aber ist der Eifer, mit dem sie glauben zu machen suchen, dass sie diese Seele gegen mich in Schutz zu nehmen haben. Sie sind nicht im Stande, einzusehen, dass sie mir und meinen Büchern dadurch eine Bedeutung beilegen, die sie an anderer Stelle beharrlich abzuleugnen pflegen.

Vollständig unschuldig bin ich an der Gegnerschaft der Kolporteure, Kolportagebuchhändler und Kolportageverleger. Ich habe weder die Absicht noch einen Grund, der Kolportage feindlich gesinnt zu sein. Sie ist uns nötig; wir können und wollen sie nicht entbehren. Sie hat ganz sicher keinen geringeren Prozentsatz edler, hoch denkender und hochherziger Männer als der Buchhandel überhaupt. Diese Männer kommen mit dem eigentlichen Volk in die innigste Berührung und sie wissen, in welcher Form sie ihm die gesunde, geistige Hausmannskost zu bieten haben. Es würde eine schwere Versündigung am Volk sein, ihm den Kolportageroman nehmen zu wollen; aber natürlich ein Schundroman darf er nicht sein. Einen guten Kolportageroman schreiben zu können, ist keine Schande, sondern eine Ehre; wer das nicht glaubt, der versteht von der Sache nichts. Doch eben weil die Kolportage in so inniger Fühlung mit dem Volk steht, wirkt sie doppelt und zehnfach verderblich, wenn sie Artikel vertreibt wie der Münchmeyersche „Venustempel" einer war und mehrere Münchmeyersche Romane jetzt noch sind. Ich bin nicht ein Feind, sondern ein Freund der Kolportage. Und weil ich dies bin, so wünsche ich herzlich, dass sie keinen Verleger unter sich dulde, der durch die Herausgabe „abgrundtief unsittlicher" Werke das alte Vorurteil zur neuen traurigen Wahrheit macht, dass man unter „Kolportagesachen" nur schmutzigen Schund zu verstehen habe. – – –

                                        Hochachtungsvoll
                                          Karl May

5. Kapitel
Als Redakteur

Ich fahre nun in meiner Lebensbeschreibung da, wo ich oben stehen geblieben bin, fort und beginne diese Fortsetzung mit dem Tag, den ich ganz unbedingt als meinen verhängnisvollsten zu bezeichnen habe, weil er mich verführte, das mir von der Vorsehung zugewiesene, eigenartige Milieu zu verlassen und mich einer Atmosphäre zuzuwenden, die ich gewiss gemieden hätte, wenn sie mir nicht so völlig unbekannt gewesen wäre.

Dass diese Atmosphäre sogar noch in der Rückbetrachtung verschlechternd wirkt, wird man sofort an dem Ton erkennen, den ich nun anzuschlagen habe. Wir treten nämlich mit dem gegenwärtigen Kapitel in den Dunstkreis der „Schundliteratur", und kaum ist dies geschehen, so wird man bemerken, dass dieser mein bisheriger Ton niedriger zu klingen beginnt. Der Schund macht eben ordinär, und nicht nur das, sondern er zwingt sogar dazu, auch mich! Ich habe nämlich während der letzten drei Jahre eine derartige Menge von Lügen, Verleumdungen und Verdächtigungen über mich ergehen sehen, dass es einer fast unglaublichen Selbstbeherrschung bedurfte, sie der guten Sitte zuliebe einstweilen schweigend hinzunehmen. Ich konnte als allbekannter Optimist respektive Idealist unmöglich daran zweifeln, dass die Wahrheit trotz dieser fortgesetzten Bewerfung mit moralischen Fäkalien zum Sieg kommen werde. Ich würde gewiss auch weiter schweigen, wenn nicht von gegnerischer Seite in Beziehung grad auf den unsauberen Teil des Prozessmaterials eine sehr schlau berechnete, künstliche Durchsickerung betrieben worden wäre, die mich zwingt, mir dies nun endlich einmal zu verbitten. Und dass dies nicht in dem devoten Ton, den man bisher so gütig war, mir zuzumuten, geschehen kann, lässt sich wohl denken! Man spricht hier in Dresden von den diskretesten Zeilen meiner Prozessakten mit einer

Offenheit, die geradezu in Erstaunen setzt. Man trägt diese Dinge den Redakteuren für ihre Blätter zu. Ist es gedruckt, so schickt man an die Zeitungen Deutschlands und Österreichs Exemplare zur Weiterverbreitung. Was heut in Dresden als selbstverständlich sekret verhandelt wird, kann ich, wenn ich will, schon übermorgen in einem westfälischen oder süddeutschen Blatt lesen. Und die Abonnenten dieser Zeitungen schicken mir dann Briefe zu, durch welche mir die Augen über dieses Treiben so vollständig geöffnet werden, dass sie mir übergehen möchten.

Das ist es, was ich meinte, als ich oben sagte, dass sogar endlich auch ich selbst von dem „Schund" geradezu gezwungen werde, einen niedriger klingenden Ton anzuschlagen. Vor den Richtern habe ich die Lüge nicht Lüge, die Gemeinheit nicht Gemeinheit genannt, weil dies, wenigstens von gebildeter Seite, dort nicht gebräuchlich ist; man bedient sich da gewisser Umschreibungen, durch welche die Verhandlung auf derjenigen Höhe bleibt, die der Würde des Gerichts geziemt. Da ich aber gezwungen werde, meinen Gegnern aus dem höflichen und verschwiegenen Kreis des Verhandlungszimmers hinaus in die rücksichtslose und plauderhafte Öffentlichkeit zu folgen, so bin ich berechtigt, mein bisheriges Schweigen abzulegen und die Dinge genauso zu nennen, wie sie in Wahrheit heißen. In diesem und dem folgenden Kapitel wird also die Lüge Lüge und die Gemeinheit Gemeinheit sein. Später, wenn ich dann nicht mehr im Ton meiner Gegner zu sprechen brauche, werde ich den meinen wieder höher steigen lassen.

Die Tiefe, in der ich mich jetzt zu bewegen habe, wurde schon durch den Titel des vorliegenden Buches angedeutet: „Ein Schundverlag". Dieses Wort ist keineswegs meine eigene Erfindung. Auch setze ich mich, indem ich es als Überschrift benutze, keineswegs der Gefahr aus, wegen Beleidigung verklagt zu werden. Nämlich der Chef der Firma H. G. Münchmeyer hat diesen Terminus technicus höchstselbst für sich sanktioniert. Ich besitze von ihm einen Brief, den ich jedermann zeigen kann. Da schrieb er mir seinerzeit:

„Ich versichere Ihnen schließlich noch, dass mich nur der Zufall **zum Schundverleger** gestempelt hat; es steckt aus meinem früheren Geschäft noch ein gut Teil bester Verlegergeschmack in mir, den **Sie zu meinem Glück evtl. berufen sind, in mir wieder wachzurufen.** In dieser Hoffnung begrüßt Sie" etc. etc.

Der Mann kennt sein Geschäft doch jedenfalls besser als ich. Indem er sich selbst als „Schundverleger" bezeichnet, raubt er mir die Möglichkeit, seine Firma und seinen Verlag höher einzutaxieren, als die Bezeichnung „Schund" es mir gestattet. Der Titel hat also stehen zu bleiben und ich kann nun erzählen, wie ich mit der Atmosphäre, die sogar noch jetzt meine Ausdrucksweise verschlechtert, in persönliche Berührung gekommen bin.

Ich wohnte damals seit fast einem Jahr bei meinen Eltern. Was von gegnerischer Seite anders behauptet wird, ist **Lüge**! Warum ich dies fett drucken lasse, wird sich später zeigen. Aber stets habe ich da, wo es steht, auf gerichtliches Verlangen Zeugen bereit, das, was ich behaupte, zu beweisen. Ich bitte dringend, diesen Umstand festzuhalten!

Meine Eltern standen sich so, dass Vater nicht mehr zu arbeiten brauchte. Es gab also für mich weder Not noch Sorge. Und selbst ich wenn ich mir auch jahrelang keinen Pfennig verdient hätte, wäre es für mich, so lange sie lebten, nicht nötig gewesen, fremde Menschen um Hilfe anzugehen. Aber ich war keineswegs ohne Arbeit und ohne Verdienst. Man hat dies zwar behauptet, aber das ist **Lüge**! Ich war bereits seit Anfang der sechziger Jahre Schriftsteller. Aus jener Zeit stammt z. B. die inkriminierte Novelle „Wanda", die ich später Münchmeyer für nur einen Abdruck überließ. Die Behauptung, dass ich erst durch Münchmeyer Literat geworden sei, ist **Lüge**! Meine „Humoresken" waren viel begehrt und meine „Erzgebirgischen

Dorfgeschichten" begannen zu wirken. Die neue, ungewöhnliche Psychologie, die ich in ihnen lehrte, frappierte die Leser und zog immer neue herbei. Kurz, es brauchte mir um meine Zukunft nicht im Geringsten bange zu sein. Am allerwenigsten aber hatte ich einen Menschen nötig, der mich „rettete".

Ich saß damals am Fenster und schrieb. Da standen draußen auf dem Markt zwei Männer, die mich anschauten. Ich kannte sie nicht. Es waren H. G. Münchmeyer und sein Bruder Fritz. Sie hatten von mir gelesen und gehört und waren nur gekommen, mich persönlich zu sehen, hundert Kilometer weit, von Dresden her. Sie kamen herein in die Wohnung und brachten ihr Anliegen vor. Otto Freitag, der Münchmeyers Schundblatt „Der Beobachter an der Elbe" redigierte, war plötzlich fortgelaufen und hatte ein eigenes Blatt gegründet, um Münchmeyer totzumachen. Ich war zu seinem Nachfolger ausersehen, sollte aber schon morgen in Dresden sein, um die Redaktion anzutreten, weil bei der Gewandtheit und Energie dieses Mannes jeder Verzug von größtem Schaden werden könne. Das reizte mich. Ein Kampf zwischen zwei Redakteuren, von denen der eine unbedingt unterliegen musste! Ich konstatiere im Voraus, dass es Freitag war, der unterlag. Auch das geringe Gehalt von 1.800 Mark störte mich nicht. Die Redaktion eines derartigen Wochenblatts nimmt höchstens einen Tag in Anspruch. Die übrigen Tage gehörten dann mir und meinen Manuskripten; das brachte mehr als noch doppelt so viel; denn dass alle meine Zeit und Arbeit Münchmeyer gehört habe, ist eine **Lüge**; ich habe das bereits bewiesen. Auch bestimmte mich der Umstand, dass mir hier eine gute Gelegenheit geboten wurde, mich als Redakteur auch nebenbei über den Satz, die Stereotypie, den Druck etc. zu informieren, was für einen Schriftsteller sehr förderlich ist. Vor allen Dingen aber machte Münchmeyer mich dadurch bereit, die Stelle anzunehmen, dass er mir das Blatt, dessen Redaktion ich übernehmen sollte, als ein sehr gutes, ja beinahe feines beschrieb. Ich sagte also zu und versprach, morgen einzutreffen, zumal wir vierteljährliche Kündigung vereinbarten und er mich also nicht halten konnte, wenn ich mich nicht halten lassen wollte. Als ich ihn mit meinem Curriculum Vitae bekannt machen wollte, sagte er, dass sei nicht nötig, denn er habe sich nach mir erkundigt, ehe er zu mir gekommen sei. Leute wie ich seien ihm überhaupt sympathisch; man könne mit ihnen getrost über alles reden. Hierauf fuhren die beiden Brüder nach Dresden zurück, sehr vergnügt, ihren Zweck erreicht zu haben. Dass Münchmeyer mich weder aufgesucht noch mir die Stelle angetragen habe, sondern dass ich nach Dresden gekommen sei, mir Arbeit zu erbitten, ist **Lüge**! Die hundert Kilometer, die er mit seinem Bruder daransetzte, um mich zu sehen und mir die Annahme der Stelle plausibel zu machen, sind nicht wegzubringen. Das Wort ist fett gedruckt; ich habe also Zeugen.

Auch die Behauptung, dass ich nicht hätte Redakteur sein können, ist eine **Lüge**! Sie lässt sich nicht mit Unwissenheit entschuldigen, denn vor Gericht soll man wohl prüfen, bevor man spricht. Es kann mich keine Polizei und keine Aufsicht verhindern, Redakteur zu sein, denn es steht ganz in meinem Belieben, ob ich selbst zeichnen oder einen anderen zeichnen lassen will, und ein politisches Blatt ist der „Beobachter an der Elbe" ja nicht gewesen. Sogar ein Stadtverwiesener könnte über die Grenze herüber redigieren. Übrigens sollte ich bald sehr froh darüber sein, dass ich mich als Schriftsteller, nicht aber speziell als Redakteur angemeldet hatte. Ich komme in kurzem hierauf!

Als ich in Dresden ankam, war es um die Mittagszeit und die Familie Münchmeyer saß beim Kartoffelbrei. Dieser war so dick, dass ich ihn bis heute noch nicht vergessen habe. Ich wurde aber nicht eingeladen, mitzutun, sondern Münchmeyer sagte mir, dass wir heute Abend ausgehen und etwas Besseres miteinander essen würden. Er zeigte mir die Geschäftsräume und dann ging ich, um mir eine

Wohnung zu mieten. Ich fand eine passende, die in derselben Straße lag. Dass ich gleich anfangs bei Münchmeyers in einem „Stübchen" untergebracht worden sei, wie aus reinem Mitleid, und „eine Art von Gehalt" bezogen habe, ist eine doppelte **Lüge**!

Hierauf trat ich, also nach der Mittagspause, sofort meine Stelle an, mit guten Hoffnungen und noch besseren Absichten. Der Beginn war eines derartigen Geschäfts würdig. Mein Vorgänger hatte die für das Münchmeyersche Blatt bestimmten Manuskripte mitgenommen. Münchmeyer hatte Angst vor ihm und bat mich, zu ihm zu gehen und sie mir geben zu lassen. Ich tat es mit Begeisterung, wurde aber von Herrn Otto Freitag zum Ruhm Heinrich Münchmeyers mit noch größerer Begeisterung zur Tür „herausgeschmissen"; so wenigstens drückte sich dieser liebenswürdige Herr aus, obgleich diese eilige Beförderung nur durch Worte angeregt, nicht aber mit Hilfe der Gliedmaßen bewerkstelligt wurde. Ich behielt die Gefährlichkeit des Hausfriedensbruchs im Auge und im Herzen und ging still fort, um dem „Heinrich" – denn so wurde H. G. Münchmeyer meist genannt – einige vertrauliche Winke zu erteilen, die ich hier nicht wiederholen will.

Natürlich ließ ich mir nun vor allen Dingen das Blatt vorlegen, dessen neuer Redakteur zu sein, ich die Ehre hatte. Als ich es sah und seinen Inhalt überflog, erschrak ich. Es war ein Unterhaltungsblatt höchst niedrigen Ranges, für Kolportageleser à la „Hexe von Dresden" oder „Die Windmühle auf dem Galgenberge". Und nicht nur das, sondern ich bemerkte auch sehr bald, dass mit diesem Blatt in einer Weise manipuliert und den Lesern Sand in die Augen gestreut wurde, die ich nicht anders als mit dem Wort „Schwindel" bezeichnen konnte. Dieses Blatt hieß nämlich nur für hier bei uns „Der Beobachter an der Elbe". Für Wien, Köln, Frankfurt usw. wurde es „Der Beobachter an der Donau, am Rhein, an der Mulde, an der Tauber" usw. genannt. Münchmeyer rühmte sich, diesen

„Geschäftstrick" selbst erfunden zu haben und durch ihn sehr gute Geschäfte zu machen, weil zudem meist der betreffende Kolporteur als Verleger angegeben und dadurch an jedem Ort der Glaube erweckt wurde, dass man es mit einem einheimischen „Beobachter" zu tun habe, der nur bringe, was dort Interessantes geschehe.

Es lässt sich denken, wie wenig mir dies passte. Ich sah mich da als Redakteur von vierzig oder fünfzig Kolporteuren, welche sich einbildeten, Verleger zu sein und mir Vorschriften machen zu können. Diese Vortäuschung nicht existierender Verhältnisse konnte sehr leicht zu polizeilichen, wohl gar auch strafgerichtlichen Unannehmlichkeiten führen. Hierzu die Wertlosigkeit, ja sogar Gefährlichkeit des Inhalts – – – kurz, mir ahnte gleich an diesem ersten Tag, dass meines Bleibens hier nicht lange sein könne, falls der „Heinrich" sich nicht bewegen lasse, Änderung zu treffen. Heute freilich sagte ich noch nichts; ich hatte mich zunächst nur erst zu orientieren.

Am Abend dieses ersten Tages erklärte mir Münchmeyer, dass wir, wenn es mir recht sei, von jetzt an allabendlich ausgehen würden, um, meist mit seinem Bruder Fritz, eine Partie Billard oder Skat zu spielen. Ich willigte ein. Wir gingen nach der Ammonstraße. Dort gab es, wo er früher gewohnt hatte, eine kleine Wirtschaft mit Billard. Als wir in die Stube traten, stellte er mich den anwesenden Gästen, die meist Handwerker waren, mit den Worten vor: „Meine Herren, mein neuer Redakteur, Herr Doktor Karl May!" Es wurde zunächst gespielt. Dann hielt der „Heinrich" Wort: Wir aßen etwas Besseres als Kartoffelbrei miteinander; er bestellte drei Rumpsteaks, sein Lieblingsessen, eins für den „Heinrich" eins für den „Fritz" und eins für mich. Der „Fritz" trank schweres Bier, und zwar mit großem Fleiß und noch größerer Innigkeit. Bei jedem frisch gefüllten Glas gewann er mich lieber. Ich weiß nicht, beim wievielten machte er Brüderschaft mit mir und versicherte dabei, dass er zwar nur Schneidergeselle gewesen, aber trotzdem zehnmal gescheiter sei als alle anderen Leute. Der „Heinrich" sei Zimmergeselle gewesen und nur durch ihn, den Schneider, ein reicher Mann geworden. „Du bist ein Schaf, ein albernes!", fuhr ihn da der „Heinrich" an und blinzelte heimlich mit den Augen zu ihm herüber. Da schaute der „Fritz" erschrocken vor sich nieder und war von nun an, bis wir gingen, still. Die Bedeutung dieser Szene wurde mir erst später klar, als ich gelernt hatte, verschiedene Gerüchte zu vergleichen.

Auf dem Nachhauseweg fragte ich Münchmeyer, wie er dazu gekommen sei, mich Doktor zu nennen. Das sei so Sitte, sagte er. Jeder bessere Schriftsteller, besonders aber jeder Redakteur sei so zu nennen. Ein kluger Verleger müsse das fordern, damit sein Redakteur von den Abonnenten und die es werden sollen, für ein gescheiter Kerl gehalten werde. Wer sich diesen Titel nicht gefallen lasse, der mache dem Geschäft Schaden; er werde mich also öffentlich immer „Doktor" nennen, unter vier Augen aber stets nur „lieber Karl". Ich war geistesgegenwärtig genug, dies ebenso rührend zu finden wie „Fritzens" Brüderschaft, erhob aber dennoch weiteres Bedenken gegen den „Herrn Doktor". Da versetzte „Fritz" mir einen vehementen Rippenstoß und schnauzte mir in das Gesicht: „Bis nich dumm Esel! Waste nicht verschtehst, darüber haste nich zu reden!" Ich fand keine Zeit, über diese Art und Weise meines neuen Duzbruders zu erstaunen, denn er fügte einen zweiten Rippenstoß hinzu und zu gleicher Zeit erklärte mir der „Heinrich" lachend: „Da haben Sie's! Der Fritz ist der größte Grobsack, den es gibt; das müssen Sie sich merken; aber Recht hat er; es bleibt dabei! Es kann da kein Gericht und keine Polizei etwas dagegen haben, denn jedermann weiß, dass wir damit den ‚anstudierten' Doktor gar nicht meinen."

Ich war also gezwungen, mich gleich an meinem ersten Abend in Dresden mit dieser ganz unverhofften, „nicht anstudierten" Würde schlafen zu legen. Ich wurde infolgedessen von jedermann Doktor genannt, auch von Frau Münchmeyer und ihren Töchtern, sofern ich mit ihnen sprach. Gegenteilige Behauptungen sind **Lügen!** Übrigens hatte Münchmeyer ganz richtig charakterisiert: „Fritz" war grob. Oder vielmehr, er war noch gröber als grob. „Heinrich" aber liebte es, für „fein" gehalten zu werden. In vertraulichen Augenblicken gab er zu, dass dies „der Speck sei, mit dem man Mäuse fange"; besonders als Kolporteur habe man das zu wissen und zu üben. Er sagte das aus eigener Erfahrung.

Nun habe ich zunächst einige der Hauptpersonen zu nennen, mit denen ich es zu tun bekam. Dass der „Heinrich" ein Zimmergeselle und der „Fritz" ein Schneidergeselle gewesen war, wurde bereits gesagt. Sie stammten vom Lande. Was sie konnten, hatten sie in der Dorfschule gelernt. „Heinrich" hatte seine weitere Ausbildung, besonders „das Feine", den damals viel gelesenen Kolportageromanen „Die Gräfin mit dem Totenkopfe" usw. entnommen. Er hatte auf dem Dorf Tanzmusik gemacht, Klappenhorn geblasen, Violine gegeigt und einige Zeit beim Militär gestanden. Er strebte sowohl nach Bildung wie auch nach Geld, besonders durch Kloster-, Gespenster-, Ritter-, Räuber-, Mord- und Liebesromane. Darum wurde er Kolporteur. Er hatte Geschick dazu, besonders wegen – – das Feine! Er konnte ganze Reden auswendig, die irgendein Graf, eine Fürstin, eine sterbende Braut, ein vergifteter Pfarrer oder ein verloren gegangenes Edelfräulein in irgendeinem Schauerroman gehalten hatte. Mit solchen Waffen ausgerüstet, zog er auf Kolportage aus und siegte Schritt für Schritt. Auf diesen Wanderungen von Stadt zu Stadt, von Dorf zu Dorf lernte er ein Dienstmädchen kennen, welches sich zur Kolportage und zum „Heinrich" hingezogen fühlte. Sie folgte ihm und heiratete ihn. Sie hieß Pauline und war eine geborene Ey, genauso wie ihre Schwester, die aber Minna hieß. Die Mutter dieser Töchter lebte noch, der Stiefvater auch. Dieser hieß „Der alte Reuter". Ich habe ihn sehr geachtet. Er war ein außerordentlich braver

Mann, der sich seiner Stieftöchter weit mehr annahm, als er eigentlich verpflichtet war. Er wohnte, als ich die Redaktion übernahm, mit der Frau und der unverheirateten, aber bereits sehr ältlichen Tochter im Münchmeyerschen Seitengebäude und war zu jeder, auch der schlechtesten Arbeit willig.

Wir haben nun also einen „Heinrich", einen „Fritz", eine „Pauline", eine „Minna", eine „alte Reutern", einen „alten Reuter" und einen „lieben Karl". Der Letztere war ich. Weil ich aber nur vertraulich so genannt wurde, öffentlich hingegen „Herr Doktor", so erwähne ich es nur, um mein Verhältnis zum Verleger zu bezeichnen. Diesen Namen ist noch ein sehr wichtiger, ein „Wilhelm" beizufügen. Das war der Buchdrucker Gleissner, ein fast über seine Kräfte arbeitsamer, höchst brauchbarer, gewissenhafter Mann, dem Münchmeyer zur größten Dankbarkeit verpflichtet war, denn ohne den unausgesetzten Beistand dieses klugen, umsichtigen und außerordentlich treuen Geschäftsmanns wäre Münchmeyer ohne alle Frage geblieben, was er war. Gleissner war die Seele des Geschäfts. Er konnte alles, entdeckte stets Neues, war vorsichtig, doch unternehmend und wusste überall Rat. Es fehlte ihm nur eines, seinen eigenen Weg zu machen, nämlich das selbstbewusste Auftreten, das Imponieren, die Suada[1], der Kothurn[2]. Es war ihm nicht gegeben, jemand zu überreden; darum blieb er stets im Hintergrund. Der „Heinrich" aber besaß das alles in hohem Grade; er hatte es sich auf seinen Kolportagewanderungen angeeignet. Er verstand es ausgezeichnet, die Gedanken anderer als die seinigen auszumalen und sich nutzbar zu machen; er stand stets vorn, im Licht. Man glaubte ihm; ja, gewöhnliche Menschen glaubten ihm sogar mehr als sich selbst. Darum brachte es

---

[1] Griech.: Redeschwall

[2] Spezieller hoher Bühnenschuh der Schauspieler in der Antike, hier als Symbol für Renommiergehabe aufzufassen.

Gleissner zu nichts, trotz aller guten Ideen. Münchmeyer aber wurde reich, denn er sagte, sie seien von ihm, und führte sie aus. Was ich bei Münchmeyer durchsetzte, erreichte ich nur dadurch, dass ich mich mit Gleissner verständigte; der trug es dem „Heinrich" hin und knetete es ihm in die Münchmeyersche Form. Dann kam der „Heinrich" zu mir, um mir zu meiner heimlichen Freude das, was ich wünschte, als seine eigene Gedanken an das Herz zu legen.

Wilhelm Gleissner hatte in Plauen i. V. eine Buchdruckerei gehabt und sich von Münchmeyer bestimmen lassen, mit seinen Maschinen nach Dresden zu kommen, denn beim Kolportagedruck sei da ein Vermögen zu erwerben. Er kam. Er arbeitete Tag und Nacht. Das Vermögen stellte sich ein, aber nicht bei ihm. Als ich ihn kennen lernte, wohnte er mit seiner zahlreichen, fleißigen Familie im Münchmeyerschen Hof, im Seitengebäude, in bescheidenen Verhältnissen. Ich bemerkte sehr bald, dass er die eigentliche, treibende Kraft des Verlegers war. Er schien hier nicht gefunden zu haben, was er erwartet hatte. Ich fühlte, dass ein Weh auf ihm lag, auf seiner braven Frau und auch auf seinen Kindern. Darum war ich lieb zu ihm und hatte ihn gern, er mich vielleicht wohl auch.

Schon in den ersten Tagen meiner Redaktionstätigkeit erfuhr und bemerkte ich, dass „der Wilhelm" eines ganz besonderen, aber keineswegs angenehmen Nebenamtes zu walten hatte; das war das Zustandebringen der sehr häufigen Münchmeyerschen Notanleihen. So oft ein Wechsel oder sonst eine Zahlung fällig, aber „der Heinrich" nicht bei Kasse war, konnte man, wie der damalige Ausdruck lautete, „den Wilhelm springen sehen", um Geld herbeizuschaffen. Das Borgen gehört nicht zum „Feinen", darum besorgte „der Heinrich" das nicht gern persönlich. Die Ableugnung dieser sich immer wiederholenden Geldverlegenheit ist einfach **Lüge!**

Ich weiß gar wohl, dass auch ein gut fundierter Geschäftsmann einmal in die Lage kommen kann, sich aushelfen lassen zu müssen; aber bei Münchmeyers geschah dies so häufig, dass es mir auffiel. Ich forschte nach den Gründen und fand ohne große Mühe deren zwei. Den einen begriff ich, als es mir trotz allen Eifers nicht gelingen wollte, mich in das Münchmeyersche Geschäft einzuleben. Es war wie absichtlich verschlossen, wie mit Brettern vernagelt. Es gab da nirgends einen klaren, durchsichtigen Punkt. Ich stieß überall auf etwas Heimliches, was nicht reden wollte. Jedermann tat so, als ob er irgendetwas zu verschweigen habe. Ob die Druckmaschinen dem „Heinrich" oder dem „Wilhelm" gehörten, konnte ich nie erfahren. Warum der „Fritz" die „Pauline" mit den gemeinsten Ausdrücken belegen und ihr täglich und öffentlich zeigen durfte, wie gründlich er sie verachtete, das war mir zunächst unerfindlich. Diese zwei Beispiele mögen genügen; es schien aber im ganzen Geschäft überhaupt keinen Menschen zu geben, der aufrichtige Auskunft erteilen durfte. Ich habe bestimmte Ziele, nach denen ich schon damals strebte. Da war es vor allen Dingen nötig, den Grund und Boden kennen zu lernen, den es hier bei Münchmeyers gab, und die Mittel, die mir zur Verfügung standen. Aber ich konnte nichts erfahren. Es war ein allgemeines Heimlichtun. Jeder hatte etwas zu befehlen; jeder hatte etwas zu sagen; jeder hatte etwas hineinzureden. Ich sah fast gar nichts mehr, was geeignet war, mir Freude zu bereiten.

Hieran konnte doch unmöglich nur die Kolportage schuld sein. Es ist ja zuzugeben, dass eine nichts weniger als erhebende Tendenz in ihr vorhanden ist; aber hier handelte es sich nicht um Tendenzen, sondern um längst fertige Zustände, deren Ursachen rein persönliche zu sein schienen. Vor allen Dingen bemerkte ich, dass es keine Buchführung gab. Es stand zwar einer da, dessen Arbeit es war, gewisse Einträge zu machen, aber ob er etwas von Buchführung verstand, das werden wir erst später untersuchen. Er hieß Jäger, heiratete Münchmeyers älteste Tochter, als diese sich von der Bühne verabschiedete, wurde nachmals angeblich Münchmeyerscher Prokurist und Firmenleiter, worauf er aber bald in einem Asyl für Trinker an Gehirnerweichung starb. Wie beträchtlich zur Zeit, von der ich rede, seine Kenntnisse in der Buchführung waren, geht aus dem Umstand hervor, dass ihm das Hauptbuch von einem siebzehnjährigen Lehrjungen „in Stand gesetzt und eingerichtet" werden musste. Ich habe es mir gefallen lassen, dass er mir im Prozess als Koryphäe gegenübergestellt worden ist, nehme nun aber Grund, ihn einmal aufmerksamer zu betrachten. Heinrich Münchmeyer, der frühere Zimmergeselle, der niemals als Buchhändler oder Kaufmann gelernt hatte, ist doch wohl nicht im Stande gewesen, Fachleute auszubilden und sich in diesem Mann einen wirklichen Buchhändler und firmen Kaufmann heranzuziehen. Ist Jäger in Wahrheit eine solche Kapazität gewesen, wie er hingestellt wird, so muss er vor allen Dingen dafür gesorgt haben, dass die Buchführung seines nicht fachmännisch gebildeten Schwiegervaters und seiner noch weniger genügenden Schwiegermutter wenigstens den gesetzlichen Vorschriften entsprach, sodass nicht noch nachträglich eine Bestrafung zu erfolgen hat. Wir werden ja nun bald sehen, ob dies der Fall ist. Unwissenheit kann doch unmöglich straffrei machen! Übrigens wurde mir von einwandfreier Seite mitgeteilt, dass gewisse Buchungen unterlassen worden sind, damit später keine Beweise vorhanden seien. Ich werde diese Zeugen nennen.

Diese Mangelhaftigkeit der Buchführung war das Hauptübel, durch welches die anderen alle erst ermöglicht wurden. Weil nichts bewiesen werden konnte, durfte Münchmeyer alles behaupten, was ihm beliebte. Und jeder andere machte ihm das nach. „Sie mausen alle wie die Raben", pflegte er zu sagen. „Ich weiß es, aber ich kann es ihnen nicht nachweisen und sie nicht erwischen!" Das führte zu der geschäftlichen Undurchsichtigkeit, von der ich gesprochen habe. Münchmeyer gab niemals glatte Auskunft über seine Geschäftsverbindungen, weil sonst Dinge an den Tag gekommen wären, die niemand wissen sollte. Seine Leute machten ihm das nach. Da spielte ein jeder mit seinen eigenen Karten und trieb seine eigene Wirtschaftspolitik. Es gingen ganze Wagenladungen von defraudierten[1] Dingen aus dem Haus. Wer davon wusste, sprach aber nicht davon, denn keiner verriet den andern. Daher das immer während Bemühen durch das ganze Geschäft, einander zu mystifizieren, am allermeisten aber den „Heinrich" und die „Pauline".

Die Letztere ganz besonders, denn ihr Geiz forderte geradezu dazu heraus, zumal ihr sonderbarer Stolz die Leute von ihr abstieß. Hierzu kam der eigentümliche Ruf, in dem sie stand, ein Ruf, der keineswegs geeignet war, die Arbeiter und Arbeiterinnen in der Ehrlichkeit zu bestärken. Das Wort Münchmeyers von den „mausenden Raben" erweckte in den Leuten ein Echo, welches zwar nur heimlich erklang, doch umso erbitterter und verächtlicher. Man meinte damit „die Pauline". Das ist ein Punkt, den ich nur höchst ungern berühre, aber doch berühren muss, und zwar ausführlicher, als ich wohl wünsche. Denn hier liegt ganz ohne allen Zweifel im Münchmeyerschen Geschäft die schmutzige Stelle, von welcher aus jeder höhere Aufschwung niedergehalten und das Niveau des Verlages sogar noch unter den Ausdruck „Kolportage" herabgedrückt worden ist. Ich meine den Geiz, der die Grenzen der Sparsamkeit längst verlassen hat und auch bei der Habsucht noch nicht stehen bleibt, sondern nicht eher ruht, als bis er zur Gier, zur Geldgefräßigkeit geworden ist. Ob diese Gier das Geld für sich selbst zusammenscharrt oder für die Kinder, das ist sowohl für die, denen es entzogen, als auch für die, denen hierdurch ein verführerisches Beispiel gegeben wird, gewiss sehr gleich. Wenn eine Frau ebenso heimlich wie auch unheimlich für sich und die Kinder al-

---

[1] Defraudation = Unterschlagung

les zusammenscharrt, was sich erreichen lässt, so treibt sie den Mann in förmliche Angst, die entstandenen Lücken immer wieder auszufüllen. Ob er in dieser Angst die Grenzen des Erlaubten überschreitet oder ob er, an dieser Grenze angekommen, ihrer Habsucht Einhalt gebietet, das hängt davon ab, wer die größeren Fäuste macht, er oder sie. Ich komme hierauf später noch zu sprechen.

Zunächst fiel es mir auf, dass „der Heinrich" auch bat, falls ich einmal mit einem Schriftsteller ein besseres Honorar vereinbare, „der Pauline" ja nichts davon zu sagen. Er begründete das mit den Worten: „Ich bekäme da schlechte Ehe, denn die will alles haben, aber nichts geben." Das machte mich aufmerksam und ich beobachtete die Frau. Sie stand fast den ganzen Tag im Geschäft, doch ohne etwas sichtlich Notwendiges zu machen. Aber sie beaufsichtigte das eingehende Geld, bejammerte das ausgehende und passte auf, dass niemand während der Arbeit eine Pause machte. Als ich Briefmarken für die Redaktion verlangte, mutete sie mir zu, ihr die Briefe vorzulegen; sie werde die Marken selbst darauf kleben. Da frankierte ich aus meiner eigenen Tasche.

Hierauf sagte man mir, dass „der Heinrich" so häufig in Geldnot sei, weil „die Pauline" die Geschäftskasse bestehle. Ich wollte das nicht glauben. Ich hielt es für unmöglich, dass eine Frau ihrem Mann das Geld heimlich aus der Kasse nehmen könne. „Bis nich dumm!", lachte mich „der Fritz" aus, den ich fragte. „Bei so 'ner Buchführung!" – – „Und ‚der Heinrich', was sagt denn der dazu, wenn er es merkt?", erkundigte ich mich. – – „Das geht dich nischt an", antwortete er, „das machense mit'nander ab, aber laut!" Das klang zwar höchst drastisch, schien aber der Wahrheit zu entsprechen zumal der „Pauline" alles Kräftige gern zuzutrauen war. Sie hatte berufsmäßig gewaschen und gescheuert, war jahrelang mit kolportieren gegangen, wusch und scheuerte heute noch alles selbst, sogar die Treppen, und lieferte in Gedanken, Worten und Werken eine

Hausmannskost, die keineswegs vom feinsten Mehl gebacken wurde. Mein Zweifel begann also zu wanken, besonders auch deshalb, weil ich von dem Stiefvater und der Mutter der „Pauline" Bemerkungen hörte, aus denen ich zu schließen hatte, dass sie in Beziehung auf das heimlich verschwindende Geld die Vertrauten ihrer Tochter seien. Noch Deutlicheres hörte ich eines Tages vom „Wilhelm". Er sollte wieder einmal Geld borgen gehen, war zornig hierüber und sagte, dass so etwas gar nicht nötig wäre, wenn „die Pauline" sich nicht heimlich an der Kasse vergriffe und das Geld in den Kohlenkeller trüge, um es dort zu verstecken. Volle Gewissheit aber bekam ich kurze Zeit hierauf durch „die Pauline" selbst.

Ich saß in meinem Zimmer und schrieb. Da kam sie herein, ohne anzuklopfen, im höchsten Grade aufgeregt. „Sie müssen mich retten, Sie müssen mich retten, Herr Doktor. Mein schönes Geld!", jammerte sie. – – „Was denn für Geld? Was meinen Sie?", fragte ich. – – „Der Wechsel, der heute fällig ist. Er leugnet mir ihn ab. Ich gebe Ihnen ein gutes Geschenk, ein großes Geschenk, wenn Sie mir dazu verhelfen, dass ich nichts verliere. Mein Geld, mein Geld, mein vieles, schönes Geld!" – Ich fragte nun nach und nach aus der alterierten Frau heraus, dass sie heimlich Geld auf Wechsel verborgt hatte. Es war eine bedeutende, vierstellige Summe. Sie hatte den Wechsel sehr gut versteckt, nur wusste sie nicht mehr, wo. Heute war er fällig. Sie suchte ihn überall, fand ihn aber nicht. Da ging sie ohne Wechsel, um sich das Geld zu holen. Als der Schuldner hörte, dass sie das Papier verloren habe, stellte er sich unwissend und leugnete den Wechsel einfach ab. Sie war starr hierüber und wurde grob; da wies er sie hinaus. Nun wusste sie sich keinen Rat und kam zu mir, dass ich ihr helfen möge. Ich tat das Einfachste und Richtigste, was geschehen konnte: Ich forderte sie auf, die Sache Herrn Münchmeyer zu erzählen; der werde ihr am besten helfen können. Da schlug sie erschrocken die Hände zusammen und schrie mir ins Gesicht: „Sie sind wohl nicht gescheit? Wenn der erfährt, dass ich ihn heimlich bemause und das Geld hinter seinem Rücken verborge, da schlägt er mich doch tot! So ein Mann darf doch gar nicht wissen, wie viel unsereins für die Wirtschaft und für die Kinder braucht!"

Sie ließ sich eines Besseren nicht belehren; sie blieb dabei, dass ihr Mann um keinen Preis etwas erfahren dürfe, und so sah ich mich denn wohl oder übel gezwungen, mich der fatalen Sache anzunehmen. Ich suchte den Schuldner auf und es gelang mir, ihn so weit zu bringen, dass er nicht mehr leugnete. Es sei im Scherz geschehen, aber Geld habe er heute freilich nicht. Er akzeptierte einen neuen Wechsel, der auf einen späteren Termin lautete. Da bekam „die Pauline" denn richtig ihr Geld. Das verlorene Papier fand sich sodann in der alten Wäsche. Von meinem guten Geschenk, meinem großen Geschenk aber hat das Schicksal bis zum heutigen Tag geschwiegen!

So waren die Diebstähle also wahr. Und das Schlimmste für mich, ich war Mitwisser geworden, Mitschuldiger, Hehler! Die giftige Säure hatte auch mich schon ergriffen! Und ich hatte mir doch so Gutes, so Hohes, so Edles vorgenommen gehabt! Nun gehörte ich zu all den anderen, die längst schon wussten, wohin das viele Geld verschwand, und es dennoch verschwiegen. Ich war um keinen Deut besser als sie! Oder sollte ich es dem „Heinrich" verraten? War es meine Pflicht, es ihm zu sagen? Das gefährlichste Gift ist das, für welches man weder ein Ja noch ein Nein zu finden weiß! Ich fühlte mich schuldig, hatte ein böses Gewissen und konnte doch nicht anders. Hierzu kam als ebenso tiefe innere Schädigung, dass es mir, wie sich von selbst versteht, von Stund an nicht mehr möglich war, diese Frau als das zu achten, was sie zu scheinen, sich alle Mühe gab. Und da sie sich derart in alles drängte, dass es sich ganz von selbst verbot, sie einfach zu ignorieren, so waren mir alle meine guten Absichten, mit denen ich gekommen war, mit einem Mal verleidet.

Wer die ersten Kapitel des vorliegenden Buches gelesen hat, der weiß, dass es für mich höchst triftige Gründe gab, nur mit Personen zu verkehren, deren guter Ruf und deren Ehrlichkeit außer allem Zweifel stand. Wie aber sprach hier jedermann von der Prinzipalin des Geschäfts! Und wie ernst, ja wie gefährlich war es gerade für mich, von ihr in das schlimmste Vertrauen gezogen und dadurch zum Mitschuldigen gemacht worden zu sein! Als die Eltern von ihr erfuhren, dass ich mich ihrer angenommen hatte, wurden sie mitteilsamer gegen mich. Auch ihre Schwester, „die Minna", war wohlunterrichtet. Ich wurde als Vertrauensmann behandelt und gewann dadurch ein höchst überraschendes Bild von dem Bienenfleiß, mit welchem „die Pauline" schon seit Jahren hinter dem Rücken ihres Mannes für künftige Schwiegersöhne gesammelt hatte. Denn das war ja die Spannfeder, der sie gehorchte: vornehme Schwiegersöhne, die ihre reiche Schwiegermutter hofieren, koste es, was es wolle! Der Mann muss es schaffen, und was er schafft, nimmt man ihm heimlich weg, damit er es ja nicht etwa wieder verspekuliere! Es hatte sich sogar einmal ereignet, dass die in den Kohlenkeller geschaffte Summe zu schwer gewesen war. Da riss das Schürzenband entzwei und das Geld verschüttete sich klirrend über die Treppe. Zeugen hierzu sind heute noch da; sie wünschen hierüber vernommen zu werden. Dieses Klirren wurde berüchtigt; jedermann sprach davon. In welcher Weise Münchmeyer selbst über diese Kassendiebstähle geklagt und einzelne Summen sogar bis auf 40.000 Mark angegeben hat, davon später, denn jetzt habe ich zunächst noch auf etwas anderes zu kommen.

Ich meine den schamlosen „Venustempel", den man unmöglich übergehen kann, wenn von dem „Heinrich" und der „Pauline" überhaupt die Rede ist. Dieses Werk ist derart charakteristisch für diesen Mann und diese seine Frau, dass man etwas Treffenderes wohl kaum finden könnte. Es existierte schon lange Zeit vorher, ehe ich die Redaktion übernahm, und wurde in den ersten Wochen sorgfältig vor mir geheim gehalten. Ich sollte nur nach und nach sehen, in welch einem Nest ich steckte. Auch andere Schundwerke, so genannte Schauersachen wie z. B. das „schwarze Buch" usw. schob man mir nicht sogleich zur Betrachtung hin.

Eines Tages veranlasste mich Münchmeyer, in die Stadt zu gehen und einige Aufträge für ihn zu besorgen. Er hatte das sehr eilig, obgleich es sich um gar nichts Wichtiges handelte. Das fiel mir auf. Es schien, als ob er mich für einige Stunden aus dem Geschäft zu entfernen wünsche. Ich spioniere nie, beeilte mich also keineswegs, hielt mich aber auch nicht länger auf, als nötig war, und kam darum weit eher heim, als er erwartet hatte. Er geriet dadurch in hohe Verlegenheit, denn es gab da eine Menge Polizisten, die nach etwas suchten, was sie nicht finden sollten. Er hatte, auf welche Weise, das ist mir unbekannt, erfahren, dass heute bei ihm der berüchtigte „Venustempel" konfisziert werden sollte. Er kannte sogar die Zeit, in welcher die Polizei kommen würde, um hauszusuchen, und hatte seine Vorkehrungen getroffen. Vor mir schämte er sich über diese sittenpolizeiliche Maßnahme gegen ihn. Ich sollte nichts davon wissen, sollte es wenigstens erst dann erfahren, wenn es vorüber sei. Darum hatte er mir die Aufträge gegeben, um mich fern zu halten. Außerdem traute er weder meinen Augen noch meiner Ehrlichkeit. Nämlich, wenn er mich nicht veranlasste, fortzugehen, so hätte ich bemerken müssen, was in den Räumen hier für Veränderungen vorgenommen worden waren, um die gesuchten „Venustempel" zu verstecken. Er war überzeugt, dass ich die Polizei auf keinen Fall belügen würde, wenn sie auf den Gedanken käme, sich bei mir zu erkundigen. Ich war ihm also so gefährlich, dass er mich unbedingt wieder zu entfernen hatte. Er kam, als er mich eintreten sah, auf mich zugeeilt und bat mich, wieder fortzugehen; er werde mir später sagen, warum; jetzt habe er keine Zeit. Ich ging und erfuhr dann erst am Abend, um was es sich gehandelt hatte. Doch teilte man mir das nur so im Allgemeinen mit. Ausführliches erfuhr ich erst später, als ich die „Minna" heiraten und also der Schwager des „Heinrich" und der „Pauline" werden sollte. Da glaubte man, mich in das Vertrauen ziehen zu müssen; ich erfuhr nach und nach alles, was andere Leute nicht wussten, und wurde auch in die so glücklich überstandene Venustempelaffäre eingeweiht, wenn auch erst nachträglich.

Ich habe im vorigen Kapitel bei Gelegenheit meines Gurlittbriefes über diese Affäre einiges gebracht, was ich noch einmal durchzulesen bitte. Bezeichnend ist, dass es im Münchmeyerschen Geschäft überhaupt Vexierriegel gab. Ich stelle ganz dahin, ob so etwas bei ehrlichen Leuten nötig ist! Bezeichnend ist ferner, dass man von dem Eintreffen der Polizei, sogar von der Zeit, in der dies geschehen sollte, genau unterrichtet worden war. Das konnte nur auf dem Wege der Bestechung resp. durch den Verrat des Amtsgeheimnisses geschehen sein! Ob diese gesetzeswidrige Verbindung zwischen der warnenden und der zu warnenden Seite von Mann zu Mann oder von Frau zu Frau bestand, habe ich hier nicht zu untersuchen. Jedenfalls ist das Letztere vorzuziehen, und es muss konstatiert werden, dass „die Pauline" in ganz hervorragender Weise mit bemüht gewesen ist, die Dresdner Polizei in geradezu raffinierter Weise zu betrügen. Dass z. B. die „Venustempel" sogar auch unter die Betten der Kinder versteckt wurden, geschah nur von weiblicher Hand. Es heißt mehr, als man denkt, eine solche Menge von Büchern zu verstecken, sodass sie nicht gefunden werden können. Die Dresdner Polizei ist doch als sehr intelligent bekannt, aber der „Heinrich" und die „Pauline" waren ihr über. Man glaubt gar nicht, wie unfehlbar das wohlgeübte Münch- und Biedermeyersche Gesicht wirkt, welches der „Pauline" von ihren Kolportagewanderungen her noch zur Verfügung steht, sobald sie es nur braucht! Auch bedenke man, dass die gesuchten Bücher fast überall steckten und also fast das ganze Personal in das Vertrauen gezogen, das heißt, veranlasst werden musste, an der Nase mitzuarbeiten, welche den Vertretern der öffentlichen Sittlichkeit gedreht werden sollte. Das ist ein böses Gift, welches niemals ruht, sondern unaufhaltsam weiterfrisst!

Man war es aber bei Münchmeyers schon gewohnt, dieses niederträchtige, gemeinste aller Gifte. Jeder Arbeiter und jede Arbeiterin wusste, dass es polizeilich verboten war, und doch arbeitete man an seiner Herstellung vor aller Augen mit größtem Fleiß weiter. Mir war es bis zur Haussuchung verborgen geblieben; dann aber beeilte ich mich, es kennen zu lernen, und gestehe aufrichtig, dass ich niemals etwas so Ordinäres gesehen habe oder noch sehen werde! Der „Venustempel", später auch noch „Buch der Liebe" genannt, war ein Buch, welches auf die allergemeinste Sinneslust spekulierte. Die jedem Heft beigegebenen phrynischen[1] Buntdruckbilder waren nackt und frech im höchsten Grade. Hunderte von Textzeichnungen illustrierten die Begattung und ihren Verlauf in jeder, sogar der unnatürlichsten Weise. Und damit für den „Heinrich" und die „Pauline" sogar noch aus den allerschlimmsten Folgen dieser Verführung zur Unzucht Nutzen springe, war dem „Venustempel" eine Hausapotkeke mit denjenigen Antisyphilitika beigegeben, die niemals heilen, sondern nur vorbeugen und darum hundertfach gefährlich sind, weil sie dem Betrogenen vortäuschen, dass er ohne Schaden weiter sündigen könne.

Dieses scheußliche Machwerk wurde zu vielen Tausenden gedruckt und zu teurem Preis versandt. Jeder Arbeiter und jede Arbeiterin des Münchmeyerschen Geschäfts hatte damit zu tun. Diese Leute nahmen es bogenweise mit nach Hause. So kam das Gift in die Familien. Bei Münchmeyers lagen die Hefte und Abbildungen in den Stuben herum.

---

[1] Phryne = Hetäre

Die Kinder, es waren vier Mädchen, studierten mit Eifer die Figuren. Die Mutter las sehr häufig in dem Buch. Sie erklärte es für ihr allerschönstes, bestes Werk, denn es bringe sehr viel Geld ein und sei höchst interessant und nützlich. Wahrscheinlich interessierte sie sich besonders für denjenigen Teil, der mit *„Procuratio abortus"* überschrieben war. Wir kommen hierauf zurück, wenn es gilt, zu hören, was sowohl der „Heinrich" als auch der „Fritz" hierüber ganz öffentlich von der „Pauline" erzählt haben. Zeugen sind noch heut vorhanden.

Man bedenke, welch ein Fluch dieses Schandwerk für alle, die es kauften, auch für ihre Bekannten, für ihre Frauen und Kinder gewesen ist! Welche Moralität und welche Unersättlichkeit des Geldhungers gehört dazu, dass ein Weib, eine Frau, eine Mutter von vier Töchtern im Stande ist, so etwas nicht nur schön, sondern auch noch nützlich zu finden, weil es viel, sehr viel Geld in die Kasse bringt! Ich geniere mich nicht, hier ganz öffentlich zu sagen, dass mir ein weibliches Wesen, welches sich mit diesem Buch beschäftigt hätte, für immer ein Gräuel sein würde. Ich möchte sie nicht berühren, zur Frau nehmen aber auf keinen Fall! Man wird bald sehen welchen Grund diese meine Erklärung hat.

Und man glaube ja nicht, dass der so raffiniert schlau abgeschlagene Konfiskationsversuch der Dresdner Polizei eine Einstellung der Venustempel-Fabrik zur Folge gehabt habe. O nein! Zunächst herrschte allgemeine Freude über die bewährte Pfiffigkeit. Nicht nur in der Fabrik, sondern auch in deren Nachbarschaft konnte man erzählen hören, in welcher Weise die Behörde „gemünchmeyert" worden sei. Das so schon rote Gesicht der „Pauline" trug doppelte Farbe. Hierauf begann man nachzudenken und sich zu beraten. Man beschloss, den „Tempel" flott weiter zu drucken, aber vorsichtiger zu sein. Er wurde fortan nur noch unter Siegel versandt, und wer die Verhältnisse und das betreffende Publikum kennt, der weiß, dass nichts so sehr wie gerad dieser Umstand geeignet war, Reklame für das Buch zu machen. Ich aber war nach diesen Erfahrungen sehr froh, dass ich mich im Einwohneramt nicht als Münchmeyers Redakteur, sondern ganz allgemein nur als Schriftsteller angemeldet hatte. Es gehört eine bedeutende Unkenntnis der Verhältnisse oder eine höchst verwerfliche Absichtlichkeit dazu, diesen für mich so günstigen Umstand jetzt nun prozessualisch in einen ungünstigen verwandeln zu wollen.

Um nun auf den Hauptpunkt zurückzukommen, nämlich auf den „Beobachter an der Elbe", der mein eigentliches Arbeitsfeld bedeutete, so hatte ich ihn nun vollständig durchgeprüft und war zu dem Entschluss gekommen, den „Heinrich" vor eine Alternative zu stellen. Er hatte mich durch sein Lob dieses Blattes bestimmt, die Redaktion desselben zu übernehmen. Hätte ich das gewusst, was ich nun wusste, nämlich dass es so wenig oder gar nichts taugte, so wäre es mir gar nicht eingefallen, diese Stelle anzunehmen. Ich forderte ihn also auf, entweder mich zu entlassen oder den „Beobachter" aufzugeben, um ein neues besseres Blatt an seiner Stelle zu gründen. Ich könne mich unmöglich an dem Weitererscheinen eines solchen Schunds beteiligen, sei aber bereit, nicht nur eines, sondern sogar zwei höher stehende Journale zu gründen und zu redigieren, nur aus reinem Interesse an der Sache und ohne eine Gehaltserhöhung zu verlangen.

Er war zunächst ganz still vor Betroffenheit. Dann sagte er, so etwas sei unmöglich. Als er aber sah, dass ich auf meinem Willen stand, meinte er, er wolle es sich überlegen. Ich suchte also den „Wilhelm" auf, um mich seines Einflusses zu versichern. Dieser verständige Mann gab mir in allem Recht. Seine Meinung war: Der „Heinrich" lässt sich gern als „fein" betrachten; er hat sogar Zeiten, in denen er gern für das „Höhere" schwärmt, besonders wenn einmal kein Wechsel fällig ist; den werden wir bald dahin bekommen, wohin Sie ihn haben wollen. Aber die „Pauline" ist das Bleigewicht. Die strotzt vor Geiz; die will nur

Geld. Der „Beobachter" bringt eine ganz annehmbare Summe ein und auf die wird sie wohl nicht verzichten wollen. Machen Sie sich auf einen Kampf mit ihr gefasst. Sie war Wasch- und Scheuerfrau und wird Wasch- und Scheuerfrau bleiben, auch in der Kolportage!

Es kam so, wie er gesagt hatte. Ich war der Ansicht, dass eines der beiden neuen Blätter ein unterhaltendes sein müsse, vielleicht mit dem Titel „Feierstunden" oder „Deutsches Familienblatt". Das andere aber habe ein belehrendes zu sein. Es fehle ein billiges Blatt für den gewöhnlichen Arbeiter, ein religiös und sittlich unanfechtbares Blatt, welches ihm einen innern Halt verleihe und ihn bewahre, in unzufriedene, demokratische oder überhaupt illoyale Hände zu fallen. Mein Augenmerk sei dabei besonders auf Berg-, Hütten-, Eisenarbeiter und dem verwandte Fächer gerichtet. Davon gebe es ja viele Hunderttausende, und wenn die Sache richtig angegriffen werde, so habe man einen nicht nur lohnenden, sondern auch rühmlichen Erfolg zu erwarten. Als passenden Titel schlage ich da „Schacht und Hütte" vor.

Nach einigen Tagen kam der „Wilhelm" mit dem „Heinrich" zu mir und gab mir einen lächelnden Wink. Der „Heinrich" sagte mir, dass er soeben mit dem „Wilhelm" über etwas sehr Wichtiges gesprochen habe, was er auch mir mitteilen wolle. Wir würden also heut Abend einmal nicht kneipen gehen, sondern einen Spaziergang in das Freie machen, weil das, was er sich ausgesonnen habe, etwas sehr Feines, sehr Edles und sehr Volksbeglückendes sei, wozu die reine Luft im großen Garten weit besser passe als der Tabakdunst in Wiedemanns Schankwirtschaft. Wir gingen also am Abend nach dem großen Garten, wo er mir eröffnete, dass er auf einen köstlichen Gedanken gekommen sei. Er wolle nämlich den „Beobachter an der Elbe" eingehen lassen und an dessen Stelle nicht zwei, sondern drei neue Blätter gründen, zwei unterhaltende und ein belehrendes. Sogar die Titel habe er schon fertig. Die unterhaltenden sollten „Deutsches Familienblatt" und „Feierstunden", das belehrende aber „Schacht und Hütte" heißen. Doch dürfe ich auch für das dritte Blatt keine Gehaltserhöhung verlangen, denn das sei das Einzige, womit er die „Pauline" herumkriegen könne, zu diesen Neuerungen ja zu sagen; eine Gehaltszulage würde alles verderben, und das sei sehr schade, weil besonders das Berg- und Eisenarbeiterblatt, wenn es richtig angegriffen werde, nicht nur einen lohnenden, sondern auch einen rühmlichen Erfolg erwarten lasse!

Wenn er gesehen hätte, wie ich heimlich schmunzelte! Ich ging natürlich gern auf alles ein, denn ob ich zwei Blätter redigiere oder drei, das war mir eins, und eine Gehaltserhöhung brauchte ich nicht, weil ich mir ja nebenbei als Literat ein schönes Geld verdiente. Ich schrieb gleich am nächsten Tag an eine Reihe hervorragender Schriftsteller und Schriftstellerinnen; sie sagten alle zu. Es waren berühmte Namen dabei, sogar eine Baronin, auch eine Gräfin von Gallwitz; so strahlte also „Heinrich" vor Stolz. Aber es ereignete sich das Wunder, dass diese Gräfin nach Dresden kam, um ihr Manuskript persönlich mit mir zu besprechen. Sie lud mich ein, im „Hotel Kronprinz", wo sie abgestiegen war, mit ihr zu speisen. Ich akzeptierte unter der Bedingung, dass auch Herr Heinrich Münchmeyer mitkommen dürfe. Sie erlaubte es. Als der „Heinrich" dann daheim erzählte, was alles aufgetragen, gegessen und getrunken worden war und dass ihn das keinen einzigen Pfennig gekostet hätte, da floss sogar der „Pauline" das Herz dermaßen über, dass sie nicht mehr auf den „Beobachter" bestand, der allerdings „für Gräfinnen nicht gut passte".

Ich wünschte, dass „Schacht und Hütte" mit einem einzigen Schlag durch ganz Deutschland und Österreich erscheine. Darum stellte ich die fünf ersten Nummern vollständig fertig zusammen, ließ sie drucken und trat mit ihnen eine Rundreise an, um sie – es sei mir der Ausdruck erlaubt – den Königen, Fürsten und Baronen der Berg-,

Hütten- und Eisenindustrie persönlich vorzulegen. Ich meine da Leute wie Krupp, Hartmann, Borsig und andere. Diese Reise dauerte mehrere Monate. Wohin ich kam, wurde ich gut aufgenommen. Überall sagte man mir, dass man ein derartiges, gegen den Unglauben und die Bestrebungen der Sozialdemokratie gerichtetes Blatt mit Freuden begrüße und seine Verbreitung warm befürworten werde. Es gab Fabrikzentren, wo infolge dieser Befürwortung von oben herab die Buchhändler gleich mehrere oder gar viele tausend Nummern bestellten. Ich kehrte schließlich infolgedessen mit einem Erfolg von über 200.000 festen Lesern nach Dresden zurück; wie jeder Kenner zugeben wird, etwas noch niemals Dagewesenes.

Nun war ich voller Begeisterung, die Versprechungen, die ich allen diesen großen Industriellen gemacht hatte und die von ihnen so bereitwillig geglaubt worden waren, zu erfüllen. „Schacht und Hütte" sollte ein Arbeiterblatt werden, wie es noch nirgendwo je eines gegeben hatte. Ich war am Abend heimgekommen und ging am Morgen ins Geschäft. Da traf ich zunächst den „Wilhelm". Er begrüßte mich erfreut und bat mich, nicht zu erschrecken. „Warum, worüber?", fragte ich. „Das werden Sie sehen", antwortete er; mehr war aus ihm nicht herauszubringen. Ich ging also zum „Heinrich", der mich unendlich warm begrüßte und mir sagte, dass er mit den drei neuen Blättern, besonders aber mit „Schacht und Hütte", ein geradezu glänzendes Geschäft machen werde, teils weil ich die Besitzer, Direktoren und Beamten so vieler großer Etablissements gewonnen habe, meist aber deshalb, weil er den unendlich glücklichen Einfall gehabt habe, nach meiner Abreise meine fünf Originalnummern umzuändern und zu verbessern. Nun seien Tausende und Abertausende unter der Presse; er könne gar nicht genug liefern.

Ich sah ihn an, ohne zunächst ein Wort zu sagen. Was ich da hörte, kam mir ganz unfassbar vor. Da sprach er weiter. Er erklärte mir, dass die „Pauline" die von mir ausgearbeiteten fünf Nummern durchgelesen und viel zu trocken und gelehrt gefunden habe. Der Leser will sich doch unterhalten; aber wie viele Lokomotiven es in der Welt gibt und was das Pfund Eisen kostet, wenn Uhrfedern daraus gemacht worden sind, das interessiere höchstens nur die paar Uhrmacher, die es gebe, weiter aber keinen Menschen. Das sei natürlich sehr richtig, und darum habe er mein Blatt umgeändert und nur die Hälfte so gelassen, wie sie war, im Übrigen aber einen sehr schönen Roman mit hereingenommen, der außerordentlich rührend sei und den Lesern gewiss Tausende von Tränen kosten werde. Der „Heinrich" weinte nämlich ungeheuer gern. Bei ihm richtete sich der Wert eines Romans ganz nach seiner erschöpfenden Wirkung auf die Tränendrüsen. Auch mir war in diesem Augenblick das Weinen näher als das Lachen. Ich beherrschte mich aber und blieb äußerlich ruhig, obgleich es in meinem Innern förmlich kochte. Ja, es war so! Meine mühsam zusammengerechneten statistischen Resultate waren der „Pauline" zu trocken gewesen. Auch meine „geografischen Predigten" taugten ihr nichts. Der Leser, besonders aber der Arbeiter, will Liebesgeschichten haben, wo sie sich entweder kriegen oder wo sie sich erschießen. Darum hatte man während meiner Abwesenheit meine Nummern umgeändert oder vielmehr, um den richtigen Ausdruck zu gebrauchen, gefälscht und ohne mein Wissen einen Roman hereingenommen, der mit „Geheime Gewalten" betitelt war. Ich hatte überall meine Originalnummern vorgezeigt. Alle die eingelaufenen Bestellungen waren auf diese meine Nummern hin gemacht worden. Nun bekamen die Besteller ganz anders aussehende Blätter, mit einem Kolportage- resp. Liebesroman an Stelle der von mir versprochenen wertvollen Belehrungen. Ich war blamiert! Ich stand als Lügner, als Schwindler da, vor allen diesen Leuten! Es kamen Briefe über Briefe, die voller Fragen und Vorwürfe waren. Ich zeigte sie natürlich vor. Da wurde der „Heinrich" bedenklich. „Das tut mir Leid, lieber Karl", sagte er, "wir werden aber bald sehen, wer Recht gehabt hat, Sie oder meine Frau."

"Schacht und Hütte" musste ganz selbstverständlich nun mit dem fatalen Schundroman weitergeliefert werden. Das raubte mir alle Freude an diesem Blatt. Ich gab auf die eingegangenen Vorwürfe die nötigen Erklärungen ab; mehr konnte ich nicht tun. Das half doch so, dass die Bestellungen wenigstens nicht zurückgenommen wurden. Der Erfolg war also trotz der Fälschung ein sehr zufrieden stellender und auch die beiden unterhaltenden Blätter gingen sehr gut. Der frühere Redakteur Otto Freitag, mein Vorgänger, der den "Heinrich" tot machen wollte, tat zwar so, als ob er das Geld ganz haufenweise verdiene, und fuhr nun schon in eigener Equipage, ging aber sehr bald wieder auf seinen eigenen Beinen und machte schließlich Bankrott. Wir aber hielten uns nicht nur über Wasser, sondern wir lernten uns besser und immer besser stehen, sodass die "Pauline" von Tag zu Tag immer freundlicher, immer gütiger und immer vertraulicher zu mir wurde, bis sie sich vor Freundschaft zu mir gar nicht mehr lassen zu können schien. Das ist ein etwas starker Ausdruck, aber für diesen Fall hier vollständig am Platz.

Frau Münchmeyer hieß, wie bekannt, im Allgemeinen "die Pauline". Vom "Fritz" wurde sie am liebsten "das alte M..." genannt. Mit diesem M ist dasjenige deutsche Wort gemeint, welches lateinisch *homo* und griechisch *anthropos* heißt. Der "Fritz" meinte es aber nicht in männlicher, sondern in sächlicher und ziemlich ehrenrühriger Bedeutung. Einige andere machten ihm das bisweilen nach. Dies mochte seinen Grund in der oben erwähnten *Procuratio abortus* haben, auf welche ich an der Hand mehrerer noch lebender Zeugen zurückzukommen habe. Es war bekannt, dass die "Pauline" keine Kinder mehr haben wollte, und sogar ihrem Mann machte es Spaß, dies in öffentlichen Restaurationen mit den deutlichsten Zusätzen zum Besten zu geben. Es leben auch hierfür noch verschiedentliche Zeugen. Wie diese Frau von diesem ihren Mann genannt wurde, ist höchst interessant. Ein Zeuge, den ich auch noch wegen anderer Beweise zu nennen haben werde, erklärte mir: „Vor den Leuten nannten sie sich Papa und Mama, unter vier Augen aber warfen sie einander die Teller an die Köpfe. Er musste in der Küche essen und durfte nicht in die Zimmer. Sie ließ ihn nicht zu sich; er lebte stets von ihr getrennt." Das alles wusste auch ich, denn ich sah es ja, und der „Heinrich" sprach mit mir ganz ungeniert hierüber. Sie hielt ihre Wohnung überhaupt für jedermann verschlossen; niemand durfte ihre Möbel berühren. Wenn sie die Treppe getont hatte, durften die Gleissnerschen Kinder nur mit entblößten Füßen über die Stufen gehen oder sie tonte ihnen auch die Schuhsohlen. Da geschah etwas, was alle Welt in Erstaunen versetzte, denn es stellte diese Eigenart der „Pauline" geradezu auf den Kopf.

Mein Vater schrieb mir nämlich, dass er nach Dresden kommen werde, mich zu besuchen. Ich hatte in meiner Wohnung ganz reichlich Platz für ihn. Da aber kam Frau Münchmeyer aus höchst eigener Initiative, mir zu erklären, dass sie ihn sich als Gast ausbitte; er solle in ihrem Fremdenzimmer wohnen. Das war eine Leistung sondergleichen! Mein Vater, ein in seinem ganzen Wesen und Benehmen fast mehr als bescheidener Mann, sollte als Gast in die Räume aufgenommen werden, die Münchmeyer selbst fast nie betreten durfte! Ich machte ihr diesen Gedanken ganz aufrichtig klar; sie nahm aber meine Abweisung nicht an und blieb dabei, „den guten, alten Herrn Vater bei sich behalten und recht gut verpflegen zu dürfen". So geschah es dann, das große Wunder, das von jedermann bestaunt und besprochen wurde. Mein Vater wohnte volle zwei Wochen bei der „Pauline". Sie kochte besser für ihn, als sie sonst zu kochen pflegte. Sie gab sich alle Mühe, ihm zu Gefallen zu sein. Sie ging sogar wiederholt mit, wenn ich mit ihm ausging, während ihr Mann sie fast nie bewegen konnte, dies mit ihm zu tun. Auch ihr

Vater, ihre Mutter und ihre Schwester nahmen sich des Gastes in einer Weise an, die beinahe auffällig war. Der „alte Reuter" machte bereits am zweiten Tag Brüderschaft mit ihm und die „Minna" nannte ihn nicht anders als nur erst „Papa May" und dann ganz einfach „Papa". Das alles fiel auf, es wurde belächelt und betuschelt. „Du, nimm dich in Acht", warnte mich „Fritz", der grobe, „gehste ins Netz, so kommste nicht wieder raus!"

Dass die „Pauline" in dieser Weise mir zuliebe aus allen ihren Gewohnheiten fiel, war das erste Mirakel. Das zweite geschah zu Weihnacht. Ich erzähle es jetzt, obwohl es chronologisch nicht an diese Stelle gehört. Ich bekam nämlich ein Weihnachtsgeschenk. Es wurde mir von der „Pauline" beschert. Sie sagte, das sei ein Beweis ihrer ganz besonderen Zufriedenheit mit meinen Leistungen als Redakteur der drei neugegründeten Blätter. Das Geschenk war ein Klavier, ein sogar tafelförmiges und gelbes. Ihre Kinder hatten schon längst ein Piano. Darum zwar abgesetzt und hierauf kalt gestellt, hielt die Weihnachtsgabe doch noch leidlich zusammen. Ich nahm sie, ihrem Alter entsprechend, höchst ehrfurchtsvoll entgegen und stellte sie in meinem Wohnzimmer auf, etwas entfernt vom irdischen Verkehr, damit ja niemand daran stoße. Ein Fachmann, der es bei mir stehen sah und mich fragte, wie ich zu dieser Häckselmaschine gekommen sei, untersuchte sie ebenso vorsichtig wie genau und erklärte mir dann, dass ich sie sofort hingeben solle, falls irgendjemand so unbesonnen sei, mir fünfundzwanzig Mark zu bieten. Ein Gebot von sechsundzwanzig lasse fast schon auf unheilbare Paranoia schließen. Ich habe aber sogar dreißig Mark dafür bekommen, und zwar von einem geistig ganz gesunden Möbel- und Instrumentenhändler, doch freilich unter Umständen, die ich noch zu berichten haben werde.

Dass dieses Weihnachtsgeschenk trotz alledem ein wahres Wunder bedeute, das sagte jeder, der den sogar gerichtlich zugestandenen Geiz der Geberin kannte. So etwas war noch nie geschehen. Ich saß bei ihr im Brett und hatte mich wohl nur vor einem Allzuviel in Acht zu nehmen. Die Warnung des „Fritz" klang mir im Ohr fort. Er war der Bruder des Besitzers, erfuhr von diesem mehr, als andere Leute wussten, und hatte gewiss einen triftigen Grund gehabt, von einem Netz zu sprechen, vor dem ich mich hüten solle.

Und „Fritz" hatte Recht. Es öffnete sich dieses Netz, ja, es stand schon längst offen; nur hatte ich viel Wichtigeres zu tun gehabt, als auf solche Dinge zu achten. Ich wurde erst dann aufmerksam, als man es mir ganz unerwartet nahe legte, mit in Münchmeyers Haus zu ziehen. Mein bisheriges Logis genügte mir vollständig. Es war da still, ich wurde nicht gestört. Bei Münchmeyers aber wohnten diese mit Gleissners und Reuters im Seitengebäude; das Vorderhaus stand im Bau; dazu der ununterbrochene Lärm der Fabrik; ich sah keinen Grund, meine ruhige Wohnung mit einer so unruhigen zu vertauschen! Aber der „Heinrich" erklärte, seinen Redakteur in der Nähe haben zu müssen; die „Pauline" stimmte bei und so zog ich denn um, ob gern oder ungern, das ist für heute nun gleich.

Es war ja eine ganz hübsche Wohnung für mich leer geworden; ein junger Kaufmann war soeben ausgezogen. Sie bestand aus Vorsaal, Wohn- und Schlafzimmer, zudem auch noch ein separater Keller. Das war doch wohl genug für einen unverheirateten Mann. Dass ich in einem „Stübchen" untergebracht worden sei, ist eben **Lüge**! Ich kaufte mir die nötigen Möbel, mit Federbett und was sonst noch alles dazu gehörte. Der „Fritz" war dabei. Er unterschrieb als Zeuge, dass „der Herr Redakteur Karl May" diese Sachen gekauft und sofort bar bezahlt habe. „Das brauchste vielleicht mal, denn ich kenne die Alte; heb's gut auf!", sagte er. Auch das ist eingetroffen. Ich besitze diese Quittung noch. Dass ich nicht Redakteur gewesen sei, ist eben auch nur **Lüge**!

Kaum war ich eingezogen, so bekam ich Gelegenheit,

mich an die schon mehrfach erwähnte Warnung zu erinnern. In meinem vorigen Logis war ich von meiner Wirtin, einer Witwe, bedient worden. Hier brauchte ich eine Aufwartung. Ich engagierte eine unserer Punktiererinnen, die sehr arme Eltern hatte und darum gerne noch einige weitere Mark pro Woche verdiente. Wie erstaunt war ich, als trotzdem die Schwester der Frau Münchmeyer, also die „Minna", bei mir erschien und mir mitteilte, dass sie beauftragt sei, sich meiner Wohnung anzunehmen. Also nur der Wohnung; das konnte gehen! Aber bald kam auch das andere alles dazu, sogar die Leib- und Bettwäsche und das Essen. Man litt es nicht, dass ich noch weiter in der Restauration speiste. Die Mutter der Frau Münchmeyer kochte für mich. Erst aß ich bei mir, also allein; dann lud man mich zur Familie; ich musste zu Reuters, mit anderen Worten, zur – – Minna. Erst nur mittags, dann auch abends. Hierauf ging ich fort, mit dem „Heinrich" und dem „Fritz", so regelmäßig wie bisher.

Dieses sonderbare Verfahren, sich meiner zu bemächtigen, gab mir zunächst wohl Spaß; es war psychologisch interessant. Ich konnte still beobachten, wie man Schritt vor Schritt immer weiter ging und das Netz immer mehr zusammenzog. Gefährlich war es für mich nicht; darum ließ ich es mir gefallen, solange es mir nicht lästig wurde. Dann aber stellten sich Forderungen ein, denen ich mich entziehen musste. Ich sollte nicht nur auch des Abends mit Reuters essen, sondern sodann nach dem Essen bei ihnen und ihrer Tochter bleiben. Ich wendete ein, dass ich doch täglich mit Herrn Münchmeyer auszugehen habe; das sei stets so gewesen und müsse auch so bleiben. Da aber geschah es, dass der „Heinrich" wenn ich kam, ihn abzuholen, immer schon fortgegangen war, und zwar ohne zu sagen, wohin. Ging ich nach, so fand ich ihn nicht. Also ein Komplott gegen mich; aber ein liebes, süßes Komplott, welches mit einer Hochzeit enden sollte!

Da verzichtete ich zwar noch nicht darauf, bei Reuters

zu essen, denn ich wollte ihnen nicht so öffentlich und mit einem Mal weh tun; aber ich gewöhnte es mir nun ebenso an wie der „Heinrich", allein auszugehen. Doch wo ich auch hinging, wenn es in der Nähe war, um mein Glas Bier zu trinken, so trat ganz unfehlbar bald darauf der „alte Reuter" herein, setzte sich zu mir, um mich von den andern Gästen abzusondern, und mutete mir dann zu, mit ihm nach Hause zu „seiner Minna" zu gehen. Es blieb mir also nichts übrig, als mich so weit wie möglich vom Schuss zu entfernen. Ich wanderte viele Straßen weit und fand dann endlich Ruhe, aber auch nur des Abends, denn am nächsten Morgen stellte sich bald der, bald die mit Vorwürfen ein, die ich zwar erst höflich, dann aber immer entschiedener von mir wies. Dazu kam ein äußerst fatales Lächeln, welches ich mir nicht erklären konnte, obwohl es mir überall begegnete. Es war auf jedem Gesicht zu sehen. Da fragte ich den „Fritz"; der war zwar grob, aber aufrichtig; von dem erfuhr ich es gewiss! Ja, richtig, er sagte mir alles und er nahm sich dabei kein Blatt vor den Mund.

Es war bestimmt, dass ich der Schwager von Frau Pauline Münchmeyer werden, also ihre Schwester, die „Minna", heiraten sollte. Man setzte alle Hebel in Bewegung, dies zu erreichen. Gelang es, so hatte man eine Arbeitskraft gewonnen, die man mit der Schraube der Verwandtschaft auspressen konnte, ohne sie so teuer bezahlen zu müssen wie eine fremde. Man war überzeugt, dass ich es als Schriftsteller zu etwas bringen werde, und daran konnte man durch diese Heirat auf die allerbilligste Weise partizipieren. Es war im höchsten Fall ein kleines Hochzeitsgeschenk von zwei- oder dreihundert Mark daranzuspenden. Dafür kam die Kolportagefabrik in den Besitz eines Leibeigenen, der tanzen musste, wie die „Pauline" pfiff. Diese schlaue Berechnung durchschaute jedermann, und da man meine unbesorgte, sichere Freundlichkeit für Einwilligung in die Münchmeyerschen Pläne hielt, so stieß ich schon im Voraus auf jenes ironische Lächeln, welches ich verdient hätte, wenn ich bereit gewesen wäre, im Netz zu bleiben. Übrigens wurde mir diese Ironie doppelt begreiflich, als mir der „Fritz" erzählte, dass ich allabendlich vom „alten Reuter" in allen umliegenden Restaurationen gesucht wurde. Fand er mich nicht, so ließ er regelmässig die laute Weisung zurück, die von allen Gästen gehört wurde: „Falls er ja noch hier einkehren sollte, so sagen Sie ihm, dass er zur Minna kommen soll; die sitzt zu Hause und wartet!"

Es mag nur lächerlich erscheinen, dass ich in dieser ungenierten, öffentlichen Weise mit der „Minna" in Verbindung gebracht wurde, aber es war nicht nur das, sondern mehr. Es lag eine Blamage und ebenso ein äußerst fataler, moralischer Zwang darin, mir den alten Mann von Haus zu Haus, von Straße zu Straße nachzuschicken und mich und das bejahrte Mädchen derart in der Leute Mund zu bringen, dass, wie man hoffte, mir nichts anderes übrig blieb, als es für meine Ehrenpflicht zu erachten, die hierdurch angegriffene Reputation der „Minna" durch einen schleunigen Besuch des Pfarr- und Standesamtes wieder herzustellen. Als mir schließlich gar noch Spott- und Lästerverse zu Ohren kamen, die über den Versuch, mich einzufangen, rundum im Schwange gingen, da konnte ich unmöglich länger schweigen und nahm den „Heinrich" vor, um ihn daran zu erinnern, dass ich wohl eingewilligt habe, sein Redakteur zu werden, nicht aber der Schwager der „Pauline", seiner Frau. Ich habe bemerkt, dass nicht nur diese Letztere, sondern auch die „Minna" den „Venustempel" fast auswendig kenne, und das sei, alles andere gar nicht gerechnet, vollständig genug für mich!

Er nahm es, wie ich auch gar nicht anders erwartet hatte, ziemlich ruhig hin. Der „Wilhelm" und der „Fritz" hatten mir bei ihm schon vorgearbeitet und ihn auf die Unsinnigkeit und die voraussichtlichen Folgen einer derart lächerlich falschen Berechnung aufmerksam gemacht. Er gab zu, dass es ihm als ein guter Gedanke erschienen sei, mich für immer an sein Geschäft zu binden; nun sei zwar eine Heirat der allersicherste Weg hierzu, aber wenn ich das partout nicht wolle, so gebe es doch auch noch andere Mittel, mich zu bestimmen, ihm treu zu bleiben. Hierauf schloss er im Ton der Genugtuung: „Das war überhaupt jetzt nichts, das Alleinsein alle Abende. Ich muss Sie bei mir haben; ich bin das so gewohnt. Von heute Abend an geht's wieder wie vorher!"

Er glaubte, die Sache hiermit beigelegt zu haben; aber er hatte an eins nicht gedacht, oder vielmehr an eine, nämlich, an die – – „Pauline". Ich wohnte grad unter Münchmeyers. Noch kaum eine Viertelstunde nach dieser Unterredung bemerkte ich ein eiliges, heftiges Treppenlaufen auf und ab. Dann ertönten über mir sehr laute, zornige Stimmen. Füße stampften. Nach längerem Kreischen, Zetern und Brüllen wurde es oben still; aber es kam die Treppe herunter, wie mit gleichen Beinen, zur Vorsaaltür und zur Zimmertür herein, ohne anzuklopfen und ohne zu grüßen – – – nämlich die „Pauline"! Nun wusste ich, was die Glocke geschlagen hatte, aber auch, was sie höchstwahrscheinlich nun meinerseits schlagen würde. Die Frau war rot vor Zorn, im höchsten Grade aufgeregt und derart grob, dass ich die Szene ganz unmöglich wiedergeben kann. Ich blieb ruhig, ließ sie ausreden, führte sie hinaus und kündigte dann sofort meine Stelle. Da ließ sie mir heruntersagen, ich solle mir ja nicht etwa einbilden, dass sie mir ihr Klavier zu Weihnachten geschenkt habe; sie habe es mir nur geborgt und verlange es wieder zurück. Der „Heinrich" aber kam trotz alledem am Abend zu mir, um mich zum Spazierengehen abzuholen. Er sagte nichts; aber der „Fritz", der mitging, machte es mir mit Hilfe einiger schadenfrohen Bemerkungen klar, dass die Angelegenheit zwischen dem Ehepaar nicht so friedlich verlaufen sei, wie es scheine.

Münchmeyer war der Hoffnung, dass ich mich bereden lassen werde, die Kündigung wieder zurückzunehmen.

Aber er musste, ohne dass ich es ihm deutlich zu machen brauchte, von Tag zu Tag mehr einsehen, dass dies unmöglich sei. Die Frauen, besonders aber die „Pauline", verhielten sich in einer Weise zu mir, dass es gar nicht auszuhalten gewesen wäre, wenn sich nicht das sämtliche Personal, ohne alle Ausnahme, gegen sie auf meine Seite gestellt hätte. Die Leute sahen ein, dass ich nicht das gewesen war, wofür sie mich gehalten hatten, und zeigten mir nun auf jede Weise, wie sie sich hierüber freuten und wie Leid es ihnen aber auch tat, dass ich entschlossen war, fortzugehen. Leider wurde mir während der letzten drei Monate von der weiblichen Feindseligkeit so viel in den Weg gelegt, dass es mir ganz unmöglich war, die drei von mir gegründeten Blätter mit derselben Sorgfalt zu behandeln wie bisher. Ich sah voraus, was kommen musste, wenn Münchmeyer nach meinem Fortgang keinen Redakteur fand, der da passte. Ich sagte ihm das. Er zuckte die Achsel und antwortete, dass er nun alle Lust verloren habe, da ich nicht bei ihm bleiben könne. Er wolle gern hoch, könne aber nicht. Daran seien nur die verteufelten „Weibsen" schuld. Er werde wohl so sterben, wie er gelebt habe, nämlich bloß als Kolporteur. Er habe es geradezu satt, sich nur für die Frau und für die Kinder zu plagen, für sich selbst aber vom Leben gar nichts Besseres zu haben als höchstens eine Partie Billard oder einen Skat. Wenn er das wollte, hätte er Zimmergeselle bleiben können. In der letzten Zeit habe es geschienen, als ob er sich nun doch nicht immer nur da unten in der Niedrigkeit herumwälzen müsse, aber das sei jetzt wieder aus. Er freue sich darüber, dass ich in Dresden bleibe; da dürfe er vielleicht hoffen, dass ich wieder einmal zu ihm kommen werde, nicht als Redakteur, sondern als Mitarbeiter, was für ihn von derselben Wirkung sei.

Er dauerte mich, der Heinrich! Es wäre ihm gar wohl möglich gewesen, es zu etwas Besserem zu bringen, wenn er sich in engeren Grenzen gehalten und seiner Frau die Zügel fester angezogen hätte. Er hatte den Fehler gemacht, über seine Leistungsmöglichkeit hinauszugehen. Er hätte Kolporteur bleiben sollen; dazu reichte seine Intelligenz vollständig aus. Er hätte auch da mit einem ausgedehnten Menschenmaterial arbeiten können, da er sich nun doch einmal einbildete, es sei ein Ruhm, recht viele Untergebene zu haben. Aber auf den Gedanken zu kommen, dass man als Oberkolporteur, der hunderte, ja tausende von Unterkolporteuren zu dirigieren weiß, zu einer Macht werden kann, die den ganzen literarischen Markt beherrscht, dazu mangelte ihm die geistige Fähigkeit. Jedoch er wollte die Sachen, die er verkaufte, auch selbst drucken. Er wollte nicht nur Kolporteur, sondern auch Verleger sein. Davon aber verstand er nichts; es fehlten ihm alle Vorbedingungen dazu. Zum Kolporteur braucht man keine Vorbildung; Druck und Verlag aber wollen gelernt sein, und er besaß nicht die geringste Spur von Fachkenntnis. Er ist niemals Buchhändler oder Kaufmann gewesen oder geworden. Ich weiß nicht, ob das Gesetz es einem Zimmergesellen, der auf den Gedanken gekommen ist, in rohester Weise aus Kartoffeln Branntwein herzustellen und zu verkaufen, gestattet, sich Kaufmann zu nennen. Auch weiß ich nicht, ob es ihm erlaubt ist, sich Verlagsbuchhändler zu nennen, weil er so unternehmend ist, aus den Kartoffelköpfen seiner Schundschriftsteller geistigen Schnaps zu ziehen und dieses Gift in Heften zu verkaufen, die jeder Buchbinderlehrjunge zusammenstellen kann. Aber das weiß ich, dass ihn kein vernünftiger Mensch als solchen bezeichnen oder gar gerichtlich gelten lassen würde. Wir alle wissen viel zu genau, dass es Münchmeyer niemals eingefallen ist, in einer kaufmännischen oder buchhändlerischen Versammlung zu erscheinen oder gar vielleicht das Wort zu ergreifen. Ich habe ihn oft dazu aufgefordert, ihn aber nie dazu gebracht, denn er wusste nur zu wohl, dass er nicht dorthin gehörte. Er verstand anfänglich ja nicht einmal vom Druck etwas. Darum eben musste Gleissner aus Plauen kommen, und was er von diesem sah und hörte, das wusste er so zu drapieren, dass man es für seine eigene Klugheit und Geschicklichkeit hielt und ihn darüber lobte. Mit diesen falschen Kleidern begnügte er sich, damit war er zufrieden. Ihn als großen, wohl gar als initiativen Verlagsbuchhändler hinzustellen, ist eine ebenso große **Lüge!**

Übrigens war sein Anfang als Verleger klein und einfach. Das mochte gehen; das konnte er übersehen, zumal er hierbei noch selbst kolportierte und seine Sachen selbst zu Markte trug. Auch „die Pauline" half dabei. Das war bedachtsam, klug und ehrenwert von beiden. Wenn sie ihre Intelligenz addierten, so reichte die Summe recht gut hierfür aus. Es wurden alte Bücher, die niemand mehr gehörten, hergenommen und die darin enthaltenen grausigen Geschichten abgedruckt; das kostete kein Honorar. So entstand der Münchmeyersche Verlag. Die Knechte und die Mägde, die gern gruseln, die kaufen solche Sachen. Der „Heinrich" machte Geschäfte. Er gewann die Herzen dieser Leute durch seine bekannte Suada und behandelte sie immer – – fein! Wäre er hierbei geblieben, so hätte er es zum ruhigen Wohlstand, zur sorgenlosen Lebensführung gebracht. Aber in der Stunde, in der er diese alten Quellen von sich schob und zum ersten Mal bei einem lebenden Schriftsteller nach Manuskript anfragte, verzichtete er auf diese behagliche Zukunft und stieg dorthin, wohin er nicht gehörte. Er, der Kolporteur, ging unter die Verleger, wie ein Neger unter die Kaukasier geht. Und da ihm hierzu nicht mehr als beinahe alles fehlte, so hatte diese Unvorsichtigkeit ganz selbstverständlich mit einem Fehlbetrag zu enden; das heißt: Er ist nun zwar tot, aber die Schriftsteller, deren Manuskripte er ganz widerrechtlich ebenso behandelte wie jene alten Räuber- und Gespensterbücher, die herrenlos geworden waren, sind heute noch seine Gläubiger; seine Witwe und sein Nachfolger mögen dies leugnen oder nicht!

Der Neger merkte bald, dass er kein Weisser war. Es reichte bei ihm nicht. Darum musste, wie bereits erwähnt,

Gleissner mit seinen Maschinen nach Dresden kommen. Wer war der eigentliche Meister? Der „Heinrich" oder der „Wilhelm"? Niemand wusste es. Man sieht, die Komplikation begann! Es wurde eine Buchführung erforderlich, von der man nichts verstand. Man lernte die beiden Worte Kredit und Debet kennen und machte Gebrauch von ihnen, besonders von dem einen. Die Sorgen kamen herbei, als ob sie gerufen worden seien. Aber das Geschäft wuchs dabei; es wurde größer und größer. Wenigstens wurde dies vom „Heinrich" so behauptet, und er war stolz darauf, der Besitzer einer solchen Firma zu sein. Dass er da den Fehler beging, „groß" mit „kompliziert", „verwickelt" und „schwer übersehbar" zu verwechseln, das glaubte er erst dann, als ich es ihm später bewies. Die Entwicklung des Geschäfts ging ja nur in der Weise vor sich, dass zu einer Arbeit, die er nicht verstand, eine andere kam, die er noch weniger verstand. Darum machte bei ihm eigentlich ein jeder, was er wollte, und wenn man trotzdem leidlich vorwärts kam, so hatte man dies nur der Ehrlichkeit und Umsicht Gleissners zu verdanken und den scharfen Augen des „alten Reuter", der wie ein Geheimpolizist allüberall war, wo er etwas Falsches oder gar Unerlaubtes vermutete.

Ich habe Gleissner die Seele des Geschäfts genannt und er war sie wirklich. Zur Seele gehört der Geist. Dieser fehlte dem Geschäft. Der „Heinrich" war nur so eine Art von Anima oder, besser gesagt, von Animus, Geist aber nicht. Das stellte sich besonders deutlich heraus, als er auf den Gedanken kam, den „Beobachter an der Elbe" herauszugeben. Dazu reichten sein Wissen und sein Können nicht aus, obgleich es sich nur um ein so ganz gewöhnliches Kolportageblatt handelte. Otto Freitag, mein Vorgänger, ein höchst geschäftsgewandter Berliner „Volksschriftsteller", übernahm die Redaktion. Dieser Mann brachte, wie „Fritz" sich in seiner Weise ausdrückte, „Dampf in die Bude". Der Wagen rollte schneller; das Geschäft ging flotter; die Einnahmen mehrten sich. Aber anstatt ihm dankbar hierfür zu sein, begann die „Pauline" sich als reiche und ebenso auch kluge Frau zu fühlen. Sie wollte von Freitags Kindern nichts wissen; sie verfeindete sich mit Freitags Frau, sodann mit Freitag selbst, und als dieser Mann nun kommen sah, was kommen musste, traf er seine Vorbereitung, der „Pauline" zu zeigen, dass es keinen Grund für sie gebe, sich derartig hoch zu fühlen. Es kam zu einem Zusammenstoß, infolgedessen er alles stehen und liegen ließ, wie es lag und stand, und augenblicklich ein schon längst im Stillen ausgearbeitetes Blatt für sich selbst und natürlich gegen Münchmeyers „Beobachter" erscheinen ließ.

Ob dies fair oder gar ehrlich war, habe nicht ich zu entscheiden. Der „Heinrich" behauptete, Freitag habe ihm nicht nur seine Manuskripte, sondern auch seine Abonnenten mitgenommen. Ich sah bald aber noch anderes, was Münchmeyer nicht eingestehen wollte. Freitag hatte dem Münchmeyerschen Geschäft eine feste, charakteristische Organisation gegeben, die nun, da er ging, hinter ihm zusammenbrach. Die Maschinerie stand still; kein Rädchen wollte mehr gehen, und wenn man es zwang, sich zu bewegen, so ging es falsch. Freitag sah das und lachte. Er hatte sich auf derselben Straße etabliert und war überzeugt, dass er den „Heinrich" in kurzer Zeit totgemacht haben werde. Er tat ihm eigentlich Leid, aber um der „Pauline" willen war Schonung ausgeschlossen.

In dieser Not war es, wie gewöhnlich, wieder der „Wilhelm", von dem man Rat erwartete. Er hatte ihn auch. Er nannte meinen Namen. Er sowohl als auch die Brüder Münchmeyer hatten einiges von mir gelesen, bereits vor vier oder fünf Jahren. Daran erinnerten sie sich. Sie beschlossen, mich aufzusuchen, um zu sehen, ob ich für eine solche Stelle wohl passe. Darum fuhr der „Heinrich" mit dem „Fritz" nach Hohenstein-Ernstthal. Sie wussten, dass ich dort bei meinen Eltern wohnte, denn sie waren in dieser Gegend nicht nur als Kolporteure wohl bekannt, sondern die „Pauline" stammte dort aus einem nahe liegenden Dorf und hatte in der Nähe gedient. In den beiden Städtchen angekommen, erkundigten sie sich sehr eingehend nach mir, ehe sie mich aufsuchten, und sie erhielten sehr ausführliche Auskunft. Ich betone dies hier ganz besonders, weil die **Lüge** verbreitet worden ist, dass Frau Münchmeyer meine damaligen Verhältnisse erst vor kurzem kennen gelernt habe. Sie muss sogar, wenn sie ehrlich ist, zugeben, dass ich über diese Verhältnisse im Kreise ihrer und der Reuterschen Familie so oft und so ausführlich gesprochen und erzählt habe, dass der „Heinrich" wiederholt und begeistert ausgerufen hat: „Hierüber müssten sie einen Roman schreiben, lieber Karl, und zwar für mich, denn das wäre eine Goldgrube, wie ich sie mir gar nicht besser wünschen könnte!" Ich unterlasse es, die Schlüsse hieraus zu ziehen.

Welchen Erfolg die Reise der beiden Münchmeyer nach meiner Heimat hatte, ist bekannt. Ich trat an Freitags Stelle, ließ den von ihm redigierten „Beobachter" und alle seine Abonnenten fallen und tat damit einen Schritt, den Münchmeyer mir ganz sicher verweigert hätte, wenn ihm die Gefährlichkeit desselben nicht erst dann beigekommen wäre, als das Wagnis bereits gelungen war. Als ich durch Deutschland und Österreich reiste, um meinen neuen Blättern Eingang zu verschaffen, begegnete mir überall Otto Freitags Konkurrenz. Sie war rapid gewachsen. Aber sie begann sofort zu fallen, als dann die von mir angeknüpften Verbindungen in Wirkung traten. Von der Reise heimgekehrt, sah ich, dass Freitag in eigener Equipage fuhr. Das war bereits der Anfang des Endes. Der Geist, der gleich seine ersten Erfolge in die üppigen Wagenpolster setzt, ist wohl nicht der rechte; er geht zu Grunde.

Ich hatte es gewiss und wahrhaftig gut und ehrlich mit Münchmeyers gemeint. Der „Heinrich" wusste das ebenso wie alle anderen, und darum änderte sich seine Gesinnung gegen mich nicht, als ich mich weigerte, auf die Verwandtschaftswünsche einzugehen. Umso größer war die Empörung seiner Frau, dass ich es gewagt hatte, eine solche Fülle von Herablassung, Güte, Glück und Segen von mir abzuweisen. Ihr Verhalten sagte mir mehr als deutlich, dass sie mir eine rücksichtslose und unversöhnliche Feindin geworden sei; ich nahm dies aber mit Gleichmut hin, denn ich war überzeugt, dass sich unsere Wege später niemals wieder kreuzen würden, obgleich der „Heinrich" wünschte, dass dies geschehen möge. Der erste Schritt, den ihre Rache gegen mich unternahm, war die Andeutung, dass nicht ich gekündigt habe, sondern dass mir gekündigt worden sei und dass ich zu gleicher Zeit auch von der „Minna" den Laufpass bekommen hätte. Mir fiel es gar nicht ein, ein Wort hiergegen zu sagen. Ich hatte auch gar nicht nötig, dies zu tun, denn alle Welt kannte die Wahrheit, und nicht nur „Fritz", der grobe, und Wilhelm Gleissner, sondern sogar auch der „Heinrich" selbst sagten überall offen und ehrlich, dass diese Behauptung der „Pauline" eine niederträchtige **Lüge** sei! Ich habe Zeugen!

Am letzten Abend, als die drei Monate vorüber waren, gesellte sich, als wir drei zum letzten Mal miteinander ausgingen, auch der „Wilhelm" zu uns. Das war eine große Seltenheit. Es geschah, um Abschied zu nehmen. Der „Heinrich" war sehr still; es ging ihm nahe. Auch Gleissner sprach wenig. Dass ich ging, war auch für ihn kein gutes Omen. Er hatte in der langen Zeit, die er für Münchmeyer druckte, „die Pauline ertragen gelernt", wie er sich ausdrückte; aber er liebte seine Frau und er liebte seine Kinder; darum ging auch er später fort; es war nicht auszuhalten. Umso lebhafter zeigte sich der Fritz. Er war einfach wütend. Er hatte mir sein Herz geschenkt, das gestand er mir, und es wurmte ihn gewaltig, dass er mich jetzt herzugeben hatte. Darum erging er sich gegen die „Pauline" in Ausdrücken, die sogar für seine wohl bekannte Redeweise viel zu kräftig waren, und warf mit Vorwürfen um sich, ohne auf die heimlichen Winke seines Bruders zu achten. Wenn die Pauline das, was er sagte, hätte hören können! Es waren Anklagen ganz eigener Art. Ich unterlasse es, sie zu wiederholen, denn die, welche dabei waren, sind nun tot, und ich bringe in diesem Prozess grundsätzlich nur Dinge vor, die ich durch Zeugen beweisen kann. Aber was man mir von kundiger Seite sehr gern beeiden will, ist zweierlei. Nämlich erstens hat ein Sohn des „Fritz" behauptet, dass das Geschäft nicht von „Heinrich", sondern von seinem Vater, dem „Fritz" gegründet worden sei, und zwar vom eingebrachten Geld seiner Mutter, die niemals einen Pfennig wiederbekommen habe und jetzt so arm sei, dass sie unterstützt werden müsse, vorher eine reiche Bauerstochter! Dieser Sohn hat bitter geweint, als er das sagte. – – Und diese Frau des „Fritz", also die Schwägerin der Pauline, hat vor noch gar nicht langer Zeit zu zwei Zeugen gesagt: „Mein Mann hat meine Hypotheken ins Geschäft getragen, ohne mich viel zu fragen. Wiederbekommen habe ich nichts. Nun bin ich bettelarm; die ‚Pauline' aber ist reich. Es fällt ihr aber gar nicht ein, an mich und an mein schönes Geld zu denken. Die schwört für eine saure Gurke einen Meineid und lässt sich für drei Pfennige an den Haaren durch die Stube schleifen!" – – Ein Neffe der „Pauline" hat dies gegen meine Frau und mich bestätigt! – Ich weiß gar wohl, dass Behauptungen juristisch nicht als Tatsachen betrachtet werden können; aber wenn sie die Folgen von Erfahrungen sind und von so nahen Verwandten, welche die Verhältnisse genau kennen, ausgesprochen werden, dann kann sie auch der Richter wohl für beachtlich halten, zumal sie zu den übrigen Charakterzügen stimmen.

Als der „Fritz" einen seiner Söhne verheiratete und also seinen Bruder zur Hochzeit lud, wurde diesem von der „Pauline" verboten, mitzumachen. Er tat es trotzdem, aber heimlich, hinter ihrem Rücken. Sie wollte nichts von den Verwandten wissen, die ihr Geld für sie geopfert hatten.

Sie war sogar so unvorsichtig, ganz unverhohlen zu erklären, dass sie ihre arm gewordene Schwägerin schon darum nicht leiden könne, weil sie so viele Kinder bekomme. Diese brave Frau des „Fritz" hatte freilich den „Venustempel" nicht studiert und konnte auch nicht sagen, was man unter *Procuratio abortus* zu verstehen hat! Dass Münchmeyer diese Ausbeutung und Verachtung seiner eigenen Verwandten duldete, hängt mit dem zweiten großen Fehler zusammen, der ihn nicht emporkommen ließ: Er hätte diese geldgierige Frau straffer in die Zügel nehmen sollen; dann hätte sie ihm nicht stets grad diejenigen Personen, denen er sein Emporkommen verdankte, aus dem Haus und Geschäft getrieben. Es wäre ihm der „Wilhelm" mit seiner unendlichen fleißigen Familie treu geblieben; er hätte sich die äußerst fruchtbare Arbeitskraft Otto Freitags erhalten, und was mich betrifft, so will ich jetzt hierüber schweigen und später an geeigneter Stelle darauf zurückkommen.

Mein Abschied von dem Münchmeyerschen Seitengebäude ging sehr still vonstatten; umso lauter aber geschah der Abmarsch des Klaviers. Ich hätte den Kasten gewiss, und zwar mit Wonne, für die Pauline stehen lassen, wenn ich sie nicht zu gut gekannt hätte, um daran zu zweifeln, dass sie dies gegen mich ausbeuten werde. Aber brauchen konnte ich das alte, safrangelbe Saitenspiel nun und nimmer. Ich beschloss also, es zu verkaufen. Ich ließ einen Händler kommen. Der bot mir erst zwanzig, dann nach langem Überlegen fünfundzwanzig Mark, jeder weitere Pfennig sei geradezu eine Sünde. Hierauf erzählte ich ihm, wie ich zu dem Klavier gekommen sei, warum ich es nicht einfach stehen lasse, und dass sich beim Fortschaffen höchst wahrscheinlich ein Faustkampf zwischen Männlichkeit und Weiblichkeit ergeben werde, um dessen Ausgang mir für den Käufer bange sei. Da geschah etwas, was ich nicht für möglich gehalten hätte. Der Mann legte nämlich fünf Mark zu; er bot dreißig, der Amazonenschlacht wegen, die ich ihm in Aussicht stellte. Das sei ja ungeheuer interessant!

Er habe sehr kräftige Packträger und werde auch selbst mitkommen, um dabei zu sein; ich solle also vernünftig sein und ihm den Kasten lassen. Ich tat es und sagte ihm die Zeit, in der ich dieses Haus verlassen würde. Er kam zur angegebenen Stunde. Da griff ich nach Hut und Regenschirm, um leise abzuscheiden. Er hatte vier handfeste Packer mit; die kamen soeben in den Hof. Er legte mir die dreißig Mark hin und sagte dabei: „Es bleibt doch alles still. Nicht wahr, Pauline heißt sie? Ich möchte sie kennen lernen!" Da steckte ich das Geld zu mir, setzte den Hut auf und antwortete: „Das werden Sie! Man hat Sie gesehen. Hören Sie da oben über uns die Türen gehen? Ich geh' auch. Adieu!" Er sagte noch etwas, was ich aber nicht mehr hörte, denn ich war schon draußen und beeilte mich, die Treppe hinab und über den Hof hinüber zu kommen. Es gelang; aber hinter mir erscholl eine laute weibliche Stimme. Die gewünschte Bekanntschaft begann!

So endete meine redaktionelle Tätigkeit. Sie hatte mich um vieles enttäuscht, mich aber auch manches gelehrt, was mir noch heute von Nutzen ist. Das Letztere war durch das Erstere mehr als reichlich bezahlt. Ich schuldete keinem Menschen irgendeine Art von Dank, auch nicht den allergeringsten; aber ich hatte beide, den „Wilhelm" und den „Fritz", doch lieb gewonnen, und wenn ich an den „Heinrich" dachte, der verurteilt war, bei einem warmblütigen und nicht unedlen Temperament den Pflug des weiblichen Geizes wie ein alter Ackergaul stets durch dieselben Furchen zu zerren, so tat es mir weh um ihn und es kam mir der Gedanke, dass ich trotz allem, was geschehen war, ihn doch nicht stecken lassen würde, wenn sich mir einmal eine Gelegenheit böte; ihn von diesem Pflug aus- und abzuspannen. Dass auch er in dieser freundlichen Weise an mich dachte, hörte ich später von andern, und zwar oft. Er sprach sich, wenn von mir die Rede war, nie anders als anerkennend aus. Ich sei ihm ein wahrer Freund gewesen und er nähme es mir gar nicht übel, dass ich die

„Minna" nicht habe heiraten wollen, sondern fortgegangen sei. Seine „Weibsen" hätten sich alle Mühe gegeben, ihn gegen mich aufzubringen; aber das sei ihm gar nicht eingefallen; er habe mir viel zu verdanken und könne auch gar nicht wissen, ob nicht einmal eine Zeit kommen würde, in der er meine Hilfe brauche. Der Ertrag der von mir gegründeten Blätter sei schon sehr weit zurückgegangen, und da er sich nicht getraue, wieder einen Redakteur anzustellen, so befürchte er, dass er gezwungen sein werde, sie gar wieder eingehen zu lassen.

Für dieses Urteil Münchmeyers über mich stelle ich vollgültige Zeugen. Ich führe es hier nicht etwa an, um mit ihm wichtig zu tun, o nein, der „Heinrich" war keinesfalls der Mann, mit dem man sich wichtig machen könnte, sondern ich tue es, weil mich spätere Vorkommnisse dazu zwingen. Im übrigen ist es mir vollständig gleichgültig, was man in der Münchmeyerschen Kolportagewerkstatt für eine Meinung über mich hat. Denn wie es mit der Münchmeyerschen Glaubwürdigkeit schon damals und noch heute ausschaut, dass ist durch zuverlässige Zeugen folgendermaßen zu erweisen.

„Als der Redakteur May in das Geschäft trat, ging es sogleich in einem ganz andern, bessern Ton. Er war anständiger als Münchmeyer. Wer mit beiden redete, der wusste nicht, welcher der Chef war, Münchmeyer oder May. Die Münchmeyers logen wie gedruckt. Was sie erzählten, das glaubte man ihnen nicht. Das kam von der verlogenen Kolportage. Und weil es bei Münchmeyers derart stand, dass sie sich nicht in das Geschäft blicken lassen wollten, so mussten sie täuschen und lügen. Wenn sie aber etwas behaupteten und May sagte ‚das ist wahr', so glaubte man es, denn der war ehrlich und log auf keinen Fall!"

Ja, die Zeugen, die bereit sind, dies mit Tatsachen zu beweisen, haben Recht. Diese Münchmeyersche Verlogenheit hatte ihren Grund zum größten Teil mit in der Kolportage; sie ist nicht etwa verschwunden, sondern sie existiert noch heut, und ich kann dem vorliegenden Kapitel keinen geeigneteren Schluss verleihen, als indem ich wenigstens einen gewissen Teil dieses Schmutzes beleuchte.

Ich habe gesagt, dass Münchmeyer, der Kolporteur, zu den Verlegern übergegangen sei, wie der Neger zu den Kaukasiern übergeht; er kann keiner werden, denn genauso, wie die Schwärze in der Schwärze liegt, so liegt die Kolportage eben in der Kolportage; sie ist nicht herauszuwaschen, nicht herauszubringen. Aber es gibt ehrliche und unehrliche Kolportagefabrikanten. Die ehrlichen zeigen aufrichtig, wer und was sie sind, was sie wollen und wie sie es vollbringen. Sie wissen, dass die Kolportage für gewisse Zwecke und gewisse Kreise unersetzlich ist, und sind stolz darauf, unersetzlich zu sein. Es fällt ihnen also gar nicht ein, etwas anderes zu scheinen, als sie sind. Darum sind sie höchst achtbare und ehrenwerte Leute. – – – Mit den unehrlichen ist dies nicht der Fall. Sie stammen ganz unbedingt von unten, selbst wenn sie sich eines gewissen Bildungsgangs rühmen. Der Plebejer, der Parvenu steckt tief in ihnen und ist nicht herauszubringen. Darum kommen sie nicht empor, weder geistig noch seelisch noch moralisch. Da ihnen die natürlichen Mittel fehlen, so wenden sie künstliche an, um als das, was sie wünschen, zu gelten. Aber sie sind es nicht, sondern sie scheinen es nur. Und wenn Münchmeyer tausend Bibeln und tausend Luthers Hauspostillen druckt und verkauft, so wird er dadurch doch nicht zum anständigen Buchverleger, denn er wählt diese frommen Sachen nur, weil er keine Honorare für sie zu zahlen braucht, und lässt nebenbei den „Venustempel" und die „Syphilitische Apotheke" laufen, ohne sich zu schämen! Das untrüglichste Kennzeichen so eines Parvenu oder Shoddy ist das Protzen mit dem Geld. Der ehrliche, der achtbare Kolportagemann wird die Mittel, mit denen er arbeitet, nicht falsch beziffern, wird sie nicht übertreiben. Er rechnet es sich der Wahrheit gemäß zum

Ruhm, mit mehr Anstrengung, aber bedeutend weniger Geld dasselbe zu erreichen, wozu ein großer Buchverleger ein ganzes Vermögen braucht. Der unreelle aber gibt sich Mühe, diese Tatsache zu verheimlichen, zu fälschen, um Grund zum Jammern zu finden und durch das Herabdrücken der Honorare und Arbeitslöhne schneller reich zu werden. Besonders in Rechtssachen, vor Gericht, ist er überaus schnell und stets bei der Hand, darüber zu klagen, wie viel Geld er im Geschäft stecken habe, wie unsicher eine solche Anlage sei und wie lange es währe, ehe diese Kapitalien ein zinsliches Ergebnis bringen! Das ist natürlich **Lüge**!

In dem Prozess, über den ich schreibe, hat sich die Gegenpartei wiederholt bemüht, die Herausgabe eines Kolportageromans als ungeheuer kostspielig darstellen zu lassen. Derartige Behauptungen gehören zur „Verlogenheit der Kolportage". Man will erstens verheimlichen, wie arm man an eigentlichem Anlagekapital ist. Man will zweitens nicht merken lassen, wie hoch die Prozente sind, die so ein kleines Kapital ergibt. Es soll drittens niemand erfahren, dass es bei der Kolportage überhaupt kein Risiko gibt, außer wenn man ein ganz robuster Dummkopf ist. Es soll viertens verschwiegen bleiben, in welchem schandbaren Verhältnis der Hungerlohn, den der Verfasser bekommt, zum vielhundertprozentigen Gewinn des so genannten „Verlegers" steht. Und es soll fünftens der Richter über die wirkliche Lage der Sache derart getäuscht werden, dass, falls der Verfasser klagt, ein obsiegendes Urteil für ihn so gut wie unmöglich ist! Im Falle der Not zieht man Sachverständige herbei, und da man eben nur Kolporteure als solche anerkennt, so stimmen sämtliche Lügen und der arme Kläger verliert den Prozess, obgleich die Richter genau nach Recht und Gewissen entschieden haben. Ich deute hier auf den Fall Wurm-Münchmeyer, der wiederholt gegen mich ausgespielt worden ist. Wurm hat verloren, ja, aber wie er mir sagte, nur infolge eines Sachverständigen-Gutachtens und weil ihm das Geld fehlte, den Prozess in die zweite Instanz zu bringen. Der Sachverständige hat gegen Wurm etwas behauptet, was er dann mir und einem anderen gegenüber dementierte. Er war früher bei Münchmeyer gewesen und Münchmeyer gewann den Prozess. Sobald ich Wurm dieses eigentümliche Verhalten des Sachverständigen mitteile, steht zu erwarten, dass er den Prozess wieder aufleben lässt, um nachzuweisen, was auf die Gutachten von Kolporteuren zu geben ist!

Um in Zahlen nachzuweisen, wie sehr diese Herren **lügen**, wenn sie von ihrem großen Risiko und ihren noch größeren Kosten sprechen, will ich in meine eigene Erfahrung greifen. Es ist gegen mich behauptet worden, dass das Risiko und die Kostenanstrengung bei einem Kolportagefabrikanten bedeutend größer seien als bei einem Verlagsbuchhändler. Ich ziehe den Verlagsbuchhändler Fehsenfeld in Freiburg und den Kolportageerzeuger Münchmeyer herbei. Ich habe für beide gearbeitet, für Fehsenfeld 30 Bände und für Münchmeyer fünf Romane; das sind gerade auch 30 Fehsenfeldsche Bände. Die Verhältnisse sind in dieser Beziehung also ganz dieselben. Ein Münchmeyerscher Roman ergibt nämlich sechs Fehsenfeldsche Bände. Nun nehme ich an, ich gebe beiden Herren einen und denselben Roman in Verlag, und zwar, wie es zwischen mir und Münchmeyer vereinbart worden war, für eine Auflage von 20.000. Münchmeyer darf also 20.000 mal sechs Bände drucken; das sind 120.000 Bände. Nun will ich mich sogar auch noch auf die Seite Münchmeyers stellen und ihm zu Gunsten das höchste Honorar berechnen, welches er je gegeben hat, für Fehsenfeld aber das niedrigste. Münchmeyer zahlt für 20.000 Exemplare 5.000 Mark, und zwar nicht sofort, sondern heftweise, wie das Manuskript geliefert wird, pro Heft 50 Mark. Fehsenfeld zahlt für jede Auflage von 5.000 Büchern 2.000 Mark, für 120.000 Bücher also 48.000 Mark Honorar, und zwar sofort und alles!

Der erste Absatz unseres Rechenexempels ergibt also, dass für ein und dasselbe Unternehmen der Buchverleger nur an Honorar gleich 48.000 Mark auszugeben hat, ehe er überhaupt beginnen kann. Wie viel aber wird vom Kolportagemann verlangt? Es sind vor allen Dingen die Gratisnummern zu drucken. Früher, als ich bei Münchmeyer war, gab es nur eine. Diese Herren haben einander aber selbst so hoch hinaufgetrieben, dass der Abonnentensammler jetzt die ersten fünf Nummern gratis bekommt. Diese sind also vom Verfasser zunächst zu schreiben und abzuliefern. Er bekommt dafür 50 Mark mal fünf, also 250 Mark. Gegen 48.000 Mark bei dem andern! Gradezu lächerlich!

Es geht nun also an die Herstellung des Werkes. Dabei ist es bei beiden gleich, ob sie Bargeld haben oder nicht. Fehlt es ihnen, so haben sie ja Kredit, beim Papierhändler, beim Drucker und sonst noch überall. Verrichten sie diese Arbeiten selbst, so brauchen sie nicht an andere zu zahlen. Fehsenfeld ist gehalten, die 120.000 Bände ganz herzustellen. Sind sie fertig, so kann er zwar annoncieren und Ansichtssendungen machen; aber er hat doch auf alle Fälle zu warten, bis die Bestellungen kommen. Er kann sie nicht aufsuchen, kann sie nicht mit Münchmeyerscher Suada erzwingen, kann und darf sich nicht aller der erlaubten und unerlaubten Mittel bedienen, mit denen der Kolporteur so Jung und Alt wie Arm und Reich zu bearbeiten weiß, bis sie in die Tasche greifen und ihm den ersten Groschen, den er haben will, bezahlen. Die 120.000 Bücher können, wenn es sehr gut geht, in fünf Jahren verkauft sein. Sie können aber auch in zehn Jahren noch liegen wie Blei. Sie können das Schicksal erleben, nach zwei Jahrzehnten eingestampft zu werden. Dann kommen zu den Herstellungskosten und verlorenen Zinsen noch die bedeutenden Lager- und noch andere Gelder!

Ganz anders ist es bei der Kolportageindustrie. Da sind dergleichen Enttäuschungen und Verluste unmöglich, es sei denn, dass der Betreuende von der Sache gar nichts versteht und sie so dumm anfängt, dass sie eben auch dumm zu Ende gehen muss. Münchmeyer will 20.000 Abonnenten machen. Die hierzu nötigen Groschennummern gibt er dem Lesersammler gratis, früher nur Nr. 1, jetzt aber die Nummern 1 bis 5. Es war ein Unsinn, sich diese Leute derart zu verwöhnen! Um zu prahlen und um die Richter zu täuschen sagt er nun: „Die Erfahrung lehrt, dass man fünf No. 1 auslegen muss, um einen Abonnenten zu machen. Wenn ich 20.000 Abonnenten haben will, muss ich also 100.000 No. 1 drucken lassen. Und da ich dem Sammler No. 1 bis 5 gratis gebe, so kostet es mich 500.000, also eine halbe Million Sammelmaterial, um die 20.000 Leser zu bekommen. Das gebe ich vorher und umsonst!" – – – Wer es nicht versteht, dem klingt die Sache ungeheuer richtig, und in Wirklichkeit ist es den Herren, die so sagen, fast stets gelungen, Glauben zu finden. Dann lachen sie sich ins Fäustchen und freuen sich darüber, um so viel pfiffiger als die Getäuschten zu sein. Diese Darstellung ist aber nichts als nur eine unleugbare absichtliche **Lüge!**

Infolge der Unkenntnis und Leichtgläubigkeit derer, die nicht prüfen und keine Beweise fordern, ist das Wort von den „Sammelmillionen" der Kolporteure fast zum Credo geworden. Die Wahrheit aber ist, dass der Fachmann einen jeden, der in der beschriebenen Weise verführe, nicht nur für unheilbar albern, sondern geradezu für verrückt erklären würde. Welchem denkenden Menschen könnte es wohl einfallen, die 20.000 Abonnenten gleich mit einem Schlag, gleich auf einmal machen zu wollen! Es ist schon mehr als genügend, ja sogar splendid, hierzu nur 20.000 No. 1 zu drucken. Die werden ausgelegt. Was nicht behalten wird, das bekommt man zurück und wird weiter ausgelegt. Wenn es viel ist, so gehen hierbei zehn Prozent an Beschmutzungen etc. verloren. So macht man also, ob in kürzerer oder in längerer Zeit, mit den 20.000 No. 1

achtzehntausend Abonnenten. Ich will aber zu Gunsten des Kolporteurs rechnen, dass er 30.000 No. 1 braucht, um die 20.000 Leser zu gewinnen. Die anderen Gratisnummern werden nicht ausgelegt, sondern nach der Zahl der mit No. 1 gemachten Abonnenten effektuiert. Sie ergeben in Summa 20.000 mal vier Nummern. So sind also an Gratisnummern 1 bis 5 in Summa 110.000 Stück zu liefern, um 20.000 Leser zu gewinnen. Sehr hoch gerechnet kommt die Herstellung dieser 110.000 Nummern ca. 1.500 Mark zu stehen. Aber selbst diese Lappalie braucht der Schundromanfabrikant nicht sofort, nicht auf einmal, denn sie verteilt sich auf Jahre, auf die ganze Zeit, in der er an den Abonnenten sammeln lässt. Und selbst wenn er das ganze Sammelmaterial sofort und auf einmal hinauswerfen müsste, würde es doch nicht die ganze Summe von 1.500 Mark betragen, weil er doch von Seiten des Papierlieferanten etc. mit Kredit hantiert und nicht gleich zu zahlen braucht. In Wirklichkeit braucht er, falls er selbst druckt, weiter nichts als die 250 Mark Honorar für die fünf ersten Nummern und die Arbeitslöhne für die Herstellung der Sammelnummern, dazu einige Porti, weiter nichts, zusammen noch lange nicht 1.000 Mark!

Also, der Buchverleger braucht, ehe er nur beginnt, gleich 47.000 Mark mehr als der Kolporteur. Hierzu kommen für nächste Ostern, zur Buchhändlermesse, die Herstellungskosten. Und dann hat er zu warten, ob die Bücher laufen werden oder nicht! Münchmeyer aber druckt, falls er als solider, vorsichtiger Mann verfährt, von jeder folgenden Nummer nicht mehr, als er für die vorhergehenden Abonnenten hat. Er wird also niemals schmerzliche Reste auf Lager haben. No. 1 bis 5 sind gratis; aber von No. 6 an beginnt das Geld hereinzufließen, sodass beim sechstausendsten Abonnenten schon alles gedeckt ist und also der Profit beginnt. Außerdem kann er bei jeder Nummer aufhören, wenn er sieht, dass der Roman nicht geht. Er kann dies sogar schon gleich bei der ersten Nummer tun, falls er merkt, dass sie keine Abonnenten zieht. Ein Risiko gibt es also absolut nicht, denn die 300 Mark, welche die Herstellung dieser ersten Nummer kosten würde, sind doch wohl nicht als solches zu bezeichnen!

So also liegen die Verhältnisse. Geht der Roman, so ergeben die 20.000 einen Reingewinn von ca. 50.000 Mark, unter Umständen sogar noch mehr. Geht er nicht, so lässt man ihn einfach fallen; der geringe Verlust dabei ist ja gar nicht zu rechnen. Vor allen Dingen aber ist zu betonen, dass die Kolportage mit den allerbescheidensten Barmitteln arbeitet. Geschäftliche Wagnisse gibt es für sie nicht, außer es fehlt ihr das Gehirn. Sie druckt von der Hand in den Mund und lebt von der Hand in den Mund. Sie macht viel geschäftlichen Lärm um geschäftliche Bagatellen, um andere über die Wahrheit hinwegzulügen und dabei im Trüben zu fischen.

Zu dieser Fischerei im trüben Schlamm hat man sich einen Köder zurechtgemacht, der allerdings geeignet ist, Unkundige heranzulocken und zu täuschen. Aber auch diese werden bei näherer Betrachtung schnell erkennen, dass es sich dabei um eine gefälschte Fliege handelt, auf welche es lächerlich wäre, hereinzufallen. Ich meine den so genannten „Usus" der Kolportage. Diese Erfindung stammt aus Münchmeyerschen Kreisen. Man pflegt sie dort auch heute noch, obgleich es ganz undenkbar ist, dass sich ein klarer Kopf durch sie betrügen lassen werde. Ich erwähne sie hier nur, weil ich wahrscheinlich gezwungen sein werde, nachzuweisen, was für Leute es sind, die diesen „Usus" prozesslich gegen mich in ganz derselben Weise benutzen wollen, wie damals die Organe der Behörde durch den „Venustempel" und seine Herausgeberin „gemünchmeyert" worden sind. – – –

6. Kapitel
Als Mitarbeiter

Wenn ich dieses Buch nur für Juristen schriebe, so würde ich mich jener Art von Darstellung befleißigen, die man als die juristische bezeichnet. Man hat mir gesagt, dass nur diese die einzige Möglichkeit gebe, die Tatsachen derart objektiv darzustellen, dass sie der Wirklichkeit entsprechen. Man habe sie von allem störenden Beiwerk zu entkleiden, um der Wahrheit so viel wie möglich nahe zu kommen. Vor allen Dingen habe man hierbei die Fantasie des Erzählers gänzlich auszuschalten.

Hm! Ich kann dem nicht widersprechen, denn ich bin ja nicht Jurist. Auch ist dieses Buch für die allgemeine, große Öffentlichkeit bestimmt, deren Logik und deren Stil ich glaube, zu kennen. Mit der Objektivität ist es so eine eigene Sache; es kommt darauf an, was man unter ihr versteht. Und mit der Wahrheit ist es ganz dasselbe. Es gibt wohl weder eine absolute Wahrheit noch eine absolute Objektivität, denn jeder Mensch hat seine eigene Atmosphäre und seine eigenen Augen und Ohren, auch in seelischer, geistiger, ethischer Beziehung. Wenn ein Ereignis in der Weise wahr ist, wie es geschieht, so kann man doch den Bericht, der es seines „störenden Beiwerks entkleidet", unmöglich als „wahr" bezeichnen. Ich meine, wenn ich eine Begebenheit genau so beschreibe, wie sie vor meinen Augen geschah, so brauche ich keine Fantasie dazu. Wenn ich sie aber nach allen Seiten drehe, betrachte, begutachte, belobe, betadle und bearbeite, um sie „objektiv" zu machen, so verbrauche ich dabei eine solche Menge von Fantasie, von Ein- und Umbildungskraft, dass sie mir im Gegenteil nun ganz „subjektiv" erscheint.

Kein menschlicher Poet vermag zu dichten, wie das Leben dichtet. Die Fantasie aller fünfzehnhundert Millionen Menschen vermag sich in tausend und abertausend Jahren das nicht auszusinnen, was die Fantasie des alltäglichen Lebens sich in einer einzigen Minute erdenkt und in Gestalt von materialisierten Geistesfunken über den ganzen Erdkreis sprühen lässt. Wer wahr sein will, darf hieran nichts ändern, weder hinzufügen noch streichen. Er muss genau so erzählen, wie es geschah, mit allem Bei- und Nebenwerk. Ich habe die Personen, von denen ich erzähle, nicht so zu beschreiben und nicht so sprechen zu lassen, wie sie vor Gericht auftreten und sprechen würden, denn wenn ich dies täte, würde ich lügen. Sondern ich habe den „Heinrich", den „Fritz" usw. genau so zu zeichnen, wie sie sich gaben. Das scharfe Auge der Öffentlichkeit wird sofort erkennen, wie genau und lebenswahr ich zeichne. Jeder, auch der kleinste Mangel an Gewissenhaftigkeit würde sich rächen. Nur der geistlose Leser könnte es fertig bringen, die der Wirklichkeit genau entsprechende „Lebendigkeit" meiner Darstellung hinwegzuwünschen. Übrigens habe ich bereits im ersten Kapitel ausführlich genug gesagt, warum, wozu und für wen ich diese Blätter schreibe; das, um was es sich handelt, ist noch nicht abgeschlossen, bewegt sich noch im vollsten Fluss; darum kann mich zwar wohl die Gegenwart hier oder da einmal missverstehen; aber sobald dieser Fluss zum Stehen und sein erregtes Wasser zur Ruhe und zur Abklärung gekommen ist, wird man in diesem meinem Buch eine Beichte erkennen, die genauso ehrlich und der Wahrheit entsprechend geschrieben wurde, als ob ich sie an geistlicher Stelle abzulegen hätte.

Diese Vorbemerkungen sind mir als notwendig erschienen. Nachdem ich sie erledigt habe, fahre ich in der begonnenen Darstellung der Prozessereignisse fort.

Ich hatte dem „Heinrich" gesagt, dass ich wahrscheinlich in Dresden bleiben werde. Darum hoffte er, dass wir uns in nicht ferner Zeit auf irgendeine Weise wieder zusammenfinden würden. Aber es stellte sich heraus, dass die Residenz für die Arbeiten, die ich vorhatte, zu bewegt war. Ich kehrte nach meiner Heimat zurück, in die Ruhe der Kleinstadt, wo ich mein schweres Lebenswerk überlegen und wohl vorbereiten konnte.

Man wird sich entsinnen, dass ich bereits im zweiten Kapitel ausführlicher hierüber gesprochen habe. Es galt eine vollständig neue Psychologie. Es ist ein Unsinn, zu glauben, dass der Geist im Körper wohne. Er, der Ergründer und Beherrscher aller Dinge, soll im weißgrauen Brei des Gehirnes hausen. Soll, wenn wir es ihm erlauben, einmal aus den Augen schauen, aus den Ohren horchen, aus der Nase schnobern dürfen! Welche Verrücktheit! Es gleiche der Mensch einem Dresdner Taxameter. Der Wagen ist der Körper, das Pferd die Anima, der Kutscher die Seele. Diese drei erfüllen alle Bedingungen; aber obgleich sie es tun, so bringt es doch nichts ein. Da kommt ein Fahrgast, steigt auf und befiehlt „Blasewitz, Sommerstraße 5." Das ist der Geist. Erst durch ihn wird das Fuhrwerk nützlich; erst durch ihn erfüllt es seinen Zweck. Wo kommt dieser Fahrgast her? Wer ist er? Und wohin geht er, wenn er ausgestiegen ist? Ich will es meinen Lesern sagen. Aber wenn ich das in der gewöhnlichen Weise tue, so begreifen sie es nicht. Ich muss ihnen Anschauungsunterricht geben, ihnen Beispiele liefern, Geschichten erzählen, die so interessant sind, dass sie sie lesen. Dabei belehre ich sie heimlich, ohne dass sie es bemerken. Und wenn sie so weit sind, wie ich es wünsche, so kann ich dann den Vorhang im Saistempel lüften und ihnen das Leben gebende Geheimnis enthüllen, von dem die bisherige Welt gelogen hat, dass es einem jeden den Tod bringe, der es zu sehen bekommt.

Ich studierte nun noch fleißiger als früher Psychologie. Ich beobachtete und verglich. Ich schrieb. Scheinbar ganz einfache Dorfgeschichten. Aber jedes Kind war eine Anima, jede Frau eine Seele und jeder Mann ein Geist. Was da im Dorf, im Bauerngut, im Haus geschah, das war neue Psychologie. Diese Erzählungen hatten einen ungeahnten Erfolg. Sie brachten Ruhm und gute Honorare. Aber man las sie, ohne nachzudenken. Das Milieu eignete sich nicht für meinen Zweck. Ich prüfte anderweit und fand da in der Reiseerzählung das, was ich brauchte. Ich schrieb bald meinen ersten Band „Durch die Wüste". Mit dieser Wüste meinte ich die Unwissenheit. In diese ihre Unwissenheit führte ich meine Leser. Kaum dort angelangt, sahen sie meinen Hadschi Halef Omar kommen, der aber gar nicht Hadschi war. Mit ihm meinte ich den Animus, der sich für Geist ausgibt, aber keiner ist. Nun begannen die Wanderungen und Erlebnisse, die genaue Beschreibung aller psychischen Funktionen des Menschen, die Suche nach der Seele, nach dem Geist, durch alle Länder, bis hoch hinauf zum Mount Winnetou und zum Dschebel Marah Durimeh.

Der Erfolg dieser psychosittischen Reisebeschreibungen ließ mich erwarten, dass ich mit ihrer Hilfe meinen Zweck erreichen werde. Man las sie mit Begeisterung, besonders die Jugend, obgleich sie gar nicht für diese geschrieben sind. Aber eben weil ich nach der Menschenseele suchte und dies in der richtigen Weise tat, so kamen mir die Seelen der Menschen entgegengeflogen, die Seelen, die noch beweglich jung, noch nicht verknöchert, noch nicht von der Pedanterie gefesselt waren. Ich wurde sehr bald gelesen, so weit die deutsche Zunge klingt. Sehr bald auch übersetzt, in das Französische schon im Jahre 1878. Man schrieb mir von dort, dass ich nach dem Krieg der erste Deutsche sei, mit dem man öffentlich erscheinen könne, ohne Zorn zu erregen. Das ergab auch eine gute, klingende Ernte, zumal man sich auch in Deutschland genierte, mir etwa niedrige Honorare anzubieten. Ich gehörte zu den wenigen Schriftstellern, ja, ich war damals vielleicht gar der einzige, der seine Arbeiten nicht an- und auszubieten hatte. Ich konnte vielmehr die Bestellungen, die bei mir einliefen, nur zum kleinsten Teil befriedigen.

Wenn ich dies erzähle, so tue ich es natürlich nicht, um mich zu beliebäugeln, sondern weil man im Prozess wiederholt behauptet hat und sogar noch heut behauptet, dass ich mich auch damals wieder in Not befunden habe und von Münchmeyer abermals gerettet worden sei. Es handelt sich auch hier wieder um eine jener geradezu bewussten resp. beabsichtigten **Lügen**, welche sich durch den ganzen Prozess, vom Anfang desselben bis hierher, hindurchziehen und auch fernerhin kein Ende nehmen zu sollen scheinen! Ich weise auch an dieser Stelle mit Bedacht darauf hin, dass ich das Wort **Lüge** habe fett drucken lassen; es soll das, wie bekannt, andeuten, dass ich für diesen Punkt Zeugen in Bereitschaft halte.

Ich stand mich ganz im Gegensatz zu dieser unredlichen Behauptung so, dass ich, obgleich ich recht gut auch fernerhin bei meinen Eltern hätte bleiben können, mir einen eigenen und gar nicht etwa dürftigen Hausstand gründete. Meine Frau war arm, doch grad das freute mich. Es ist das keine Schande, sondern wenn man trotzdem vorwärts kommt, eine Ehre. Es war ein Glück für mich, für alles sorgen zu müssen und auch gut sorgen zu können! Wir bewohnten eine ganze Etage, hatten einen Garten dazu gepachtet und besaßen nicht nur immer genug für uns, sondern auch für meine zahlreichen Verwandten, denen ich nun nach und nach der bekannte „Onkel aus Amerika" zu werden begann.

Meine Frau stammte von dort. Sie kannte mich genau. Und sie hatte sich außerdem noch ganz besonders für mich interessiert, weil sie mit ihrem Vater meine Werke las. Sie gewann sehr bald auch Interesse für Münchmeyer, ohne ihn zu kennen. Ich sprach sehr oft von ihm, in freundlicher Weise, denn ich hatte ja keinen Grund, ihm wegen irgendetwas zu zürnen. Sie kannte Dresden noch nicht, war nur erst einmal dort gewesen, und zwar für kurze Zeit. Natürlich kam ich ihrem Wunsch zuvor. Wir reisten hin und stiegen im Trompeterschlösschen ab. Sie wünschte grad in diesem Haus zu wohnen, weil es einen guten Ruf in der Heimat genoss. Viele Leute von dort pflegten hier zu bleiben.

Auf einem Spaziergang vom böhmischen Bahnhof her kamen wir an die damalige Rengersche Restauration. Es war in der Dämmerung. Ich sagte ihr, dies sei das Lokal, in welchem ich mit dem „Heinrich" und dem „Fritz" so oft gesessen habe, im Zimmer und auch im Garten, so um die jetzige Zeit. Da schlug sie mir vor hineinzugehen. Sie möchte gern wissen, wie es da aussehe, wo ich früher verkehrt habe. Wir taten es. Es gab im Garten nur einen einzigen Gast. Der saß mit dem Rücken gegen uns, den Kopf tief auf den Tisch gebeugt, in beide Hände gestützt, wie in recht schweren Sorgen. Sonderbar! Das war – – – der „Heinrich"! Ich schlich mich hin, legte ihm von hinten her die Hände über die Augen und fragte ihn, wer ich sei. Er erkannte mich an der Stimme; ich hatte sie nicht verstellt. Nach sechs Jahren! Er hatte jedenfalls sehr oft an mich gedacht! Nun sprang er auf, begrüßte mich fast jubelnd und bat, mich zu ihm zu setzen. Ich stellte ihm meine Frau vor. Er liebte schöne Frauen, sogar wohl mehr, als nötig war. Sie gefiel ihm so, dass er sie von diesem ersten bis zum letzten Augenblick allezeit mit Auszeichnung behandelt hat. Leider zog er eine Reminiszenz aus früherer Zeit herbei und war auch nicht davon abzubringen, nämlich er nannte sie „Frau Doktor" und gab auch mir diesen alten, „nicht anstudierten" Titel wieder, ganz gleich, ob ich damit einverstanden war oder nicht.

Zunächst war unsere Unterhaltung eine heitere, doch als meine Frau ihn fragte, warum er in so schwerer Haltung dagesessen habe, als wir kamen, da wurde er ernst und sagte, dass er gar wohl Veranlassung habe, den Kopf in die Hände zu nehmen, denn es stehe gar nicht gut bei ihm im Geschäft. Er habe die von mir gegründeten Blätter eingehen lassen müssen; ich sei emporgekommen, er aber wieder herunter. Ich sei sogar berühmt geworden, das wisse er; für ihn gebe es nichts anderes, als sich nur für die Frau und für die Kinder schinden, weiter nichts, keine einzige Freude! In dieser Weise sprach er weiter. Man hörte förmlich, wie sehr es ihm Bedürfnis gewesen war, sich einmal so recht von Herzen aussprechen zu können. Er hatte aber niemand hierzu gehabt, dem er sich anvertrauen durfte; darum tat er es jetzt umso froher und umso gründlicher. So saßen wir lange beisammen und sprachen über alles, was ihn bewegte. Er freute sich herzlich darüber, dass meine Ehe eine so glückliche war, fühlte aber den Gegensatz zu der seinigen umso bitterer und wiederholte immer, dass ich damals sehr klug gewesen sei, als ich um keinen Preis habe bleiben wollen.

Doch, es handelt sich hier nicht um Familienverhältnisse, sondern um Geschäftliches. Er teilte uns ganz aufrichtig mit, dass er vorhin, ehe wir kamen, über seine grad jetzt sehr bedrängte Lage nachgedacht habe, um einen Ausweg zu finden. Da habe ich ihm meine Hände auf die Augen gelegt. Das sei kein Zufall. Er kenne mich und wisse, wie ich schreibe. Ich solle doch an die alten, guten Zeiten denken, an den „Fritz", an den „Wilhelm", und ihm einen Roman schreiben; er sei überzeugt, dass ihn das schnell wieder auf die Beine bringen werde. Ich wisse ja, dass er seiner Frau seine Sorgen niemals anvertrauen könne und es ihr niemals sagen dürfe, wenn es nicht gut um ihn stehe. Denn wenn er es täte, so peinige sie ihn derart mit Vorwürfen, dass er es unmöglich aushalten könne. Bei ihr müsse man stets so tun, als ob alles ganz vortrefflich stehe, als ob es nicht die geringste Sorge gebe, und diese immer während Notwendigkeit, sich zu verstellen, reibe den stärksten Menschen auf. „Helfen Sie mir aus dieser Plage, lieber Karl!", bat er. „Und Sie, Frau Doktor, geben Sie ihm ein gutes Wort, mir meinen Wunsch zu erfüllen! Ich sehe, dass er Sie lieb hat. Wenn Sie ihn bitten, den Roman zu schreiben, so wird er es tun!"

Er besaß die alte, frühere Überredungsgabe noch immer. Meine Frau konnte ihr nicht widerstehen. Sie war eine Kleinstädterin. Der „Heinrich" hatte sie durch das bekannte „Feine", durch seine „Kolportage-Ritterlichkeit" sehr schnell gewonnen. Sie nahm sich seines Wunsches kräftig an und so gab ich denn eine Erklärung ab, die zwar nicht abweisend, aber auch nicht gleich ganz zustimmend war. Ich hatte genug Schundroman-Atmosphäre geatmet, um gelernt zu haben, vorsichtig zu sein. Ich zeigte mich zwar nicht abgeneigt, einen Roman für Münchmeyer zu schreiben, doch auf keinen Fall mit Abtretung meiner Rechte, sondern nur für eine Auflage bis mit zwanzigtausend, mehr aber nicht. Ich gab ihm auch die Gründe hierzu an, nämlich dass ich Reiseerzählungen schreibe, die einen gewissen Zweck verfolgen und als Bände meiner gesammelten Werke zu erscheinen haben. Schreibe ich für ihn einen Roman, so werde er aus solchen Reiseerzählungen bestehen, auf die ich nicht für längere Zeit verzichten könne. Darum nur die Auflage von zwanzigtausend. Aber für diese 20.000 außer dem Honorar dann auch noch eine feine Gratifikation! Über den Inhalt lasse ich mir keine Vorschriften machen. Einen Titel aber könne er sich wünschen, denn der falle später fort.

Er erklärte sich hiermit einverstanden und freute sich besonders auf meinen Namen, weil dieser angefangen habe, berühmt zu werden; das komme nun auch seinem Geschäft und der Firma Münchmeyer zugute. Da aber sagte ich ihm sofort und allen Ernstes, dass er auf diesen meinen Namen zu verzichten habe, wenn er nicht wünsche, dass unser Übereinkommen gleich von vornherein scheitere. Mein Name habe eine Zukunft und stehe schon jetzt mit so hochansehnlichen Firmen in Verbindung, dass es ganz unmöglich sei, ihn auf Kolportagehefte zu drucken. Es müsse ein anderer Name, ein Pseudonym, gewählt werden und der sei von mir zu bestimmen. – Er machte zwar den Versuch, mich dennoch zu bewegen, meinen wirklichen Namen herzugeben, doch wies ich das in der Weise zurück, die ihn veranlasste, diesen Wunsch, um nicht auf alles verzichten zu müssen, schnell wieder fallen zu lassen. Hierbei bekräftigte er die feine Gratifikation noch ganz besonders.

In dieser Weise waren also die Hauptbedingungen gestellt, unter denen ich geneigt sei, ihm den Roman zu schreiben. Es wurde noch einiges andere besprochen und dann sagte er, dass er morgen am Vormittag nach dem Trompeterschlösschen kommen werde, um die übrigen Punkte mit mir zu vereinbaren. Er bitte mich, die Sache wohl zu überlegen, und zwar in seinem Sinne, damit ich ihm morgen nicht etwa mit einem Nein entgegenkomme. Jetzt gehe er heim und es sei heute gewiss seit langer Zeit das erste Mal, dass er gut schlafen werde. Damit trennten wir uns. Als ich mit meiner Frau dann allein war, bat sie mich, nicht bös darüber zu sein, dass sie den „Heinrich" mit ihrer Bitte unterstützt habe. Er sei ja so niedergeschlagen und so voller Sorgen gewesen, dass sie ihn auf das Lebhafteste bedaure. Es müsse fürchterlich sein, eine Frau zu besitzen, der man gerade das nicht sagen darf, was sie eigentlich verpflichtet sei, mitzutragen. Außerdem habe sie ihm auch aus dem Grund beigestanden, weil ich ja sehr oft davon gesprochen habe, dass man der „Schundliteratur" nur dadurch zu Leibe gehen könne, dass man sie aus den Höhlen, in denen sie gepflegt und gefüttert wird, hinausschreibt. Die Firma Münchmeyer sei eine solche Höhle; so habe ich also jetzt die beste Gelegenheit, diese meine Theorie in die Praxis umzusetzen.

Ja, richtig war das allerdings, was sie da sagte. Ich hatte diese Ansicht wiederholt ausgesprochen und halte sie auch heute noch für richtig. Man muss den Kolporteur überzeugen, dass er mit guten Sachen bessere Geschäfte mache als mit Schund. Man muss ihm Arbeiten überlassen, welche schnellen und leichten Absatz finden und das Bedürfnis nach guter Lektüre erwecken. Ich hatte in meinen „Reiseerzählungen" einen derartigen Lesestoff geschaffen. Es war wenigstens eines Versuchs wert, ihn auch den Kolportagelesern anzubieten. Freilich, das Honorar, welches mir andere zahlten, konnte ich von Münchmeyer nicht verlangen, zumal jetzt, wo er sich in so bedrängter Lage befand. Es war also wohl nicht zu vermeiden, auch in dieser Beziehung ein Opfer zu bringen, und als ich meine Frau hierüber fragte, zeigte sie sich einverstanden, obgleich sie den Wert des Geldes sehr wohl kannte.

Der „Heinrich" hatte gesagt, dass er am Vormittag kommen werde; er kam aber schon früh, so zeitig, dass zunächst nur ich, nicht aber meine Frau zu sprechen war. Einmal aufgewacht, hatte er nicht wieder einschlafen können. Der Gedanke, einen Roman von mir zu bekommen, hatte ihn von zu Hause fort und in das Freie hinausgetrieben. Da hatte er sich alles, was wir gestern besprochen hatten, nochmals überlegt und kam nun, mir zu sagen, dass er mit meinen Bedingungen einverstanden sei. Es sei zwar noch sehr früh am Morgen, aber ich werde das entschuldigen. Es hänge ja so viel davon ab, dass er mit mir abschließen könne, und da werde ich wohl begreifen, dass er nicht eher Ruhe finden werde, als bis dies geschehen sei. Auf meine Frage nach dem Honorar erklärte er, dass er leider nicht in der Lage sei, mir mehr als dreißig Mark pro Nummer zu geben. Das war allerdings blutwenig, denn wie viel er anderen zahlte, dass konnte doch auf mich keine Anwendung finden. Ich machte eine Mehrforderung, wenn auch keine bedeutende, nur fünf Mark höher; aber die Art, wie er sie hinnahm, tat mir beinahe weh. Es war aus ihr zu ersehen, dass er sich allerdings in Verlegenheit befinden müsse. Er ging zwar schließlich darauf ein, gab mir aber zu bedenken, dass er auch schon in Beziehung auf die anderen Punkte das Allermöglichste geleistet habe. Die Rechte nicht für immer! Sondern nur zwanzigtausend! Dazu eine „feine Gratifikation"! Das seien Bedingungen, auf welche er nur darum eingehe, weil ich sein besonderer Freund sei, weil ich besser schreibe und er mich also auch besser behandeln müsse als alle anderen, und weil ich doch wohl jetzt keine schlechteren Bedingungen stellen könne als diejenigen, unter denen ich damals als sein Redakteur abzuschließen pflegte. Er bitte also, ihn nicht weiter zu drücken, denn er könne jetzt nicht mehr bieten. Sollte es aber bei gutem Erfolg zu weiteren Romanen kommen, so werde er dann im Stande sein, auf bessere Honorare einzugehen. Ich wusste von früher her, dass er grundsätzlich gegen schriftliche Verlagskontrakte war. Er gab sich gern als Biedermann, für den es ein Misstrauen bedeutete, seine Unterschrift zu verlangen. Ob das nur so klang und er dabei doch gewisse Berechnungen im Nacken sitzen hatte, das ist eine Frage, auf die ich hier nicht einzugehen habe. Natürlich schlug ich ihm die Anfertigung eines Kontrakts vor, er aber lehnte ab. Ich wisse ja, dass er das nicht tue. Wir seien Freunde und Ehrenmänner, da gelte das Wort mehr als die Schrift. Er hoffe nicht, dass ich an seiner Ehrenhaftigkeit zweifle!

So schloss ich also mit ihm ab, ohne die Anfertigung eines schriftlichen Dokuments, sondern nur durch Wort und Handschlag, zu den Bedingungen, die von mir im Prozess wiederholt und mehr als genügend angegeben worden sind. Er bat mich hierbei, gegen andere, besonders aber gegen seine Frau, verschwiegen zu sein. Ich kenne sie ja und werde also wissen, was ich ihr sagen könne und was nicht. Aber in Acht solle ich mich vor ihr nehmen, denn sie habe es mir noch nicht vergeben und werde es mir auch nie vergeben, dass ich es damals abgeschlagen habe, ihre Schwester zu heiraten. Sie betrachte das noch heute als die größte Beleidigung, die ihr jemals widerfahren sei. – – Hierauf kam meine Frau, die sich darüber freute, dass wir einig geworden waren. Wir zählten ihr die Bedingungen auf, die gestellt und angenommen worden waren, und so ist es also eigentlich fast ganz dasselbe, als ob sie auch bei den heutigen Vereinbarungen mit zugegen gewesen sei. Als Münchmeyer sich mit der Bitte an sie wendete, doch darauf zu sehen, dass ich die Arbeit, die er so notwendig brauche, so bald wie möglich beginne, gab ich ihm selbst das Versprechen, dass ich anfangen werde, sobald ich heimgekommen sei.

Was hierauf folgte, unser ferneres Zusammensein mit

dem „Heinrich" in diesen Tagen, ist nebensächlich. Höchstens wäre zu erwähnen, dass er wünschte, wir wohnten nicht daheim bei uns, sondern hier bei ihm in Dresden. Nach unserer Heimkehr hielt ich Wort und fing sofort an, diese Arbeit zu schreiben. Es gab da zwar zunächst einige kleine Kontroversen, die sich auf den Modus des Honorarzahlens bezogen und mich veranlassten, mit der Lieferung des Manuskripts einzuhalten; dann aber begann das Geschäft sehr glatt zu laufen und die erst ziemlich unzufrieden, oft sogar erregt klingenden Briefe Münchmeyers wurden immer freundlicheren Inhalts, bis er endlich schrieb, dass er zufrieden sei. Der Roman begann ihm Geld in den Schrank zu liefern.

Einige Zeit später hatte ich in Dresden zu tun, nur für einen Tag. Ich fuhr früh ab und wollte abends wiederkommen. Darum nahm ich meine Frau nicht mit; sie blieb daheim. Ich hatte dort auch den „Heinrich" aufzusuchen, nur auf fünf Minuten, natürlich nur im Geschäft, nicht etwa in der Wohnung. Ich richtete es so ein, dass es kurz vor Mittag war. Um diese Zeit war es gewiss, dass ich die „Pauline" nicht etwa traf, denn da hatte sie zu kochen. Ich wollte vermeiden, sie durch meinen Anblick in Harnisch zu bringen. Ich sah sie noch heut vor mir als Furie, mich laut anschreiend, ob ich ihre Schwester, die „Minna", heiraten wollte oder nicht! Aber es kam anders, ganz anders, als ich hätte erwarten können.

Münchmeyer war aufrichtig erfreut, als er mich sah. Ich sagte ihm, dass ich nur für einen Augenblick gekommen sei, denn ich fahre heut wieder heim. Da schüttelte er den Kopf. Das sei Unsinn; ich solle ja nicht etwa denken, dass er das zugebe. Dabei drehte er sich nach einem Boten um, den er hinüber in die Wohnung schickte: „Sag der Mama schnell, dass der Herr Doktor May da ist; er wird mit Mittag essen!" Ich glaubte nicht, meinen Ohren trauen zu dürfen, und sah ihn verwundert an. Da sagte er lachend: „Haben Sie keine Angst vor der Alten! Die wird schon freundlich sein; sie weiß auch wohl, warum!" Er hatte einige Leute abzufertigen; ich gab ihn dazu frei und machte indessen einen Rundgang durch das Geschäft. Ich freute mich, dass es überall freundliche Gesichter gab, wo man mich sah. Meine alten Bekannten waren fast alle noch da. Ich traf den „Fritz". Der lachte am ganzen Gesicht. „Du, die hat aber gleich noch rasch zum Fleescher geschickt", sagte er. – „Wer?", fragte ich. – „Na, die. Du bist doch Gast!" – „Das weißt du schon?" – „Natürlich! Das ging ja wie een Looffeuer rum. Jetzt wissens alle! Haste etwa Angst?" – „Das nicht, aber wissbegierig bin ich doch, wie es sich gestalten wird." – „Gut, sehr gut, sonst setzt es Prügel; daroff kannste dich verlassen. Sie darf weit gehen; das ist richtig, aber ja nich drüber 'naus. Weeßte, im Vertrauen: Dein Roman zieht kolossal; so hat noch niemals was gezogen. Das bringt Geld, und Geld is bei der da drüben alles; da wird sogar die ,Minna' vergessen. G'segnede Mahlzeit!"

Er hatte mir richtig prophezeit; ja, es geschah sogar noch mehr als das. Als ich mit dem „Heinrich" hinüber in die Wohnung kam, war es „Pauline" zwar nicht möglich, jenes stereotyp verlegene, breite Lächeln zu verbergen, welches auch einem geistreichen Gesicht nur übel stehen würde; aber im Verhältnis zu ihrer sonstigen Intelligenz fand sie sich doch ganz leidlich in die für sie gewiss nicht angenehme Situation. Sie war sehr höflich. Das stimmte mich dankbar. Ich versuchte sie anzuregen, und da ich ihre geistige Atmosphäre und die in derselben am Boden stehenden oder an der Wand hängenden Gegenstände kannte, so gelang es mir, ein sehr geläufiges Gespräch in Fluss zu bringen, über welches sich niemand so sehr freute wie der „Heinrich". Da brauchte er nämlich nicht mitzureden. Da konnte er seine ganze Aufmerksamkeit auf das Essen richten, und er aß nämlich gern, sehr gern und auch sehr viel! Dazu kam, dass in Münchmeyers Haus ein Gast eine außerordentliche Seltenheit war, infolge der Ungeselligkeit und des Geizes der „Pauline". Heut aber hatte sie sich grad ihrer Geldliebe wegen veranlasst sehen müssen, dem Verfasser des einträglichsten aller ihrer Romane ein splendides Mittagessen vorzusetzen. Das war für den „Heinrich" ein Fest. Er konnte einmal in der Weise, wie er es verdiente, essen, ohne den Restaurationsspeisezettel zu Hilfe zu nehmen. Und das tat er dann so ausgiebig und so vertieft, dass es schien, als wolle er uns von dem ganzen Schmaus fast nur die Unterhaltung übrig lassen. Diese erstreckte sich auf die allgemeine Schlechtigkeit der Menschen, auf die besondere Unzuverlässigkeit der Arbeiter, auf die Faulheit der Dienstboten, auf die Reinigung der Leib- und Bettwäsche, auf die Abstäubung der Möbel, auf die moralische Verderbnis der Putzmacherinnen und Schneiderinnen und auf die Unvergleichbarkeit der Münchmeyerschen Lektüre. Wenn wir zum elften Mal mit den Arbeitern und zum zwölften Mal mit den Dienstboten fertig waren, so kamen wir zum dreizehnten Mal auf die Wäsche. Es war also kein Wunder, dass rechts und links von mir Begeisterung herrschte; die „Pauline" behauptete, dass sie sich noch nie so gut unterhalten habe, und der „Heinrich" lobte, dass er noch kaum je so gut gegessen habe wie heut. Bei diesen Worten stieg ein Wunsch, ein kühner Wunsch in seinem Herzen auf, nämlich der, dass es doch für einige Tage so bleiben möge wie jetzt. Und weil die Flasche, die es sonst niemals, sondern nur heut einmal gab, beinahe leer war, tat er einen tiefen Schluck, sammelte seine ganze Verwegenheit und fragte: „Wir lassen den Herrn Doktor natürlich heut nicht fort. Wie steht es mit dem Fremdenzimmer, Mama? Es ist doch ganz unmöglich, ihn ins Hotel gehen zu lassen!" Die „Pauline" erschrak. Sie sah ihn an; er sie aber auch! Der Wein war stark und der „Heinrich" darum noch stärker. Da senkte sie die Augen und erklärte, dass sie gleich einmal nachsehen werde. Sie stand auf und ging hinaus, wahrscheinlich aber mehr, um sich zu sammeln, als um nach dem Zimmer zu schauen. „Na, was habe ich gesagt? Sie folgt! Sie mag doch einmal so tun, als ob Sie damals wirklich zugegriffen hätten und ihr Schwager geworden wären! Essen Sie, lieber Karl! Zu trinken gibt es jetzt nichts mehr; das besorgen wir heut Abend, mit dem ‚Fritz'. Denn daheim zu bleiben bei ihr, das mute ich ihr doch nicht zu!"

Mit dem Trinken hatte er Recht, denn der Wein war alle; er trank soeben den letzten Schluck. Mit dem Essen aber hatte er sich geirrt, denn das war auch alle. Ich gestand ihm aufrichtig und allen Ernstes, dass es mir ganz und gar nicht lieb sei, sein Gast sein und seiner Frau beschwerlich fallen zu müssen; am liebsten liefe ich augenblicklich davon! – „Ja, tun Sie das; aber ich gehe mit und zum Kaffee sind wir wieder da," lachte er. „Kommen Sie!" Wir verschwanden. Als wir wiederkamen, wies mir die „Pauline" das Zimmer an und der „Heinrich" tat, weil ich nicht auf Übernachten eingerichtet war, ein Übriges und borgte mir seine Filzpantoffel. Das einigte unsere Herzen noch inniger als vorher. Ich blieb drei volle Tage. Am dritten stand ich mit Heinrich und Pauline Münchmeyer im Wohnzimmer, um zu danken und Abschied zu nehmen. Ich musste heim. Da klingelte es draußen. Die Tür ging auf, und wer trat herein? Meine Frau! Ich war am Abend nicht heimgekommen. Das Verreisen war und ist bei mir keine Seltenheit, und da ich während dieser drei Tage fast unausgesetzt gewillt gewesen war, mit dem nächsten Zug fort zu fahren, so hatte ich nicht nach Hause geschrieben. Da machte meine Frau am dritten Tag sehr kurzen Prozess: Sie setzte sich in den Zug und fuhr nach Dresden. Sie wusste zwar nicht, wo ich war, aber dass ich auch mit zu Münchmeyers hatte gehen wollen; dort würde sie schon erfahren, in welchem Hotel ich wohne. Nun war sie gekommen; nun war sie da!

Hier mache ich eine Pause, denn in den letzten Worten „nun war sie da" liegt für mich viel, sehr viel! Wahrscheinlich wäre mir, wenn sie sich nicht eingestellt hätte, unendliches Herzeleid erspart geblieben! Tausendmal habe ich mir nachträglich die bittersten Vorwürfe gemacht, dass ich ihr keine Nachricht gab. Aber ich unterließ dies auch deshalb, weil ich dachte, dass sie dann grad kommen werde. Ich war überzeugt, dass ich diese beiden Frauen nicht zusammenbringen dürfe; aber ich dachte mir hierfür andere Gründe, nämlich die äußeren, nicht die innerlichen, die seelischen, die dann so verderblich wirkten. Meine Frau wusste nicht, was sie tat. Sie war jung und sie war – – Weib! Der „Heinrich" hatte sie gesehen; nun wollte sie sich auch der „Pauline" zeigen, grad deshalb, weil ich deren Schwester ausgeschlagen hatte. Das ist der Satanas, der sich so gern hinter die weibliche Schönheit steckt. In dem Augenblick, an dem sie in die Stube trat, begann die Scheidung zwischen ihr und mir, obgleich dieselbe erst zwanzig Jahre später gerichtlich ausgesprochen wurde. Es kann Jahrzehnte dauern, ehe ein innerer Grund zur äußeren Folge wird.

Ich hätte meine Frau am liebsten bei der Hand genommen und sofort hinausgeführt; aber das ging doch nicht! Münchmeyer war ganz entzückt; er hielt eine förmliche Rede, wie hoch sie willkommen sei. Die „Pauline" zu beobachten, hatte ich keine Zeit, denn die Angekommene nahm mich in Anspruch; sie hatte sich zu entschuldigen und mir von Briefen und anderen wichtigen Dingen zu berichten. Von meiner Abreise konnte nun natürlich nicht mehr die Rede sein, doch beeilte ich mich, es als ganz selbstverständlich zu erklären, dass wir im Hotel wohnen würden. Es wurde ausgemacht, einige Ausflüge in die sächsische Schweiz oder wenigstens in die Dresdner Heide zu unternehmen. Das schlug der „Heinrich" vor und ganz sonderbarerweise stimmte die „Pauline" bei. Meine Aufmerksamkeit wurde hierdurch erst wieder auf sie gelenkt. Man sah ihr weder Hass noch Ärger an. Sie war so freundlich! Es dauerte gar nicht sehr lange, so saß sie mit meiner Frau auf dem Sofa und hatte sie bei der Hand! Dann wurde spazieren gegangen. Die „Pauline" ging mit. Eine Seltenheit, ja, falls sie es ehrlich meinte, eine Auszeichnung sogar! Es wurde mir beinahe angst, zumal sie meine Frau so vollständig in Beschlag nahm und sich mit ihr so von uns andern absonderte, dass es mir kaum möglich war, mit einem Blick zur Vorsicht aufzufordern. Auch war meine Frau so schnell ganz für sie eingenommen und so voller Aufmerksamkeit für sie, dass Blicke gar nicht bemerkt wurden. Sie hatte erst dann wieder für mich Zeit, als wir uns im Hotel befanden, wo sie mir erklärte, sie wisse nun, wer schuld an dieser unglücklichen Ehe sei, nämlich nicht die „Pauline", sondern der „Heinrich".

Ich war Psychologe genug, ihr nicht sofort zu widersprechen. Menschen, die nicht zusammen passen, soll man langsam und vorsichtig trennen, nicht auseinanderreißen wollen, sonst klammern sie sich aneinander fest! Aber gemeinsame Ausflüge sind bekanntlich der Trennung gar nicht günstig. Der „Heinrich" freute sich riesig, dass seine Frau „anfing, gesellschaftlich werden zu wollen". Er unterstützte das und ich widerstrebte dem nicht, weil ich ihm diese Freude wohl gönnte. Der „Fritz" beobachtete still; aber als er glaubte, nicht mehr schweigen zu dürfen, warnte er auch: „Du, bis nich dumm; nimm deine Frau in Acht! Die kriegste sonst nich wieder! Denkste etwa, das ist echt? Aber mach, waste willst!" Er hatte Recht; aber ich konnte doch nicht so derb und rücksichtslos verfahren, wie er es in seiner Weise für richtig hielt. Da kam er auf die Idee, sich direkt an meine Frau zu wenden, und leider tat er das in seiner drastischen Weise. Er erreichte dadurch grad das Gegenteil. Sie hat ihn von da an stets nur für einen Grobian, niemals aber für aufrichtig, für ehrlich gehalten. Er hatte nicht berechnet, dass die „Pauline" ihm schon längst vorausgekommen war und ihn derart gezeichnet hatte, dass er Unrecht haben musste. Ich glaubte es klüger anfangen zu müssen als er. Es kam darauf an, die Eindrücke dieser Tage nicht festwachsen zu lassen. Um sie zu verwischen, fuhr ich nicht direkt heim, sondern schloss an den Dresdner Aufenthalt eine kleine Reise, von der ich erwartete, dass sie diesem meinem Zweck günstig sei. Vor allen Dingen habe ich an dieser Stelle zu betonen, dass ich bei der „Pauline" als Logiergast gewohnt habe und dass es also eine **Lüge** ist, zu behaupten, dass etwas Derartiges niemals stattgefunden und es einen Familienverkehr nie zwischen ihr und uns gegeben habe. Es werden sich bald noch mehr Beispiele eines solchen Verkehrs zeigen!

Hierauf kam eine außerordentlich arbeitsreiche Zeit. Ich förderte das „Waldröschen" – so hieß der Münchmeyersche Roman – mehr, als ich verpflichtet war, und schrieb für den Buchverlag volle drei Bände „Reiseerzählungen", ohne die kleineren Novellen, die so nebenbei entstanden. Dazu unausgesetzte Sprach- und andere Studien, um mich für mein eigentliches Lebenswerk vorwärts zu bringen. Da gab es wenig oder gar keine Zeit für Dinge, die sich nicht direkt bemerkbar machten, am wenigsten für die Erinnerung an die „Pauline", an die auch meine Frau fast nie zu denken schien.

Bei diesem äußeren und inneren Vorwärtsstreben stellte sich nach und nach doch die Unzulänglichkeit der kleinen Stadt heraus. Sie hatte mir die Ruhe gewährt, die ich zum Entwerfen und Überdenken meiner Aufgabenreihe brauchte. Nun war das vorüber. Ich hatte innere Klarheit erlangt und musste nun zurück ins Leben und an die Quellen, die nur in der Großstadt fließen. Ich wählte natürlich Dresden, aber nicht die Stadt selbst, sondern einen ihrer Vororte. Wir reisten wieder hin, sahen uns die Letzteren an und entschieden uns für Blasewitz, wo wir die erste Etage einer Villa mit Gartennutzung mieteten. Niemand war hierüber froher als der Heinrich. Er bereitete uns, kaum dass wir eingezogen waren, eine sehr unerwartete Überraschung. Er kam nämlich eines Tages und sagte uns, dass er auch in Blasewitz wohne. Er habe überhaupt keine Häuslichkeit; die „Pauline" räsoniere, wenn er in die Zimmer komme; in der Restauration zu essen, sei er sowieso gewöhnt, und so habe er sich hier eine Wohnung genommen, um sich nicht mehr den ganzen Tag ärgern zu müssen. Diese Gründe teilte er aber ganz selbstverständlich andern nicht mit. Er gehe zwar täglich nach der Stadt ins Geschäft, beeile sich aber, so bald wie möglich wieder herauszukommen. Besonders von Sonnabend bis Montag habe er mit Dresden nichts mehr zu schaffen. Er komme zu uns; da wisse er wenigstens, dass man ihn gern sehe und aufrichtig gegen ihn sei.

So wurde er unser Gast, in der Woche sehr häufig des Abends, Sonntags aber schon am Mittag, zuweilen auch bereits am Morgen, zum Kaffee. Der „Fritz" gesellte sich sehr oft hinzu. Der aß noch lieber und noch mehr als der „Heinrich". Es war eine Wonne, mit ihnen bei Tisch zu sitzen. Dieses gute Verhältnis gefiel der „Pauline" natürlich nicht. Es ist doch nicht grad rühmlich für eine Frau, wenn ihr Mann in eine andere Familie flieht, um nach des Tages Arbeit die verdiente Ruhe und ein anerkennendes Wort zu finden. Sie hat sich hierfür bei uns dadurch abgefunden, dass sie vor Gericht behauptete, wir hätten nicht einmal Möbel gehabt. Das ist natürlich **Lüge**! Die Firma Bruno Senewald kann mir bezeugen, dass ich nur für den Transport meiner Möbel 150 Mark sofort und bar bezahlt habe. Übrigens weiß sie ganz genau, wie anständig wir gewohnt haben; sie hat es ja nicht nur selbst, sondern auch öfters gesehen. Sie musste doch etwas tun, den zwischen ihr und ihrem Mann vorhandenen Riss nicht in so gehässigem Licht erscheinen zu lassen. Darum stellte sie sich hier und da in Blasewitz ein, um uns aufzusuchen. Auch ihre älteste Tochter brachte sie mit, die jetzige Witfrau Jäger, die damals bestimmt war, als „Star" auf der Bühne zu leuchten. Da ist in ihrer Gegenwart von mir und ihrem Mann sehr ausführlich über unsere mündlichen Abmachungen gesprochen worden. Sie hat da von den zwanzigtausend gehört und ebenso auch von der „feinen Gratifikation". Sie hat also sehr wohl gewusst, dass es mir gar nicht eingefallen war, auf meine Rechte zu verzichten. Das in Abredestellen dieser ihrer Besuche bei uns in Blasewitz ist **Lüge!**

Ich bin überzeugt, dass sie aus gewissen Gründen unendlich gern mit meiner Frau verkehrt wäre, aber natürlich ohne mich und auch nicht in Gegenwart ihres Mannes. Sie hat es ja später erreicht, diesen Wunsch erfüllt zu sehen, und das in einer Weise ausgenutzt, welcher der Erfolg nicht fehlen konnte. Aber weil meine Frau unter den gegenwärtigen Verhältnissen nicht derart abzusondern war wie damals bei ihrem Besuch in Dresden, so blieb es nur bei den vorhin erwähnten, gelegentlichen Visiten. Dass sich ihr Mann bei uns wie zu Hause fühlte, war mir zunächst ganz recht gewesen; aber der „Heinrich" kannte da leider kein Maß. Ich war fast nicht mehr Herr meiner selbst, musste daheim sein, wenn er kam, musste stets und stets zu seiner Verfügung sein, und das alles nur deshalb, weil er sich wohl bei uns fühlte. Er siedelte sogar seine alte Geige bei uns an und mutete mir zu, ihn auf dem Pianino zu begleiten! Dass der „Fritz" mitkam, war mir lieb. Aber dass Münchmeyer mir auch Personen brachte, die dann bei uns aus- und eingehen sollten, obwohl es für mich ganz unmöglich war, mit ihnen zu verkehren, das hätte ich ihm gern abgewöhnt, doch gelang mir das leider nicht. Vor allen Dingen mutete er mir zu, jeden neuen Mitarbeiter bei mir aufzunehmen und an seiner Stelle, aber mit meinem Geld die Honneurs des Hauses Münchmeyer zu machen. Das war fatal. Er brachte mich durch dieses alles um so viel Zeit, dass ich kaum mehr zum ruhigen Arbeiten kam. Ich überlegte hin und her. Das musste aufhören, doch auf eine Weise, die ihn weder kränkte noch beleidigte, sondern unsere Absonderung als etwas Selbstverständliches erscheinen ließ. Das beste Mittel zu diesem Zweck war jedenfalls, das Logis zu wechseln, von Blasewitz fortzugehen, wenn auch nicht weit.

Die Ausführung dieses Entschlusses wäre wohl noch verschoben worden, wenn er uns nicht wieder einmal, grad als wir zum Empfang derartiger Leute am wenigsten disponiert waren, einen Gast herbeigebracht hätte, der am besten gleich an der Tür zurückgewiesen worden wäre. Auch der war ein Mitarbeiter, ein früherer katholischer Lehrer, der, wie der „Heinrich" in seiner ungenierten Weise gestand, im Konkubinat lebe und heut total betrunken sei. Ja, dieser Mann war allerdings betrunken. Er betrug sich derart, dass ich ihn zum Gehen veranlasste und ihn bat, ja niemals wiederzukommen. Es ist das der Schriftsteller Bräuer, der Zeuge der Frau Pauline Münchmeyer gegen mich, der sogar beschworen hat, dass der Schriftsteller seine Kontrakte nur mit dem Sortimentsbuchhändler mache, eine Behauptung, die freilich sehr nach Alkohol riecht!

Münchmeyer schien es mir übel nehmen zu wollen, dass ich diesem seinem betrunkenen Protégé die Tür gewiesen hatte; ich machte also kurzen Prozess, kündigte meine Wohnung und mietete eine andere, die ziemlich entfernt davon an der Stadtgrenze lag und bereits zur Stadt gehörte. Der Eigentümer war ein Schlossbesitzer, ein sehr tatkräftiger Herr, bei dem es nur eines Winkes bedurfte, das, was ich wünschte, zu begreifen. Als ich dieses neue Logis bezogen hatte, setzte der „Heinrich" zunächst seine Besuche fort, obgleich es ihm nicht bequem lag. Dann kam er nach und nach seltener und schließlich gar nicht mehr. Als ich ihn gelegentlich fragte, warum, sagte er, er könne meinen Wirt nicht leiden und den Kutscher noch weniger. Es sei jammerschade, dass ich ausgezogen sei; ich solle doch so bald wie möglich wieder kündigen. Was er mit dem Herrn und mit dem Kutscher gehabt hatte, das habe ich nicht erfahren, denn es verstand sich von selbst, dass ich weder den einen noch die beiden anderen danach fragte. Aber das Wegbleiben Münchmeyers brachte eine Folge, die ich nicht mit in Berechnung gezogen hatte; nämlich, als der „Heinrich" bei uns verschwunden war, erschien nun die „Pauline"!

Ich behaupte nicht etwa, dass sie sich auffällig und häufig eingestellt habe, o nein. Ich schrieb in meinem Studio und hatte mir etwas aus dem Wohnzimmer zu holen. Als ich hinüberkam, war sie da, bei meiner Frau; sie saßen beieinander, genau so, als ob sie sich reimten! Das wiederholte sich, allerdings nur ein- oder zweimal. Aber es geschah von jetzt an öfters, dass meine Frau sonnabends Lust bekam, morgen, am Sonntag, in die Heide spazieren zu gehen. Meist zunächst nach dem Fischhaus. Kamen wir dahin, so saß die „Pauline" da. Es war ihr geraten worden, Waldluft zu atmen, und sie tat das in vehementester Weise. Sie steckte sich den Regenschirm quer über den Rücken unter die Arme, und wenn dies geschehen war, so konnte ich die arabischen Gutturaltöne viel besser studieren als in Arabien selbst. Dieses Zusammentreffen repetierte in verschieden großen Intervallen, doch stets nur sonntags, denn das war der einzige Tag, an dem die „Pauline" nicht in der Firma Posten stand. Wir wohnten an der Blasewitzer Grenze, in der Nähe der Elbe. Wir brauchten nur überzufahren, so hatten wir den Wald, für den sich Frau Münchmeyer jetzt im höchsten Grade interessierte. Der Rendezvous- und Spazierziele gab es verschiedene; das Waldschlösschen, die Saloppe, das Fischhaus, die Heidemühle, die Hofewiese und andere. In einem ganz besonderen Fall war sie nicht allein. Ein Sohn des Stadtrats Heubner, des bekannten Achtundvierzigers, hatte eine Tochter der „Pauline" kennen gelernt. Man wünschte, aus den jungen Leuten ein Paar zu machen. Es wurden gemeinsame Spaziergänge kombiniert, mit Poesie, in den Wald hinaus. Wir wurden eingeladen. Münchmeyers drei Personen, Heubners drei Personen und Mays zwei Personen. Die jungen Leute haben auch wirklich geheiratet.

Ich bitte, hieraus zu ersehen, dass die Behauptung, es habe zwischen uns und Münchmeyers kein Verkehr bestanden, eine „**Lüge**" ist! Ferner ist Heubner jun. später als Zeuge gegen mich aufgestellt worden. Ich habe damals, bei unserm viele Stunden langen Beisammensein in der Dresdner Heide, mit ihm sehr ausführlich über mich, über meine Werke und meine Schreibweise gesprochen. Ich habe ihm da gesagt, dass Münchmeyer schon im Jahre 1875 und '76 „Indianergeschichten" von mir bekommen habe und dass nun jetzt auch das „Waldröschen" wieder eine ganze Menge von „Indianergeschichten" enthalte. Und jetzt nun, da ich mit seiner Schwiegermutter prozessiere, will man gerichtlich glaubhaft machen, dass er sich mehrere Jahre später bei Münchmeyer erkundigt habe, ob ich der „Indianergeschichten-May" sei! Ich konstatiere das bloß; hinzufügen brauche ich wohl nichts! – Und da ich einmal bei dieser Art von Behauptungen bin, so möge auch noch folgende gleich mit abgefertigt werden: Die „Pauline" hat nämlich behauptet, dass ich grad zu jener Zeit, als wir auf der Prinzenstraße wohnten, mich in Geldnot befunden und darum Münchmeyers angeborgt habe. Meine Frau sei nämlich im Krankenhaus gewesen und ich habe das nicht bezahlen können! Nun hat sich meine Frau aber grad zu jener Zeit so ganz besonders rüstig gezeigt. Sie hat niemals, weder vorher noch nachher, so ausgedehnte Landpartien gemacht wie damals mit Frau Münchmeyer. Von einem Kranksein oder gar Darniederliegen war keine Rede. Auch hat meine Frau nie, so lange sie lebt, in irgendeinem Krankenhaus gelegen. Ich muss also die obige Behauptung, wie so vieles andere, für eine „**Lüge**" erklären. Erst viel später, als wir längst in einem ganz anderen Stadtviertel wohnten, musste sich meine Frau wegen einer schweren Erkältung in die ärztliche Privatbehandlung des Geheimen Medizinalrats Professor Leopold begeben, ein Fall, auf den diese „**Lüge**" jedoch in keiner Weise bezogen werden kann.

Es lässt sich wohl denken, dass es mir keineswegs angenehm war, der „Pauline" zu diesen ihren Spaziergängen meine Sonntage ebenso zu opfern, wie ich sie vorher in

Blasewitz dem „Heinrich" geopfert hatte. Auch äußerte sich die Wirkung dieser Ausflüge auf die Frauen nicht gleich, sondern ganz verschieden. Die Waldluft bekam nämlich der „Pauline" ganz ausgezeichnet; umso schlechter aber bekam die „Pauline" meiner Frau! Das merkte ich sehr bald und das steigerte sich immer mehr und mehr.

Gingen wir zu dritt durch die Heide, so war ich meist voran oder hinterher. Ich beschäftigte mich in Gedanken mit meiner Arbeit oder mit dem, was ich um mich sah. Denn worüber die Frauen sprachen, das interessierte mich nicht; sie waren also meist allein. Nachdem dies wiederholt geschehen war, kam es mir ganz so vor, als ob meine Frau in verschiedenen, ja in vielen Dingen jetzt anders denke als früher. Manches, was sie sagte, klang ganz deutlich aus der Schundroman-Atmosphäre heraus. Ich stieß auf Gedanken, die sie nur von der „Pauline" haben konnte. Dass es nur selten einen guten Mann gebe! Dass eine sparsame Frau nicht mit Geld zu bezahlen sei! Dass man vor allen Dingen und zunächst auf sich selbst zu sehen habe! Dass die Männer nicht alles zu wissen brauchen! Dass eine Frau dem Mann viel nötiger sei als er ihr! – Sie hatte früher derartige Gedanken nie geäußert; jetzt aber schienen sie ihr bereits geläufig zu sein. Auch konnte es mir nicht entgehen, dass sie sparsamer wurde, besonders wenn es sich um arme Verwandte von mir oder um sonst eine Wohltätigkeit handelte. Es ist nicht meine Aufgabe hier, dies weiter auszuführen; auch fiel es mir nicht ein, gewalttätig einzugreifen. Aber ich sorgte dafür, dass wir an Sonntagen nicht mehr so zur Verfügung standen wie bisher. Wir verreisten sehr oft. Es stellte sich heraus, dass unsere jetzige Wohnung nicht mehr passte. Es galt eine neue einzurichten. Das gab Zerstreuung und Beschäftigung. Wir zogen aus, nach der Schnorrstraße, in eine schöne, frei gelegene Etage.

Um diese Zeit war ich ungemein beschäftigt. Professor Josef Kürschner, der ebenso fleißige wie berühmte Bibliograf, stand im Begriff, für Spemann, später „Union" in

Stuttgart, ein Blatt im höheren Stil zu gründen. Er nannte es „Vom Fels zum Meer" und ich sollte mich hieran beteiligen. Ich schrieb ihm das lappländische „Saiwa tjalem" und das kurdische „Christi Blut und Gerechtigkeit". Die Erfolge, die ich mit derartigen Arbeiten hatte, brachten ihn auf den Gedanken, im gleichen Verlag eine Jugendzeitung herauszugeben, deren Hauptartikel ich zu schreiben hatte. So entstanden damals „Der Sohn des Bärenjägers", „Der Geist des Llano estacado", „Der Schatz im Silbersee" und andere, noch jetzt von der „Union" verlegte Sachen. Zu gleicher Zeit arbeitete ich für den Buchverlag an den beiden Werken „In den Schluchten des Balkan" und „Durch das Land der Skipetaren". Das war gewiss Arbeit in Hülle und Fülle. Ich konnte mich fast um nichts anderes kümmern. Für Münchmeyer zu schreiben hatte ich aufgehört und war sehr froh, diese für mich stets nur unerfreuliche Verbindung abgebrochen zu haben. Da geschah etwas, was mich zuerst, ehe ich die Gründe erfuhr, befremdete. Nämlich es stellte sich bei meiner Frau das Bedürfnis nach frühen Morgenspaziergängen ein. Das sei außerordentlich gesund und erhalte den Körper schlank. Dieser Ausdruck war mir bekannt. Er stammte von der „Pauline", deren Taille sehr in die Breite ging, obgleich sie alles tat, dies zu verhindern. Für meine Frau stand eine solche Zunahme des Umfangs noch lange nicht zu befürchten; darum wollten mir diese plötzlichen Morgenspaziergänge weder notwendig noch bequem erscheinen. Sie stand nämlich früh gegen 4 Uhr auf, ging nach dem „Großen Garten", kam gegen 7 Uhr ganz ermüdet wieder und legte sich darauf von neuem schlafen. Ich darf wohl sagen, dass ich es nicht ganz fertig brachte, dies mit meiner Weltanschauung zu vereinigen. Da ich aber wusste, dass gegen die Logik der Frauen nicht gut aufzukommen ist, und ich auch keine Zeit hatte, der Gattin vor oder nach jedem derartigen Spaziergang ein Privatissimum über die Umkehrung der Tageszeiten zu halten, so ließ ich sie ungestört weiter promenieren, indem ich hoffte, dass sie diesem sonderbaren Treiben ganz von selbst ein Ende machen werde.

Aber das geschah nicht. Da öffnete ich denn doch einmal die Augen, um hinter die eigentliche Ursache des Wunsches, schlank zu bleiben, zu kommen. Er war außerordentlich interessant, dieser Grund, des Morgens 4 Uhr in den Großen Garten und dann 7 Uhr wieder schlafen zu gehen. Er hieß nämlich „Pauline"! Ich bin nicht neugierig genug gewesen, mich zu erkundigen, in welcher Weise dieser Plan entstand; es war mir genug, die Tatsache zu konstatieren. Meine Frau kam täglich, gutes Wetter vorausgesetzt, im Großen Garten mit Frau Münchmeyer zusammen. Das genügte! Mehr brauchte ich nicht zu wissen! Denn dass die eine Dame nur deshalb kam, um schlank zu bleiben und die andere nur deshalb, um wieder schlank zu werden, das hing meines Erachtens nur mit der bekannten „Verlogenheit der Kolportage" zusammen. Was nun geschah, steht unter Diskretion. Ich bin ganz selbstverständlich nicht etwa ungelind verfahren. Ich besinne mich nicht, auch nur ein einziges scharfes Wort gesprochen zu haben. Aber es war für mich nichts weniger als erfreulich, den Geist des Münchmeyerschen Hauses jetzt nun in meinem eigenen Heim emporwachsen und mir in einer Weise entgegentreten zu sehen, die sehr Schlimmes befürchten ließ. Ich will nicht etwa sagen, dass die „Pauline", wie man sich auszudrücken pflegt, meine Frau gegen mich „verhetzt" habe; o nein, dazu war sie trotz aller ihrer übrigen Intelligenz denn doch zu klug! Meine Person war unberührt geblieben; wenigstens schien es so. Die Veränderung bezog sich nur auf meine Frau. Es hatte eine Umbildung in ihr stattgefunden, so in der Tiefe und so heimlich beginnend, dass es mir nicht möglich gewesen war, es zu bemerken. Es waren anererbte und bisher in ihr ruhende Geister aufgeweckt worden, und ich ahnte sogleich, dass sie nie wieder schlafen gehen würden. Ich sah ihn kommen, den Kampf zwischen ihnen und mir. Ich erkannte von Tag zu Tag, von Woche zu Woche die Gifte immer deutlicher, die während dieser Morgenspaziergänge von der einen Person auf die andere übergegangen waren, die Einbildung auf äußere Zufälligkeiten, den Bettelstolz, den Geldhunger und die Verheimlichung. Und als ich vorsichtig an die sich mir entfremdende Seele horchte, gewahrte ich, dass das, was mich so erschreckte, nicht etwa erst von heute und gestern stammte. Die Pilze waren zwar erst jetzt aus dem verseuchten Boden emporgeschossen; das Myzelium hatte aber schon längst im Stillen gewirkt; es war während unseres damaligen Besuchs in Dresden übertragen worden, als ich die Unvorsichtigkeit beging, während der Spaziergänge meine Frau von mir absondern zu lassen.

Mein Kampf mit diesen Giften begann. Ich erfuhr so nach und nach, was während der Zusammenkünfte im Großen Garten gesprochen worden war. Wie ist es nur möglich, dass diese Kolportagefrau den Verkehr mit uns nun heute leugnen kann! Als ich ihn bei einer Zeugenvernehmung erwähnte, sprang sie in voller Entrüstung von ihrem Stuhl auf, schlug die Hände zusammen und rief, dass dies eine Lüge sei; es habe nie ein Verkehr bestanden und grad Mays seien die Allerletzten, mit denen sie hätte eine Bekanntschaft pflegen mögen. Ihre Töchter stimmten ihr in demselben Ton bei, obgleich die älteste von ihnen, die Witwe Jäger, in Blasewitz mit Vater und Mutter bei uns gewesen war! Der Verkehr bestätigte sich ganz von selbst aus den Folgen, die er mir brachte. Es stellte sich ganz derselbe ungebührliche Ton und genau dasselbe Ableugnen erwiesener Tatsachen ein. Hierzu noch andere Dinge, die mich nach monatelangen, vergeblichen Versuchen, ihrer Herr zu werden, dann endlich zwangen, eine so große Entfernung zwischen die beiden Frauen zu legen, dass Intimitäten nicht mehr möglich waren. Ich verließ Dresden nun für ganz und zog nach der Lößnitz, in den entlegensten Ort derselben, nach Kötzschenbroda, wo ich eine ganze Villa mietete, um der einzige Herr meiner Haustür zu sein. Ich habe, um ein zusammenhängendes, klares Bild geben zu können, diese persönlichen Darstellungen in einer Schnur vollendet und schiebe sie nun für einstweilen beiseite, um das Geschäftliche nachzuholen.

Als Münchmeyer mich damals bat, ihm einen Roman zu schreiben, und ich ihm diesen Wunsch erfüllte, meinte er nur einen und ich auch. Aber er konnte mit dem Druck nicht so schnell folgen, wie ich schrieb. Darum war ich schon zu Ende, als der Erfolg bei ihm soeben erst begonnen hatte. Er bat mich, gleich weiterzuschreiben, nämlich einen zweiten. Er habe ja gleich damals gesagt, dass er mir später mehr als für den ersten zahlen könne, und biete mir jetzt 50 Mark pro Nummer. So viel habe er noch nie gegeben und werde es später auch niemals geben, außer mir. Meine Frau redete mir zu; ich war nun einmal in Fluss und so willigte ich ein, ganz selbstverständlich außer der Erhöhung des Honorars zu den bekannten Waldröschenbedingungen, nämlich Wahrung aller meiner Rechte, 20.000 Auflage und dann eine feine Gratifikation. Diese Abmachung erfolgte sehr schnell und glatt, ohne alle Schwierigkeit, weil sich das ja ganz von selbst verstand. Ebenso fraglos verhielt es sich mit der Pseudonymität. Die war, weil es sich um Kolportagehefte handelte, ganz unbedingt beizubehalten. Er machte auch gar keinen Versuch, mich zur Aufhebung derselben zu bewegen, denn er wusste, dass er sich dadurch in Gefahr brachte, auf meine Mitarbeiterschaft verzichten zu müssen. Übrigens hatte sich mein Pseudonym mit dem „Waldröschen" sehr gut eingeführt und so wäre es wohl nicht geschäftlich klug gewesen, darauf zu verzichten.

Es kann wohl kaum befremden, dass ich dann noch zwei Romane für Kolportagehefte schrieb, gleich lang und auch zu denselben Bedingungen. Münchmeyer wünschte es, meine Frau befürwortete es, weil es den Verkehr erhielt, und mir wurde es nicht schwer, denn ich arbeitete schnell und leicht. Zwar bezog ich von Münchmeyer eben nur ein Kolportagehonorar, aber das glich sich ja dann später wieder aus, wenn meine Zeit kam, diese Arbeiten für mich in Buchform erscheinen zu lassen. Auch war es ganz bequem, für eine Dresdner Firma zu schreiben, bei der man sich zu jeder Zeit das Honorar persönlich holen konnte, ohne von den Zufälligkeiten der Fernzahlung abhängig zu sein. Ich habe das einmal mit dem Wort „Brotschrank" bezeichnet. Man beeilte sich, diesem meinem Ausdruck die vollständig falsche Bedeutung beizulegen, dass Münchmeyer mein „Brotherr" gewesen sei, ohne den ich mich in Nahrungssorgen, in Not befunden hätte. Ich meinte aber, dass diese Honorare grad nur für Brot ausreichten, für weiter nichts; die Befriedigung aller übrigen Lebensbedürfnisse, also das eigentliche Gros meiner Ausgaben, hatte ich aus anderen Quellen zu bestreiten, die reichlicher fließen mussten.

Zu erwähnen sind eine Anzahl kleiner Erzählungen, die Münchmeyer in Zeitschriften brachte. Er hatte damals Not um kürzere Manuskripte, die verhältnismäßig teuer sind, wenn sie etwas taugen. Er scheute diese Ausgabe und fragte mich, ob ich nicht einen Ausweg wisse. Da überließ ich ihm diese Sachen, natürlich nur zum einmaligen Abdruck; er hat mir nichts dafür bezahlt. Übrigens gehörten sie mir auf alle Fälle nach zwei Jahren wieder, weil sie eben in Zeitschriften standen. – Wichtiger ist eine andere Zeitschriftenarbeit, nämlich der große Roman „Die Liebe des Ulanen". Münchmeyer gab damals eine Zeitschrift heraus, „Der deutsche Wanderer" genannt, die gar nicht gehen wollte. Er bat mich also, einen Roman für sie zu schreiben. Ich war aus den bereits oben angeführten Gründen nicht abgeneigt, es zu tun, und ließ mir das Blatt zeigen. Es galt zu sehen, ob dieser „Wanderer" nur ein gewöhnliches Kolportageblatt oder eine wirkliche Zeitschrift sei, deren Beiträge nach zwei Jahren gesetzlich an den Verfasser zurückfallen müssen. Ja, es war eine Zeitschrift. Die Nummer des Bandes war angegeben und ebenso der Jahrgang, also das Jahr. „Der deutsche Wanderer" sollte kein Kolportageunternehmen sein. Er sollte auf derselben Höhe stehen, wie die beiden im Jahre 1875 von mir gegründeten Unterhaltungsblätter. Darum hatte Münchmeyer den Wunsch, dass der betreffende Roman nicht unter einem Pseudonym, sondern unter meinem wirklichen Namen veröffentlicht werde. Wie der bekannte „Deutsche Hausschatz" in Regensburg durch die Beiträge von Karl May in die Höhe gekommen war, so sollte auch der „Deutsche Wanderer" von diesem meinem Namen profitieren. Da es sich nicht um Kolportagenummern, sondern um eine anständig scheinende Zeitschrift handelte und ich meine jetzigen Erfahrungen mit der Firma Münchmeyer damals noch nicht gemacht hatte, so ließ ich mich bewegen, hierauf einzugehen. Ich schrieb also den Roman „Die Liebe des Ulanen", und zwar nur für den „Wanderer" und die betreffende Erscheinungszeit. Nach Ablauf von zwei Jahren war er wieder mein.

Hiermit sind diejenigen meiner Werke, um die es sich zwischen mir und Münchmeyer handelt, alle genannt. Sie zerfallen in drei Gruppen, nämlich:

1. Kleinere Sachen, die er nicht bezahlt hat, für nur einen Abdruck hergegeben.
2. „Die Liebe des Ulanen", nur für die Zeitschrift „Deutscher Wanderer" bestimmt und nach zwei Jahren an mich zurückzufallen.
3. Vier Kolportageromane, ohne Abtretung sämtlicher Rechte, pseudonym, nur bis 20.000 und dann eine „feine Gratifikation".

Man sieht, ich bin ein ziemlich fruchtbarer Mitarbeiter für Münchmeyer gewesen. Er hätte unter normalen Verhältnissen an diesen Sachen ca. 250.000 Mark verdienen und sie mir dann zurückgeben müssen; das Erstere war sein Recht und das Letztere das meine! Aber es kam ganz anders als in dieser einfachen, geschäftlich glatten Weise. Ob ich ihm nach Zahlung der „feinen Gratifikation" diese Arbeiten für noch weitere 20.000 abgelassen hätte, wäre unnötig, zu erörtern, weil eine solche Bezahlung überhaupt nicht stattgefunden hat. Münchmeyer machte einmal den Versuch, sich durch einen Scherz um sie herumzuwinden. Es war beim Einkauf von Weihnachtsgeschenken meiner Frau das Geld ausgegangen. Sie befand sich in der Nähe von Münchmeyers, und um nicht den weiten Weg nach Hause machen zu müssen, ging sie zum „Heinrich" und ließ sich 30 Mark auf mein Konto von ihm geben. Als er am nächsten Mal bei mir war, sagte er, dass ich diese 30 Mark als die betreffende „feine Gratifikation" für das „Waldröschen" betrachten solle. Da holte ich augenblicklich 30 Mark aus dem Nebenzimmer, zahlte sie ihm hin und erklärte, dass es mir ganz unmöglich sei, eine derartige Lappalie als „feine Gratifikation" für diesen Roman zu betrachten. Ich habe von diesen 30 Mark nichts gewusst und gebe sie ihm hiermit dankend zurück. Er nahm das Geld, steckte es lachend ein und hat mir seitdem niemals wieder etwas angeboten.

Wer gewöhnt ist, Verhältnisse wie die vorliegenden rein geschäftlich zu betrachten, der wird sich sehr wahrscheinlich darüber wundern, dass ich nur immer von ferneren Romanen spreche, die ich für den „Heinrich" geschrieben habe, aber nichts über eine Berichterstattung seinerseits, welche Erfolge mit ihnen erreicht worden seien. Ich kann hierfür eine ganze Menge von Gründen anführen, die alle für mich sehr maßgebend sind, wenn auch nicht für andere Leute. Zunächst bin ich Idealist; es ist mir immer schwer gefallen, einem Menschen zu misstrauen. Zweitens betrachtete ich mich als Münchmeyers Freund, allerdings nicht in dem Verhältnis wie Kastor und Pollux oder David und Jonathan, aber doch so, dass ich ihm Zeit und Raum zu lassen hatte, sich aus den Verlegenheiten herauszuarbeiten, ohne sich nun gleich sofort um meine Gratifikation sorgen zu müssen. Drittens stand ich mich doch nicht so, dass ich nicht hätte warten können, so lange es mir beliebte. Viertens war mir meine Seelenruhe wichtiger als die immer währende Frage, ob ich wohl Geld zu bekommen habe oder noch nicht. So könnte ich noch viel anführen; ich will aber nur noch fünftens ganz aufrichtig gestehen, dass meine Frau die Kasse führte, nicht ich. Das wird wohl der Hauptgrund sein! Ich lasse mich nicht gern von Alltagssachen stören. Ich habe, so lange ich verheiratet bin, mich nie mit der Kasse befasst. Es war meine Pflicht, dafür zu sorgen, dass sich niemand rühmen konnte, sie auf dem Nullpunkt überrascht zu haben; das Übrige alles war Sache meiner Frau. Diese inklinierte noch mehr für Münchmeyer als ich selbst. Und noch höher als ihn bewertete sie die „Pauline". Diesen beiden irgendein Misstrauen zu zeigen, war damals für sie so gut wie ausgeschlossen. Kam ich gelegentlich je einmal auf die „feine Gratifikation" zu sprechen und dass es wohl Zeit sei, uns nach ihr zu erkundigen, so war sie der Meinung, dass ich „nobel sein und noch nichts sagen solle." Die Münchmeyers seien anständige Leute und auch zahlungsfähig. Besonders sie, die „Pauline", habe genug Geld, auch zu jeder Zeit bezahlen zu können; das wisse sie genau!

Es muss bemerkt werden, dass ich weder eine Korrektur noch eine Revision zu lesen bekam. Es war also unmöglich festzustellen, ob oder dass meine Werke genau so gedruckt wurden, wie ich sie geschrieben hatte. Es wurde mir einmal gesagt, dass Münchmeyer riesig ändere. Da ging ich hinein, ließ mir den letzten Druck und das letzte Manuskript geben und schaute nach. Da entdeckte ich nun freilich derartige Veränderungen, dass ich drohte, sofort mit dem Schreiben aufzuhören, falls das nur noch ein einziges Mal vorkomme. Er versprach hoch und teuer, es nicht wieder zu tun, weder selbst noch von anderen tun zu lassen. Die jetzige Versicherung, dass er dieses Wort gehalten habe, ist offenbarste „**Lüge**", denn es ist durch den Prozess bereits das Gegenteil erwiesen und ich habe außerdem noch andere, bisher nicht verhörte Zeugen, welche beweisen werden, dass in hohem Maß geändert worden ist. Selbst wenn ich einem Menschen irgendeine Arbeit vollständig und für immer abgetreten hätte, so besäße er doch nicht das Recht, mir auch nur eine einzige Zeile zu verändern. Münchmeyers Nachfolger aber hat derartige Umgestaltungen ausführen lassen, dass sich zwischen der alten und seiner neuen Ausgabe ein Unterschied von hunderten von Seiten ergibt. Das ist doch geradezu grässlich! Wenn irgendein Mensch es wagte, das Gemälde eines Malers beschneiden und überpinseln oder die Statue eines Bildners behacken und bemeißeln zu lassen und diese Verballhornisierungen als Originalwerke der betreffenden Erzeuger zu verkaufen, so würde sich die gesamte Presse des Geschädigten annehmen und den Fälscher derartig brandmarken, dass er sich nicht wieder sehen lassen könnte. Da aber in diesem meinem Fall der Fälscher ein Mitglied der Presse ist und sie im tiefsten Schweigen verharrt, so kann ich seine Verurteilung nur auf gerichtlichem Weg erreichen.

Es wird von den Kolportagisten behauptet, dass es Jahre und sogar Jahrzehnte daure, ehe sie im Stande seien, über den Erfolg eines Romans Rechenschaft abzulegen. Das ist wissentliche „**Lüge**"! Es sollen hierdurch die besonderen Absichten resp. Fehler der betreffenden Geschäftsführung verhüllt werden. Wer ehrlich ist und sich einer guten, übersichtlichen Buchführung befleißigt, der weiß täglich, woran er ist, nicht aber erst nach so langen Zeitintervallen. Und grad bei der Kolportage liegen auch in dieser Beziehung die Verhältnisse viel günstiger als bei dem Buchverleger, weil der Erfolg, den man mit dem Sammelmaterial macht, schon gleich im Anfang zeigt, was sich ergeben wird. Wenn ich dem „Heinrich" trotzdem längere Zeit gelassen habe, an die Verpflichtungen zu denken, die er gegen mich eingegangen war, so geschah dies aus den bereits angeführten Gründen. Diese hielten so lange aus, als ich persönlich mit ihm verkehrte. Dann aber trat, wenigstens bei mir, nicht aber bei meiner Frau, diese Rücksicht zurück und ich begann die Sache nicht mehr mit den Augen der Freundschaft, sondern nur noch geschäftlich anzusehen. Ich hatte nur immer gehört, dass das „Waldröschen" außerordentlich gut gehe. Ich erfuhr auch, dass die anderen Romane von fast demselben Erfolg seien. Aber die Meldung, dass man die 20.000 erreicht habe, wollte sich absolut nicht einstellen. Allerdings gelangte das, was ich erfuhr, nur indirekt zu mir, durch andere Leute. Vom Geschäft aus gab es keine Auskunft. Grad weil meine Sachen so gut gingen, sei es unmöglich, jeder einzelnen Nummer nachzulaufen, um zu sehen, der wievielte Abonnent es sei, der sie lese. In diesem Sinn sprach man sich aus. Da wurde ich misstrauisch. Das war zur Zeit der frühen Morgenspaziergänge im Großen Garten. Wenn ich meine Besorgnis äußerte und von strengeren Mitteln sprach, die ich wahrscheinlich anwenden müsse, so wurde ich sehr deutlich an die Worte erinnert, welche ich früher so oft aus dem Munde Münchmeyers gehört hatte: „Das darf ich nicht, sonst bekomme ich schlechte Ehe!" Von solchen „strengeren Mitteln" wollte meine Frau durchaus nichts wissen, und da mir für die damalige anhaltende Arbeitsfülle die äußere und innere Ruhe nötiger als alles andere war, so begnügte ich mich mit einfachen Erkundigungen und der Bitte an Münchmeyer, mir doch Auskunft zu erteilen. Er schickte mir seinen geheimnisvollen Vertrauensmann, einen gewissen Walter, der in Münchmeyers Familie und Geschäft eine selbst jetzt noch nicht aufgeklärte Rolle spielte. Er war ein alter, vorbestrafter Pfiffikus, der sich mit solcher Schlauheit auszudrücken verstand, dass ich von ihm noch weniger als nichts erfahren konnte. Aber Münchmeyer fühlte sich durch diese meine Nachforschungen beängstigt. Er sagte, wie ich dann später erfuhr, dass es jetzt doch nun Zeit geworden sei, mit seinen Schriftstellern schriftliche Kontrakte zu machen, und so erschien denn das Faktotum Walter eines schönen Tages bei mir, um mir mit gleißender Freundlichkeit ein Schriftstück vorzulegen, welches ich unterschreiben sollte. Dieses Elaborat liegt bei den Akten. Es ist ein Meisterstück der Kolportagepfiffigkeit, der Walterschen Geriebenheit; denn dass dieser es verfasst hat, darüber gibt es bei mir keinen Zweifel. Mir einen offenen und ehrlichen, einen wirklichen und klaren Kontrakt vorzulegen, durch dessen Unterschrift ich alle unsere mündlichen Abmachungen über den Haufen werfen und auf alle meine Rechte verzichten würde, das wagte man nicht. Darum griff man zur Hinterlist, zur Verstellung. Man tat, als ob es sich nicht um alle, sondern nur um zwei meiner Romane handle. Und man tat so, als ob ich das Manuskript nicht schnell genug und auch nicht regelmäßig geliefert habe. Nun sollte ich mich jetzt plötzlich kontraktlich verpflichten, wöchentlich fünf Nummern zu liefern und hierbei nur so nebenhin mit unterschreiben, dass ich an Herrn Münchmeyer das alleinige, freie, unbeschränkte Verlags-, Eigentums- sowie Übersetzungsrecht abtrete. Es ist zu betonen, dass das Urheberrecht nicht mit erwähnt worden ist. Ferner ist es selbst dem fleißigsten Verfasser unmöglich, sich auf regelmäßig wöchentlich fünf Nummern zu verpflichten. Das wäre sein Tod! Ich habe für Münchmeyer über 500 Nummern geschrieben; das ergibt wöchentlich über zwei. Es ist aber die Regel, an die Abonnenten wöchentlich nur eine Nummer zu liefern. Also habe ich grad doppelt so viel geschrieben, als eigentlich nötig war. Wenn man es trotzdem wagt, mir im Prozess vorzuwerfen, dass ich saumselig gewesen sei, so ist das „Lüge". Man tut das nur, um den obigen Kontraktversuch zu beschönigen und damit zu verbergen, worauf es eigentlich mit diesem so genannten „Revers" abgesehen war. Übrigens muss, wer ein offenes und unparteiisches Auge besitzt, gewiss doch Folgendes ganz bestimmt erkennen:

Wenn die in diesem Kontraktversuch angegebenen Rechte Herrn Münchmeyer von mir abgetreten gewesen wären, so hätte er es nicht nötig gehabt, das Experiment zu machen, ob es ihm nicht vielleicht durch diese Überrumpelung gelinge, sich noch nachträglich in den Besitz derselben zu bringen! Und weil durch dieses Schriftstück erwiesen ist, dass er meine Unterschrift begehrt, also für nötig hält, so sollte ich wohl meinen, dass das Fehlen dieser meiner Unterschrift den untrüglichen Beweis erbringt, dass ich ihm die in Frage stehenden Rechte nicht abgetreten habe. Wie es mir schon vorher niemals einfallen konnte, dies zu tun, so auch dann damals nicht, als Walter mir das Schriftstück zur Unterschrift vorlegte. Ich war vielmehr über dieses Ansinnen derart empört, dass ich ihn schleunigst, so was man sagt, hinausgeworfen habe.

Ich fand diesen Versuch Münchmeyers, in den Besitz meiner Rechte zu kommen, zwar nichts weniger als lobenswert, doch aber auch nicht unbegreiflich. Ich wusste, dass er Werke druckte, die nicht gut gingen, einige sogar schlecht. Er setzte Geld mit ihnen zu, und woher sollte oder konnte er das nehmen? Es fehlte ihm, wie schon früher ausgeführt, der Geist, der voraussieht und klar und richtig berechnet. Und durch die immer steigende Anhäufung von Druckmaschinen sah er sich gezwungen, um diese Maschinen zu beschäftigen, nur immer neue Romane schreiben zu lassen, gleichviel, ob vorauszusehen war oder nicht, welchen Erfolg sie haben würden. Dass ihm der Geist, von dem ich sprach, wirklich fehlte, beweist unter anderem auch folgender Vorfall. Der Militärschriftsteller Max Dittrich schrieb ein Werk über den französischen Krieg. Münchmeyer wollte es herausgeben; aber die Herstellung war kostspielig. Er hatte Sorge, ja wohl gar Angst, ob es klappen werde oder nicht. Da schrieb er mir, ich solle ihm den Gefallen tun und kommen, um das Manuskript zu lesen und ihm zu raten. Ich hatte bereits auf den persönlichen Verkehr mit ihm verzichtet. Ich fuhr aber, weil meine Frau es wollte, trotzdem zu ihm. Dittrich war auch gerufen worden. Ich prüfte die Arbeit und sagte Herrn

Münchmeyer, dass er sie nehmen solle; sie werde ihm, falls er es richtig mache, ein ganzes Vermögen bringen. Er folgte diesem meinem Rat, aber nicht in meiner Weise, sondern nach seinem eigenen Kopf. Darum verdienten zwei Kolporteure, welche das Werk vertrieben, in kurzer Zeit über 200.000 Mark; der Verfasser aber bekam nur 1.000 Mark und Münchmeyer hastete und plagte sich weiter, wie vorher. Freitag hatte Geist in das Geschäft gebracht, Gleissner die Seele. Der Erstere war aus Stolz, der andere jetzt aus Ärger fortgegangen. Fand Münchmeyer nicht Ersatz für diese und andere gute Kräfte, auf die er sich hatte verlassen können, so musste das Geschäft ganz unbedingt auf jenen intellektuellen Fehlbetrag hinauslaufen, den ich im vorigen Kapitel vorausgesehen habe.

Zu diesen verfehlten Spekulationen mit Verlagsartikeln, die keine Einnahme, sondern nur Ausgaben brachten, kamen andere Dinge, von denen sich hier nicht sprechen lässt. Es gelang Frau Münchmeyer, eine ihrer Töchter nach der anderen zu verheiraten. Das kostete aber Geld, viel mehr Geld, als der „Heinrich" dachte und wohl auch wusste. Diese Sachen gehen mich nichts an, wenigstens einstweilen. Zwingt man mich, so kann ich meine Zeugen nicht hindern, zu erzählen, was sie wissen. Der eine z. B. sah bei Münchmeyer einen neuen Geldschrank stehen und machte eine hierauf bezügliche Bemerkung. Münchmeyer antwortete diesem Mann, der in großem Vertrauen bei ihm stand: „Ja, den muss ich jetzt haben, sonst schleppt mir die Alte noch alles heimlich fort. Da kürzlich fehlten mir wieder grad vierzigtausend Mark, wo ich doch so viel zu bezahlen hatte! Das machen die Ausstattungen. Was die kosten, soll ich nicht wissen!" – Hatte die Frau derartige Heimlichkeiten, so will ich nicht behaupten, dass der Mann keine gehabt hätte. Mehrere Zeugen versichern, dass aus diesen und ähnlichen Gründen, besonders aber auch, weil die Ordnung im Geschäft und eine richtige Buchführung gefehlt habe, in der Kasse fast fortwährend Mangel an Geld gewesen sei. Gute Jahresberichte und Abschlüsse auf dem Papier beweisen gar nichts, wenn die eingegangenen Gelder heimlich verschwinden oder zu Ausgaben bestimmt sind, die nicht eingetragen werden. Dann kann es freilich vorkommen, dass man nachträglich vor Gericht per Eintragung einen hohen Jahresgewinn beweist, während aber zur selben Zeit sowohl Münchmeyer als auch seine Frau mündlich und brieflich darüber geklagt haben, dass kein Geld zum Zahlen vorhanden sei.

Von diesen Verhältnissen war ich ganz leidlich unterrichtet. Ich konnte also sein Experiment begreifen, mir nachträglich meine Rechte abzulisten. Er stand grad jetzt unter Einflüssen, denen er nichts entgegenzusetzen hatte als nur sich selbst. Aber begreifen heißt noch lange nicht billigen! Ich ging mit mir zu Rate, ob ich noch warten solle oder nicht. Meine Frau war für das Erstere, und es wird wohl niemand behaupten, dass man auf die Frau keine Rücksicht zu nehmen habe, zumal in Angelegenheiten, die so ernst und so entscheidend sind. Ich holte mir auch juristischen Rat. Dieser lautete, ich solle jetzt noch nicht drängen, dann aber vor allen Dingen nachzuweisen suchen, dass die stipulierten[1] 20.000 gedruckt worden seien. Das war zur Zeit, als ich nach Kötzschenbroda zog, und ich habe also das persönliche mit dem geschäftlichen hiermit eingeholt.

Hier in der Lößnitz begann die Herausgabe meiner Spemannschen und Fehsenfeldschen Bände, welche den Zweck haben, die Vorstudien zu meinen eigentlichen, späteren Arbeiten unter den deutschen Lesern zu verbreiten und diesen eigentlichen Arbeiten den Boden vorzubereiten. Der fast beispiellose Erfolg dieser Bücher ist bekannt; ihm steht ein fast ebenso beispielloser, feindseliger Neid meiner Herren „Kollegen" zu Seite. Jeder, der da irgendetwas geschrieben hat, was keine Leser findet, hält es für

---

[1] stipulieren (lat.) = vertraglich vereinbaren

seine Pflicht, mich glühend zu hassen und unversöhnlich zu verfolgen. Ich sehe mich gezwungen, diesen Umstand zu erwähnen, weil er in Beziehung auf die Münchmeyerschen Machinationen von hervorragender Bedeutung ist. Es erschienen in ca. zehn Jahren weit über dreißig Bände. Wenn man berechnet, dass ich in dieser Zeit ganz bedeutende Reisen unternommen habe, auf denen wohl Studien aber nicht Arbeiten möglich waren, darunter eine nach Ägypten, Arabien, Indien, Sumatra und Ostasien, die zwei Jahre in Anspruch nahm, so wird man mir erlauben, auf das Jahr fünf volle Bände zu rechnen, und meiner Versicherung glauben, dass ich mich nur dann an Münchmeyers erinnern lassen konnte, wenn es ganz unumgänglich nötig war. Frau Münchmeyer kam einmal oder einige Male, um meine Frau zu besuchen. Ich konnte das nicht verhindern, weil ich es nicht vorher gewusst hatte. Dann wurde mir gesagt, dass Münchmeyer nicht mehr lebe, sondern gestorben sei, in Südtirol, fast sterbend von fremden Leuten hingeschafft und von fremden Leuten behandelt. Als er starb, weder Frau noch Kind bei ihm, für die er doch gearbeitet hatte, ich möchte fast sagen, Tag und Nacht! Der mir dies erzählte, fügte das Wort einer Person hinzu, welche die Münchmeyerschen Verhältnisse und die Frau „Pauline" sehr genau kennt. Es lautet: „Münchmeyer hat wie ein Hund gelebt und ist wie ein Hund gestorben!"

Es versteht sich ganz von selbst, dass ich bei dieser Todesbotschaft an meine Abmachungen mit dem Verstorbenen dachte. Aber die standen ja fest; es konnte an ihnen kein Mensch etwas ändern; wenigstens glaubte ich so. Meine Frau war der Ansicht, dass es im höchsten Grade rücksichtslos sein würde, die Witwe, überhaupt die Hinterlassenen jetzt mit geschäftlichen Dingen zu peinigen; dazu sei später stets immer noch Zeit; das verjähre ja nicht. Ich konnte nicht umhin, ihr Recht zu geben; aber ich erkundigte mich doch, wie es mit der Firma stand. Man sagte mir, dass die Witwe die Universalerbin sei und das Geschäft weiterführen werde. Das genügte. Sodann erfuhr ich, dass ihr Schwiegersohn Jäger in Prokura bei ihr stehe. Ich kannte ihn persönlich. Er war kein geschäftliches Licht und immer voll Angst vor seiner Schwiegermutter. Wenn man diesen Mann für den leitenden Geist hielt, den das Geschäft jetzt brauchte, so hatte man sich geirrt. Über diesen Schwiegersohn und Prokuristen kann ich durch Zeugen Folgendes belegen: Stand er vor seiner Schwiegermutter, so sagte er „liebe Mama". War sie aber fort, so nannte er sie „das Biest"! Er wurde später geisteskrank und in eine Heilanstalt für Trinker gebracht. Dort war die Pension sehr billig! Dort wurde er von Münchmeyerschen Arbeitern mit Geld unterstützt. Von jemand, den ich vor Gericht noch nennen werde, bekam er zehn Mark, damit er sagen möge, dass Karl May alle seine Rechte an Münchmeyer abgetreten habe! Als Frau Münchmeyer angehalten wurde, sich dieses ihres kranken Schwiegersohnes doch besser anzunehmen, rief sie entrüstet aus: „Der fremde Mann? Was geht uns denn der fremde Mann an!"

Also die „Pauline" als Besitzerin! Dieser ganz gewiss schon als Prokurist nicht mehr gehirngesunde Mann als Leiter des Geschäfts! Und jener geheimnisvolle Herr Walter als so genannter „Redakteur"! Was der Letztere für ein Mensch war, kann ich nur durch Zeugen sagen lassen. Die „Pauline" bedient sich seiner genau in derselben Weise wie ihres Schwiegersohnes und Prokuristen. Hält sie es für dienlich, so war Jäger ein heller Kopf und Walter ein höchst vertrauenswerter Mann, der ihre wichtigsten Angelegenheiten zu besorgen hatte. Hält sie das aber nicht für dienlich, so ist Jäger als Irrsinniger gestorben und Walter war nur ein ganz bedeutungsloser Schreiber, der niemals Vollmachten besaß und einen Wochenlohn von 20 Mark erhielt! – Diese drei Personen waren es, in deren Hände das fernere Wohl oder Wehe der Firma Münchmeyer lag. Ich hielt es unter diesen Umständen für sicher, dass es mit ihr nicht anders als bergab gehen werde. Ich erkundigte mich von Zeit zu Zeit und hörte, es gehe schlecht. Das stimmte mit meiner Voraussage: Es wurde langsam alle! Wozu also einen Zwang ausüben oder einen Streit beginnen, der gar nicht nötig war! Was ich für die Firma geschrieben hatte, das war und blieb ja doch für alle Fälle mein! Und es fiel sogar noch vor dem zwanzigtausendsten Abonnenten an mich zurück, falls das Geschäft einging, ehe er erreicht worden war. – Die Berichte, dass es nicht gut stehe, mehrten sich. Solche Gerüchte gehen vom Personal aus, welches sehr scharfe Augen hat, und sind weit zuverlässiger als beschönigende Auszüge aus einer Buchführung, die auf ihre Glaubhaftigkeit wohl erst noch zu untersuchen ist. Und nun geschah etwas, was mich zwar nicht überraschte, aber auch nicht sehr erfreute. Nämlich Frau Münchmeyer kam abermals, meine Frau zu besuchen. Sie klagte über schlechten Geschäftsgang und fragte mich, ob ich mich vielleicht bestimmen lassen würde, einen Roman für sie zu schreiben. Das war für mich die beste Gelegenheit, mir über sie klar zu werden. Ich sagte also, dass so etwas nicht ausgeschlossen sei, doch müsse ich mir in diesem Fall ganz genau dieselben Punkte bedingen, die ich damals mit ihrem Mann vereinbart habe. Ich zählte sie ihr auf; sie nahm sie ohne alle Einwendung hin und bat um meinen sofortigen Entschluss. Da musste ich ihr freilich sagen, dass „gleich jetzt" keine Zeit dazu vorhanden sei; ich werde es mir aber überlegen. So ging sie also unbefriedigt fort, ich aber hatte die gewünschte Klarheit erhalten: Sie hatte mir, als ich von meinen Rechten sprach, nicht widersprochen, sie also anerkannt. In Beziehung auf die erreichten Abonnenten aber war sie zurückhaltend gewesen; sie wisse das nicht genau und könne es mir also nicht sagen, wolle sich aber erkundigen.

Um diese Zeit mag es wohl gewesen sein, dass sie den Militärschriftsteller Max Dittrich um Rat gefragt hat, ob sie wieder zu mir gehen und mich um einen Roman bitten solle. Sie hat dabei einen Ausdruck gebraucht, der ähnlich geklungen hat wie mich „fußfällig bitten". Ich schließe daraus und aus noch Späterem, dass sie sich in Not befunden hat. Wenn sie jetzt nun behauptet, niemals gebeten, ja gar nicht die Absicht gehabt zu haben, einen Roman von mir zu bekommen, so ist das nichts als **Lüge**! Meine damalige Frau kann unbedingt beschwören, dass Frau Münchmeyer bei mir gewesen ist und mir erst zehn-, dann sogar zwanzigtausend Mark geboten hat; sie wolle diese Summe sogar sofort erlegen. Es gibt außer dieser meiner Frau noch eine fernere Zeugin, zu der die Erstere sogleich gegangen ist, um ihr ganz entrüstet zu erzählen, dass ich so „dumm" gewesen sei, die zwanzigtausend zurückzuweisen. Auch sind in dieser Angelegenheit zwischen mir und Frau Münchmeyer einige Briefe gewechselt worden. Der Rechtsanwalt dieser Frau hat der Höflichkeit, in der ich geschrieben habe, eine vollständig falsche Deutung gegeben; er ist aber jedenfalls klug genug, die richtige zu erkennen. Jedenfalls aber geht aus diesen meinen bei den Akten liegenden Briefen hervor, dass Frau Münchmeyer auch in der Lößnitz bei uns gewesen ist und dass die Ableugnung jedweden Verkehrs zwischen ihr und uns nichts anderes sein kann als nur „**Lüge!**"

Dies bringt mich auf den wichtigsten der von dieser Frau abgeleugneten Punkte, nämlich auf ein Mittagessen, zu dem ich mit meiner Frau von ihr geladen war. Das fand auf dem Jagdweg statt, in ihrer Wohnung. Ein gutes Essen pflegt gutwillig zu stimmen. Man hoffte, bei dieser Gelegenheit die von mir gewünschte Arbeit nicht nur fest zugesagt, sondern dann auch recht bald in Manuskript zu erhalten. Das wusste ich gar wohl. Natürlich konnte es mir nicht einfallen, selbst gegen die sofortige Zahlung von 20.000 Mark nicht, den stecken gebliebenen Karren wieder einmal herauszuholen, damit die alte Leier von neuem beginnen könne. Ich folgte der Einladung aber trotzdem mit meiner Frau, weil ich hoffte, hierbei doch endlich einmal die so lange vergeblich gesuchte Auskunft zu erhalten, wie viel von meinen Arbeiten gedruckt worden sei.

Frau Münchmeyer hatte sich angestrengt, uns etwas wirklich Gutes vorzusetzen. Das bedienende Mädchen servierte in weißen Handschuhen. Ich weiß noch heut, was es zu essen gab, und ich weiß auch ganz genau, an welchem Platz ich saß. Dieses Mittagessen und diese Unterredung waren für mich von größter Wichtigkeit; darum richtete ich meine Aufmerksamkeit sogar auf Kleinigkeiten, die ich sonst wohl nicht zu achten pflege. Noch heut ist es mir ganz so, als ob es erst vor zwei oder drei Wochen gewesen wäre. Mit meiner Frau war es genau ebenso der Fall. Für sie handelte es sich nicht nur um eine geschäftliche, sondern auch um eine innerliche Wichtigkeit, nämlich um die Frage, ob ich berechtigt gewesen sei oder nicht, sie vor dieser Frau zu warnen. Das musste sich heut entscheiden; davon war sie überzeugt.

Der von mir gewünschte Roman kam selbstverständlich zuerst zur Sprache. Ich verhielt mich dilatorisch[1]. Ich bin gern offen; ja, man wirft mir sogar allzu große Offenheit vor. Aufrichtigkeit ist eines Mannes würdiger und man kommt mit ihr auch weiter als mit Winkelzügen. Aber es gibt auch Ausnahmefälle, in denen Zurückhaltung geboten ist. Die Frau Münchmeyer hasste mich. Sie hatte seit jener Redaktionszeit niemals aufgehört, dies zu tun. Da ist nie zu trauen! Und sie befand sich in Not. Sie mag das leugnen oder nicht, es ist durch Zeugen und durch die vorliegenden Geschäftsbriefe erwiesen! Auch pflegt die Geldgier eines geizigen Menschen nicht mit dem Alter absondern zuzunehmen. Und von dieser Geldgier vollständig abhängig die beiden einzigen Menschen, mit denen ich mich außer ihr zu berühren hatte, falls man weniger ehrlich war, als die Verpflichtung erheischte. Nämlich ein Schwiegersohn, der nach der eigenen, durch Zeugen bewiesenen Aussage der Schwiegermutter „gar nichts zu sagen hatte" und dessen persönliche Interessen im angege-

---

[1] Lat.: aufschiebend

benen Fall sehr mit den meinen kollidierten. Und ein alter, mir stets gehässig gewesener Opponent, über den die ehrenrührigsten Gerüchte im Umlauf waren, der weder Stil noch Orthografie besaß und trotz alledem von Frau Münchmeyer als ihr Redakteur und Vertrauensmann bezeichnet wurde, bis es sich nach seinem Tod herausstellte, dass sie schmählich von ihm betrogen worden war. Solchen Personen stand ich gegenüber, falls man sich beikommen lassen sollte, das Geld höher als die Ehrlichkeit zu schätzen. Und dass so etwas nicht im Bereich der Unmöglichkeit lag, das war ja durch Verschiedenes längst angedeutet worden. Die Frau, die nicht nur wegen sich, sondern auch ihrer Kinder wegen dem Mann heimlich in die Geschäftskasse gegangen war, besaß nicht nur diese Kinder noch, sondern auch Enkel, die dazugekommen waren. Und die Lehren, welche sie meiner Frau während der langen Zeit ihrer Bekanntschaft erteilt hatte, waren keineswegs geeignet, mich zu beruhigen. Es galt also, zwar ehrlich zu sein, aber nicht von jener plumpen Offenheit, die sehr leicht einfältig wird und niemals rechtschaffenen, sondern nur gewissenlosen Menschen Vorschub leistet.

Das sind die Gründe dazu, dass ich mich dilatorisch verhielt. Ich hoffe, dass meine Leser sie begreifen und also gelten lassen werden! Ich lenkte von dem Thema der Frau Münchmeyer auf das meinige herüber, nämlich von dem Roman, den sie von mir wünschte, auf die Romane, die ich schon früher geschrieben hatte. Ich zählte die Bedingungen wieder auf, unter denen ich sie ihrem Mann überlassen hatte. Sie widersprach auch jetzt mit keinem Wort, war also einverstanden. Ich ging also weiter und sagte ihr, dass die Zeit nun wohl gekommen sei oder wenigstens bald kommen werde, diese Arbeiten in meine Fehsenfeldschen Bücher aufzunehmen. Da müsse ich aber um die Zurückgabe meiner Originalmanuskripte bitten. Da versicherte sie, dass sie das nicht könne, weil sie nicht mehr vorhanden seien, wahrscheinlich verbrannt, weil es mit der Zeit an Platz für sie gemangelt habe. Ob sie mir denn nicht an Stelle dieser Manuskripte den gedruckten Text für diese meine Zwecke liefern könne. Das bejahte ich. Da versprach sie mir, diese Texte extra für mich einbinden zu lassen, recht schön und gut; sie werde sie mir sofort schicken, sobald sie fertig seien. Nach dieser offenbaren und rückhaltslosen Bestätigung aller meiner Rechte fragte ich sie auch nach der erreichten Abonnentenziffer. Sie geriet hierdurch ganz sichtlich in Verlegenheit. Man sah und hörte, dass sie nichts zugeben wollte; aber sie war nicht gewandt genug, die Wahrheit bis an die letzte Grenze zu verbergen. Sie sagte es zwar nicht offen heraus, aber sie konnte doch nicht umhin, es anzudeuten, dass diese Ziffer vielleicht erreicht worden sei, doch ohne dass man es schon jetzt bereits wissen könne. Ich nahm mir hierauf vor, nun meinerseits mit dem Druck des zuerst von mir gelieferten Romans, des Waldröschens, sofort zu beginnen, sobald sie mir das hierzu gehörige Manuskript geliefert habe. Und das ist denn auch geschehen. Nach ungefähr zwei Wochen trafen die acht Bände ein, in welche diese zurückgelieferten Manuskripte auf eigene, persönliche Weisung der Frau Münchmeyer gebunden worden waren, und ich zögerte nicht, nun augenblicklich den faktischen Beweis zu erbringen, dass mir mit ihnen alle meine Rechte wieder übergeben worden seien. Ich entnahm dem Waldröschen-Manuskript diejenigen Abteilungen, deren Bestimmung es war, zuerst zu erscheinen, und sandte sie nach Stuttgart an Kommerzienrat Felix Krais, den Besitzer der Hoffmannschen Buchdruckerei, um sie dort setzen und drucken zu lassen. Das ist geschehen. Sie befinden sich in meinem dreibändigen Werk „Old Surehand", und wer im Waldröschen-Manuskript nachschaut, welches jetzt bei den Akten liegt, der wird bemerken, dass sie dort fehlen, dort herausgenommen sind. Auf diese Weise wurde also auf zweierlei Wegen erwiesen, dass ich auf meine Rechte nie verzichtet habe. Erstens auf direktem Weg, indem Frau

Münchmeyer mir nicht widersprach, sondern ganz im Gegenteil mir die Manuskripte zur eigenen und weiteren Verwertung auslieferte, und zwar sehr gut und dauerhaft gebunden, infolge ihres eigenen Befehls! Und zweitens auf indirektem Weg dadurch, dass ich sofort und ungesäumt begann, diese Manuskripte für mich zu verwenden. Es ist auch niemals Frau Münchmeyer eingefallen, gegen diese Verwendung, die doch eine hochöffentliche war, Einspruch zu erheben!

Der Erfolg dieses Mittagessens war also für mich ein recht zufrieden stellender, wenigstens in geschäftlicher Beziehung. In einer gewissen anderen Hinsicht aber schien ich nicht gewonnen, sondern verloren zu haben. Für die eigentliche Gewinnerin nämlich hielt sich – – meine Frau! Diese meinte, ich müsse nun doch endlich einsehen, wie sehr ich mich in Frau Münchmeyer geirrt habe. Es könne nicht den geringsten Zweifel mehr geben, dass sie eine rechtschaffene Frau sei, die uns nicht betrügen wolle, sondern es gewissenhaft und ehrlich mit uns meine. Wenn mich jemand habe beschwindeln wollen, so sei es der „Heinrich" gewesen, als er mir Walter mit dem Kontrakt-Versuch schickte. Aber seiner Frau, seiner Witwe, so etwas zuzutrauen, das solle ich in Zukunft bleiben lassen. Sie habe ja alles zugestanden und werde mir auch die „feine Gratifikation" auszahlen, vom Heller bis zum Pfennig! – Ich war hierzu still. Es gibt Menschen, die sich nicht durch wohlgemeinte Worte, sondern nur durch die Widerwärtigkeit der Tat belehren lassen.

Ich will mit diesen letzten Worten keineswegs sagen, dass ich der Ansicht gewesen sei, Frau Münchmeyer habe mich in Beziehung auf meine Rechte täuschen wollen. Nein; dieser Gedanke kam mir nicht in den Sinn! Dass ich meine Manuskripte und meine Rechte ohne alle Beschränkung und für immer zurückerhalten hatte, daran gab es für mich nicht den geringsten Zweifel. Aber in Betreff der Abonnentenzahl und der „feinen Gratifikation", da gab es denn doch Bedenken, deren ich mich nicht erwehren konnte. Nach dem sehr genauen Porträt, welches mir das Leben von Frau Münchmeyer gezeichnet hatte, kam mir das Bezahlen der Gratifikation „vom Heller bis zum Pfennig" nicht ganz so sicher vor wie meiner Frau, die wirklich und wahrhaftig so naiv war, sich einzubilden, dass sie von der „Pauline" aus aufrichtigem Herzen geliebt und aus völlig uneigennütziger Teilnahme bemuttert werde. – Diese Letztere kam auch nach jenem Mittagessen noch einige Male in die Lößnitz zu uns heraus. Sie aß da einmal nur ganz trockene Semmel und klagte mehr als vorher über schlechte Zeiten. Sie klopfte dabei mit der Hand auf den runden Tisch, an dem sie saß, und sagte zu meiner Frau: „Ihr Mann braucht mir nur zu sagen, dass er den Roman schreiben will, so hole ich die 20.000 Mark und lege sie hier auf den Tisch, auf diese selbe Stelle – und wenn ich sie mir borgen sollte. Geben Sie doch dem Herrn Doktor ein gutes Wort!" Bei diesem Titel muss ich betonen, dass diese Frau mich niemals anders genannt hat, besonders aber wenn es galt, ihr einen Wunsch zu erfüllen. Was sie jetzt Gegenteiliges behauptet, das ist nur **„Lüge"**!

Leider konnte ich aber auch während dieser ihrer letzten Besuche nichts Gewisses über die stipulierte Abonnentenzahl erfahren. Mein Misstrauen wuchs also, zumal wenn ich an die falsche Karte dachte, welche sie gewagt hatte, mir durch ihr ganz besonderes Faktotum, den „Herrn Walter", vorzuspielen. Dieser suchte mich namlich eines Tages an ihrer Stelle und in ihrem Auftrag auf, um mit mir über den gewünschten neuen Roman zu verhandeln. Ich hatte diesen Menschen, wie man weiß, einer heimtückischen Absicht wegen bereits einmal hinausgeworfen und so war es also keineswegs zart von ihr, mir grad ihn als Unterhändler zu senden. Da ich gern Näheres über meine Werke erfahren wollte, war ich mit ihm so höflich, wie ich es fertig brachte, zeigte mich abermals nicht abgeneigt und zählte ihm die alten, mit Münchmeyer vereinbarten Bedingungen auf. Die Folge davon war sein bei den Akten liegender Brief vom 27. November 1894, in dem er mich ganz selbstverständlich „Herr Doktor phil." titulierte und mir von diesen meinen Forderungen so viel wie möglich abzuzwacken versuchte. Er spricht da von keiner „feinen Gratifikation", sondern von einer zweiprozentigen Tantieme von 20.000 an. Es versteht sich ganz von selbst, dass er sich eine solche Veränderung unmöglich so ganz eigenmächtig gestatten konnte; sie stammt von Frau Münchmeyer selbst. Zwar hat sie es abgeleugnet, diesen Brief verursacht zu haben, aber diese Behauptung ist schon sachlich unglaubhaft und auch deshalb nicht als wahr zu nehmen, weil in dem vorliegenden Prozess eine derartige Menge von Unwahrheiten gegen mich vorgebracht worden sind, dass man jeder neuen Verneinung eine doppelte Vorsicht entgegenzubringen hat. Übrigens bat er um „beschleunigte Benachrichtigung"; Frau Münchmeyer hatte es also sehr eilig mit ihrem Wunsch, von dem sie jetzt behauptet, ihn gar nicht gehabt zu haben.

Nun gab es in meinem Verhältnis zur Firma Münchmeyer wieder einen jener toten Punkte, in denen die Kraft zwar vorhanden ist, doch ohne in Wirkung zu kommen. Die Ursache lag teils in dem Widerstreben meiner Frau, teils in der Überhäufung mit Arbeit und endlich auch in der Überzeugung, dass mir das, was ich zu fordern hatte, auf alle Fälle sicher sei. Hierzu kamen die sehr umfassenden Vorstudien zu einer längeren Orientreise, durch die ich abgehalten wurde, mich jetzt für derartige Angelegenheiten zu engagieren.

Die Zeit zu dieser Tour rückte näher. Die Abreise war nicht aufzuschieben. Da wurde mir die fremd klingende Botschaft gebracht, dass Frau Münchmeyer das Geschäft verkaufen wolle, wahrscheinlich mit allen so genannten Rechten auf die Manuskripte, auch auf die meinigen. Das Letztere war zwar geradezu unglaublich, ich tat aber darnach und sofort das Einzige, was für mich möglich war, ich schrieb ihr einen Brief, in welchem ich in der ernsten Weise, die ich hier für geboten hielt, die Verhältnisse darlegte, in aller Form auf meinen Rechten beharrte und sie auf die schweren Folgen aufmerksam machte, die es haben würde, falls das wahr sei, was ich erfahren habe. Ich bezeichne dieses Schreiben als meinen „Warnungsbrief", auf den ich später zurückzukommen habe. Frau Münchmeyer kann auf keinen Fall behaupten, dass sie überzeugt gewesen sei, die in Frage kommenden Rechte zu besitzen. Sie war ganz ohne Beweis und hatte übrigens bisher, besonders aber in letzter Zeit, strikt gegen eine derartige Überzeugung gehandelt. – Ich glaubte annehmen zu dürfen, dass dieser mein Brief die Wirkung haben werde, die ich von ihm erwartete. Nach der ganzen eigenartigen Vorgeschichte dieser meiner Manuskripte musste es mir ja als die Tat eines irrgewordenen Menschen, wenn nicht gar als etwas Schlimmeres erscheinen, die oben beschriebene direkte und indirekte Bestätigung meiner Rechte jetzt plötzlich zurückzunehmen und über mein Eigentum gewalttätig zu verfügen! Ich trat also, hierüber beruhigt, meine Reise an, ließ aber die Weisung zurück, mir sofort Nachricht zuzusenden, falls Frau Münchmeyer das Geschäft wirklich verkaufen und gegen alles Erwarten dabei meine briefliche Warnung unberücksichtigt lassen sollte.

Was ich nicht für möglich gehalten hatte, das geschah. Die soeben erwähnte Nachricht wurde abgesandt. Sie erreichte mich in Ägypten und ich kehrte sofort nach Kairo zurück, um Postverbindung zu haben. Frau Münchmeyer hatte verkauft, an einen gewissen Adalbert Fischer. Dieser mir vollständig fremde Mann saß nun in meinem rechtmäßigen Eigentum, gebärdete sich als der einzige und gesetzliche Herr desselben und traf Vorbereitungen, es in einer derartigen Weise auszunutzen, dass ich mich mit allen Kräften dagegen hätte verwahren müssen, selbst wenn gegen diese Besitzübertragung an sich nichts einzuwenden gewesen wäre. Ich schrieb ihm einen sehr ernsten Brief und bekam von ihm eine Antwort, die an Grobheit und Missachtung ihresgleichen suchte. Ich schrieb abermals, um mir nicht später vorwerfen zu müssen, dass in meinen Mitteilungen an ihn eine Lücke gewesen sei. Er antwortete mit einer Geringschätzung, die gar nicht beleidigender hätte sein können, als sie war. Es spritzte mir aus jeder seiner Zeilen ein Hohn entgegen, der mir ganz unbegreiflich war; später freilich wurde er mir umso klarer. Der Ton dieses Mannes klang ganz so von oben herab, als ob er der geschädigte Verfasser Karl May sei, ich aber irgendein verkommener Lump, der so niederträchtig frech gewesen war, ihn betrogen, bestohlen und noch sonst wer weiß alles zu haben. Dieses Benehmen stellte die Verhältnisse geradezu auf den Kopf. Die Krone desselben aber bestand in der Zumutung, meine Klage binnen höchstens zwei Wochen einzureichen, widrigenfalls er mich des für ihn entstehenden Schadens wegen gerichtlich belangen lassen werde. Dabei schrieb mir dieser Mann nach Ägypten und er wusste, dass ich mich erst am Anfang einer ganz ungewöhnlich weiten Reise befand! In dieser Weise pflegt man wohl kaum Zuchthäusler zu behandeln! Das sagte ich mir, und indem ich dies tat, empfand ich noch einen ganz anderen Eindruck dieser Fischerschen Briefe als den bisherigen. Ich las sie daraufhin noch einmal durch. Ja, ich hatte mich nicht geirrt! Derartige Briefe pflegt man überhaupt nicht zu schreiben: Wer sie aber dennoch schreibt, der richtet sie nur an Menschen, von denen er glaubt, dass sie außerhalb der Gesellschaft und außerhalb des Rechtsschutzes stehen und sich alles Mögliche gefallen lassen müssen, ohne sich dagegen wehren zu können. Und mein nächster Gedanke war an jenen geheimnisvollen „Herrn Walter", der als gewesener Sträfling diese Schutzlosigkeit genau kannte und so unvorsichtig gewesen war, sie mir in einer Weise zu demonstrieren, die ich noch zu erwähnen haben werde. Mit diesem Walter hatte Herr Adalbert Fischer als Käufer des Münchmeyerschen Geschäfts auf alle Fälle verhandelt. Dass ich dabei erwähnt worden war, stand außer allem Zweifel. Ich begann den Zusammenhang dieser Verhandlungen und der Fischerschen Ausdrucksweise zu ahnen. Aber hätte mir jemand prophezeit, welche entsetzlichen Folgen hieraus für mich entstehen würden, so wäre es mir gewiss selbst nicht im Traum eingefallen, diesen Voraussagungen Glauben zu schenken. So schrieb ich zwar nach Hause, um einige Instruktionen zu erteilen, die ich für nötig hielt, traf aber keineswegs diejenigen Maßregeln, die ich ohne allen Zweifel ergriffen hätte, wenn ich von allem unterrichtet gewesen wäre.

So aber bereiste ich zunächst ganz unbesorgt Palästina und Syrien und kehrte dann nach Ägypten zurück, um nilaufwärts nach dem Sudan zu gehen. Von da nach Abessinien. Dann an der Küste des roten Meeres in Massaua angekommen, von wo aus ich mit einem mir befreundeten italienischen Kapitän nach Aden dampfen wollte, bekam ich nach langer Briefpause die aus der Heimat hierher bestellten Postsachen ausgeliefert. Dabei die ersten Zeitungen, seit ich von zu Hause fort war. Man hatte gewisse Stellen blau angestrichen. Ich las. Die angestrichenen Stellen waren höchst sonderbaren Inhalts. Das eine Blatt behauptete, dass ich mich nicht etwa im Orient befinde; das sei Schwindel; ich stecke vielmehr in Tölz in Oberbayern, um heimlich Jod zu baden. Meine Reisen seien überhaupt nur Lügen; ich ersinne alles am Schreibtisch daheim! Das war gehässig, aber lächerlich. Kein vernünftiger Mensch glaubt so etwas. Ich warf dieses Blatt weg. Ein anderes brachte dieselbe Notiz und fügte dann hinzu, dass mein Schwiegervater ein Handwerker sei. Noch lächerlicher! Ein drittes warnte vor meinen Büchern, ohne aber einen Grund anzugeben. In diesem Ton ging es noch durch mehrere fort. Ich war bisher von den Zeitungen beinahe verzogen worden; woher jetzt plötzlich dieser Ton? Woher diese Ordinärheiten? Warum log man über mich, und zwar so handgreiflich? Was hatte ich getan? Und wem?

Hierauf kam ich an zwei ineinander geschobene Blätter. Das eine sagte, man dürfe mich nicht lesen, denn ich sei nicht Katholik, sondern Protestant; außerdem sei mir überhaupt nicht mehr zu trauen, weil ich Schundromane schreibe. Das andere behauptete, ich sei nicht Protestant, sondern Katholik; ich habe nicht Hunderttausende, sondern Millionen Leser gehabt; das sei nun aber aus, denn es habe sich herausgestellt, dass ich Kolportageromane von geradezu abgrundtiefer Unsittlichkeit geschrieben habe. Und die letzte dieser Zeitung verfuhr am gründlichsten, denn sie gab nicht nur die Titel dieser Romane an, sondern auch den Verlag, in dem sie erschienen waren, nämlich die Firma H. G. Münchmeyer in Dresden, deren jetziger Besitzer Adalbert Fischer sei.

Nie werde ich diese Zeitungslesestunde in Massaua vergessen! Mit ihr begann meine Kreuzigung. Ich hänge noch heut am Marterholz und kein einziger Mensch rührt die Hand, mir mitleidig herabzuhelfen! Und was habe ich getan? Heute weiß ich es; aber damals, als ich mir diese Frage zum ersten Mal vorlegte, wollte keine Antwort kommen. Ja, ich hatte Kolportageromane geschrieben, aber doch nicht verwerfliche, die gar abgrundtief unsittlich waren! Und diese Romane trugen doch nicht meinen Namen; sie waren pseudonym. Wer war es, der diese Pseudonymität gelüftet, dieses Geschäftsgeheimnis verraten hatte? Ich erfuhr hierüber nichts. Das Paket enthielt außer den Zeitungen noch eine Menge Briefe meiner Leser, die man mir ihrer Wichtigkeit wegen nachgeschickt hatte, und ein Schreiben meiner Frau, in dem dieser Punkt nicht derart berührt wurde, wie es für mich zu wünschen war. Sie teilte mir in Beziehung hierauf nur mit, dass Fischer einen ungeheuren Lärm mit meinen Kolportagesachen mache, der ebenso ungeheures Aufsehen errege, und dass sich infolgedessen in den Zeitungen immer mehr und mehr eine Stimmung gegen mich entwickle, die mir sehr leicht gefährlich werden könne. Ich schrieb unverweilt nach Hause und gab an, in welcher Weise gegen diese Zeitungslügen vorzugehen sei. Das mit den „abgrundtief unsittlichen" Romanen müsse ein Irrtum sein, denn so etwas habe ich niemals geschrieben, und die Folgen des Verrats meiner Pseudonymität werde der Betreffende zu tragen haben, sobald ich heimgekommen sei. Wie beinahe kindlich unbefangen das klingt! Das fürchterliche Unheil, welches über mich hereinzubrechen begann, war mir noch verborgen; es handelte sich jetzt nur erst um die Vorboten; aber auch diese brachten mir schon derartige Sorgen, dass mir die ganze Reise nun wohl verleidet gewesen wäre, wenn ich nicht zu denjenigen Optimisten gehörte, welche selbst am schlechtesten ihrer Nebenmenschen noch immer etwas Gutes glauben.

Überall, wo ich von nun an Post bekam, in Arabien, Indien, Sumatra, Ostasien, traten mir aus den geöffneten Paketen und Briefen die Gespenster der Frau Pauline Münchmeyer und des Herrn Adalbert Fischer, die miteinander einen Pakt geschlossen hatten, entgegen. Dass dieser Pakt für mich verderblich werden müsse, das wurde mir immer klarer, obgleich man sich daheim befleißigte, mich nur so weit auf dem Laufenden zu erhalten, wie unumgänglich nötig war. Das Übrige verschwieg man mir, der Wichtigkeit wegen, die meine jetzige Studienreise für die Arbeiten der nächsten Jahre hatte. Vielleicht hätte diese Reise drei Jahre in Anspruch genommen, anstatt nur zwei, wenn mich nicht die Sorge um das, was ich aus der Ferne nicht deutlich sehen konnte, noch vor dieser Zeit heimgetrieben hätte. Da sah ich es dann aus der Nähe und fand es schlimmer als alles, was ich befürchtet hatte. Leider wurde mir nicht Zeit gegeben, mich sofort und in der Weise damit zu befassen, wie ich es eigentlich für nötig hielt. Mein Verlagsbuchhändler hatte dem Publikum für das Weihnachtsfest einen Band Gedichte von mir versprochen und ich hatte dieses Wort nun schleunigst einzulösen; die „Himmelsgedanken" erschienen. Außerdem waren in ganz derselben Eile die beiden letzten Bände „Im Reich des silbernen Löwen" zu schreiben; man wartete bereits darauf. Um Ruhe und Sammlung hierfür zu bekommen, meldete ich mich wieder für ein volles Jahr von der Heimat ab und ging nach dem fernen Süden. Hierdurch gewannen meine Gegner zu den bereits verflossenen zwei Jahren noch weitere Zeit, ihre Absichten beinahe ganz ungestört zu verfolgen.

Ich weiß, dass die meisten meiner Freunde mich begreifen; es gibt aber doch welche, die sich darüber wundern, dass ich nicht alles andere im Stich gelassen habe, um nur schleunigst meine Rechte gegen Münchmeyer-Fischer zu verteidigen. Diesen guten Leuten habe ich zu sagen, dass es für mich denn doch noch andere und bedeutend höhere Interessen gibt, als sie da meinen. Die Arbeit an meiner Lebensaufgabe ist die Hauptsache für mich. Was ich noch zu schreiben habe, muss unbedingt geschrieben werden. Kommt eine Störung darein, und sei sie noch so groß und noch so schädlich für den Augenblick, so kann sie doch nur nebenbei beseitigt, nicht aber zur Hauptsache werden. Wir haben Gesetze und wir haben Richter. Ich brauche also weder überhaupt Angst zu haben noch mich einiger Menschen wegen zu überstürzen, die mir zwar alles nehmen wollen, aber doch nichts nehmen können.

Dies rein prozessualisch gesagt. In anderer Beziehung steht es allerdings auch eben anders. Da handelt es sich um unendlich mehr als nur um einen Prozess zwischen Schriftsteller und Verleger. Da steht meine ganze Existenz auf dem Spiel, die geistige, moralische und literarische. Da habe ich nicht nur um meine Gegenwart, sondern noch viel mehr um meine Zukunft zu kämpfen, und zwar gegen Personen, die nur für die Gegenwart existieren und niemals eine Zukunft haben können und haben werden. Darum haben sie in diesem Kampf nur die Materie, den niedrigen Stoff, das Geld im Auge; ich aber kämpfe um das, was bleibt, wenn dieser Stoff verschwindet. Von diesem Gesichtspunkt aus ist es unendlich traurig, dass solche Dinge auf Erden möglich sind. Ich habe meinem Geist und meiner Seele ein irdisches Gewand gegeben, Roman genannt, damit beide zu meinem Volk, zu meinen Freunden gehen und sich ihnen manifestieren möchten. Dieser Geist und diese Seele sind niemals zu verkaufen, um keinen Preis, an keinen Menschen, auch an keinen Buchhändler, keinen Kolporteur. Beide gehören mir, nur mir allein, für alle Zeit und Ewigkeit, für dieses und für jenes Leben, denn sie sind ich und ich bin sie! Andere mögen so etwas noch nicht genau wissen; ich aber weiß es; ich lehre es sogar in allen meinen Büchern. Und darum kann es mir niemals eingefallen sein und auch niemals einfallen, diesen Geist und diese Seele irgendeinem Menschen oder gar irgendeinem Kolportagefabrikanten derart abzutreten, dass er mit ihnen verfahren kann, wie ihm beliebt! Dieses Gewand ist der einzige Körper, in dem es meinem innern Menschen möglich ist, mit meinen Lesern zu reden, sich ihnen sicht- und hörbar zu machen. Es darf kein Wort, keine Zeile daran geändert werden. Jede kleinere Änderung, sogar die allerkleinste, bedeutet eine Wunde; jede größere macht ihn aber gar zum Krüppel.

Seele und Geist sind allgegenwärtig. Sie können sich überall zeigen, so sie den literarischen Körper finden, den ich für sie schuf und artikulierte. Dieser Körper aber ist Materie, ist räumlich beschränkt, kann nicht überall sein und muss darum so oft vervielfältigt werden, als es Stellen gibt, an denen man ihn braucht. Diese Zahl habe nur ich zu bestimmen; das ist mein natürliches Recht; aber die Vervielfältigung auch selbst vorzunehmen, dazu bin ich nicht gezwungen; ich übergebe sie vielmehr einem andren, der die Werkzeuge hierzu besitzt. Für diese seine Arbeit bekommt er einen genau zu vereinbarenden Teil des Honorars, das jeder Leser für den literarischen Körper meines inneren Menschen, den er kennen zu lernen wünscht, an mich zu entrichten hat. Also, man merke wohl: Ich beziehe mein Honorar von meinen Lesern, nicht etwa vom Buchhändler, der kassiert es nur ein! Die ganze Arbeit des Letzteren besteht nur darin, den Körper zu vervielfältigen und zu versenden, den ich geschaffen habe. Schon hierfür muss meine Forderung berechtigter und höher sein als die seinige. Aber ich liefere nun dazu die Hauptsache, meinen inneren Menschen, meinen Geist und meine Seele. Das tue ich nicht für den Buchhändler, sondern für die Leser. Was sie dafür bezahlen, richtet sich ganz zweifellos nur nach dem Wert meiner Gabe, die nicht etwa eine Gabe des Verlegers ist. Denn, werde ich Ihnen zu teuer, so kaufen sie mich eben nicht. Also, die Zahlung gilt nur mir allein, nicht dem Buchhändler; aber ich trete ihm einen bestimmten Teil davon ab, und zwar dafür, dass er die Vervielfältigung und Versendung ausführte und hierzu auch noch das Inkasso übernahm. Er ist mein Beauftragter, nicht aber bin ich der seinige!

An diesem Verhältnis zwischen mir und meinem Verleger, nach welchem keineswegs ich der Subordinierte bin, kann zwar etwas, aber auch nicht viel durch den Umstand geändert werden, dass in den weitaus meisten Fällen der Buchhändler wohlhabend, der Verfasser aber unbemittelt ist und sich darum gezwungen sieht, sich einer pekuniären Abhängigkeit zu Ersterem zu fügen. Der Buchhändler kann es aushalten, bis die Leser bezahlen, der arme Verfasser aber nicht. Man vereinbart also eine Vorausentrichtung der Leserhonorare, noch ehe diese eingezogen worden sind. Der Buchhändler verlegt dieses Geld und wird hierdurch zum Verlagsbuchhändler, zum Verleger, denn eine andere Ableitung und einen anderen Sinn hat dieses Wort sicher nicht! Er wird diese Vorauszahlungen natürlich nicht umsonst leisten, sondern ein Äquivalent dafür verlangen, welches mehr oder weniger anständig oder wucherisch ausfällt, je nachdem dieser Herr ein Ehrenmann oder ein gewissenloser Gurgelabschneider ist. Aber dadurch, dass in solchen Fällen der Buchhändler durch

Ausnutzung seiner größeren Zahlungsfähigkeit zum gewöhnlichen Geldverleiher resp. zum Verleger wird, steigt er keineswegs in irgendeiner geistigen oder moralischen Beziehung über den Verfasser hinaus, denn derjenige, der den Geist, die Seele gibt, hat doch wohl mehr und Höheres getan als der andere, der nur die Pappe, das Papier, die Druckerschwärze lieferte und dann auch während des Versands und Kassierens keineswegs gezwungen war, sich als kaufmännisches oder sonstiges Genie zu erweisen. Jedem distinguierten Buchhändler ist das gar wohl bewusst und er gibt das auch ehrlich zu, denn grad in dieser Ehrlichkeit liegt seine Distinktion. Der Schundverleger denkt aber so niedrig, dass er einer solchen Einsicht gar nicht fähig ist. Er drückt seinen Mitarbeiter bis auf den menschenmöglich niedrigsten Lohn herab, ohne auch nur zu ahnen, dass er sich dadurch aus dem Verleger in den Gurgelabschneider verwandelt, und sinkt schließlich in solche Tiefe herab, dass er zu allem fähig wird, selbst zu dem, wovon ich vorhin sagte, es sei unendlich traurig, dass solche Dinge auf Erden möglich sind! Was ich da meine, sei durch folgendes Beispiel gezeigt:

Ich schreibe ein Werk, in dem ich mein inneres Wesen sprechen lasse. Ich lege alles Hässliche hinein, was mich quälte, und alles Schöne und Edle, was mich begeisterte und hob. Ich will ehrlich zeigen, wie ich sank und wie ich stieg, damit alle, die mich lesen, nicht sinken, sondern steigen. Ich gebe meinen Geist und meine ganze Seele hin, genau so wie ich bin, im Gemüt, im Kopf, im Herzen. Für diese meine innere Persönlichkeit und all ihr Glauben, Hoffen, Lieben, Dulden und Leiden artikuliere ich den einzig möglichen Körper, in dem sie von anderen Leuten verstanden und begriffen werden kann; er hat die Gestalt eines Romans. Diesen Körper übergebe ich einem Verleger, dem ich erlaube, ihn aus einem geschriebenen in einen gedruckten zu verwandeln, und zwar in 20.000 Exemplaren, kein einziges mehr; dann hat er aufzuhalten.

Für diese 20.000 Exemplare zahlen die Leser volle 200.000 Mark. Von dieser Summe verlange ich 3.500 resp. 5.000 Mark und dann beim letzten Abonnenten eine „feine Gratifikation". Das sind von mir so bescheidene Forderungen, dass jeder Kenner sofort weiß, von wem sie stammen, nämlich von meiner Gutmütigkeit. – – Es vergehen zehn Jahre, ohne dass man mir sagt, dass die 20.000 erreicht worden seien. Es vergehen sogar beinahe zwanzig Jahre. Da wird das Geschäft verkauft und der Käufer macht auf Grund der ihm gemachten Versicherungen und Nachweise bekannt, dass nicht 20.000, sondern eine Million gedruckt worden sei. Die 200.000 haben sich also in über 10 Millionen Mark verwandelt, ohne dass man einen Finger gerührt hat, mir dies zu notieren. Aber das ist noch das Wenigste! Man behauptet nämlich, dass ich die 20.000 gar nicht vereinbart, sondern das Werk für immer und ewig hingegeben habe. Man ist überzeugt, bis zum Verfall der betreffenden Rechte noch ca. 30 Millionen herausschlagen zu können. Und für das alles hat man mir 3.500 Mark gegeben!

Aber auch das ist noch nicht alles. Das für mich Allerfürchterlichste kommt erst noch! Nehme ich meine damalige Arbeit jetzt in die Hand, so erkenne ich sie kaum wieder. Das ist nicht jener wohlbedacht artikulierte Leib, in welchem meine Seele zum Leser sprechen sollte. Das sind nicht jene weichen und doch energischen Konturen, die ich ihm gegeben habe, nicht die hellen Züge, die runden Linien, die hohe, denkende Stirn, die klaren Augen, die beweglichen Glieder! Sondern das ist ein formlos dicker Rumpf, von ordinären Genüssen aufgeschwollen, mit verkrüppelten Armen und Beinen, die an den Leib gezogen sind, weil sie zu faul waren, sich zu bewegen. Ein wüster Kopf! Alles ist stumpf an ihm, nicht nur die Nase! Sinnlichkeit und nichts als Sinnlichkeit, wohin ich nur schaue! Pfui! Und dieser Kerl soll ich sein? Man verstehe wohl: Ich meine jetzt nur das Äußere, den Körper! Wie konnte aus der von mir geschaffenen, wohlgegliederten Gestalt, die zwar keinen Engel, aber doch einen stattlichen und ebenmäßig gebildeten Menschen darstellte, ein solcher trottelhafter Tollpatsch werden! Und wie konnte sich die schlanke, kräftige, zwar auch nicht sündenlose Menschlichkeit, die ich gezeichnet habe, in eine so feiste, schwammige, nach Ehebruch lüsterne Abscheulichkeit verwandeln, wie ich sie hier zu sehen bekomme! Wer hat meine wohlabgemessenen Worte in Klumpen zusammengeballt, meine leicht fließenden Sätze in hässlich breite, langsam vorwärtskriechende Krötenleiber verwandelt? Wer hat mir alle die lieben Pausen, in denen mein Leser Atem holen und liebend nachsinnen sollte, herausgenommen und aus meinen kurzen, leicht begreiflichen Redeformen zottige Stricke gedreht, an denen sich jede Aufmerksamkeit zu Tode würgen muss? Wer das getan hat, dem „sollte ein Mühlstein an den Hals gehängt und er ersäufet werden im Meere, da es am tiefsten ist!" Denn diese Lurch- und Unkengestalt, in der meine Arbeiten heute vor mir liegen, ist niemals mehr in das, was sie früher war, zurückzuverwandeln. Selbst wenn man sich die größte Mühe gäbe, würde das, was man nach jahrelanger Ausdauer erreichte, im günstigsten Fall doch nur konsternieren!

Das war aber nur der Leib, der Körper, den man mir so unheilbar verunstaltet hat, obgleich das Gesetz jede derartige Veränderung verbietet. Nun aber frage ich: Was kann in einer solchen Widerwärtigkeit für ein Geist, für eine Seele wohnen? Ich schaue nach. Die oben erwähnte „nach Ehebruch lüsterne Abscheulichkeit" hat einen Verdacht in mir erweckt, den ich leider nur zu sehr bestätigt finde. Ich suche nach meinem Geist, nach meiner Seele. Ich finde sie nicht. Sie sind verschwunden, alle beide! Ja, scheinbar bin ich da, aber als Zerrbild, als Fratze. Oder sollte ich das wirklich sein, dieses vielverwundete, tödlich verletzte Wesen, welches mir ähnlich ist und doch auch wieder nicht? Wohlgemerkt, das, was ich jetzt sage, ist geistig, ist seelisch zu nehmen! Ich habe diese Romane, seit ich sie schrieb, niemals gelesen, auch die Korrekturen nicht. Damals, als ich einige Abschnitte aus dem „Waldröschen" nahm, um sie für „Old Surehand" in Druck zu geben, fiel es mir auf, dass ich so viel herauszustreichen oder zu ändern hatte. Jetzt habe ich einen Zeugen gefunden, der ein Freund der Frau Münchmeyer ist und mir trotzdem bezeugen wird, dass Heinrich Münchmeyer damals grad in diesen Abschnitten sehr arg herumgeändert hat. Ich forschte weiter. Ja, ich bin da, allerdings. Die Anlage stammt von mir, der Bau, die Disposition, die Gliederung. Das Geografische, Geschichtliche, das Ethnologische. Die Schilderung von Land und Leuten. Die genau berechnete Schaffung psychologischer Situationen resp. Verwicklungen. Das stammt von mir; das ist fast alles mein Werk; aber von Schritt zu Schritt bemerke ich mehr und mehr, dass sich fremde Geister in dieses Werk geschlichen haben. Ich stoße auf Fäden, die ich nicht kenne, auf Spuren, die nicht von meiner Psyche, sondern von anderen Seelen stammen. Ich entdecke Münchmeyers wohl bekannte Stapfen und höre seine Schritte förmlich hallen. Sein rührseliges Schluchzen. Sein halblautes, verliebtes Lächeln. Das Tätscheln frischer Wangen. Die satte Deutlichkeit in der Beschreibung weiblicher Reize. Redewendungen, die nur ihm allein eigen waren. Dann plötzlich ein logischer Barbarismus von solcher Ungeheuerlichkeit, dass man laut aufschreien möchte. Das ist nicht Münchmeyer, sondern Walter, der ebenso unvergleichliche wie einflussreiche Untermensch, der die Manuskripte der Münchmeyerschen Mitarbeiter auf das „Irdisch-Weibliche" hin durchzusehen hatte. Ich machte mir nie etwas mit diesem Mann zu schaffen, habe ihm nie den Backenbart gekratzt und ihm auch nie etwas in die stets offene Hand gedrückt. Was daraus folgt, das wissen meine Zeugen. Nun geht dieser Herr nach seinem Tod genauso in meinen Romanen um wie seine Feder, als er noch lebte, mit meinen Manuskripten umgesprungen ist. Ich begegne seinem Geist oder vielmehr seinem Gespenst auf Schritt und Tritt. Er hat sich mit ganz derselben Mätressenwirtschaft, die er eine Treppe hoch über Frau Münchmeyer trieb, hinter meine Gedanken geschlichen, und wer mich nun liest, der hält ihn für May und findet mich „abgrundtief unsittlich"! Überall, wohin ich in diesen meinen Romanen schaue, tritt mir sein Gesicht mit dem unvermeidlichen hämischen Lächeln entgegen, welches er stets für mich hatte. Meine geistige Arbeit konnte er wohl beschmutzen, doch nicht zerstören; sie existiert noch heut; aber meine Seele ist der seinigen gewichen. Sie kann und will und darf nicht mehr auch nur das Allergeringste mit diesen Münchmeyerschen Romanen zu schaffen haben!

Und nun erlaube man mir eine kurze Wiederholung! Ich schenkte der Firma H. G. Münchmeyer das Vertrauen, ihr die Vervielfältigung meines literarischen Leibes für 20.000 Leser zu überlassen, denn ich wollte auf diese Leser geistig und seelisch einwirken. Die Firma Münchmeyer aber fälschte diesen Leib und belebte ihn mit der eigenen und mit „Herrn Walters" Seele. Was ich den zwanzigtausend sagen wollte, ist ungesagt geblieben; aber dafür haben Heinrich Münchmeyer, Walter und alle Folgenden, die an mir weiter fälschten, zu Millionen Menschen sprechen dürfen, ohne dass ich eine Ahnung davon hatte. Was diese Millionen von ihnen gehört und von ihnen gelernt haben, das wird von der Presse als „abgrundtiefe Unsittlichkeit" bezeichnet. Ob man sich durch die Überschreitung der 20.000 der Unterschlagung oder des Betrugs schuldig gemacht hat, habe nicht ich zu entscheiden; aber dass man bei und trotz allem, was geschah, schließlich auch noch meine Pseudonymität verriet, sodass die Münchmeyerschen und Walterschen Gespenster vor aller Welt unter meinem Namen ihr Wesen weitertreiben konnten, das ist das Traurige, von dem ich oben sprach.

Ich habe vierzig Bücher verfasst, in denen nie ein unsittliches Wort gefunden wurde. Das ist für meine Leser Beweis genug; kein einziger von ihnen wird jemals an mir zweifeln. Man sollte meinen, dass es auch für andere Leute nicht schwer gewesen sei, derselben Logik zu folgen, zumal ich keineswegs mit der öffentlichen Erklärung zögerte, dass es mir niemals eingefallen sei, unsittliche Dinge zu schreiben. Aber das war keineswegs der Fall; ich wurde verdammt, und zwar in so liebloser, oft sogar boshafter und niederträchtiger, meist auch aufgeregter Weise, dass jeder ruhig denkende Mensch misstrauisch werden musste. Warum so ein Sturm? So ein Hass? Solche Unerbittlichkeit? So fragte man sich und schon nach kurzer Zeit konnte man die Antwort hören; sie lautete: die Herren Kollegen! Auf die andere, noch viel richtigere und noch viel wichtigere Antwort aber kam man nicht. Ich füge sie hinzu; sie lautet: Herr Adalbert Fischer!

Über die Herren Kollegen habe ich hier zu schweigen. Sie gehören nur dahin, wo Charakter und Name verschwinden, also in ihre Zeitung. Aber mit Herrn Fischer habe ich mich zu beschäftigen, später wohl noch eingehender als jetzt! Wer und was dieser Mann vorher gewesen ist, das interessiert mich nicht. Für mich beginnt er erst von da an zu existieren, wo er, der mir vollständig Fremde, sich meines Schicksals in einer Weise bemächtigte, die mehr als geradezu unbeschreiblich ist. Seine beiden, mir nach Ägypten geschriebenen Briefe habe ich bereits gekennzeichnet. Ihr Inhalt ließ auf den Inhalt seines Innern, seines Lebens schließen: Buchdruckerschwärze, zuletzt für Schundroman und Kolportage fettig eingerieben! Kaum hatte er sich in die Firma Münchmeyer eingerichtet, so bestellte er sich, wie mir berichtet wurde, einen Roman nach seinem persönlichen Geschmack, und dieser Geschmack war derart, dass er wegen Verbreitung unzüchtiger Schriften bestraft wurde. Das ist die einzige Empfehlung, durch die er bei mir eingeführt worden ist! Zur weiteren Charakteristik sei hinzugefügt, obgleich das Schamgefühl es eigentlich verbietet: Als ich zum ersten Mal bei ihm war, hatte ich meine jetzige Frau mit, damals meine Braut. Nicht die Jugend, sondern das Alter, nicht das Glück, sondern das Leid hat uns zusammengeführt. Sünden gegen die Schamhaftigkeit sind das Fürchterlichste, was sie sich denken kann. Seine zirka achtzehnjährige Tochter kam herein. Er scherzte mit ihr. Wir hatten soeben von Kolportageromanen gesprochen. Er fragte sie, wie ein solcher Roman geschrieben sein und was für Szenen er enthalten müsse, wenn er wirken soll. Das tat er in einer solchen Weise und unter derartigen Ausdrücken, dass es uns beiden war, als ob wir in das Gesicht geschlagen worden seien. Ein Vater zu seiner Tochter! In Gegenwart fremder Personen, die zum ersten Mal bei ihm sind! – Bei einer kurz darauf folgenden Zusammenkunft in Dresden, bei welcher meine Braut wieder anwesend war, genierte sich seine höchst angetrunkene Frau, eine Berliner Fleischerstochter, nicht im Geringsten, uns von ihrem Mutterwitz zu überzeugen, indem sie dem an der Wand hängenden Bild des Kaisers ihr Glas entgegenhielt und dabei rief: „Prost, Willem, ich komme dir eins!" Er aber brachte die Rede abermals auf „saftige" Kolportageszenen und nahm während dieses höchst fatalen Diskurses meine Braut auf die Seite, weil er ihr etwas höchst Wichtiges zu sagen habe. Und was hörte sie? Solche Szenen seien im Leben noch schöner als im Buch, aber unter Umständen gefährlich. Sie solle mich um Gottes willen schonen, denn ich sei nun schon zu alt dazu! Es ist mir hier verboten, es derart auszudrücken, wie er es tat. Und es war das nicht das einzige Mal; er hat es bei späteren Gelegenheiten wiederholt, in jener infamen, schamlosen Weise, die beleidigender ist als alles andere, weil sie bei dem Hörer ganz dieselbe moralische Versunkenheit voraussetzt. Ich bin nicht häufig mit diesem Mann zusammengekommen, und so oft es geschah, war meine Frau dabei. Wir taten es höchst ungern, schon auch deshalb, weil beide, sowohl er als auch sie, eine ganz besondere

Vorliebe für geschlechtliche Themata und zweideutige Zoten äußerten. Wenn wir dann wieder allein waren und uns schämten, gezwungen gewesen zu sein, so etwas anzuhören, konnten wir nur das immer gleich klingende Urteil wiederholen: Adalbert Fischer und der Schundverlag passen zusammen wie der Fisch und das Wasser, in dem er sich befindet; es ist sein Element!

Zum ersten Mal sah ich diesen Mann kurz nach meiner Heimkehr aus Afrika und Asien. Er hatte erfahren, dass ich wieder da sei, und kam nach Radebeul, scheinbar, um Frieden mit mir zu schließen, in Wirklichkeit aber, um mich auszuhorchen. Denn dass es niemals einen wirklichen Frieden zwischen uns geben kann, das wusste und das weiß er besser als ich selbst. Seine Absichten ruhen nicht; sie bleiben niemals stehen; darum könnte das, was er als Frieden bezeichnet, nur höchstens Waffenstillstand sein. Sein Auftreten war gleich bei diesem ersten Mal ein derartiges, als ob er bei mir zu Hause sei, als ob meine ganze Villa ihm gehöre. Er genierte sich nicht im Geringsten. Er sagte mir, dass er ein steinreicher, hoch angesehener Mann sei und das Münchmeyersche Geschäft für den Preis von 175.000 Mark erworben habe. Einen Prozess wegen dieses Kaufes habe er nicht zu fürchten, weil er Justizräte in seiner Verwandtschaft habe. Er habe sich in Leipzig vom Geschäft zurückgezogen und sei nach der Lößnitz bei Dresden übergesiedelt, um da als Rentier zu leben; das nötige Vermögen besitze er dazu. Da aber sei ihm noch ein Sohn geboren worden und er habe es für seine Pflicht gehalten, auch für diesen noch ein Vermögen zu erwerben. Nur dieser Sohn sei schuld, dass er sich wieder in das Geschäft gestürzt und die Firma Münchmeyer gekauft habe, um für ihn zu weiteren und neuen Kapitalien zu kommen; er sei ja Vater und müsse für seine Kinder sorgen.

Das klang ganz allerliebst und ehrenwert; aber wie kam denn ich dazu, für ein ihm gehöriges Kind das mir gehörige Vermögen hergeben zu sollen? Denn die Romane gehörten ja wieder mir; ich hatte sie zurückbekommen! Und dass er sich nicht scheute, nichts anderes als das Allerheiligste, wozu ein Vater verpflichtet ist, zum Deckmantel seiner ganz eigenartigen Spekulationen herbeizuziehen, das wirkte Ekel erregend. Ich fragte ihn, wie er nun darauf gekommen sei, grad die Münchmeyersche Kolportagefabrik zu kaufen. Für einen so angesehenen Mann, wie er sich schildere, sei es doch wohl keine Ehre, Besitzer eines derartigen Geschäfts zu werden. Da gab er zu, dass das freilich ein großer Niederstieg gewesen sei und seine Reputation hierdurch sehr gelitten habe; es gehe ihm vonseiten seiner vornehmen Verwandten aus diesem Grund sehr schlecht. Aber grad ich hätte die allerwenigste Veranlassung, mich über das, was ihm vorgeworfen werde, zu wundern, weil doch niemand weiter schuld daran sei, als nur ich allein. Nur meine Berühmtheit habe ihn zu diesem Schritt veranlasst. Er habe gehört, dass mein Verleger Fehsenfeld ein blutarmer Teufel gewesen, durch mich aber Millionär geworden sei. Da habe er sich nach Sachen von Karl May erkundigt und sei hierbei auf Frau Münchmeyer getroffen. Das Weitere könne ich mir denken. Der ganze Münchmeyersche Verlag sei nichts mehr wert gewesen, weder die alten Maschinen noch alles andere, ausgenommen nur allein meine Romane. Nur derentwegen habe er das Geschäft gekauft und nur um ihretwillen die Summe von 175.000 Mark bezahlt. Ich komme ihn also wohl teuer genug zu stehen. Nur dieser meiner Sachen wegen habe er auf sein schönes, freies, unabhängiges Leben verzichtet und sich wieder in Arbeit, Sorgen und Not gesteckt. Aber anstatt dies anzuerkennen, habe ich die Absicht, über ihn herzufallen. Er müsse mich also sehr darum ersuchen, ihn doch in Ruhe zu lassen!

Dieser Ton klang, wie ich schon einmal angedeutet habe, genau so, als ob ich der Verbrecher sei, er aber der Ehrenmann. Sollte man da lachen? Oder weinen? Oder diesen Herrn Adalbert Fischer ganz einfach die Treppe hinunterwerfen? Man kam gar nicht dazu, sich hierüber schlüssig zu werden, denn er sprach in einem fort, vor allen Dingen nochmals über meine Berühmtheit und dann über die Vorzüglichkeit meiner Romane. Er hatte den schlechten Eindruck seiner Worte bemerkt und glaubte, das nun hierdurch wieder gut machen zu müssen. Er erreichte grad das Gegenteil. Eben wollte ich ihn veranlassen, sich schleunigst zu entfernen, da begann er, von Frau Münchmeyer und ihren Schlechtigkeiten zu sprechen. Das veranlasste mich, noch zu warten. Er behauptete, bei diesem Kauf von ihr betrogen worden zu sein; sie sei alles andere, aber nur nicht ehrlich! Er hat genau dasselbe auch zu anderen Personen gesagt, die es vor Gericht bereits beschworen haben. Vor allen Dingen habe Frau Münchmeyer ihn durch falsche, unwahre Angaben getäuscht. Es sei ihr nicht zu glauben. Er bedaure, dies aber doch getan und das Geschäft gekauft zu haben. Sogar auch Walter, ihr Faktotum und Vertrauensmann, habe ihn belogen! Jetzt, da ich nun einmal entschlossen sei, zu klagen, so solle ich doch nicht ihn, sondern diese Frau verklagen; die habe das verdient! Aber nur einige Minuten später drehte er diesen Satz grad um und forderte, dass ich nicht sie, sondern ihn verklagen möge. Ich schloss hieraus, dass er nur gekommen war, um zu sondieren. Er gab an, dass er mit Frau Münchmeyer in Klage und Gegenklage stehe. Sie haben auch noch späterhin miteinander prozessiert. Ob das auf einen saubern und ehrlichen Handel schließen lässt, das lasse ich dahingestellt. Was er vom Zustandekommen dieses Handels erzählte, das war im höchsten Grade interessant.

Ich habe bereits erwähnt, dass vonseiten solcher, die das wissen mussten, über schlechten Geschäftsgang geklagt wurde. Hier eine Buchführung mit guten Abschlüssen, dort aber fast ununterbrochene Klage über Mangel an Geld! Das ist an sich nichts Widersprechendes und zumal im Münchmeyerschen Geschäft sehr leicht zu erklären. Der Geldmangel legte den Gedanken nahe, den immer wachsenden Sorgen dadurch ein Ende zu machen, dass man das Geschäft verkaufte. Verdient hatte man damit ja mehr als genug! Zum Verkauf aber war die Vorlegung guter Abschlüsse nötig – – ergo! Noch pfiffiger erschien der Entschluss, eine Gesellschaft, Genossenschaft oder dem Ähnliches zu gründen. Man leitete die hierzu zweckdienlichen Schritte ein. Frau Münchmeyer, die einstige Bewunderin ihres eigenen „Venustempels", stand als gold- und silberströmende Auskunftsquelle in der Mitte dieser höchst vortrefflichen Idee. Herr Walter, der bei Münchmeyers veredelte Sträfling, ergründete die privat- und strafrechtlichen Fragen eines derartigen Unternehmens. Der gehirnkranke und als solcher in eine Trinkerheilstätte versetzte Schwiegersohn, Prokurist und Buchhalter Jäger war bemüht, gute Jahresabschlüsse, Berichte und Auszüge aus den Büchern vorlegen zu können. Und der Hoflieferant, Posamentenfabrikant[1] und Freund der Frau Jäger, Herr Ludwig, übernahm für den neu zu gründenden Staat das wichtige Portefeuille der äußeren Angelegenheiten. Er gab sich große Mühe; es wurde aber nichts daraus. Die Gründe lassen sich denken. Einer der Herren, mit denen er verhandelte und dem so etwas wie eine Direktoratsstelle angetragen wurde, sagte kürzlich zu mir: „Wie froh bin ich, damals nicht ja gesagt zu haben! Ihren Prozess, den hätte nun höchstwahrscheinlich ich!" Und eben weil dieser Herr Ludwig mit seinen Mühen damals so ganz erfolglos war, nimmt er sich der Münchmeyerschen Sache jetzt umso kräftiger an, als Zeuge in allen Stücken, als Kapazität in jeder Frage, als selbstlose Stütze der Frau Pauline und als mutiger Begleiter von deren Tochter, seiner Freundin, verwitwete Jäger, die er nach Berlin, Danzig usw. begleitet, wenn dort Zeugen gegen mich zu vernehmen sind.

Nach solchen resultatlosen Bemühungen, das Geschäft an einen anderen loszuschlagen, erscheint da plötzlich Herr

---

[1] Posamenten = Zierbesatz für Kleidung, Möbel usw.

Adalbert Fischer aus Leipzig, der von sich sagt, er sei ein hoch angesehener, steinreicher Mann und wolle seinem nachgeborenen Sohn mit den Werken von Karl May ein Vermögen verdienen! Man kann sich wohl denken, welchen Eindruck diese großartige geschäftliche Epiphanie[1] auf die oben genannten Herren und Damen bewirken musste! Vor der Helligkeit einer solchen Erscheinung fiel jede Erinnerung an meine Rechte ins tiefste Dunkel. Alle Versprechungen, jeder Verkehr, sogar das Mittagessen und die acht eingebundenen Manuskriptbände waren augenblicklich vergessen. Hundertfünfundsiebzigtausend Mark, welch eine Summe! Aber nur dann, wenn die Mayschen Werke der Firma gehörten, sonst aber nicht!

Hier beginne ich eine neue Zeile, denn ich gestatte mir nicht, der alten weiter zu folgen, weil ich ja nicht dabei gewesen bin. Es würde gewiss eine hochinteressante Aufgabe für den Staatsanwalt, den Untersuchungsrichter sein, dem Zustandekommen dieses höchst sonderbaren Kaufes nachzugehen! Man erinnert sich jenes ernsten, höchst wichtigen Warnungsbriefes, den ich an Frau Münchmeyer sandte, als ich hörte, dass sie verkaufen wolle. Ich legte in ihm alle meine Rechte resp. Ansprüche dar und drohte mit gerichtlicher Klage, wenn man gegen sie verfahre. Herr Fischer hat mir bei seinem jetzt erzählten Besuch in Radebeul mündlich und dann später in zwei Briefen schriftlich eingestanden, dass Frau Münchmeyer ihm noch vor Abschluss des Kaufes diesen meinen Brief gegeben und er ihn gelesen habe. Sie hat geglaubt, sich dadurch von aller Verantwortlichkeit zu befreien und selbst einem Kriminalprozess mit Ruhe entgegensehen zu können; ob mit Recht, das hat sich noch zu zeigen! Herr Adalbert Fischer aber kann nicht in Abrede stellen, hierdurch überzeugt worden zu sein, dass ich auf meinen Rechten beharre und sie der Firma Münchmeyer abspreche, ebenso auch,

[1] Griech.: Erscheinung

dass ich entschlossen sei, gegebenenfalls gerichtliche Hilfe in Anspruch zu nehmen. Ich muss hier fragen, ob er ein bonae-fidei-Käufer[1] ist oder nicht! Er musste ganz unbedingt die Verhältnisse prüfen oder prüfen lassen. Er mag nachweisen, dass er das getan hat und welches Gutachten ihm geworden ist! Man legt nicht 175.000 Mark in einer so zweifelhaften Sache an, ohne sich bei Autoritäten auf das Eingehendste befragt zu haben! Wer sind diese Autoritäten gewesen? Jeder Mensch von gesundem Verstand, um wie viel mehr aber ein Jurist, musste sofort erkennen, dass die Behauptungen der Frau Münchmeyer gänzlich ohne Beweise waren. Alle ihre Zeugen fußen nur auf Hörensagen. Jeder hat es von einem andern, aber nicht vom Richtigen, von mir! Nachdem Münchmeyer gestorben ist, bringt man dieses und jenes, was er gesagt haben soll. Aber er hat so vieles verschwiegen und so vieles anders sagen müssen, als es war, und die Logik der Tatsachen ist nicht zum Schweigen zu bringen. Die Personen, die sich auf solche unerwiesene Behauptungen beziehen, sind beteiligt oder verwandt, und vor allen Dingen ist jener Kontraktversuch Münchmeyers nicht aus der Welt zu bringen, in dem er dadurch, dass ich bestätigen soll, zugibt, dass ich noch nicht bestätigt habe. Und jener Brief Walters im Auftrag von Frau Münchmeyer, in dem sie Eingeständnisse macht, die sie nun freilich bestreitet. Also – – die Behauptungen dieser Frau hingen derart in der Luft, dass ich ganz unmöglich glauben kann, es habe sich ein vertrauenswürdiger Berater gefunden, der ihm riet, das Geschäft trotz meiner Warnung zu kaufen. Ich fühle mich berechtigt, ihn so lange nicht als bonae fidei emtor anzuerkennen, als er nicht den unumstößlichen, gerichtlichen Beweis erbringt, dass er nur nach sorgfältiger, von hierzu berufener Seite unternommener Prüfung an den Kauf herangetreten ist. Tut er das nicht, so sehe ich mich sehr wahr-

---

[1] bona fide (lat.) = in gutem Glauben

scheinlich gezwungen, diese zivilrechtliche Angelegenheit in eine strafrechtliche zu verwandeln.

Nämlich die Vermutung, die mir kam, als ich in Ägypten seine beiden Briefe las, hat sich jetzt als Wahrheit herausgestellt. Der hohe Ton, den er sich gegen mich erlaubte, war allerdings eine Folge der Ursache, die ich mir dachte. Er preist mich als „berühmt"; er nennt meine Werke „unvergleichlich"; er sagt es ohne Scheu heraus, dass er aus mir für seinen Knaben ein Vermögen schlagen will; wenn er es trotz alledem für richtig hält, so außerordentlich von oben herab an mich zu schreiben, so muss ihm doch gewiss ein dementsprechendes Bild von mir entworfen worden sein. Es stellt sich heraus, dass dies allerdings der Fall gewesen ist.

Man hat zwar nicht umhin gekonnt, ihm meinen Brief zu zeigen und ihn also in die Zweifelhaftigkeit der Münchmeyerschen Rechte einzuweihen; aber man ist zugleich auch bemüht gewesen, die hierauf ganz notwendigerweise in ihm entstehenden Bedenken sofort zu zerstreuen, indem man ihm glaubhaft machte, dass ich es auf keinen Fall wagen werde, meine Rechte zu verteidigen. Man log ihm vor, dass ich seinerzeit wegen Unzucht mit Kindern bestraft worden sei. Jetzt sei ich ein berühmter Mann, der mitten und hoch im öffentlichen Leben stehe. Meine Berühmtheit komme nur davon her, dass ich niemals Liebesgeschichten schreibe. Das Bekanntwerden dieser Unzuchtsverbrechen wäre mein Verderben, mein öffentlicher Tod. Ich würde mir also alles Mögliche gefallen lassen, wenn man verspräche, hierüber zu schweigen; darauf könne er sich verlassen! Als ich das erfuhr, war mir der Ton, den er gleich von Anfang an gegen mich anschlug, erklärt. Für den Schundverleger, der nur Grobstoffliches begriff, war ich nun eben nichts weiter als ein abgesetzter Schulmeister, der mit seinen Kindern verbrecherische Unzucht getrieben hatte. Hierdurch wurde mir dann auch die Zotenhaftigkeit dieses Mannes verständlich, die er sich gar keine Mühe gab, vor mir zu verbergen. Und das war jedenfalls auch der Grund, dass er gleich bei seinem ersten Besuch in Radebeul in einer Weise auftrat, als ob ich mir sofort und vor allen Dingen besonders seiner moralischen Überlegenheit bewusst zu sein habe. Als er hierfür kein Verständnis fand, wurde er ungeduldig und beeilte sich, mir einen Wink zu geben. Er machte nämlich in Beziehung auf die von mir beabsichtigte Klage die Bemerkung, dass es immer eine gewagte Sache sei, andere vor Gericht zu bringen, wenn man selbst auch vor Gericht gestanden habe; das könne dann leicht ganz anders gehen, als man denke! Da er hierbei keine Namen nannte, musste ich still sein; aber es war eine Drohung: Ich wusste nun, woran ich mit ihm war! Doch nicht bloß mit ihm, sondern auch mit dieser Frau Münchmeyer und ihrem ganzen Anhang!

Meine damalige Frau war bei diesem ersten Besuch Fischers, der in meinen Arbeitsräumen stattfand, zugegen. Sie sagte aber fast kein Wort. Was sie da hörte, war mehr als genug, ihr über ihre mütterlich zärtliche Freundin Pauline Münchmeyer nun endlich einmal die Augen zu öffnen. Fischer war freilich so vorsichtig, jetzt nur erst anzudeuten. Später wurde er offener. Bei seiner Vernehmung am 2. April 1903 sagte er aus, dass Pauline Münchmeyer ihn mit seinen Erkundigungen an ihren „Vertrauensmann" Walter gewiesen habe. Dieser gab ihm über mich und meine Rechte folgende Auskunft:

„Haben Sie keine Angst wegen May! Da brauche ich nur ein paar Zeilen zu schreiben an May; da ist er ruhig!"

Fischer fragte ihn, ob er sich mit dieser Versicherung darauf stütze, dass ich wegen Unzucht mit jungen Mädchen bestraft worden sei. Walter bejahte dies und fügte hinzu:

„Den machen wir moralisch kaputt, wenn er überhaupt gegen uns vorgeht. Den haben wir in der Hand!"

Und auf die ganz besonders wichtige Frage Fischers, was aber dann zu geschehen habe, wenn ich trotz alledem klage, antwortete Walter:

„Sobald ich ihm drohe, tritt er zurück!"

Also drohen! Nicht von dem legalen Mittel des Beweises wurde gesprochen, sondern von der verbotenen Waffe der Bedrohung, der Erpressung! Diese Waffe sei unfehlbar; sie wirke ganz bestimmt! Walter kannte die giftige Schärfe solcher Klingen, denn er war ja vorbestraft. Er hatte einen grimmigen Hass auf mich geworfen, weil ich jeden Umgang mit ihm mied. Ich tat das wegen seines Charakters; er glaubte aber, wegen seiner Bescholtenheit. Das machte ihn mir zum unversöhnlichen Feind, denn woher mein Stolz? Ich war ja auch nur seinesgleichen, meinte er! Übrigens hat Herr Adalbert Fischer bei derselben Vernehmung über diesen „Vertrauensmann" der Frau Münchmeyer ausgesagt, dass Walter ihn bei dem Verkauf des Geschäfts belogen, ihm falsche Auskünfte erteilt habe und darum entlassen worden sei. Das genügt wohl! Und von so einem Menschen ließ Herr Adalbert Fischer sich die Waffe der Bedrohung reichen und ging dann hin, um unter ihrem Schutz den Handel über mich und meine Rechte abzuschließen! Das behaupte ich so lange, bis er mir beweist, dass er diesen Kauf nur auf Grund unwiderleglicher Wahrsprüche eingegangen sei, dass er das tun könne, ohne mich zu schädigen!

Schon früher, wenn Walter zu mir kam, um Münchmeyersche Botschaften abzugeben, und ich ihn nur als Boten, aber sonst weiter nichts behandelte, ließ er zuweilen Bemerkungen fallen, die zwar schon hämisch, aber doch noch nicht drohend klangen. Ich verstehe unter „hämisch" eine Komposition von Hohn und Tücke. Genau dieselbe Komposition bemerkte ich auch in den beiden, mir nach Ägypten geschickten Briefen Fischers; darum erriet ich sofort, dass Walter sein Gewährsmann sei, wenn ich auch die Einzelheiten unmöglich wissen konnte. Bedeutend deutlicher wurde es mir gemacht, als Fischer zu mir kam und sich fast mit Porträtgenauigkeit so gegen mich betrug wie einst „Herr Walter". Es war genauso, als ob dieser

Walter vor mir stehe, und nur eins schien noch nicht vorhanden zu sein, nämlich der grimmige Hass, mit dem der Letztere mich bis an seinen Tod verfolgt hatte. Aber im Verlauf des Prozesses konnte sich ja auch dieser noch entwickeln!

Er begann, der Prozess. Sein bisheriger Verlauf wurde in den ersten Kapiteln berichtet. Dann folgte die Beschreibung der handelnden Personen, vor allen Dingen der meinigen. Ich meine, dass ich hierbei aufrichtiger gewesen und gründlicher mit mir ins Gericht gegangen bin, als selbst meine Gegner wohl erwartet haben. Mit Herrn und Frau Münchmeyer bin ich weniger ausführlich gewesen; ich verfuhr mit ihnen nicht halb so streng wie mit mir selbst, und ich möchte, dass es so bleibe. Es wäre mir gewiss nicht angenehm, nachträglich etwa noch gezwungen zu werden, den bisher geschilderten Münchmeyerschen Charakterzügen noch diejenigen hinzuzufügen, die ich zurückbehalten habe, um nicht rachsüchtig oder gar ordinär zu erscheinen. Dieser Ton der Schundroman-Atmosphäre ist nicht nur dem Leser widerlich, sondern auch dem Schreibenden verhasst. Den übrigen Personen gehört ein besonderes Kapitel, in dem ich ihre Porträts zu bringen habe. Sie sollen da als Solitärs zu sehen sein, jeder für sich, in seiner nur ihm eigentümlichen Welt. Vorher aber habe ich alle diese einzelnen Edelsteine in ihrer „Zusammenfassung gegen Karl May", also als Münchmeyerschen Kolportage-„Ring" darzustellen, weil jeder einzelne sich seine ganz besondere Brillanz aus diesem Ring holt. Wohlgemerkt: Der Titel meines Buchs heißt „Ein Schundverlag". Es ist also keineswegs meine Absicht, über weiter nichts als nur über diesen entsetzlichen Prozess zu schreiben; ich habe den wirklichen, ganz anderen Zweck dieses Buchs im ersten Kapitel desselben dargelegt und brauche also nicht hier noch zu wiederholen, dass es mir gleichgültig sein muss, ob der Psychologe, der Jurist, der Buchhändler, der Literat usw., jeder von seinem Standpunkt aus, mit diesen

Kapiteln zufrieden ist oder nicht. Ich gebe eine Fülle des Stoffes. Dann wird ein Fachmann kommen, um seine kluge Künstlerhand an diesen Block zu legen. Ich habe vor allen Dingen dafür zu sorgen, dass in meinem Material weder Löcher noch Blasen, noch springende Härten entstehen. Dann wird und muss er erklingen und gelingen, dieser laute, öffentliche Schrei, auch mich einmal zu hören!

Die Namen der Solitärs, die ich zu behandeln habe, sind folgende. Ich nenne sie in umgekehrter Reihe.

1. Herr Geheimer Hofrat, Rektor magnificus, Professor Dr. Gurlitt, Dresden. Er debütierte in der „Sachsenstimme" gegen mich. Das war der Anfang. Der Schluss aber steht noch aus.

2. Herr Dr. phil. Hermann Cardauns, Hauptredakteur der „Kölnischen Volkszeitung", Köln. Er hat den Kampf gegen den Münchmeyerschen „Schundverlag" eröffnet, und jeder, der es mit der deutschen Volksseele ehrlich meint, muss wünschen, dass dieser Herr nun endlich einmal siege.

3. Herr Rechtsanwalt Dr. Gerlach, Dresden. Dieser Herr ist der Prozessvertreter der Frau Münchmeyer. Ich habe Schritt für Schritt zu zeigen, in welcher Weise er ca. drei Jahre gegen mich gearbeitet hat, um mich als einen eidesunwürdigen Menschen hinzustellen, z. B. sein Anschleichen an meine Gartentür usw. Ich habe, und zwar in Beziehung auf nicht nur meinen Prozess, in diesem meinem Buch eine Eingabe an die zuständige Anwaltskammer dieses Herrn Dr. Gerlach zu veröffentlichen. Zwar hätte auch mein Rechtsanwalt wohl schon längst Grund genug gehabt, seinerseits bei derselben Kammer und gegen denselben Herrn eine ähnliche Beschwerde zu erheben, aber ob er es getan hat, das weiß ich nicht, und noch viel weniger, ob und welche Folge ihr gegeben worden ist. Jedenfalls wird die Darstellung meiner zahlreichen und wichtigen Gründe nicht unter der Berücksichtigung der Kollegialität zu leiden haben. Und bei der außerordentlichen Fülle

von Indiskretionen, unter denen ich drei Jahre lang zu leiden gehabt habe und heut noch leide, fühle ich mich keineswegs verbunden, den diskreten, weil direkten Weg zur Anwaltskammer einzuschlagen, sondern meine Beschwerde wird versuchen, dieses Ziel auf dem Weg durch die Öffentlichkeit zu erreichen!

4. Einige Dresdner Redakteure, die sich allerdings die Berechtigung, überhaupt erwähnt zu werden, nur dadurch erworben haben, dass sie über mich „logen wie gedruckt". Herr Professor Gurlitt wie noch vielmehr sein Schwager Gerlach werden nicht umhin können, zu den Lügen und Verdrehungen dieser Personen Stellung zu nehmen.

5. Herr Adalbert Fischer, jetziger Besitzer der Firma Münchmeyer, der sich selbst und eigenhändig als „Schundverleger" bezeichnet, der Vater des lieben Jungen, dem ich alter, dreiundsechzigjähriger Mann die Arbeit von Jahren, die Früchte von unzähligen, rastlos durchschriebenen Nächten auf das Kinderbettchen legen sollte, nur damit sein Vater nicht verrate, dass ich wegen „Unzucht mit jungen Mädchen" bestraft worden sei! Denn dass er wirklich und fest gewillt war, dies zu tun, das hat er nicht nur mir selbst direkt in das Gesicht gedroht, sondern auch noch anderen Personen mitgeteilt, die bereit sind, es mir zu bezeugen.

Es gab nämlich in der ersten Zeit des Prozesses einen Vergleichsversuch, der aber, wie ich ganz besonders hervorheben muss, nicht von mir ausgegangen ist. Dieser Versuch sollte zwischen Fischer und mir stattfinden, und zwar in einer Weinstube des Kaiserpalasts, wo ich mit ihm zusammentraf. Wir waren allein. Er wollte Wein auch mit für mich bestellen; ich lehnte aber ab. Das ärgerte ihn. Er benutzte diese Abwesenheit anderer Leute, mir zu raten, dafür zu sorgen, dass der Vergleich zu Stande komme, denn ich sei ein vorbestrafter Mensch. Er drohte mir: „Wenn Sie diesen Prozess gewinnen, so setzte ich in alle Zeitungen, dass Sie bestraft sind, und mache Sie so in ganz

Deutschland kaputt!" Ich antwortete ihm in aller Ruhe, dass dies eine Drohung, eine Erpressung sei, um mich zum Nachgeben, zur Zurücknahme meiner Klage zu zwingen; was werde dann mit ihm, wenn dies an den Tag komme? Er gab mir den Bescheid: „Da habe ich mich bei zwei Justizräten erkundigt, von denen der eine sogar mein Onkel ist. Sie sagten beide, ich solle mich nur ja nicht fürchten, sondern es tun, denn für mich kämen höchstens einige hundert Mark Strafe heraus; Sie aber wären vor der ganzen Welt kaputt für alle Zeit!"

Ich bin ein Mensch und habe meine Schwächen. Ein tragisches Geschick ist dichterisch ganz schön, bei nüchterner Betrachtung aber wohl kaum wünschenswert. Meine Ziele sind keine niedrigen und ich habe hunderttausende von Lesern, deren Augen ich nach ihnen richten will. Macht man mich kaputt, so fallen mit mir alle diese Ziele und mein ganzes, sechzigjähriges Leben und Leiden ist, als ob es nicht gelebt und nicht durchlitten wäre! Diese Bestrafung wegen Unzucht war zwar eine Lüge, aber sie sagte mir doch deutlich genug, wozu Herr Fischer fähig und wozu er entschlossen war! Ich gab also nach und wir wurden uns über die Bedingungen einig. Welche das waren, ist gleichgültig, weil aus diesem Vergleich trotzdem nichts wurde. Meine Frau kam dazu. Ich schickte sie zu meinem Rechtsanwalt, der nebenan wohnt, und ließ ihn bitten, zu kommen und den Vertrag aufzusetzen; wir seien bereit zu unterschreiben. Er aber ließ mir sagen, dass er nicht wünsche, dies ohne Herbeiziehung des Fischerschen Anwalts tun zu sollen. Er werde diesen also fragen, wann es ihm passe.

So kam also, wohl gleich am nächsten Tag, eine Besprechung unter vieren zu Stande. Fischer wollte seinem Anwalt überhaupt nicht wohl und über den meinigen ärgerte er sich wegen seiner Schuld am gestrigen Misslingen. Auch hatten die beiden Herren Anwälte eine solche Fülle von Akten, Gesetz- und Nachschlagebüchern vor sich ausgebreitet, dass uns beiden Laien das Zustandekommen eines Vergleichs gleich von vornherein unmöglich erschien. Mein Rechtsanwalt wusste nichts von der Fischerschen Drohung und konnte also meine gestrige Nachgiebigkeit, von der er erfuhr, nicht begreifen; er stellte ganz andere, neue Bedingungen. Fischer hingegen hielt an dem, was er gestern verlangt hatte fest, hütete sich aber natürlich, heut vor diesen beiden Zeugen dasselbe zu sagen und zu tun, was er gestern unter vier Augen hatte wagen dürfen. Er brauchte nur zu leugnen; da konnte ihm nichts geschehen; so dachte er. Ich aber ergriff ganz selbstverständlich die jetzige Gelegenheit, mir Zeugen zu verschaffen. Ich erzählte nämlich beiden Anwälten Wort für Wort die gestrige Drohung Fischers und ihre Folgen. Fischer war sprachlos hierüber; er vergaß ganz, sich zu äußern. Sein Vertreter aber, Herr Rechsanwalt Hans Kohlmann, rief ihm entrüstet zu, dass er so etwas unmöglich zugeben könne und zugeben werde, so lange er sein Anwalt sei! Aus den heutigen Verhandlungen wurde nun auch nichts, doch habe ich hierauf noch ganz besonders zu betonen, dass Fischer sich auch noch anderweit und gelegentlich gegen meinen Anwalt in ganz derselben drohenden Weise ausgesprochen hat, dass er, wenn ich den Prozess gewinne, mich durch die Zeitung totmachen werde.

Die Streitsache nahm also ihren weiteren Verlauf. Ich hatte nicht Frau Münchmeyer, sondern Fischer verklagt, aber sie war als Nebenintervenientin beigetreten. Was das heißt, ist nicht zu sagen, sondern nur durchzumachen! Es gelang mir aber dennoch, in Sachen einer einstweiligen Verfügung zu obsiegen. Fischer durfte nur noch ein gewisses Quantum drucken, um einiges zu komplettieren, dann nichts mehr, und ich bekam das Recht, mir seine Bücher vorlegen zu lassen, um nachzusehen, ob er diese Entscheidung respektiere. Ich war so glücklich darüber und freute mich unendlich, dies erreicht zu haben, denn im Übrigen standen meine Angelegenheiten umso trauriger, so traurig, wie ich es nie im ganzen Leben für möglich gehalten hätte. Ich stand nämlich am öffentlichen Pranger und alle Welt schlug und speite auf mich ein. Oder vielmehr, man hatte mich stückweise öffentlich aufgehängt, wie ein geschlachtetes Rind, welches verpfundet werden soll. Herr Fischer war an der vollen Arbeit, das gewünschte Vermögen für seinen Knaben zu machen. Er hatte begonnen, mich auszuschlachten!

Ja, auszuschlachten, denn anders ist es nicht zu nennen! Ich hatte, sobald ich meine Romane von Frau Münchmeyer zurückbekam, mit dem Druck des „Waldröschens" begonnen. Herr Fischer tat dasselbe; er fing mit „Waldröschen" an. Er gab es aber nicht etwa so heraus, wie er es überkommen hatte, also mit nur den Änderungen, die von Münchmeyer, Walter usw. stammten, sondern er ließ es von einem gewissen Staberow noch weiter umarbeiten, und zwar ohne die geringste Spur von Erlaubnis meinerseits. Er zerstückelte das Ganze, um es bequemer verpfunden zu können, ganz gegen den inneren Zusammenhang in ihm beliebige, äußerliche Portionen, auch das gegen meinen Willen. Er riss, gegen jedes Recht und natürlich ebenso ohne meine Einwilligung, den Text durch Bilder auseinander, durch welche alles, was sich von der Seele des Verfassers noch in dem Werk befand, vollends herausgetrieben wurde. An die Stelle dieser Seele traten nun vielmehr der wegen Verbreitung unsittlicher Schriften bestrafte Animus Herr Fischer und die Anima des wohlbezahlten Zeichners, der die ihm gewordenen Instruktionen durch eine ganze Menge geschlechtlich aufregender Szenen verriet, die teils dem Werk direkt beigegeben, teils aber auch durch hunderttausende von Reklame-Ankündigungen in alle Welt hinaus verbreitet worden sind. Diese Kuss-, Umarmungs- und ähnlichen Szenen waren sehr bald in zahllosen deutschen, österreichischen, schweizer und amerikanischen Buchhandlungen oder gar an deren Schaufenstern zu sehen; später auch in fremdsprachigen Übersetzungen. Die ganz ohne meine Genehmigung gewählten Titel der einzelnen Stücke hatten den Zweck, die Kauflust zu reizen. Unter diesen unerlaubten Buchtiteln und unter diesen lüsternen Szenen aber stand nicht etwa ein Pseudonym, sondern mein Name, mein voller Name, ohne dass irgendjemand mich vorher gefragt hatte, ob ich das erlaube oder nicht. Da standen die Menschen und staunten. Niemand glaubte es. Das soll Karl May sein, den wir achten, lieben und lesen, weil niemand ihm auch nur einen einzigen Buchstaben nachweisen kann, vor dem er erröten müsste? Derselbe? Nein, das ist unmöglich; wir glauben es nicht! Es ging ein Schrei sehr wohl berechtigter Entrüstung durch meine ganze Leserwelt. Und ebenso ging ein Schrei, aber ganz anderer Entrüstung, durch die froh aufatmende Welt meiner Herren Kollegen, deren Bücher nicht gekauft und nicht gelesen werden, weil man nichts von allem, was man sucht, in ihnen findet. Wie viele Briefe kamen, in denen man mich nach der Wahrheit fragte? Ich habe sie nicht gezählt. Man schickte mir die lasziven Bilder, die üppigen Seiten und Zeilen. Ich erklärte, dass ich niemals irgendetwas gegen die Schamhaftigkeit geschrieben habe. Man solle Geduld haben und den Prozess abwarten. Herr Fischer habe kein Recht, das alles zu drucken, noch dazu unter meinem Namen! Da erließ dieser Herr in den Zeitungen mehrere Bekanntmachungen: Er sei der rechtmäßige Besitzer dieser Romane und Karl May sei der Verfasser, Karl May, der Herausgeber der berühmten Reiseerzählungen, Herr Dr. phil. Karl May, in Radebeul bei Dresden, wohnhaft in Villa „Shatterhand", der Verfasser von „Winnetou" und „Old Surehand". Und grad diese Kolportageromane seien seine allerbesten Werke, denn er habe sie in der Zeit seiner allerbesten Schaffenskraft geschrieben!

Hierauf schrieb mein Spezialgegner Cardauns, der Hauptredakteur der Kölnischen Volkszeitung, an Fischer, er solle ihm doch diese Romane als Aktenmaterial zu einem Feldzug gegen Karl May senden. Herr Fischer tat es;

er schickte sie ihm! Natürlich mit Begleitschreiben! Herr Dr. Cardauns las und der Vernichtungsfeldzug gegen mich begann, in allen Zeitungen und ebenso in Vorträgen, die dieser Herr von Stadt zu Stadt gegen mich hielt. Seit dieser Tat des Mannes, der sich einen „Schundverleger" nennt, hat kein Mensch mehr das Recht, falls Herr Fischer mich aus Geschäftsrücksichten einmal öffentlich loben oder sich scheinbar irgendwie meiner annehmen sollte, mir vorzuwerfen, dass ich mich in ihm irre. Mein Hauptverleger, Herr Fehsenfeld in Freiburg, macht umso bessere Geschäfte mit mir, je höher ich sittlich stehe. Ein Schundverleger aber macht umso bessere Geschäfte mit mir, je tiefer ich moralisch falle. Und wenn ihm das große, doch keineswegs schwere Werk gelingen sollte, mich gar zur moralischen Leiche zu machen, dann wird er ohne Zweifel Millionär! Jetzt ist der „reinliche" May der gelesenste Schriftsteller; ein Schand- und Schund-May aber würde ein Geschäft bringen, wie es überhaupt noch keines gegeben hat. Und dieses ist das Ideal, nach dem Herr Fischer strebt! Er hat mir das durch jeden einzelnen seiner Schritte, die er tat, bewiesen, vor allen Dingen aber durch den Verrat des Pseudonyms. Frau Münchmeyer hatte ihm einen jährlichen Reingewinn von vierzig- oder sechzigtausend Mark garantiert. Das war wohl genug und sehr gut auch mit der bisherigen Pseudonymität zu erreichen, zumal er aus meinen Briefen sehr wohl wusste, dass ich mir nichts so sehr wie grad diesen Verrat verbitten müsse. Aber sein Junge sollte in allerkürzester Zeit zu meinem Vermögen kommen, und so musste mein Name hinaus in die Welt, um dieses Vermögen zu machen. Was mir dabei verloren ging, das war ihm nicht nur gleich, sondern ganz im Gegenteil, je tiefer ich sank, desto höher stiegen die Schundpapiere!

Zur Zeit, als die Angriffe gegen mich den größten Umfang, wenn auch nicht ihre größte Böswilligkeit gewonnen hatten, wurde in Sachen der oben erwähnten einstweiligen Verfügung ein mir günstiger Spruch gefällt, der mich hoffen ließ, dass auch der weitere Verlauf des Prozesses ein für mich günstiger sein werde. Ich habe bereits gesagt, wie glücklich ich hierüber war, wie sehr ich mich freute. Mir war das Recht zugesprochen worden, in den Fischerschen Büchern nachzusehen, ob er in den Grenzen des Erlaubten bleibe oder nicht. Eine Nachricht, die ich bekam, veranlasste mich, von diesem Recht Gebrauch zu machen; ich fuhr nach Niedersedlitz, um zu Fischer zu gehen. Meine jetzige Frau, damals noch meine Braut, hatte sich einige dort liegende Baustellen anzusehen und fuhr also mit. Sie ging auch mit zu Fischers. Herr Fischer lud uns nämlich ein, in seine Privatwohnung zu kommen, wo er in Beziehung auf die von mir beabsichtigte Revision seiner Bücher die Überzeugung aussprach, dass ich mich gewiss mit seinem Ehrenwort begnügen werde; das Gegenteil würde er als Beleidigung nehmen müssen! Warum auch hier schon wieder dieser eigenartige, zwingende Ton? Wenn er wirklich ehrlich war, so musste es ihn doch wohl freuen, ihm Genugtuung bereiten, es mir offen und ohne Rückhalt nachweisen zu können! Grad dass ich die Bücher nicht sehen und mich nur auf sein Ehrenwort verlassen sollte, musste mir dieses Ehrenwort verdächtig machen, zumal er sich beeilte, das Gespräch auf einen Gegenstand zu bringen, der ihm Gelegenheit gab, nicht nur diese eine, sondern auch noch weitere Konzessionen von mir zu verlangen.

Er erwähnte unsere damaligen Einigungsversuche, die leider gescheitert seien. Das habe er nun davon, nämlich die einstweilige Verfügung, dass er nicht mehr drucken dürfe! Das sei erst so vor kurzem und doch habe es ihm bereits über 40.000 Mark Schaden gemacht. Wie solle das nun weiter mit ihm werden! Es sei ja ganz unmöglich, dass er das aushalten könne, und er hoffe aber auch nicht, dass ich ihm das zumute! Er habe Frau und Kinder, ich aber nicht; das müsse ich bedenken! – Nach dieser ganz eigenartig logischen Einleitung kam er auf das, was er mir unter vier Augen gesagt habe und was er hier wiederholen könne, weil er meine Braut nicht als eine Fremde betrachte; sie können doch wohl alles wissen. Er müsse sich nun unbedingt wehren, und es komme ganz auf mich und auf meine Braut an, ob er gezwungen werde, mich kaputtzumachen oder nicht. Wir sollen doch bedenken, dass es sich um seine Existenz handle, also um alles. – Der weitere Verlauf dieses Besuchs in Niedersedlitz zwang mich, auf die Revision der Bücher zu verzichten und dagegen mit Fischer einen Vergleich einzugehen, durch den er alles erhielt, was er nur wünschen konnte, ich aber nichts. Ich verzichtete auf den ganzen Erfolg der einstweiligen Verfügung, der mich so glücklich gemacht hatte. Ich trat ihm die betreffenden Werke ab, ohne dass er mir irgendetwas dafür zu bezahlen hatte, keinen einzigen Pfennig. Er zwang mich sogar, ihm noch andere, neue Werke teils hinzuzulegen, teils zu versprechen. Und er drückte schließlich noch eine öffentliche Erklärung in den Zeitungen durch, dass ich überzeugt sei, er habe beim Kauf des Münchmeyerschen Geschäfts im guten Glauben gehandelt. Dass er mir hierfür die Gegenerklärung versprach, nach seiner Ansicht seien die unsittlichen Stellen in meinen Romanen nicht von mir, das wird jeder Fachmann und jeder Kenner der Verhältnisse sofort als das erkennen, was es ist, nämlich nicht etwa eine Gunst für mich, sondern ein Vorteil ohnegleichen für ihn und sein Geschäft. Es war von sämtlichen Zeitungen behauptet worden, diese Romane seien von abgrundtiefer Unsittlichkeit. Dass musste die Leselust aller der Unzähligen erwecken, die Karl May nur deshalb nicht kauften, weil er sittlich unantastbar ist. Es wäre also geschäftlich der größte Fehler gewesen, diesen Vorwurf der Kritik zurückzuweisen. Nein, grad der Verleger dieser Werke musste selbst zugeben, dass die Obszönität in Wirklichkeit vorhanden sei! Er hatte das schon indirekt durch seine Illustrationen getan; wenn er es nun auch noch in Worten tat, so ergab das eine Reklame, die gradezu einzig zu nennen war. Aber öffentlich und direkt erklären, „die Werke von Karl May sind unsittlich, also bitte ich, sie zu kaufen", das war unmöglich. Doch da kam grad recht der mir abgezwungene Vertrag und der kostbare Gedanke, infolge dieses Vertrags allen jenen lüsternen Menschen einen ebenso öffentlichen wie deutlichen Wink zu geben. Darum der Passus von den vorhandenen Unsittlichkeiten, den nur jemand, der nichts von der Sache versteht, als für mich erwünscht und günstig bezeichnen kann. Er ist vielmehr ganz zweifellos der allerstärkste Trompetenstoß Münchmeyerscher Reklame. Und wenn Herr Fischer jetzt, nach eingeheimster Ernte, sich pfiffigerweise bemüht, die Sache als mir zum Vorteil darzustellen, so kann er dies nur wagen, weil er glaubt, dass die Personen, denen er das glaubhaft machen will, von einer pfiffigen, raffinierten Reklame nichts verstehen. Als Herr Fischer öffentlich erklärte, dass die unsittlichen Stellen nicht von Karl May seien, hat selbst der allereinfachste Menschenverstand nicht angenommen, dass man ihm das glauben werde, sondern Tausende und Abertausende sind nun erst recht überzeugt gewesen, dass sie aus meiner Feder stammen und dass diese Bücher infolgedessen im höchsten Grade interessant sein dürften.

Man sieht, dass Herr Fischer durch diesen mir abgedrohten und abgepressten Vergleich viel mehr erreicht hat, als er jemals hoffen durfte. Ich gab ihm alles, was ich hatte, und musste ihm dazu auch noch Zukünftiges versprechen! Was aber leistet er mir? Nichts, sogar noch weniger als nichts, denn das, was er tut, steht unter null! Das einzig Positive, nach dem ich für mich trachten dürfte, war der Wegfall der Unsittlichkeiten und die Vermeidung der Zusammenstellung der beiden Namen Münchmeyer und May. Ich habe selbst auch das nicht erreicht, denn Herr Fischer drückte in der Niederschrift des Vergleichs die Wendung durch, dass wegzufallen habe, was „seiner Überzeugung nach" unsittlich sei, nicht etwa „meiner"; darum bleibt alles, wie es ist! Und ebenso hat er seit Abfassung des Vergleichs, also volle achtundvierzig Monate lang, anstatt des vorgeschriebenen Pseudonyms meinen vollen Namen weitergedruckt. Er behauptet, ich habe ihm das privatim erlaubt, und ich bin also gezwungen, einen Extraprozess anzustrengen, um selbst das Blutwenige, was mir versprochen wurde, doch endlich zu erreichen. Also die Leistungen Herrn Fischers in Beziehung auf den erpressten Vergleich sind gleich null. Die Romane werden mit meinem vollen Namen und allen Obszönitäten weitergedruckt. Es ist ja gar nicht anders möglich, als dass ich diesen Vergleich nur infolge einer Zwangslage eingegangen sein kann, die von ihm bis auf den letzten Rest ausgenutzt wurde und auch ferner noch ausgenutzt werden soll. Ich habe darum gegen diesen Herrn bei der Staatsanwaltschaft Anzeige erstattet und bin also nicht in der Lage, hier Dinge zu bringen, über welche jetzt nur diese Behörde zu befinden hat. Für das Resultat ist dasjenige Kapitel des zweiten Bandes bestimmt, welches ich mit „Neue Ideale" überschreibe.

Als dieser Vergleich von mir unterschrieben worden war, hatte ich größere Opfer gebracht, als man wohl denkt. Ich hatte Hunderttausende mit diesem Federzug verschenkt, und nicht bloß das, sondern mehr, viel mehr! Ich hätte gar wohl verdient, das mir von gegnerischer Seite wenigstens einigermaßen Wort gehalten werde, und ebenso, dass man mir endlich einmal Ruhe gönne. Aber das war keineswegs der Fall. Kaum hatte Fischer den unterschriebenen Kontrakt in den Händen, so begann von seiner Seite eine Tätigkeit, die ich nicht anders als „dämonisch", nennen kann. Herr Fischer war von nun an äußerst höflich, darum wir auch. Er schrieb sehr häufig; meist antwortete meine Frau, die meine Korrespondenzen führt. Aber bei aller Höflichkeit war er unausgesetzt bestrebt, sich als Herr der Situation zu zeigen. In welcher Weise dies geschah, gehört jetzt erst noch vor die Staatsanwaltschaft. Seine Briefe schwammen in Hochachtung; seine Freundschaft wurde mir unausgesetzt versichert; aber nichts war ihm recht; er wollte immer mehr. Vor allen Dingen turbierte er mich und meine Frau unausgesetzt mit Forderungen, zu denen er nicht die geringste Berechtigung besaß. Er hatte z. B. laut Kontrakt die unsittlichen Stellen „auf seine Kosten" zu entfernen. Anstatt nun dies zu tun, warf er auch diese Last noch auf mich, und zwar in einer Weise, welche die Geldgier der Frau Pauline Münchmeyer um das Zehnfache übertraf. Ich sollte immerfort zu allem, was er mir abgezwungen hatte, noch neue Opfer bringen, die Jahre an Zeit und viele Tausende an Geld betragen hätten. Mir wurde himmelangst, denn zwischen diesen Forderungen war bei aller Höflichkeit der alte hämische Ton und die alte Drohung immer wieder von neuem herauszuhören. Es war, als ob ich mir mit diesem Vergleich einen Abgrund geöffnet habe, in den ich alles zu werfen hatte, was mir noch gehörte oder mir noch gehören werde. Und das ging so fort; das nahm kein Ende; das ließ mir weder Ruhe noch Pause! Um diesem unerhörten, qualvollen Zustand ein Ende zu machen, schlug ich ihm vor, doch seinen ganzen Schund- und Kolportageverlag fallen zu lassen, auch meine Sachen, und einen anständigen Buchverlag zu gründen. Wenn er dies tue, mache er es mir möglich, in der ersprießlichen Weise für ihn tätig zu sein, wie er es wünsche, sonst aber nicht!

Man ersieht hieraus, dass ich nichts unversucht gelassen habe, mich auf gütliche Weise aus der fürchterlichen Umarmung dieses Mannes zu retten, die für mich umso unerträglicher war, als mir von Tag zu Tag immer klarer wurde, dass die großen Opfer, zu denen er mich durch seine Drohungen gezwungen hatte, höchstwahrscheinlich umsonst gebracht worden seien. Das rieb mich auf, zumal der andere Teil des Prozesses vonseiten des Rechtsanwalts der Frau Münchmeyer in einer Weise gegen mich geführt wurde und heut noch ganz ebenso geführt wird, dass ich mich, wie schon erwähnt, nun unbedingt gezwungen sehe, hierüber eine Eingabe an die zuständige Anwaltskammer zu richten und sie zu gleicher Zeit durch die vorliegenden Blätter auch an die Öffentlichkeit gelangen zu lassen. Ich wurde nicht nur durch Herrn Adalbert Fischer, sondern auch von dieser Seite derart behandelt, dass ich schließlich zusammenbrach. Ich rang wochenlang mit dem Tode, lag monatelang darnieder und leide noch heute an den schweren Folgen dieser Erkrankung, für die ich nur die genannten Personen verantwortlich machen kann. Es ist eben das, was ich gesagt habe, genau und wörtlich der Fall: Ich hänge am Marterpfahl und alle Welt schlägt auf mich ein. Die Kreuzigung ist sogar eine doppelte. An dem einen Kreuz hänge ich persönlich, an dem andern hänge ich in meinen Werken. Dass meine Person angenagelt wurde, dafür hat Herr Rechtsanwalt Dr. Gerlach gesorgt. Der letzte Akt hierzu ist die Herbeiziehung der Strafakten, sogar der Dittrichschen, zum Zivilprozess. Ich sehe voraus, dass ihr Inhalt ebenso in die Öffentlichkeit lanciert werden wird, wie schon so vieles andere vorher. Das eben ist die Ausführung der Münchmeyerschen Drohung „Wir machen ihn in den Zeitungen kaputt!" Wie der genannte Rechtsanwalt dies Schritt um Schritt besorgt hat, werde ich in meiner öffentlichen Eingabe an die Anwaltskammer nachweisen. Und genau so, wie dieser Herr mit meiner Person verfahren ist, weil er absolut nichts Sachliches gegen mich besaß, so schlachtet Herr Adalbert Fischer meine Werke ab, Pfund für Pfund; ich möchte sogar sagen, Knochen für Knochen! So teilte er uns mit: Wenn er „den verlorenen Sohn" veröffentliche, so sei es aus mit mir! Er wollte durch diese Drohung ein neues Manuskript von mir erpressen. Ich ging nicht darauf ein. Da veröffentlichte er diesen Roman mit allen vorhandenen Unsittlichkeiten, obwohl er kontraktlich verpflichtet war, sie auf seine Kosten zu entfernen. Und nicht nur das, sondern er forcierte meine Hinrichtung derart, dass er in der Ankündigung für Buchhändler den Titel folgendermaßen stilisierte:

„Der verlorene Sohn
Roman aus dem Leben von Karl May."

Ich hatte diese Unsittlichkeiten also selbst erfahren, selbst erlebt, selbst begangen! Er hat dies vor Gericht allerdings als ein Versehen hingestellt und wurde gezwungen, es zu widerrufen, es kann aber gewiss kein Mensch so verblödet sein, an so wichtiger Stelle und bei einem groß und fett gedruckten Titel an ein Versehen zu glauben! Das war der Dämon, von dem ich sprach. Er muss das Blatt, in dem es stand, angewiesen haben, genau so zu setzen und zu drucken. Denn Setzer, Metteur en pages, Korrektor und Redakteur können nicht alle vier so blind sein, diesen schändlichen Lapsus nicht zu bemerken. Als ich vor Gericht diesen Vorhalt machte, gestand Herr Fischer schließlich doch noch ein, dass er diese Fassung allerdings beabsichtigt habe. Er habe sogar seinen Redakteur resp. Buchhalter oder Stellvertreter hierüber gefragt, und da auch dieser der Ansicht gewesen sei, dass es nichts schade, so sei es eben geschehen. Dadurch aber, dass er erst einen anderen gefragt hat, ist mehr als zur Genüge erwiesen, dass er sich der Folgen dieser Ungeheuerlichkeit für mich sehr wohl bewusst gewesen ist. Was ich in meinen 30 Fehsenfeldschen Reisebänden erzählt habe, gilt als selbsterlebt. Es bedurfte nur dieser Fischerschen Veröffentlichung an den deutschen und ausländischen Buchhandel, so glaubte die gesamte Leserwelt, dass auch dieser „Verlorene Sohn" nur Selbsterlebtes enthalte, und betrachtete mich demzufolge als einen jener „Verlorenen", die sowohl durch ihr romantisches Leben als auch durch die Ungewöhnlichkeit ihres Untergangs das Entzücken aller Schundroman-Abonnenten erregen. Erst als ich diesen so dämonisch abgefassten Titel las, wurde ich mir der eigentlichen Quintessenz der Fischerschen Drohung bewusst, dass es aus mit mir sei, wenn er diesen Roman veröffentliche. Ich muss dringend bitten, diesen wichtigen Ring meiner Beweiskette festzuhalten, und füge gleich noch zwei weitere hinzu.

Der erste ist folgender: Um die Zeit, in der das Vorerwähnte geschah, sollte die schon oft angedeutete Broschüre erscheinen, welche der Militärschriftsteller Max Dittrich über mich schrieb. Dieses Büchlein hatte nicht etwa den Zweck, zu räsonieren oder mich zu verteidigen, sondern der Verfasser wollte nur erklären, wie meine Bücher gelesen werden müssen, um verstanden zu werden. Da schrieb mir Fischer, dass er von dem Erscheinen dieser Broschüre gehört habe; er nehme an, dass sie einen Angriff gegen ihn und den Münchmeyerschen Verlag bringen werde, und fordere mich auf, ihr Erscheinen zu verhindern; er kämpfe um seine Existenz! Ich habe hierzu weiter nichts zu tun, als nur zu fragen, ob jemand, der ein gutes Gewissen hat, in dieser Weise schreiben wird, noch ehe ihm ein einziger Buchstabe vom Inhalt der Broschüre vor die Augen gekommen ist! – – Und der zweite Ring bezieht sich auf einen meiner Zeugen, den Buchbinderobermeister Arthur Meissner, der im Münchmeyerschen Geschäft angestellt gewesen ist und auf die ganz besondere Anweisung der Frau Münchmeyer hin die mehrfach erwähnten acht Manuskriptbände für mich eingebunden hat. Frau Münchmeyer leugnete das nachträglich ab. Dieser Ehrenmann aber kam zu mir und bot sich mir als Zeuge an. Er sagte, er könne es nicht mit ansehen, dass man mich in so gemeiner Weise betrügen wolle; die von mir behaupteten Rechte seien mein; er wisse das und werde für mich zeugen. Als Fischer, sein Prinzipal, erfuhr, dass er für mich aussagen wolle, suchte er dies zu verhindern, indem er ihm drohte, dass er dafür drei Monate Gefängnis bekommen werde. Meissner hat dies beschworen und ich habe auch noch zwei andere Zeugen dafür. Ich meine, es kann gar keinen überzeugenderen Beweis als diese Drohung geben, dass Fischer wünscht, dass ich trotz des Vergleichs mit ihm den Prozess gegen Frau Münchmeyer verliere. Ob eine derartige Drohung, durch welche ein Zeuge beeinflusst werden sollte, sich entweder seiner Zeugnispflicht ganz zu entziehen oder die Wahrheit zu verschweigen, auch ohne besondere Anzeige vor den Strafrichter gehört, darüber habe nicht ich zu entscheiden! Aber ich kann nicht umhin, darauf aufmerksam zu machen, dass Meissner ein außerordentlich arbeitsamer, aufopfernder und zart fühlender Untergebener war, der weit über seinen Stand hinaus auf guten Ruf und persönliche Ehre hielt. Er war zudem schon seit Jahren rückenmarkleidend und daher für jede Art von Rohheit doppelt empfindlich. Die Drohung Fischers, dass er drei Monate Gefängnis bekommen werde, schmetterte ihn zunächst förmlich nieder. Er konnte nicht schlafen und musste während der Nacht hinaus in die frische Luft; so beklemmte ihn die Angst. Seine Pflicht gebot ihm die Wahrheit zu sagen, aber wenn er sie sagte, so drohte ihm das Gefängnis! Dieser Streit in seinem Innern war so entsetzlich, dass er gegen den Gedanken des Selbstmords kämpfte. Er war ein kindlich harmloser Mensch, viel zu unbefangen, als dass ihm der Gedanke gekommen wäre, dass Fischer gelogen habe. Er glaubte wirklich an die drei Monate Gefängnis. Das warf ihn hin. Er musste in das Karolahaus geschafft werden. Am zweiten Tag nach seiner Einlieferung wurde er als Zeuge vernommen. Dass er trotz der Drohung Fischers und trotz seiner Angst vor den ihm vorgemalten Folgen meine gerichtlichen Angaben bestätigte, ist erstens ein sicherer Beweis von der Wahrheit derselben und lässt zweitens als ebenso gewiss annehmen, dass er während der Zeit seiner Vernehmung vollständig klaren und sogar sehr energischen Geistes war. Hätte die Krankheit ihn bei seiner Aussage beeinflusst, so wäre er nicht so stark gewesen, der Drohung zu Trotz bei seiner Überzeugung zu bleiben. Dieser kranke Mann war in Begleitung seiner Frau aus dem Karolahaus gekommen. Während der gesunden Frau Münchmeyer, die gar nichts zu sagen, sondern nur zuzuhören hatte, außer ihrem Anwalt auch noch eine Tochter als „Hilfe" zur Seite stand, setzte es ihr Rechtsanwalt durch, dass die so notwendige Stütze des Kranken hinausgewiesen wurde. Dann dauerte das Verhör desselben über eine Stunde, während welcher Zeit Rechtsanwalt Gerlach ihn in gradezu unerhörter Weise durch ganz überflüssige Fragen peinigte. Nun er diese Qual tapfer ausgehalten und alles auf das Klarste beantwortet hat, spricht man von Unzurechnungsfähigkeit! Er ist leider nicht wieder gesund geworden, sondern gestorben. Der ärztliche Sachverständige, Herr Hofrat Dr. Ganser, behauptet in seinem Gutachten, dass in dieser Zeit bei dem Kranken eine plötzliche und erhebliche Steigerung des Leidens eingetreten sei, und zwar infolge einer ganz bedeutenden, ungünstigen Aufregung, wie er annehmen müsse. Dieser Herr hatte Recht. Die Aufregung, die er meinte, wurde durch Fischers Drohung hervorgerufen, und ich bin im Stande, Zeugen zu stellen, welche die Verhältnisse ganz genau kennen und darum behaupten, dass Meissner gewiss noch heute lebte, wenn die Drohung unterblieben wäre. Auch ich habe keinen Grund, zu verheimlichen, dass Fischer, wenn ich dieselben seelischen Eigenschaften wie dieser arme Meissner besäße, mich längst schon zehnmal in den Tod getrieben hätte. Er war und ist noch heut ganz wörtlich das, als was ich ihn bereits schon einmal bezeichnete, nämlich der Abgrund, in den ich alles werfen soll, was ich hatte, habe und noch haben werde, erst kürzlich schon wieder zwei vollständig neue Bände Ersatz für ganz unbewiesene Fischersche Ansprüche an Frau Münchmeyer. So fortgesetzte Auspressungen können auch einen stärkeren Mann, als dieser brave Buchbinder war, schließlich krank und wahnsinnig machen!

Es ist höchst charakteristisch, dass dieser Herr Adalbert Fischer mich in seinen Briefen bis zum Gefühl des Ekels lobt und auch in seinen geschäftlichen und nicht geschäftlichen Veröffentlichungen in ähnlichem Ton redet, es aber nicht ausstehen kann, wenn ein anderer sich erlaubt, anerkennend über mich zu schreiben. Über den fällt er sofort her, wie Beispiele beweisen, sogar mit gerichtlichen Klagen. Der Grund liegt darin, dass die anderen es ehrlich meinen;

bei ihm hat das offene Lob nur die darauf folgende, heimliche Ausbeutung zum Zweck. Jeder Pfennig Lob für Karl May bringt ihm hundert Mark für dessen Romane ein. Das weiß er gar wohl und anders tut er es nicht! Aber jeder Pfennig Unsittlichkeit, angeblich von Karl May, bringt ihm nicht hundert, sondern tausend Mark ein. Das weiß er noch besser und so tut er dies erst recht und auch nicht anders. Es versteht sich ganz von selbst, dass ein Schundroman, der unter dem Namen Karl May erscheint, erst von da an die höchsten Erträge bringt, so man sich bemüht, diesen Verfasser auch persönlich zum Schund zu werfen! Wie aber muss das angefangen werden? Nun, genau so, wie Herr Fischer es in der „Sachsenstimme" des Herrn Rudolf Lebius machte. Er brachte nämlich in Nr. 34, Jahrgang 1904 dieses Blattes eine Annonce, durch welche er denselben „Verlorenen Sohn" anpries, der mich totmachen sollte; das hatte er ja selbst versichert. Die Überschrift lautete „Allen Karl May-Freunden empfohlen". Aber sollte jemand so kurzsichtig sein, dies für aufrichtig und ehrlich zu halten, der schlage das Blatt um, denn jenseits steht unter der Überschrift „Jugendstreiche" sehr deutlich zu lesen, dass meine Bücher die Jugend verleiten „auszureißen und Indianer zu schießen"! Das ist doch interessant, so etwas muss man doch lesen, denn jedenfalls ist es pervers. Und geradezu meisterhaft wurde diese Adalbert Fischersche Annonce durch den Schund- und Schandartikel der vorhergehenden Nummer dieses Blatts eingeleitet, in welchem ich als ein hoch begabter, aber von Stufe zu Stufe immer weiter herabsinkender Mensch beschrieben wurde, dem die Firma Münchmeyer 20.000 Mark geben wolle; ich verlange aber 80.000 Mark. Ich frage:

Konnte es wohl eine raffiniertere Vorbereitung für die nachfolgende Adalbert Fischersche „Verlorene Sohn"-Annonce geben, als die vorausgehende Beschreibung meiner hochinteressanten Depravation[1]?

---

[1] Lat.: Minderung, Verschlechterung

Man bedenke, dass dieses Blatt durch ganz Deutschland und Österreich gegangen ist! Dem Schundroman-Publikum lief das Wasser im Mund zusammen. Herr Fischer bekam Bestellung über Bestellung, ich aber sank und sank und sank und sank! Und in der Nummer 46 desselben Blattes wurde bekannt gemacht:

„Es gibt einen Mann, der ganz genau Auskunft über May erteilen könnte, wenn er nur wollte. Das ist der jetzige Inhaber der Münchmeyerschen Druckerei, Herr Fischer. Dieser Herr übernahm mit der Druckerei die gesamte alte Geschäftskorrespondenz, in der ganze Haufen Mayscher Briefe enthalten sind. Herr Fischer wird aber nicht sprechen!"

Das ist natürlich alles Lüge. Aber dass es von Herrn Fischer stammt, das beweist der übrige Inhalt des Artikels. Herr Fischer hat aus der Schule geschwatzt, sich aber gehütet, die Wahrheit zu sagen. Wie schlau angelegt die obigen Zeilen sind! Herr Fischer könnte über mich Auskunft erteilen, wenn er nur wollte – – –! Aber Herr Fischer wird nicht sprechen – – –! Das klingt so interessant und geheimnisvoll! Das lässt viel vermuten! Man hat schon mehr als genug über diesen May gehört; was für Ehrlosigkeiten mögen nun auch diese Briefe noch enthalten! Aber Fischer schweigt. Wie zart, wie human, wie christlich von diesem vortrefflichen Herrn! Er ist ganz unbedingt ein edler Mensch; May aber, was ist der?

Auf solche Gedanken wird jeder Leser, der die Verhältnisse nicht kennt, ganz ohne Zweifel hingeführt. Ich aber bezeichne jede derartige Andeutung, die vernichten soll, obgleich nichts hinter ihr steckt, als Infamie! Nur ganz kurze Zeit vor dieser Veröffentlichung erklärte Herr Fischer im „Dresdner Anzeiger" neben anderen offenbaren Unwahrheiten, dass er allen Angriffen gegen mich fern stehe. Wie soll ich so etwas wohl nennen? Die ganze, so genannte „Karl-May-Hetze" ist nur allein durch ihn und ganz besonders durch seine entsetzlich unsaubere Reklame entstanden, durch die ich in aller Leute Mund gekommen bin! Er hat meinem Hauptgegner das gefälschte Material zum Kampf geliefert! Er hat sich stets und unverweilt, fast möchte ich sagen, mit sichtbarer Gier, auf jeden Versuch gestürzt, die Wahrheit darzulegen. Er tat dies auf alle mögliche Weise, privatim, in den Zeitungen und durch Prozesse! Er hat mich durch die schwersten Drohungen, die es geben kann, zu einem Vergleich gezwungen, der mich durchaus hinderte, mich der von ihm hervorgerufenen öffentlichen Angriffe zu erwehren! Er hat diese in geradezu unbeschreiblicher Weise dadurch unterstützt, dass er die Unsittlichkeiten stehen ließ, die er laut Kontrakt zu entfernen hatte! Er gab im Gegenteil noch extra und hinter meinem Rücken ein Buch heraus, in welchem ganz besondere Proben derartiger Stellen gesammelt sind! Damit ja aber gar kein Zweifel darüber bleibe, dass diese Unsittlichkeiten von mir stammen, nicht etwa von einem anderen May, genügte ihm selbst der Verrat der Pseudonymität nicht, sondern er verbreitete durch alle Welt die Feststellung, dass es sich in aller Wirklichkeit um „den berühmten" Karl May, um den „Dr. phil." Karl May, um den „in Radebeul in Villa ‚Shatterhand'" wohnenden Karl May usw. handle! Er hetzte meine Gegner durch die für mich fürchterliche Lüge auf, dass diese Obszönitäten nicht etwa aus alten Zeiten stammten, sondern jüngsten Datums seien, denn auf allen seinen unzähligen Reklameartikeln waren diese ca. 20 Jahre alten Sachen in größter Schrift als **Neu!** – – **Neu!** – – **Neu!** – – bezeichnet! Er erteilte Redakteuren und Verlegern schriftliche Auskünfte, durch welche sie zum Kampf gegen mich förmlich aufgestachelt wurden! Er – – doch lieber nicht weiter, obgleich ich noch lange nicht fertig bin! Aber dass dieser Mann zu behaupten wagt, er stehe allen Angriffen gegen mich fern, ist gewiss ein neuer Beweis der schon wiederholt erwähnten „Verlogenheit der Kolportage". Dieser Mann dreht jetzt alles, was ich sage, grad herum, sodass er der Unschuldige ist, ich aber der Schuldige bin. Gebe ich einen Privatmann als Zeugen an, so bedroht er ihn mit Gefängnis; musste sein Rechtsanwalt der Wahrheit gemäß zu meinen Gunsten sprechen, so weigert er sich, ihn hierzu freizugeben, obgleich er im Übrigen „nicht das Geringste mehr mit ihm zu schaffen haben will"! Das ist jener brave, ehrenhafte Herr, der die Drohung Fischers, seines eigenen Klienten, so energisch als „Gemeinheit" bezeichnete. Ich hoffe, dass man es ihm noch ermöglichen wird, seine Zeugenaussage abzugeben!

Das ist derselbe Herr Fischer, der zu meiner Frau wiederholt gesagt hat, es sei ein Glück für mich, dass ich den Vergleich mit ihm eingegangen sei. Er hätte mich unbedingt totmachen müssen, und das wäre doch schade um mich gewesen! Das ist derselbe Fischer, der mich, ebenso wie die Münchmeyerschen Personen und Anwälte, im Verlauf des Prozesses so oft als Lügner bezeichnete, aber auch ebenso wie sie stets schwieg, wenn ich ihn aufforderte, mir auch nur eine einzige Unwahrheit nachzuweisen! Ich darf wohl allen Ernstes behaupten, dass ich auch in dieser Beziehung ein reines Gewissen habe, während die ganze „Verlogenheit der Kolportage" auf Seite meiner Gegner stand und heute noch steht. Ich weiß gar wohl, das ist ein starkes Wort, aber es sagt keineswegs zu viel. Die einzelnen Lügen kann man nämlich fassen; sie sind also nicht lebensgefährlich. Aber wenn der ganze Organismus des Widerstands, das ganze System, die ganze Taktik sich, gewollt oder nicht gewollt, auf diese Verlogenheit stützen, so läuft eben auch der ganze Prozess Gefahr, in dieses Milieu der Kolportage hinübergetrieben zu werden, und es bedarf gewiss ganz bedeutender Eigenschaften des Richters, dem widerstehen zu können. Denjenigen meiner Leser, welche nicht genau wissen, was ich hiermit meine, sei folgendes Beispiel gegeben. Ich lese in den Akten sehr oft Ausdrücke wie: „Zu dieser Abtretung ist Herr Münchmeyer gewiss nicht geneigt gewesen!" – „Auf dieses Recht hat Herr

Münchmeyer sicher nicht verzichtet!" – „Eine solche Konzession musste Herr Münchmeyer selbstverständlich verweigern!" – „Es wird bestritten, dass Herr Münchmeyer das bewilligt hat!" Wer solchen Ausdrücken wiederholt begegnet, ohne sofort ihren Sinn zu prüfen, dem geschieht sehr leicht das, was ich sagte; er wird in das beabsichtigte Milieu hinübergeschoben, ohne es zu bemerken. Vor seinen Augen steigt der Verleger, sogar der Schundverleger, nach und nach als diejenige Person in die Höhe, auf die es hier in allen Stücken anzukommen hat. Es ist aber grad das strikte Gegenteil der Fall. Ich bin der Verfasser; ich habe alles und gelte alles. Der Roman, den ich geschrieben habe, gehört mir, mit allen seinen Rechten; sie sind mein natürliches Eigentum. Münchmeyer aber hat nichts und gilt nichts. Er kann nur das haben und das gelten, was ich ihm erlaube, ihm abtrete, und zwar auch nur so lange, wie es mir beliebt. In Beziehung auf den Roman, den er von mir zu erwerben wünscht, bin ich ihm nicht etwa „unter", sondern „über", und zwar in jeder Beziehung, in allen Stücken! Ich habe bereits einmal gesagt, dass der feine, der anständige Verleger dies offen anerkennt. Nur das protzenhafte Schundverlegertum, welches dem Gurgelabschneider in das Handwerk pfuscht, gebärdet sich so lächerlich dominant, um von Leuten, die das nicht verstehen, so viel wie möglich herauszuschlagen. Hundert schlechte Schriftsteller finden ihre Verleger; aber hundert Verleger finden kaum einen einzigen guten Schriftsteller, zumal in der Kolportage! Ich stehe also, wenn Münchmeyer einen Roman von mir wünscht, im Vollbesitz meiner Rechte vor ihm da; er aber hat nichts, gar nichts. Und nun kommt es ganz auf mich an, was ich tun und was ich lassen will, denn die paar hundert Mark, die er mir zahlt, bekomme ich auch von jedem andern! Wenn man dann hinterher, nach einem Vierteljahrhundert, Wendungen hört, wie „Konzession verweigern, zur Abtretung nicht geneigt, auf dieses Recht nicht verzichtet, Herr Münchmeyer hat nicht bewilligt" usw., so klingt das allerdings genau so, als ob ich dem herabgekommenen Stand der literarischen Bettler angehört habe und Münchmeyer sozusagen von mir „angefochten" worden sei; aber diese Verdrehung der Tatsachen gehört ja eben in jenes Milieu der Kolportage, von dessen Gefährlichkeit für die wahrheitstreue Beurteilung ich hier ein Beispiel geben wollte.

Wie gefährlich es ist, mit diesem Milieu in Berührung zu kommen, zeigt der Fall „Gurlitt", den ich der Öffentlichkeit bisher nur darum entzogen habe, weil ich ein Bewunderer von Louis Gurlitt bin, dem Vater dessen, den ich meine. Ich beklage es aufrichtig, dass dieser Herr, wahrscheinlich seinem Schwager, dem Rechtsanwalt Gerlach zuliebe, sich mit in die „Sachsenstimme"-Affäre verwickeln ließ, in der meine Abschlachtung beendet werden sollte. Der damalige Rektor magnificus der Königlichen technischen Hochschule ahnte, als er das tat, wohl nicht, dass er dadurch in ein Rendezvous Münchmeyer, Fischer, Gerlach, Lebius gedrängt wurde, welches zwar in hohem Grade diskret beabsichtigt war, aber jedenfalls sehr öffentlich auseinander gehen wird. Ich werde von allen diesen Herren ja förmlich gezwungen, für diese Öffentlichkeit zu sorgen!

Es ist nämlich nicht etwa ein Zufall, dass die „Sachsenstimme" sich für die Briefstöße des Herrn Adalbert Fischer interessiert, dass sie in Verbindung mit Herrn Rechtsanwalt Gerlach steht, und dass sogar der Herr Geheime Hofrat Gurlitt sie mit seiner Mitarbeiterschaft beehrt, mag diese nun eine direkte oder indirekte zu nennen sein. Ist das Letztere der Fall, dann umso schlimmer! Auch ich bin ihr Mitarbeiter, doch ohne mich dessen rühmen zu dürfen, denn diese meine Mitarbeiterschaft ist nicht eine aktive, sondern eine leidende. Herr Lebius, der Herausgeber dieses Blattes, bat mich einst um Beiträge. Er hat keine bekommen. Er bat mich um noch mehr, nämlich um Geld, um viel Geld, denn er brauchte es; er hatte, glaube ich, den Offenbarungseid geschworen; darum hielt er sich für berechtigt, von mir drei-, auch sechs-, auch zehntausend Mark zu verlangen, und für befähigt, sie mir baldigst wiederzugeben! Ich gab ihm aber auch kein Geld. Nicht etwa, dass ich ihn für einen Schwindler, für einen journalistischen Hochstapler hielt, o nein; denn je weniger ein Mensch hat und je mehr man ihm darum borgt, desto eher bekommt man es nicht wieder, und das ist doch jedenfalls besser, als wenn man es erst sehr spät nicht wiederbekommt! Aber dieser Herr versprach mir, mich für dieses Geld in seiner Zeitung zu loben, und das wollte ich nicht. Er wollte mir Anerkennung verschaffen, wollte meinen Ruhm in über 300 Zeitungen pro Woche verkünden; aber ich gab ihm nicht nur nichts, sondern ich antwortete ihm überhaupt kein Wort. Da griff er entrüstet zur Feder und log alle Welt mit der fett gedruckten Rache an: „Wie May nach dieser Anerkennung und diesem Ruhme lechzt!" Dieser stets im Plural schreibende, aber sehr einzelne Herr Verleger, Herausgeber, Redakteur und Geschäftsführer war überzeugt, mich hierdurch absolut tödlich getroffen zu haben, denn noch war nicht lange Zeit vergangen, so schrieb er schon: „Unserer Meinung nach gibt es seit dem Erscheinen des Sachsenstimmenartikels über Karl May keine Karl-May-Frage mehr!" Damit meinte er doch wohl, dass ich für ihn gestorben sei, dass ich für ihn gar nicht mehr lebe. Wenn man bedenkt, dass ich mir mit den paar tausend Mark mein Leben hätte retten können! Aber dieses Opfer hätte sich später doch als ein ganz unnützes herausgestellt, denn er ließ mich nicht liegen, sondern weckte mich immer wieder auf, fast alle acht Tage einmal, sodass ich noch heute am Leben bin und nach seiner Anerkennung und seinem Ruhm weiterlechze!

Doch Verzeihung! Diese Sache ist viel zu ernst, als dass sie einen solchen Ton noch weiter vertrüge! Und Herrn Lebius gebührt weder für meinen literarischen Tod die ganze Schuld, noch für mein schriftstellerisches Lebenbleiben die ganze Anerkennung. Wir wissen ja, dass er Mitarbeiter hat, die sich dafür, ob ich sterbe oder lebe, ganz außerordentlich interessieren. Ihnen wird ein besonderes Kapitel zu widmen sein, ob hier in diesem Buch oder anderswo, kann ich jetzt noch nicht sagen. Vielleicht, spielen einige sehr interessante Seiten davon auch in jener Eingabe an die Anwaltskammer, die ich schon setzen lasse! – – –

7. Kapitel
Im Prozess

Als ich das fünfte Kapitel begann, war ich gezwungen, in den Dunstkreis der Schundliteratur zu treten. Ich wusste, dass diese Atmosphäre dem, was man sagt, einen anderen, viel tiefer liegenden Klang verleiht, die Ausdrucksweise sinken lässt, die Rede ordinärer macht. Ich kann den Schmutz weder als Gold bezeichnen, noch ihm eine goldene Fassung geben; das eine wäre Lüge und das andere lächerlich. Ich musste, um nicht falsch zu zeichnen, mich mit in die Tiefe sinken lassen, und bat, mir das zu verzeihen. Nun bin ich froh, mit der letzt umgewendeten Seite diese Atmosphäre verlassen zu haben und wieder einmal frei und unbedrückt atmen zu können. Es ist mir so, als ob ich eine ganz andere Feder in der Hand hielte und als ob mir die Gedanken aus einer ganz anderen Quelle kämen als vorher.

Genau auch so war mir damals zu Mut, als ich nach Niederlegung meiner Redaktionsstelle das Haus Münchmeyer verließ und wieder mein eigener Herr wurde. Mein Leben erklang sofort in einem anderen, höheren und reineren Ton. Ebenso jetzt, von dieser neuen Seite an. Ich schließe den „Schundverlag" hinter mir ab und kehre in mein neues, glückliches Leben zurück, welches ich verlassen musste, um in das alte niederzusteigen, wie ich hoffe, nun endlich zum letzten Mal!

Es gibt nicht nur einerlei, auch nicht nur zweierlei Leben, sondern vielerlei, je nach der verschiedenen Höhe oder Tiefe, die wir ihm in uns geben. Wir steigen oder wir sinken, ob äußerlich, das meine ich nicht, denn das ist mir keineswegs wichtig, aber innerlich, in uns selbst; das ist die Hauptsache! Ich bin nun dreiundsechzig Jahre alt. Der Herrgott gab mir also weit über zwanzigtausend Tage zu leben. Das sind zwanzigtausend weiße, unbeschriebene Blätter, die ihren Inhalt zu finden hatten. Nun liegen sie da, vollständig fertig gestellt, in dreiundsechzig Jahre gebunden. Ob ich der wirkliche, der einzige Autor gewesen bin, der diese Bände verfasste, das ist wohl sehr die Frage; ich spreche hierüber ja oft in meinen Werken. Aber, dass ich der einzige Verleger bin, das kann ich unmöglich bestreiten. Mögen der Mitarbeiter, die in mir wirkten, noch so viele sein, vor der sinnlichen Welt und also vor der Öffentlichkeit treten sie zurück, und wenn mir die Gottheit oder die Menschheit naht, um mich nach meinem Leben, nach meinen Werken zu fragen, so bin nur ich, der Verleger, es allein, der die Bücher aufzuschlagen hat, ich, kein anderer!

Und dann, wie wird es klingen? Zu welcher Kategorie der Verleger werde ich gerechnet werden? Bewahre mich Gott vor dem entsetzlichen Schicksal, welches in der Entscheidung liegen würde, die im Titel meines Buches klingt – – – „ein Schundverlag".

Jetzt werden meine Leser anfangen, zu begreifen, warum ich im ersten Kapitel sagte, dass dieser Titel nicht beleidigend, sondern höher zu nehmen sei. Wir haben das niedrige Leben, wo solche Beleidigungen möglich sind, soeben verlassen und halten Rückschau in uns selbst. Ich meine es ernst. Wir können die Vorsehung nicht täuschen; wir haben alles, alles zu bezahlen; sie schenkt uns keinen Heller, keinen einzigen! Die Gnade Gottes besteht nicht darin, dass wir auf sie hin sündigen können und sie dann barmherzig sagt: Ich verzeihe dir! Sondern sie ist im Bestrafen ebenso unerbittlich wie die Gerechtigkeit; ja, sie ist doch gar nichts anderes als diese Gerechtigkeit eben selbst. Aber sie zeigt uns den Weg zur Sühne und sie gewährt uns zu den Mitteln wohl auch noch die Zeit, das abzutragen, was wir schuldig geworden sind. Ich habe gewiss kein Recht, gnädiger mit mir zu sein als Gott selbst. Wie er mich kennt, so habe auch ich selbst mich zu kennen, und es würde sich dereinst gewiss bitter rächen, wenn ich über mich die Augen schließen wollte, wo ich sie öffnen sollte. Darum schreibe ich das vorliegende Buch, um in den dreiundsechzig Bänden meines Lebens nachzuschlagen. Ich habe jeden einzelnen geöffnet, vom ersten bis zum letzten. Ich habe sie durchgesehen, die Summen untereinander gesetzt und nun das Fazit zu ziehen. Wie wird es lauten?

Ich habe oben gemeint, dass mich Gott davor behüten möge, dass diese Summe dem Titel meines Buches ähnlich klinge. Aber es ist mir ebenso wie jedem anderen Sterblichen unmöglich, der Vorsehung auch nur einen Heller abzuhandeln. Es ist und bleibt doch so, wie es ist; ich kann es weder verschweigen noch beschönigen, sondern ich muss es ehrlich sagen: Das Fazit meines Lebens steht auf dem Titel dieses meines Buches; es ist leider nur „ein Schundverlag"!

Aber, mein lieber Leser, beunruhige dich nicht, und sorge dich nicht um mich! Ich weiß genau, was ich tue. Grad der Mensch, der sich einbilden wollte, dass ich dieses mein Geständnis hier für ihn abgelegt habe, der mag getrost hinausgehen und sich schämen. Was ich schulde, das schulde ich weder ihm noch der Menschheit überhaupt, sondern nur Gott. Und wenn ich sage „Schundverlag", so meine ich dieses Wort nicht mehr im Sinne jenes Milieus, dem ich soeben erst beim letzten Kapitelschluss entronnen bin, sondern jener anderen, reineren Atmosphäre, in der das duftet, was dort unten stinkt!

Man begreife mich oder man begreife mich nicht, ich habe es doch zu sagen: Nur derjenige Mensch hat ein vollständiges Leben gelebt, dem Gott die Gnade verlieh, sein materielles Leben noch vor dem Tode geistig repetieren zu dürfen, um Soll und Haben zum Abschluss zu bringen. Ich stehe soeben bei der Repetition. Fast bin ich mit ihr zu Ende. Den großen Fehler meines materiellen Lebens, dass ich mich bestimmen ließ, sechs Jahre für die Interessen eines Münchmeyer tätig zu sein, habe ich soeben durch die Leiden der letzten sechs Jahre abgebüßt, Leiden, die von ganz derselben Firma ausgegangen sind; so wollte es das Geschick. Es war unendlich schwer zu tragen; ich trug es aber doch! Damit habe ich das Äußerliche auch innerlich bezahlt, habe den Schund vergangener Zeiten als freies, mir allein gehöriges Eigentum erworben und werfe ihn nun weg, vor die Füße derer hin, die von ihm zehren und leben!

Und nun soll für mich kommen, was mir einst mit dem anderen nicht gelang. Aus dem Schundvertrieb soll ein Verlag erwachsen, durch den ich quitt auch mit mir selber werde. Mein Leben war voll anderer Mitarbeiter. Kein einziger großer Geist befand sich unter ihnen, und viele waren nicht nur klein, sondern auch noch anderweit minderwertig. Ich war unendlich arm, an geistigem Raum beschränkt, in seelisch sumpfiger Atmosphäre. Ich wollte die Tage meines Lebens nur rein und gut beschreiben; man riss mir diese Blätter aus der Hand. Andere schrieben; für mich aber wurde es eingeheftet. Was konnten solche Bände enthalten? Es wurden Kolportageromane, weiter nichts! Das ergrimmte mich. Ich nahm die Bände her und riss sie durch. Warum tat ich das? War es Wahnsinn? Nein! War es Verzweiflung? Nein! Es ist ein Rätsel, aber ich werde es noch lösen, wenn auch nicht hier in diesem Buch, sondern in einem extra dazu bestimmten anderen. Ich Tor! Welchem Menschen würde Gott erlauben, die ihm nicht passenden Seiten seines Lebens quer durchzureißen, ohne dass sie ihm einst doch noch abgefordert würden! Ich habe die meinigen vorzeigen müssen. Die Gerechtigkeit ist unerbittlich, und doch ist grad diese Unerbittlichkeit nur allerliebevollste Göttlichkeit, denn Menschen würden verzeihen und dadurch nur vernichten!

An diesen meinen Mitarbeitern, den seelischen Fluiden und geistigen Potenzen, die auf das Innenleben des Menschen von außen her gestaltend, leitend, doch auch verführend oder gar zerstörend wirken, ging mein Verlag zu Grunde. Doch machte ich nicht etwa bankrott. Ich bezahlte alles ehrlich, blieb keinem etwas schuldig und ging inzwischen tief in mich hinein, um da zu säubern und für Edles, Gutes Platz zu machen. Als dies gelungen war, begann ich abermals, mit besseren Kräften und in anderer Weise. Ich kam sehr schnell voran und erntete Erfolge, doch nicht für mich; ich wurde ausgenützt. Man merke wohl, ich spreche geistig. Meine Mitarbeiter, die seelischen Fluiden und geistigen Potenzen, waren mir nicht treu. Ich hatte nur Verluste. Ich wurde von ihnen übervorteilt und betrogen. Sie tun das noch. Da reißt mir die Geduld. Ich besinne mich auf meine guten Rechte und beschließe, sie mir von keinem anderen auch nur noch einen Augenblick lang vorenthalten zu lassen. Also fest entschlossen, beginne ich – – – „den Prozess", mit dem ich dieses Kapitel überschrieben habe.

Ich meine hier nicht etwa den Prozess May gegen Münchmeyer-Fischer, denn ich rede noch immer rein geistig. Und doch wird dieser Münchmeyersche Prozess der materielle Körper sein, nach dessen Formen und Konturen sich der geistige Rechtsstreit vollzieht, den ich in diesem, dem vorliegenden Buch beginne. Ob ich den materiellen Münchmeyerprozess gewinnen werde, das weiß ich noch nicht, ich hoffe es aber; den geistigen jedoch gewinne ich auf jeden Fall; er spielt in meiner Psychologie, also in meinem Reich; da bin ich sicher, dass ich nicht verliere. Ich habe nur den Fehler zu vermeiden, den allerdings keiner, der noch nicht selbst Geist geworden ist, vermeiden kann. Ich deutete ihn an, indem ich oben sagte: „Mein Leben war voll anderer Mitarbeiter". Und das soll nie wieder geschehen!

Ich weiß, das ich für viele hier noch in Rätseln spreche; aber noch viele, viele mehr werden mich verstehen, besonders die meisten von denen, welche mir bis zum letzten meiner bisherigen Reisebände, dem dreißigsten, gefolgt sind. Sie wissen ganz genau, was ich meine, wenn ich sage, dass ich einen anderen Verlag beginnen werde. Ich werde keinen fremden Fluiden und Potenzen mehr gestatten, an meinem Leben mitzuarbeiten. Es wird für meinen Verlag nur einen einzigen Mitarbeiter geben und der bin ich selbst. Dann wird der frühere Schundverlag sich in etwas ganz anderes verwandeln und das vorliegende Buch wird, wenn der Künstler kommt, von dem ich sprach, der seine Hand an mein Material zu legen hat, einen Titel erhalten, der anders als nach Schund zu klingen hat. .

Und es wird Zeit hierzu. Der Prozess, den ich mit meiner Kapitelüberschrift meine, hat zu beginnen. Wir stehen in einer hochernsten, wichtigen Zeit. Die kürzliche Jahrhundertwende bedeutet zu gleicher Zeit den Übergang aus der bisherigen Weltanschauung in eine neue, die sich längst schon verbreitet hat, obwohl nur erst wenige ahnen, was diese herrliche Tochter der jüngsten Vergangenheit für einen Namen tragen wird. Als das Wort von der Umwertung der Werte gefunden wurde, hörte man das erste Rauschen ihres lichten Kleides. Es ist die Menschheitsseele, die zur Erde kommt, um als des Menschen Geist zu Gott zurückzukehren und ihm für...[1]

---

[1] Hier endet der Privatdruck „Ein Schundverlag" mitten im Satz.

EIN SCHUNDVERLAG UND SEINE HELFERS-HELFER

...denn wer heut noch behauptet, dass Karl May ein Jugend- oder gar ein Kolportage-Schriftsteller sei, der bringt sich in den Verdacht, zu den Interessenten des Münchmeyerschen „Schundverlages" zu gehören. Dieser Autor hat sich vielmehr gleich von vornherein die höchsten, die idealsten und zugleich auch praktischsten und aktuellsten Ziele gesetzt. Seine scheinbaren Reiseerzählungen, die alle symbolisch zu nehmen sind, haben die Aufgabe,
1. **den Übergang des jetzigen Gewaltmenschen zum späteren Edelmenschen zu illustrieren,**
2. **die Möglichkeit eines allgemeinen Völkerfriedens an Beispielen zu erläutern,**
3. **die Aussöhnung zwischen Morgenland und Abendland anzubahnen** und
4. durch seine so genannten Indianererzählungen nachzuweisen, **dass sich jenseits des atlantischen Ozeans eine neue Menschenrasse bilde, die man als die germanisch-indianische zu bezeichnen hat.**

„Karl May lässt sich zu allem, was er schreibt, von der Überzeugung leiten, dass sich zwischen den vier Giganten der nächsten Zukunft ein Riesenkampf um die Weltherrschaft vorbereite. Diese Giganten sind: der sieggewohnte Europäer, die soeben aus dem Schlaf erwachte gelbe Rasse, der noch im Schlaf liegende, aber riesenstarke Islam und die sich neu bildende germanisch-indianische Nation jenseits des Ozeans. Der Ringkampf zwischen diesen vier Athleten wird die Erde erzittern lassen. Karl May hält es für möglich, sie, noch ehe die ersten Streiche fallen, miteinander auszusöhnen. In welcher Weise dies zu geschehen hat, schildert er in seinen ‚Reiseerzählungen'. Er beschreibt die vier Giganten. Old Shatterhand ist der Europäer, Winnetou der Amerikaner, Kara Ben Halef der Mohammedaner und der gelbe Mongole ist Tsi aus ‚Friede auf Erden'. Indem man sich mit den Erlebnissen dieser vier scharf gezeichneten Menschheitstypen beschäftigt, beteiligt man sich an der Lösung aller derjenigen Fragen und Rätsel, welche der Gegenwart aufgegeben sind. Und das ist es, was Karl May will: Seine Leser sollen sich zu Edelmenschen erheben, um befähigt zu werden, Mit-Schöpfer und Mit-Lenker der Völkerschicksale zu sein. Einen Autor, der solche Zwecke und solche Ziele verfolgt, bis herab zum ‚Kolportage-Schriftsteller' zu degradieren, **das konnte nur einem ‚Schundverlag' mit seinen Fälschungen gelingen!"**

„Karl May ist nicht nur Reise-, sondern zu gleicher Zeit auch Schlüssel-Erzähler. Als solcher hat er der gegenwärtigen Literatur vollständig neue, äußerst fruchtbare Gebiete erobert. Das ist ihm sehr hoch anzurechnen und die Zukunft wird es ihm danken. Sie wird nicht begreifen können, dass es einst Leute gegeben hat, die entweder so kurzsichtig oder so übel wollend waren, grad über diese seine Verdienste herzufallen und sie als Unehrlichkeiten, Unwahrheiten und noch viel Schlimmeres zu bezeichnen. Als Schlüsselerzähler versetzt er europäische Stoffe nach Asien oder Amerika, um sie als Beduinen- oder Indianererzählungen zu behandeln. Sie werden dadurch interessanter und leichter begreiflich. Um das Milieu und die Gegend kennen zu lernen, in denen er sie spielen lässt, unternimmt Karl May sehr weite und sehr umfangreiche Reisen. **Dies ist aber keineswegs notwendig.** Denn was er schildert und was er erzählt, ist hier im Vaterland zu sehen und ist hier im Vaterland geschehen. Er hat es mitgesehen und miterlebt. Indem er es als Selbstgesehenes und Selbsterlebtes anderen erzählt, **berichtet er die reinste Wahrheit.** Nur um es leichter verständlich und leichter begreiflich zu machen, trägt er es hinaus in die Fremde, stellt es in die dortige, viel klarere Beleuchtung und bringt es dann als Reiseerzählung zurück. **Hätte er gar keine Reisen gemacht, so wären seine Schilderungen noch viel mehr zu bewundern und er stände als Dichter unerreicht.** Andere Kritiker haben das noch anders ausgedrückt. Sie sagen: Hätte Karl May seine Reiseerzählungen geschrieben, ohne Reisen gemacht zu haben, so wäre er nicht bloß ein Talent, sondern ein Genie!"

„Hieraus folgt, dass man gar nicht von ihm verlangen kann, dass seine Gestalten wirklich gelebt haben oder gar noch heut existieren. Grad auf dem Gebiet, welches er bearbeitet, sind ihm wie jedem andern sämtliche Freiheiten des Dichters im höchsten Grade zuzumessen. Er **darf** nicht nur frei schaffen, sondern er **soll** und **muss** es tun, um uns das geben zu können, was wir von ihm verlangen. Trotzdem wurde wohl eine jede seiner Figuren nach einer Person modelliert, die wirklich lebte; er selbst ist ja eine von ihnen!"

„Bekanntlich erzählt er im ‚Ich‘, in der ersten Person. Aber es wäre ein großer Fehler, ihn infolgedessen der Schriftstellergattung ‚Ich-Erzähler‘ beigesellen zu wollen. **Er ist nichts weniger als das!** Die Person des wirklichen Ich-Erzählers steht unausgesetzt und alles dominierend im Vordergrund; die Person Karl Mays **verschwindet** in seinen ‚Reiseerzählungen‘ aber ganz und gar, **um der Idealgestalt seines Old Shatterhand resp. Kara Ben Nemsi vollständig Platz zu machen.** Diese Idealgestalt, dieses ‚Ich‘, ist also nicht Karl May, sondern der kommende Edelmensch, der sich aus dem jetzigen Gewaltmenschen zu entwickeln hat. Darum sind ihm von dem Dichter alle Kenntnisse und Fertigkeiten, alle Vorzüge und Fähigkeiten der zukünftigen Geschlechter gegeben, und es ist entweder eine Verständnislosigkeit oder ein Argwille sondergleichen, zu behaupten, dass Karl May so wahnsinnig sei, seine eigene Person mit ihnen zu schmücken. Als Dante vor nun sechshundert Jahren in seiner Divina Commedia schrieb, er sei mit Virgil in der Hölle, im Fegefeuer und im Himmel gewesen, und diese seine Wanderungen auf das Ausführlichste schilderte, fiel es keinem Menschen ein, ihn als Lügner, Schwindler oder gar Hochstapler zu bezeichnen. Jedermann erkannte sofort, dass es sich um symbolische Wanderungen handelte. Das war vor sechs Jahrhunderten, im ‚geistesfinstern, verdummten Italien‘! Heut, am Beginn des ‚erleuchteten zwanzigsten Jahrhunderts‘ darf es im ‚Land der Denker und Dichter‘ geschehen, dass ein wohlmeinender Schriftsteller öffentlich an den Pranger gestellt und hingerichtet wird, weil er so kühn gewesen ist, seinen Zeitgenossen zuzutrauen, Erzählungen zu taxieren, deren Symbolik sich gar nicht einmal bis in den Himmel und in die Hölle versteigt, sondern in den wohl bekannten, irdischen Grenzen bleibt! Ist das zwanzigste Jahrhundert etwa rückständiger als das vierzehnte? Gewiss nicht! Der Grund liegt einfach darin, dass es vor sechshundert Jahren keine Revolverpresse gab, die, falls sie kein Geld bekommt, die Macht besitzt, den redlichsten Autor öffentlich zu Grunde zu richten, wenn sie es nur versteht, gewisse Grenzen nicht zu überschreiten." – – –

6. Die Fäden der Spinne

Nachdem ich im vorigen Kapitel andere, und zwar berufene Leute über mich und meine Aufgaben sprechen ließ,[1] glaube ich nachgewiesen zu haben, dass die ganze gegen mich gerichtete Zeitungs-, Journal- und Jugendschriftenhetze nur aus den trüben Wassern stammt, welche der Münchmeyersche „Schundverlag" über mich ausgegossen hat. Bis zu dem Zeitpunkt, an welchem dieser „Schundverlag" es wagte, meinen Namen unter seine Fälschungen zu setzen, waren mir alle deutschen Zeitungen Freund, mit alleiniger Ausnahme der religionsfeindlichen Frankfurter Zeitung, welche gegen mich schrieb, weil meine Werke streng königstreu und christlich gehalten sind. Sobald aber die Münchmeyerschen Umarbeitungen unter meinem Namen erschienen und ich als „abgrundtief unsittlich" gebrandmarkt wurde, gab es wie mit einem Schlag keine einzige Zeitung mehr, die freundlich über mich schrieb. Der Besitzer des Schundverlags bekam unzählige Anfragen, ob ich denn wirklich der Verfasser dieser zügellosen Unsittlichkeiten sei. Er kannte meine Unschuld ganz genau; er kannte die Fälscher. Und dennoch antwortete er in den Zeitungen, also in vollster Öffentlichkeit: „Ja, Karl May in Radebeul bei Dresden, Villa ‚Shatterhand' der Verfasser von ‚Winnetou', ist auch der Verfasser dieser unserer Romane!" Um etwas so Unbegreifliches begreiflich finden zu können, muss man das Spinnennetz sehen, welches von lange her gewebt und sorgfältig befestigt worden war, um mich darin zu fangen und zu

---

[1] Auch hier bedient sich May natürlich wieder einer Fiktion, wenn er den Druck „Ein Schundverlag und seine Helfershelfer" mit dem vermeintlichen Ende des 5. Kapitels beginnen lässt. Mit größter Wahrscheinlichkeit gab es weder Kapitel 1 bis 4 noch weiteren Text zum fünften; auch die verräterischerweise ohne Quellenangaben gebrachten ‚Zitate' stammen wohl von May selbst.

vernichten. Ich zeige die Fäden dieses Netzes, indem ich aus dem ersten Band des vorliegenden Werkes den ganzen Münchmeyerschen Feldzugsplan in Kürze rekapituliere und ganz besonders darauf hinweise, dass alles, was ich da sage, gerichtlich erwiesen ist. Es sind folgende Punkte: Im Jahre 1875 kam der Kolportageverleger H. G. Münchmeyer dadurch in schwere Not, dass sein Redakteur ihn plötzlich verließ, um ihn durch ein Konkurrenzunternehmen geschäftlich totzumachen. Münchmeyer bat mich, ihn durch sofortige Übernahme der Redaktion und Gründung neuer Blätter zu retten. Ich tat es.

Sobald ich bei ihm eingetreten war, machte ich die Erfahrung, dass er es liebte, entlassene Strafgefangene bei sich anzustellen. Er sagte, er tue das aus Humanität. Später erkannte ich den eigentlichen Grund. Er drückte sich in unvorsichtigen Augenblicken folgendermaßen aus: „Solche Leute hat man im Sack. Sie müssen tun, was man will, damit man ihre Vergangenheit nicht verrät. So ein bestrafter Schriftsteller schreibt gern um den geringsten Preis, wenn man ihm nur verspricht, zu schweigen!"

Weil man diese seine Gewohnheit kannte, entwickelte sich bald ebenso über mich das Gerücht, auch der neue Redakteur sei vorbestraft. Und da er früher Lehrer gewesen sei und man die Gründe, weshalb Lehrer bestraft zu werden pflegen, sehr wohl kenne, so sei mit Sicherheit anzunehmen, dass ich wegen unsittlichen Umgangs mit Schulmädchen bestraft worden sei. Diese Nachrede wurde überallhin verbreitet. Ich nehme an, dass Münchmeyers sich hieran zunächst nicht beteiligt haben. Ich selbst hatte keine Ahnung von dem, was man über mich sagte.

Meine Redaktion entsprach den Münchmeyerschen Erwartungen. Ich gründete drei neue Zeitungen und schlug den früheren Redakteur vollständig aus dem Feld. Das Münchmeyersche Geschäft ging so gut, dass man mir den Vorschlag machte, die Schwester von Frau Münchmeyer zu heiraten und dadurch für immer einzutreten. Ich lehnte ganz selbstverständlich ab.

Diese Ablehnung wurde von Münchmeyer sehr wohl begriffen, von seiner Frau und deren Schwester mir aber außerordentlich übel genommen. Sie begannen mich zu hassen, sich zu rächen und mir das Leben schwer zu machen, dass ich die Redaktion kündigte und hierauf niederlegte.

Von jetzt an wurde mit Behagen davon erzählt, dass ich wegen Unzucht mit Schulmädchen vorbestraft sei. Niemand im Geschäft zweifelte an der Wahrheit dieser Behauptung.

Ich hatte keinen Grund, mich ferner um das Münchmeyersche Geschäft zu kümmern. Darum erfuhr ich nicht, dass das Glück mit mir fortgegangen war. Es gab keinen Nachfolger, der ausführen konnte, was ich gegründet hatte. Die drei Zeitungen gingen wieder ein und die Lage Münchmeyers gestaltete sich bedenklicher, als sie vorher gewesen war.

Ich war von Dresden fortgezogen und hatte mich inzwischen verheiratet. Im Jahre 1882 wünschte meine Frau, die jung und unerfahren war, Dresden kennen zu lernen. Ich erfüllte ihr diesen Wunsch. Wir trafen Münchmeyer. Er befand sich in äußerst trüber Stimmung. Er klagte mir seine Not. Er sagte, er wisse weder aus noch ein; Gott habe mich zu ihm geschickt. Ich sei inzwischen berühmt geworden mit meinen Reiseerzählungen; er aber stehe dem Bankrott nahe. Ein Reiseroman aus meiner Feder würde ihn schnell und sicher retten. Zwar augenblicklich könne er mir nur sehr wenig zahlen, aber er würde sehr gern auf jede Bedingung eingehen, durch die ich mir die Nachzahlung dessen, was jetzt zu wenig sei, sichere. Ich wollte nicht. Da wendete er sich an meine Frau und bat um ihre Fürsprache. Sie ließ sich durch seine Kolportage-Ritterlichkeit verleiten. Ich leistete nur bis zum nächsten Tag Widerstand und gab mich dann gefangen.

Es gefiel meiner Frau derart in Dresden, dass wir uns entschlossen, in der Nähe zu wohnen. Wir zogen nach

Blasewitz. Münchmeyer wurde da unser Haus- und Familiengast. Seine Frau schien mir alles verziehen zu haben – – – einstweilen! Sie wurde sehr schnell die „mütterliche" Freundin der meinigen. Hierdurch erreichten Münchmeyers, dass ich nicht nur einen, sondern schnell hintereinander fünf Romane für sie schrieb. Aber als diese fertig waren, war auch meine Geduld mit der Münchmeyerschen Freundlichkeit zu Ende. Um ihr zu entgehen, war ich schon nach einem Jahr von Blasewitz nach Dresden, Prinzenstraße, dann nach der Schnorrstraße verzogen, und als auch das nicht half, verließ ich Dresden ganz, um in einem entlegenen Vorort meine Frau dem Münchmeyerschen Einfluss zu entziehen. Es war leider schon zu spät!

Die fünf Romane, die ich für Münchmeyer geschrieben hatte, waren nicht Kolportage-, sondern Reiseromane. Für den ersten erhielt ich einstweilen 35, für die andern je 50 Mark pro Heft. Das war sehr wenig. Darum wurde bestimmt, dass Münchmeyer von jedem Roman nur 20.000 drucken und verkaufen durfte und mir dann je „eine feine Gratifikation" zu zahlen hatte. Hierauf sollten die Romane in meine „Gesammelten Reiseerzählungen" aufgenommen werden.

Dieser Verlagskontrakt war ein mündlicher, nicht ein schriftlicher. Münchmeyer wünschte das so. Er sagte, wer von uns beiden einen schriftlichen Kontrakt verlange, beleidige den anderen, denn wir seien beide Ehrenmänner, deren Wort genüge. Ich konnte hierauf eingehen, weil das damalige Gesetz mich sicherstellte und weil ich Briefe von Münchmeyer besaß, die denselben Wert hatten wie ein schriftlicher Kontrakt.

Die fünf Romane erreichten ihren nächsten Zweck, Münchmeyer aus seiner Not zu befreien. Sie gingen gut. Das erfuhr ich, mehr aber nicht. Übrigens stand ich mich pekuniär so, dass ich nicht zu drängen brauchte, sondern warten konnte, solange es mir beliebte. Auch wurde mir auf schriftliche oder mündliche Anfragen stets der Bescheid erteilt, dass ich noch kein Geld zu bekommen habe. Das sollte heißen, dass die 20.000 noch nicht erreicht seien. Zudem schickte Münchmeyer einmal sein Faktotum Walter zu mir, um mich durch List zu bewegen, nun doch einen schriftlichen Kontrakt zu unterschreiben, in dem ich ihm die Romane für immer und ganz überließ und auf alle meine Rechte verzichtete. Natürlich tat ich das nicht. Aber den eigentlichen Grund dieser Pfiffigkeit ahnte ich keineswegs, nämlich den, dass er anstatt nur zwanzigtausend viele hunderttausende gedruckt hatte und nun Angst vor den Folgen bekam, die vielleicht doch nicht diejenigen waren, die er sich berechnet hatte. Und das führt auf den Punkt, aus dem die späteren schweren Folgen sprangen.

Nämlich während ich Münchmeyer, grad weil ich ihn zweimal gerettet hatte, mein ganzes Vertrauen schenkte, hatte er mich doch gleich von allem Anfang an betrogen. Es waren gleich im ersten Jahr weit über 20.000 gedruckt worden, und so die folgenden Jahre weiter. Das erfuhr ich aber erst später. Und meine Romane waren nicht so gedruckt worden, wie ich sie geschrieben hatte. Man hatte sie verändert, aus belehrenden Reiseromanen in aufregende Kolportageromane verwandelt. Das ist durch Zeugen mehr als genugsam erwiesen. Und um alle Beweise dieser Fälschung zu beseitigen, waren meine von mir geschriebenen Orginalmanuskripte, die mir gehörten, ca. 26.000 eng beschriebene Seiten, verbrannt worden. Auch das erfuhr ich erst später, leider viel zu spät!

Fragt man, wie so unglaubliche **Unterschlagungen, Betrügereien und Fälschungen** möglich waren und auf welche Gründe hin man sie wagen konnte, so lautet die Antwort sehr einfach: **Man hielt mich ja für vorbestraft, und zwar wegen Unzucht mit Schulmädchen, also unter sechzehn Jahren!** Adalbert Fischer, der spätere Besitzer des „Schundverlages", hat das vor Gericht als Zeuge erhärtet.

Und dieser Mann ist es auch, durch dessen Drohungen und Erpressungsversuche der ganze Münchmeyersche Feldzugsplan verraten wurde.

Der unzüchtige Umgang eines Lehrers mit seinen Schulmädchen wird mit bis zehn Jahren Zuchthaus bestraft. **Ich betone ausdrücklich, dass ich so etwas nie getan habe.** Wer der Erste war, der mich solcher Handlungen beschuldigte, weiß ich nicht, zur „Münchmeyerei" aber hat er jedenfalls gehört, denn nur in ihrem Bereich hat sich dieses Gerücht entwickelt, bis es groß und stark geworden war, und nur vom Münchmeyerschen Geschäft aus ist es dann in weitere Kreise verbreitet worden. Nicht nur mein ganzes Wesen, sondern auch meine ganze schriftstellerische Wirksamkeit empört sich gegen den Vorwurf geschlechtlicher Ausschreitungen. Es ist geradezu weltbekannt, dass in meinen „Reiseerzählungen", die jetzt 30 Bände füllen, **niemals** eine „Liebesszene" vorkommt. Ich bin sogar stolz darauf, bewiesen zu haben, dass ein Schriftsteller, der auf derartige Unreinheiten ganz verzichtet, ebenso große oder gar noch größere Erfolge haben kann als einer, der sich in seinen Werken nicht stubenrein benimmt. Die Kritik hat ganz besonders betont, dass man meine Bücher getrost und ungelesen einem jeden Kind in die Hand geben könne. Darum haben Eltern und Erzieher stets und zunächst nach meinen, nicht nach anderen Büchern gegriffen. Darum werde ich auch noch heut von der „Jugend" so viel gelesen und bin in den Ruf eines „Jugendschriftstellers" gekommen, obgleich alles, was ich schreibe, zunächst nur an Erwachsene gerichtet ist. Und darum muss der Vorwurf der Unsittlichkeit, wenn er öffentlich gegen mich erhoben wird, mir gefährlicher werden als jedem andern, weil er meinen Ruf nicht etwa nur schädigt, sondern sofort und geradezu vernichtet. Jeder andere, der nicht nach meinen Idealen, nach meinen Zielen strebt, mag unsittlich schreiben; man wird lächeln und ihn weiterlesen; ein unsittlicher Karl May aber ist für immer ausgelöscht!

Diese Gedanken waren es, die einem Plan zu Grunde lagen, der sich in Beziehung auf mich und meine Romane in den Köpfen der Münchmeyerschen Geschäftsleitung entwickelte. Vielleicht hatte Münchmeyer anfangs die Absicht, ehrlich gegen mich zu sein. Hätten sich nur die **„guten"** Erfolge eingestellt, die er erwartete, so wäre er gerettet gewesen, ohne in Versuchung zu kommen, mich zu betrügen. Aber die Erfolge waren nicht nur gut, sondern **„außerordentlich"**. Das Geld strömte der Kasse nur so zu, und da war es für die Münchmeyersche Habsucht und Geldgier nicht nur sehr schwer, sondern geradezu unmöglich, mit den vorgeschriebenen 20.000 aufzuhören und alles Übrige an mich auszuliefern. Lieber sterben! Man verheimlichte mir also den Riesenerfolg und druckte und verkaufte einfach weiter. Weil aber, früher oder später, die Stunde kommen musste, die mir diese Unterschlagungen verriet, war man darauf bedacht, sich nach einer Waffe umzusehen, welche scharf und schwer genug war, mich und die Einsprüche, die ich erheben würde, niederzuschlagen. Diese Waffe fand man in meiner vermeintlichen Vorbestrafung. Es ist durch Zeugen erwiesen, dass man sich folgendermaßen sagte:

„May ist wegen Unzucht mit Schulmädchen im Zuchthaus gewesen. Er verheimlicht das. Er ist jetzt ein berühmter Schriftsteller. Sobald man von seinen Vorstrafen hört, ist er verloren. Man braucht ihm also nur mit der Veröffentlichung zu drohen, so kann man mit ihm machen, was man will. Drucken wir also ruhig weiter! Erfährt er, wie es steht, und will es sich nicht gefallen lassen, so halten wir ihm die Schulmädchen vor; dann ist er sicher still!"

Doch auch die Möglichkeit, dass ich nicht still sein würde, war mit in Betracht zu ziehen. Man musste schlimmstenfalls auch hiergegen gewappnet sein. Es handelte sich dann um einen bösen Prozess, den May ganz unbedingt gewinnen musste, wenn es nicht gelang, ihn derart zur moralischen Fratze zu machen, dass weder das

Gericht noch die Öffentlichkeit ihm glaubte. Denn dass es im Fall des Prozesses nur darauf ankam, wen das Gericht für eideswürdiger hielt, ob Münchmeyer oder May, das war klar. Und dass die Sache dann in die breiteste Öffentlichkeit gelangte und von der gesamten Presse besprochen wurde, das war ebenso klar. Es galt also vor allen Dingen

durch die Presse auf die Richter einzuwirken!

Das war ein hochwichtiger Punkt. Vielleicht geriet May, zumal als Schriftsteller, auf ganz denselben Gedanken. Da kam es nun darauf an, ihm erstens in dieser Bearbeitung der Richter durch die Presse so weit wie möglich vorauszukommen, und zweitens ein unfehlbares Mittel ausfindig zu machen, durch welches die Presse gezwungen wurde, ihn, den sie bisher gelobt hatte, zu verdammen und zu brandmarken. Welches Mittel konnte das wohl sein? Die Vorstrafen reichten hierzu nicht aus. Die konnten ihm von human gesinnten Zeitungen vielleicht verziehen werden. Man musste ihn grad an dem Punkt fassen, durch den er sich die Sympathie der Öffentlichkeit erworben hatte, nämlich den, dass er es grundsätzlich vermied, lasziv oder gar obszön zu schreiben. Gelang es, ihm derartige Dinge nachzuweisen, so war er als Lügner, Schwindler und verkappter Wüstling geschändet und musste von allen ehrenhaften Zeitungen abgeschüttelt und verachtet werden. Und dieser Nachweis war gar nicht schwer, war geradezu ein Kinderspiel. Man hatte ja Karl Mays Romane in der Hand! Fünf Stück! Man brauchte sie nur aus Reiseromanen in Kolportageromane zu verwandeln! Und falls man dies tat, schoss man sogar eine Dublette, indem man eine unbedingt tödliche Waffe gegen May gewann und zugleich seine Romane geschäftlich noch ausgiebiger machte, als sie an sich schon waren. Aber wie nun, wenn er diese Umarbeitungen, diese Interpolationen, diese Fälschungen entdeckte und mit Hilfe der von ihm mit eigener Hand geschriebenen Originalmanuskripte nachwies, dass er ganz anders geschrieben hatte, als dann gedruckt worden war? Nun, dem konnte man sehr leicht zuvorkommen; man brauchte diese Beweise ja nur zu vernichten! Man beschloss also

die fünf Romane Karl Mays in Schundromane umzuwandeln und seine Orginalmanuskripte zu verbrennen.

Ich bekam infolgedessen keine Korrektur und keine Revision zu lesen und also auch kein Manuskript wieder in die Hand. Das konnte mir nicht auffällig, sondern nur als ganz selbstverständlich erscheinen, weil dies nicht nur bei Münchmeyer, sondern auch bei andern Verlegern gar nicht anders gebräuchlich war und ich eine solche Raffiniertheit vonseiten eines Mannes, dem ich doch nur Gutes erwiesen hatte, gar nicht für möglich hielt. Ich war vollständig überzeugt, sobald die 20.000 erreicht waren, meine „feine Gratifikation" zu bekommen, meine Originale zurückzuerhalten und dann mit ihrem Druck für meine „Gesammelten Reiseerzählungen" beginnen zu können.

Aber als Münchmeyer plötzlich starb und seine Witwe mich bat, ihr einen neuen Roman zu schreiben, war ich so vorsichtig, Rechenschaft über meine bisherigen Romane von ihr zu verlangen. Sie erklärte, dass die 20.000 „wahrscheinlich" erreicht seien. Sie wolle genauer nachrechnen lassen. Aber durch den Tod ihres Mannes sei alles in Verwirrung geraten und in einem Kolportagegeschäft bedürfe es bekanntlich sehr langer Zeit, nach solchen Revolutionen wieder Ordnung und Klarheit zu schaffen.

Bei dieser Gelegenheit erfuhr ich von ihr, dass meine Originalmanuskripte verbrannt worden seien. Das hielt ich zwar nicht für ordnungsmäßig, doch aber für begreiflich, da 26.000 Seiten viel Platz verlangen, um aufbewahrt zu werden. Übrigens versprach Frau Münchmeyer, mir ganz genau dieselben Manuskripte gedruckt zuzusenden. Diese Sendung empfing ich bald darauf, in acht Bände gebunden. Doch stellte es sich später heraus, dass ich damit betrogen worden war, denn diese Bände enthielten **nicht meine Originale, sondern die Fälschungen.**

Ich verfuhr sehr rücksichtsvoll mit Münchmeyers Witwe. Ich wartete sehr lange Zeit, ehe ich wieder fragte. Sie gab mir keine Antwort. Das wiederholte sich. Da wurde ich dringender. Ich verlangte nun endlich klare und sachgemäße Auskunft. Da wurde ihr angst. Sie merkte, dass sich die Katastrophe nahe. Sie war nicht Münchmeyer selbst, kein Mann, sondern eine Frau. Sie hatte in ihrem Hass, ihrer Rache gegen mich und in ihrer wohl bekannten, zügellosen Geldhungrigkeit zwar den ersten Antrieb zu den beispiellosen betrügerischen Unterschlagungen gegeben, nun aber, da der Tag der Rechenschaft kam, fühlte sie sich zu schwach, die Folgen zu tragen. Ihr wurde himmelangst. Sie hatte sich auf ihren Mann verlassen. Nun der aber tot war, kam ihr die Sache nicht mehr so leicht vor, wie sie ihr früher erschienen war. Sie beschloss, sich mit den Ergebnissen ihrer Betrügereien dem Verhängnis zu entziehen. Mit anderen Worten: Sie beschloss, das Geschäft zu verkaufen.

Ich hörte davon und warnte sie. Ich schrieb ihr sehr ausführlich. Ich sagte ihr, dass sie meine Romane auf keinen Fall mitverkaufen dürfe, weil sie nach Erreichung der 20.000 wieder mein Eigentum geworden seien. Wäre sie klug gewesen, so hätte sie mir jetzt, in letzter Stunde, noch alles gestanden, und ich hätte sie geschont nach aller Möglichkeit. Aber sie dachte noch jetzt mit ungeschmälertem Grimm daran, dass ich damals die Verheiratung mit ihrer Schwester zurückgewiesen hatte. Das war noch nicht gerächt! Das konnte nur dann gerächt werden, wenn sie mir jetzt trotz ihrer Angst kein Geständnis machte, sondern sich einen Käufer suchte, der die nötigen Charaktereigenschaften besaß, den raffinierten Plan des „Schundverlags" zu Ende zu führen und die Münchmeyerschen Betrügereien gerichtlich sanktifizieren zu lassen. Und es gelang ihr wirklich, einen Mann zu finden, der sich mit Wonne in den Mittelpunkt des Spinnennetzes setzte, nachdem er sie gezwungen hatte, ihm alles zu sagen und ja nichts zu verschweigen. Er wurde vollständig eingeweiht, und als er alles erfahren hatte, hielt er die Drohung mit den Vorstrafen für so sicher auf mich wirkend, dass er das Geschäft kaufte. Der Kaufpreis betrug angeblich 175.000 Mark; garantiert war ein Reingewinn von 40.000 Mark. Schon das ist bezeichnend! Noch bezeichnender aber ist, dass der Käufer später während des Prozesses wiederholt in den Akten behauptete, er habe mit diesen 175.000 Mark alle von dem Münchmeyerschen Geschäft verlegten Romane bezahlt, also auch die von Karl May, auf die es ihm ganz allein angekommen sei, während aber Frau Münchmeyer ebenso in den Akten behauptete, er habe die Mayschen Romane nicht mitgekauft, sondern sie habe sie ihm geschenkt!

Ich war, als dies geschah, auf einer ca. zweijährigen Studienreise durch Afrika und Asien von zu Hause abwesend. Meine Frau schrieb mir nach Kairo, dass Frau Münchmeyer an einen gewissen Adalbert Fischer verkauft habe. Ich schrieb diesem Herrn, dass meine Romane unverkäuflich seien und dass ich, falls er sie etwa mitgekauft habe, mir das nicht gefallen lassen könne. Er antwortete außerordentlich grob, ja rüd, sodass ich schon aus diesem Ton ersah, mit was für einem Mann ich es zu tun hatte. Ich beauftragte sofort einen Freund daheim, den Prozess gegen diesen Fischer und die Münchmeyer in meinem Auftrag anzustrengen, und setzte dann meine Reise nach Äthiopien, Indien und China in der guten Meinung fort, dass damit alles getan sei, was überhaupt zu geschehen hatte.

Aber schon als ich nach einigen Monaten nach Massaua kam und dort aus Deutschland Post empfing, fand ich zu meinem Erstaunen eine ganze Menge deutscher, österreichischer und schweizer Zeitungen, welche behaupteten, **dass ich eine ganze Reihe von „abgrundtief unsittlichen"**

Romanen geschrieben habe und also einer der größten, öffentlichen Heuchler sei. Ich schickte ihnen sofort meine Entgegnungen zu, die aber nie gedruckt worden sind.

Als ich einige Zeit später auf Ceylon wieder Post bekam, las ich in einer Nummer der „Frankfurter Zeitung", dass Karl May der Welt vorschwindele, er befinde sich im Orient. Das sei aber eine Lüge. **In Wahrheit habe er sich im Jodbad Tölz in Oberbayern versteckt, um sich von einer bösartigen Krankheit (Syphilis) zu kurieren.** Das sei durch die Fremdenliste erwiesen. Als ich das las, war mir wie im Traum. Ich fragte mich, ob ich verrückt sei oder nicht. So etwas konnte doch unmöglich in einer Zeitung stehen! Auch jetzt schickte ich sofortige Berichtigungen heim, doch keine von all den Zeitungen war so ehrlich, sie zu veröffentlichen. Erst nach langer, langer Zeit gingen mir in Padang auf Sumatra die Augen auf. Dort bekam ich ganze Pakete von Zeitungen, die vorher für mich gewesen waren, jetzt aber alle gegen mich schrieben. Ich sah, **dass die ganze deutsche Journalistik sich gegen mich erhoben hatte.** Man war empört über meine Heuchelei, meine Unsittlichkeit, meine fünf niederträchtigen, schamlosen Schundromane. Das war ja geradezu entsetzlich! Ich hatte weitergewollt, beschloss aber, meine Reise zu unterbrechen. Ich telegrafierte von Sumatra aus meiner Frau, sofort nach Ägypten zu reisen und mich in Kairo zu treffen, um mir Bericht zu erstatten; ich würde direkt zur See dorthin kommen.

Sie stellte sich ein. Was ich da erfuhr, wollte mir unglaublich erscheinen; ich kannte ja den Zusammenhang nicht. Meine Frau war auf meine briefliche Anweisung hin sofort nach Tölz gefahren und hatte sich das betreffende Fremdenbuch vorlegen lassen. Ja, da stand wirklich mein Vor- und Zuname nebst Stand und Heimat. Aber die Heimat stimmte nicht; auch das Datum war falsch, und die alberne Beifügung „alias Old Shatterhand", die ich nie geschrieben hätte, bestätigte die Absicht, mich zu blamieren. Der Fälscher kannte meine Handschrift sehr gut. Er hatte sich große Mühe gegeben, sie treffend nachzuahmen. Die Wirtinnen des betreffenden Hotels waren Leserinnen meiner Werke. Sie interessierten sich also sehr für mich. Sie hatten wirklich geglaubt, dass der Verfasser dieses gefälschten Eintrags der wirkliche Karl May sei. Umso empörter waren sie nun. Sie rissen das Blatt aus dem Buch und schenkten es meiner Frau, um die Fälschung gerichtlich resp. durch vereidete Sachverständige prüfen und feststellen zu lassen. Das ist geschehen. Später kam auch ich einmal nach Tölz und stellte mich den Damen vor. Sie konstatierten sofort, dass ich der Mann nicht sei, der sich damals als Karl May eingetragen habe; er sei mir nicht im Geringsten ähnlich gewesen.

Also eine direkte, absichtliche, raffinierte, wahrscheinlich auch sehr gut bezahlte Fälschung eines Fremdenbuches, um mich als öffentlichen Lügner, Schwindler und literarischen Hochstapler hinzustellen!

Und nicht nur raffiniert, sondern geradezu teuflisch ausgesonnen war die Lüge, dass ich mich in dem Jod- und Schwefelbad Tölz „versteckt habe", um mich von der genannten, bösen, fürchterlich unsittlichen Krankheit kurieren zu lassen!

Als ich dies in Kairo erfuhr, ahnte ich den Zusammenhang noch immer nicht; aber dass etwas ganz Fürchterliches, geradezu höllisch Vorbereitetes über mich hereingebrochen sei, das fühlte ich, und darum gab ich alle weiteren Reisepläne auf und beeilte mich so viel wie möglich, heimzukommen.

Als sich dann dort die Nachricht verbreitete, dass ich von meiner langen Orientreise zurückgekehrt sei, stellte sich zu meinem Erstaunen sofort Herr Adalbert Fischer, der Käufer des Münchmeyerschen Schundverlags, bei mir ein. Ich ließ ihn vor. Er war unendlich freundlich, ganz anders, als er mir geschrieben hatte! Und er war unendlich diplomatisch! Er lobte mich in einem fort, als Schriftsteller und als Mensch! Er fand nur das eine, einzige an

221

mir auszusetzen, dass ich „vorbestraft" sei. Doch das werde mir verziehen werden, denn es entspringe doch nur aus meinem „außerordentlich liebenswürdigen" Charakter.

Das war die Einleitung zum Kampf. Er fuhr fort:

Er habe gehört, dass ich prozessieren wolle. Das tue ihm Leid, nicht etwa um seinetwillen, sondern um meinetwillen, denn er meine es gut mit mir! Er warne mich, ihn als Gegner zu unterschätzen. Er sei reich, sogar sehr reich, und besitze sehr wohl die Mittel, alles, was er wolle, durchzusetzen! Er habe für meine Romane 175.000 Mark bezahlt. Sie seien sein. Er könne mit ihnen machen, was ihm beliebe! Er wolle mit ihnen Geld verdienen, sehr viel Geld! Er werde also all die Unsittlichkeiten, die ich da hineingeschrieben habe, in der Weise ausbeuten, das mir Hören und Sehen vergehe. Wenn ich ihm aber versprechen wolle, vernünftig zu sein, so werde er mir einen Vorschlag machen, durch dessen Annahme alle meine Gefahr und Not ein schnelles, glückliches Ende nehmen werde. Er biete mir nämlich meine Romane hiermit für den Preis von 70.000 Mark an. Sei ich bereit, ihm diese Summe zu bezahlen, so gebe er sie mir augenblicklich zurück, und alles, was in den Zeitungen gegen mich stehe, sei schnell wieder gutzumachen.

Als ich ihn fragte, wie er sich dieses „wieder gutzumachen" wohl denke, erklärte er mir, zwar zurückhaltend, aber doch deutlich genug:

Er sei mit Frau Münchmeyer zerfallen; er stehe im Prozess mit ihr. Sie sei nicht ehrlich; **sie habe ihn beim Kauf belogen und betrogen.** Er wisse aber noch mehr, viel mehr über sie! Sie habe ihm alles erzählen und alles verraten müssen, sonst hätte er ihr das Geschäft nicht abgekauft. Für 70.000 Mark könne ich nicht nur meine Romane zurückbekommen, sondern auch über die Münchmeyerschen Heimlichkeiten alles erfahren, was mir zu wissen nötig sei. Dann solle ich nicht ihn, sondern Frau Münchmeyer verklagen; er werde sehr gern Zeuge sein; da müsse sie den Prozess ganz unbedingt verlieren.

Dieser Mann war ein Erpresser. Ich sagte ihm, dass ich den Prozess sofort anstrengen werde, und zwar zunächst nicht gegen Frau Münchmeyer, sondern vor allen Dingen erst gegen ihn, denn er sei der jetzige Besitzer des Geschäfts und er habe die Zeitungen mit den Lügen gefüttert, durch welche mir der moralische feste Boden zur Gewinnung des Prozesses entzogen werden solle. Er könne sich entfernen; für heut sei ich mit ihm fertig.

Das hatte er nicht erwartet. Aber er glaubte, diese Abweisung nicht auf meinen Charakter, sondern darauf zurückführen zu müssen, dass ich die Gefahr, in der ich schwebte, noch nicht genug kannte. Darum ging er in seinen Mitteilungen aus seiner bisherigen Vorsicht heraus und einige Schritte weiter. Er gab Folgendes zu hören:

Karl May behauptet, er habe die fünf Romane sittlich einwandfrei geschrieben und der Firma Münchmeyer nur für eine Auflage von 20.000 überlassen; dann gehören sie wieder ihm.

Die Firma Münchmeyer behauptet, diese Romane seien von Karl May unsittlich geschrieben und von ihr mit allen Rechten gekauft und bezahlt worden; sie gehören ihr also für immer, und sie könne mit ihnen machen, was sie wolle.

Wenn Karl May die Firma Münchmeyer verklage, komme es darauf an, an welche Partei der Richter glaube.

Nun wisse man aber, dass Karl May wegen Unzucht mit Schulmädchen im Zuchthaus gewesen sei.

Ferner sei es jetzt aus mehr als tausend Zeitungen und Journalen zur Evidenz erwiesen, dass Karl May diese Romane „abgrundtief unsittlich" geschrieben habe.

Zum Überfluss sei öffentlich festgestellt, dass Karl May an schlimmen Geschlechtskrankheiten leide.

Und endlich wisse jedermann, dass Karl May wegen diesen höchst blamablen Krankheiten in Tölz in Oberbayern gesteckt habe, der Welt aber weismachen ließ, dass er sich auf einer Studienreise in Asien und Afrika befinde.

Karl May sei also schon jetzt, vor Beginn des Prozesses, als Lügner, Schwindler, vollständig sittenloser und sogar syphiliskranker Mensch öffentlich entlarvt.

Die Antwort auf die Frage, ob er den beabsichtigten Prozess gewinnen könne, ergebe sich da ganz von selbst.

Selbst wenn alle diese Behauptungen sich als unwahr erwiesen, was aber vollständig ausgeschlossen sei, würde der Prozess von der Firma Münchmeyer nicht bloß vor Gericht, sondern auch in den Zeitungen derart geführt, dass Karl May sogar als schließlicher Gewinner des Prozesses für immer kaputt und moralisch vernichtet sein würde.

Hieraus folgt, dass es für Karl May gar nichts Besseres geben kann, als seine Romane für 70.000 Mark zurückzukaufen und dadurch einen unerbittlichen Feind in einen guten Freund und Helfer und nützlichen Zeugen zu verwandeln.

Der jetzige Augenblick sei außerordentlich wichtig. Denn werde Herr Adalbert Fischer heut abgewiesen, so komme er niemals wieder und Karl May gehe unbedingt zu Grunde.

Übrigens sei alles, was Herr Fischer jetzt und hier gesagt habe, nur im größten Vertrauen und unter strengster Diskretion gesagt. Etwa vor Gericht hierüber befragt, würde er kein Wort eingestehen, sondern alles als Schwindel von Karl May bezeichnen. Dieser sei dann doppelt schwer blamiert.

Nun wisse ich, was ich zu wissen habe, und solle mich sofort entscheiden, ob ich die 70.000 Mark bezahlen wolle oder nicht!

Dieser Erpresser brauchte auf die gewünschte Entscheidung keinen Augenblick zu warten. Sie verstand sich ganz von selbst: Ich wies ihm die Tür und er entfernte sich unter Drohungen, die er später im höchsten Grade rücksichtslos und unerbittlich auszuführen verstand.

Ich war selbstverständlich überzeugt, dass die Witwe

Münchmeyer von diesem Besuch Fischers bei mir wusste. Es war ein abgekarteter Schachzug dieser beiden gegen mich. Mir sollte angst werden! Kaufte ich die Romane zurück, so war ihm wie ihr geholfen: Er bekam 70.000 Mark geschenkt und besaß nun die große Fabrik für nun nur noch 100.000 Mark. Und sie war aller Sorgen frei und mich für immer los. Denn wenn ich die Romane zurückkaufte, so gestand ich damit ein, dass sie mir nicht mehr gehörten. Und indem ich sie zurückkaufte, konstatierte ich, dass sie wirklich die von mir geschriebenen Romane seien; ich nahm also den Vorwurf der Fälschung zurück und meine literarische Unsittlichkeit war klar erwiesen, noch dazu von mir selbst! Das hätten diese beiden Personen mit lautem Jubel in alle Welt hinaus verkündet.

Herr Adalbert Fischer hatte diesen Schachzug in etwas anderer Weise ausgeführt, als ihm wahrscheinlich aufgetragen worden war. Der unerwartete Widerstand von meiner Seite hatte ihn verführt, offener zu sein und in seinen Mitteilungen weiter zu gehen, als er eigentlich sollte und durfte. Um mich zur Zahlung von 70.000 Mark doch noch geneigt zu machen, hatte er mir, wenn auch nicht alles, aber doch viel, sehr viel verraten. Zwar direkt im Prozess konnte ich es nicht verwenden, denn er war es mir ja nicht geständig; aber ich wusste nun doch, woran ich war und was ich alles zu erwarten hatte.

Ich verklagte Adalbert Fischer. Kaum war dies geschehen, so gesellte Frau Münchmeyer sich ihm als Nebenintervenientin bei. Meine Vermutung, dass beide Hand in Hand gegen mich standen, war also richtig gewesen. Ich hatte es von jetzt an mit zwei Gegnern, die mich gründlich hassten, und mit zwei Rechtsanwälten zu tun, von denen der Münchmeyersche sofort die strategische Oberleitung des ganzen Feldzugs gegen mich übernahm. Er hieß Gerlach, hatte von Jugend auf im Münchmeyerschen „Schundverlag" verkehrt und die Atmosphäre desselben derart eingeatmet, dass der Prozess für seinen ganzen, viele Jahre langen Verlauf eine ausgesprochene, Münchmeyersche Kolportagefärbung bekam. Sachlich konnte gegen meine Ansprüche nichts vorgebracht werden, so ging man also umso unbedenklicher persönlich gegen mich vor, und alles, was von dieser Seite aus geschah, hatte nur den einen Zweck, mich als einen eidesunwürdigen Menschen hinzustellen.

Indem ich die Überschrift dieses sechsten Kapitels festhalte, gebrauche ich das Bild von Spinnen, die sich bemühten, mich in ihre Netze zu verstricken. Es gab ihrer mehrere, wie aus den bisherigen Abschnitten zu ersehen ist; hier spreche ich nur von zweien. Den Münchmeyerschen Rechtsanwalt vergleiche ich mit einer Riesenspinne, deren Netz sich nach allen Richtungen über den ganzen Prozess von Anfang bis zum Ende zog. Er dirigierte und hielt sich für verpflichtet, mir die Hauptbisse beizubringen. Das andere, kleinere, aber ungemein hitzige Exemplar war Herr Adalbert Fischer, die wohl bekannte Journalspinne, welche die Eier der Riesenspinne in die Zeitungen zu tragen hatte, um dort ausgebrütet und so groß wie möglich gezogen zu werden. Herr Fischer hat in dieser Beziehung das Allermöglichste geleistet.

So sagte er mir während der ersten Zeit des Prozesses gelegentlich unter vier Augen:

„**Im Münchmeyerschen Geschäft herrschte von jeher der Plan, Sie moralisch totzumachen, falls Sie klagen. Ich habe diesen Plan mit gekauft und ich führe ihn aus; darauf können Sie sich verlassen! Nehmen Sie sich in Acht! Vergleichen Sie sich mit mir! Wenn Sie das nicht tun, mache ich Sie durch ganz Deutschland in allen öffentlichen Zeitungen kaputt! Mich kostet das höchstens einige hundert Mark Geldstrafe; Sie aber sind dann für alle Zeit verloren!"**

Adalbert Fischer hatte sogar die Stirn, diese Drohung mehrere Male vor den Rechtsanwälten Bernstein und Kohlmann und auch anderweit zu wiederholen, sodass der

Münchmeyersche Feldzugsplan, mich mit meinen Vorstrafen öffentlich in den Zeitungen kaputtzumachen, immer weiter verbreitet wurde, und das war es ja, was man wollte!

Aber zu meinem Glück gab und gibt es in Deutschland gerechte Richter, die sich durch keine Zeitung beeinflussen oder gar einschüchtern lassen. Es gelang mir, durch die meinigen eine einstweilige Verfügung zu erwirken, durch welche es dem „Schundverlag" verboten wurde, die Romane weiterzudrucken. Das war ein schwerer Schlag, der Herrn Fischer veranlasste, von Frau Münchmeyer abzulenken und weniger Rücksicht auf sie als auf sich selbst zu nehmen. Es kam ein Vergleich zwischen ihm und mir zu Stande, der es mir ermöglichte, ihn als Zeugen gegen die Witwe Münchmeyer, seine bisherige Verbündete, zu benennen. Er wurde gerichtlich vernommen und war nun gezwungen, das, was er mir hatte ableugnen und als „Schwindel von Karl May bezeichnen" zu wollen, vor den Richtern zu bestätigen. Er legte folgende Geständnisse ab:

Fischer hat, ehe er das Münchmeyersche Geschäft kaufte, den warnenden Brief gelesen, in dem ich der Witwe Münchmeyer untersagte, meine Romane mit zu verkaufen, denn sie seien nach erreichten 20.000 wieder mein Eigentum.

Fischer hat, ehe er kaufte, auch von Münchmeyerschen Angestellten erfahren, dass ich Ansprüche auf diese Romane habe.

Fischer hat, ehe er kaufte, erfahren und gewusst, dass ich wegen Unzucht mit Schulmädchen im Zuchthaus gewesen sein soll.

Fischer hat fest an diese Lüge geglaubt.

Fischer hat der Witwe Münchmeyer und ihren Vertretern gesagt, er zweifle daran, dass sie meine Romane mit verkaufen dürfe.

Fischer hat gefragt, was dann geschehen solle, wenn er diese Romane mit kaufe und Karl May dann gegen ihn auftrete und ihn verklage.

Auf diese wiederholte Frage sind ihm die Antworten erteilt worden: „Haben Sie keine Angst wegen May! Da brauche ich nur ein paar Zeilen zu schreiben an May; da ist er ruhig!"

Ferner:

„Sobald ich ihm drohe, tritt er zurück!"

Und ferner:

„Den machen wir moralisch kaputt, wenn er überhaupt gegen uns vorgeht. Den haben wir in der Hand!"

Hierzu noch eine außerordentlich wichtige Bemerkung: Fischer hat nämlich vor Gericht ausgesagt, **dass das, womit man mich in dieser Weise bedrohen und zum Schweigen bringen wollte, meine angeblichen Vorstrafen wegen Unzucht mit Schulmädchen sei.**

Ich gebe folgende zwei Punkte zur Erwägung:

1. Als Adalbert Fischer der Witwe Münchmeyer und ihren Vertretern direkt in das Gesicht sagte, er bezweifle ihr Recht, meine Romane mit zu verkaufen, gab man ihm **keine Beweise**, dass man dieses Recht doch besitze, sondern man versicherte ihm nur, dass man Karl May mit seinen Vorstrafen bedrohen werde; dann werde er schweigen. **Nur daraufhin, auf keiner andern Rechtsbasis, kaufte Fischer das Geschäft!**

2. Wie weiter oben erwähnt, hatte Münchmeyer sein Faktotum Walter mit einem schriftlichen Kontrakt zu mir geschickt, den ich unterschreiben sollte. Ich sollte da auf alle meine Rechte, die ich an den Romanen besaß, verzichten. Dieser Versuch Münchmeyers war der direkteste Beweis, dass **nicht er, sondern ich** diese Rechte besaß. Ich unterschrieb natürlich **nicht**. Diesen resultatlosen Kontrakt hatte Frau Münchmeyer sich nach dem Tod ihres Mannes aufgehoben. Er kam während der Kaufverhandlungen in Fischers Hände. Fischer ersah sofort, dass die Romane nicht mehr Frau Münchmeyer, sondern mir gehörten. Er legte ihr das wichtige Schriftstück vor und forderte Aufschluss. Da gestand sie ihm alles. Sie gab zu, dass auch dieser Ver-

such, mich zu überlisten, vergeblich gewesen sei; ich hatte **nicht** unterschrieben. **Trotzdem kaufte Fischer das Geschäft und kaufte auch meine Romane!**

Später, als wir uns verglichen hatten, schenkte er mir diesen nicht unterschriebenen Kontrakt zum Beweis gegen Frau Münchmeyer. Als ich ihm bei dieser Gelegenheit einmal sehr ernst in das Gewissen sprach, meinte er:

„Was wollen Sie, Geld verdienen ist Geld verdienen; da stinkt nichts! Wenn Sie sich von Münchmeyers haben betrügen lassen, bin doch nicht ich schuld, sondern Sie selbst! Übrigens hat diese Frau auch mich belogen und betrogen, beim Kauf, als sie sagte, man brauche Sie nur zu bedrohen, so seien Sie still. Sie sind eben **nicht** still gewesen und das macht mir größeren Schaden, als ich sagen kann. Ich warne Sie vor dieser Frau, noch viel mehr aber vor ihrem Rechtsanwalt. Die sinnen auf Pläne, vor denen Ihnen bange werden muss! Bis jetzt hatte nämlich **ich** es über, Sie in den Zeitungen kaputtzumachen. Nun ich mich aber mit Ihnen verglichen habe, sehen Sie sich nach **einem andern** um, der womöglich **Redakteur** oder **Schriftsteller** ist, also **Fachmann**, und das Abschlachten besser versteht als ich. Denn ich habe bis jetzt in den Zeitungen auf Ihre Vorstrafen erst nur leise angespielt, weil ich immer dachte, dass wir uns doch noch einmal vergleichen würden. Das ist nun geschehen, aber nur mit mir, nicht auch mit Münchmeyers. Darum wollen die nun schärfer vorgehen und nach und nach immer deutlicher werden. Sobald sie einen Fachmann gefunden haben, der geschickt und auch verschwiegen ist, geht es los. Geben Sie Acht! Aber ich warne Sie auch vor mir! So lange Sie so bleiben, wie Sie jetzt sind, haben Sie nichts zu befürchten; sobald Sie aber das Geringste gegen mich unternehmen, sehen Sie mich sofort wieder auf Münchmeyers Seite. Verlassen Sie sich darauf!" –

7. Herr Rudolf Lebius

Also ich hatte eine andere Journalspinne zu erwarten, eine neue! Einen Redakteur oder Schriftsteller, **einen „Fachmann", der das Abschlachten besser versteht als sein Vorgänger!** Ich meinerseits konnte mir freilich kein menschenähnliches Wesen denken, welches das „Abschlachten" besser verstand als Herr Adalbert Fischer. Aber es war richtig; es gab doch einen, der ihn noch übertraf und noch heutigen Tags übertrifft. Und dieser eine gehörte auch nicht zu den mir völlig Unbekannten. Er hatte mir schon einmal geschrieben. Im Jahr 1902, als ich mich im Süden befand, waren mir unter anderen Postsachen auch seine Zeilen nachgeschickt worden. Er hieß Rudolf Lebius, war kürzlich nach Dresden gezogen und behauptete, er sei **ein großer Kenner und Bewunderer meiner Werke; er verehre mich aufrichtig** und habe den innigen Wunsch, mich einmal als **dankbarer Leser meiner Bücher** besuchen zu dürfen. Ich antwortete ihm per Postkarte sehr kurz, dass ich verreist sei, mich aber nach meiner Heimkehr seiner erinnern werde. Zu meiner Frau aber sagte ich sofort nach Lesen seiner Zeilen: „**Der will Geld von mir, weiter nichts!** Einer solchen Lobverschwendung hört man sofort die gewünschte, vierstellige Summe an!"

Ich muss hier erwähnen, dass man mich wegen meiner schriftstellerischen Erfolge für einen vielfachen Millionär und außerdem für einen so genannten guten Kerl hält, dem es ein Vergnügen macht, so recht mit Geld um sich zu werfen. Darum gehen zahlreiche, oft höchst sonderbare Bittgesuche bei mir ein. Besonders werde ich von problematischen „Kollegen" und Revolverjournalisten überlaufen, die sich genauso wie Herr Lebius mit überschwänglichen Hochachtungsversicherungen einführen und dann, wenn sie zu wenig oder gar nichts bekommen, in der ihnen stets mit Vergnügen offen stehenden Sensationspresse auf mich losschlagen. In Wahrheit habe ich nicht mehr als nur so grad mein gutes, anständiges Auskommen, und wenn ich ja einmal einem meiner Nächsten helfe, so ist das nur dadurch möglich, dass ich dann mich selbst einschränke. Und nun hierauf weiter:

Am 7. April 1904 schrieb mir derselbe Mann nach Radebeul, unter Beilegung meiner damaligen Antwort:

„Sehr geehrter Herr!
Schon vor anderthalb Jahren versuchte ich, mich Ihnen zu nähern, **wovon die inliegende Karte ein Beweis ist.** Inzwischen habe ich hier eine neue Zeitung herausgegeben, **die großen Anklang findet.** Können Sie mir vielleicht etwas für mein Blatt schreiben? Vielleicht etwas Biografisches, die Art, nach der Sie arbeiten, oder über derartige Einzelheiten, für die sich die deutsche May-Gemeinde interessiert. Ich würde Sie auch gern interviewen.
Mit vorzüglicher Verehrung
Rudolf Lebius,
Verleger und Herausgeber."

Dass Herr Lebius meine damalige Karte anderthalb Jahre lang sorgfältig aufgehoben hatte, um sich Eingang bei mir zu verschaffen, dass er bei seinem erst zehn Nummern alten Blättchen schon von **„großem Anklang"** sprach und dass er die einfache Hochachtung, mit der man sich gewöhnlich zu unterschreiben pflegt, zur **„vorzüglichen Verehrung"** steigerte, das bekräftigte mein damaliges Urteil über ihn: **„Der will nur Geld!"**

Man darf den Besuch solcher Leute nicht abweisen, zumal wenn sie mit einem wenn auch noch so kleinen Zeitüngelchen bewaffnet sind, sonst rächen sie sich. Ich schrieb ihm also, dass er kommen dürfe, und er antwortete am 28. April:

„Vielen Dank für Ihr liebenswürdiges Schreiben. Ihrer freundlichen Einladung leiste ich natürlich gern Folge. Falls Sie mir nicht eine andere Zeit angeben, komme ich Montag, den 2. Mai 3 Uhr zu Ihnen (Abfahrt 3.[31]).
Mit großer Hochachtung und Verehrung
Rudolf Lebius."

Er kam zur angegebenen Zeit. Er wurde von meiner Frau empfangen und, da es grad Kaffeezeit war, zum Kaffee eingeladen. Sie stellte aber die Bedingung, dass er darauf **verzichten müsse**, mich zu interviewen, weil es bei mir Grundsatz sei, mich niemals dazu herzugeben. Er müsse versprechen, über diesen seinen Besuch nichts zu veröffentlichen. **Er gab sein Wort!**

Als ich dann aus meinem Arbeitszimmer herunterkam, stellte ich vor allen Dingen und sogleich dieselbe Forderung an ihn. Ich sagte ihm, ich wolle meinen Kaffee in Unbefangenheit und Ruhe trinken, ohne einen Revolver auf mich gerichtet zu wissen; interviewen lasse ich mich nie, weil es bekanntlich Schurken gebe, aus deren Mund oder Feder **dann alles anders klingt, als es in Wirklichkeit geklungen habe**; er könne also lieber gleich wieder gehen, außer er verspreche mir, für heut nur mein Gast, nicht aber Interviewer zu sein. **Er gab mir dieses Versprechen** unter der Versicherung, **er sei ein Ehrenmann** und verstehe es sehr wohl, dass der Gedanke, alles, was man sage, werde veröffentlicht, unterhaltungstötend sei.

Ich fühlte mich zu dieser Vorsicht veranlasst, **weil ich Herrn Lebius nicht traute.** Die bis jetzt erschienenen Nummern der „Sachsenstimme" – so nannte er sein Blättchen – ließen, meiner Ansicht nach, nichts Gutes erwarten. Ich wollte ihn selbst während dieser gleichgültigen Kaffeestunde nicht allein bei uns haben; es musste noch jemand dabei sein, um uns vor späterem Missbrauch zu bewahren. Darum hatte ich den bekannten Militärschriftsteller und Redakteur Dittrich für dieselbe Zeit zu mir geladen. Er war noch vor Lebius eingetroffen und sorgte im Verein mit meiner Frau dafür, dass ich **so wenig wie möglich zu sprechen brauchte.**

Übrigens machte mir Lebius die Schweigsamkeit, die ich mir vorgenommen hatte, sehr leicht. Er zeigte sich außerordentlich gesprächig; ich aber brauchte nur zuzuhören. Es lag ihm sichtlich alles daran, in mir die Überzeugung zu erwecken, dass er ein ungewöhnlich **„tüchtiger Kerl"** sei. Diesen Ausdruck wiederholte er nämlich sehr oft. Je mehr ich mich dabei in mich selbst zurückzog, desto weiter und eifriger ging er aus sich selbst heraus. Er sprach meist nur von sich, von seinen **Ansichten,** seinen **Grundsätzen,** seinen **Plänen** und vor allen Dingen von seiner **großen Geschicklichkeit,** seinen **reichen Erfahrungen** und seinen **ausgezeichneten Erfolgen.**

In seinem Eifer, uns zu imponieren, achtete er nicht darauf, dass die Kaffeestunde längst vorüber war und dass er eigentlich nun zu gehen hatte. Er blieb und sprach immer weiter, sodass wir, als die Stunde des Abendessens kam, ihn auch zu diesem einladen mussten. Wir waren gar nicht bös hierüber, denn dieser Nachmittag war in hohem, sehr hohem Grade interessant gewesen, besonders für mich als Schriftsteller und Psychologe. Ich hatte ganz ungestört in **seelische Abgründe** schauen dürfen, **bei deren Schwärze und Tiefe mir ethisch schwindelte.** Dieser Mann schwamm ja förmlich in einem Meer der **trübsten, schmutzigsten Verneinung!** Er konnte nicht die leiseste Ahnung von meinem Charakter besitzen! Er konnte nicht eine einzige Seite meiner Werke gelesen haben, in denen ich mich zu der **positivsten, idealsten Weltanschauung** bekenne! Und doch hatte er sich gleich in seiner ersten Zuschrift einen dankbaren Leser meiner Bücher und einen großen Kenner und Bewunderer meiner Werke genannt! Da galt es unbedingt, ihn zu entlarven! Wir fragten ihn nach meinen Büchern, nach ihren Titeln, ihrem Inhalt, nach den hervorragendsten Personen und Ereignissen, die da beschrieben werden und die fast jeder Schulknabe kennt. Er wusste nichts, absolut gar nichts! Er wusste nur, dass ich durch diese Bücher reich geworden sei, und war zu mir gekommen, in **seiner** Weise an **meinem** Reichtum teilzunehmen!

Dittrich lachte ihm über diese vollständige Entlarvung und Entblößung in das Gesicht; Herr Lebius aber schien sich weder prostituiert noch selbstentehrt zu fühlen; er lachte einfach mit und gab, ohne sich zu schämen, zu, dass er mich und meine Bücher noch gar nicht kenne und mit seiner „**Bewunderung**" und „**Verehrung**" also **gelogen** und **geflunkert** habe. Es sei aber trotzdem und dennoch etwas Wahres an dieser Verehrung und Bewunderung, denn wenn sie sich auch nicht auf meine schriftstellerischen Leistungen beziehe, **die er gar nicht kenne,** so seien es dafür doch umso mehr meine pekuniären Erfolge, von denen er sich gern und willig imponieren lasse. Um ihn zu verstehen und zu begreifen, sei es für uns nötig, sein religiöses, moralisches, politisches und soziales Bekenntnis anzuhören. Er lege es uns vor, wie er wünsche, auch uns so frei und glücklich zu sehen, wie er durch diese seine Grundsätze selbst geworden sei. Und nun bekamen wir Folgendes zu hören:

Es ist eine große Tat und ein großer Vorzug des Herrn Lebius, öffentlich zu bekennen, dass er aus der christlichen Kirche getreten sei. Denn nur wer keinen Glauben und keine Religion hat, ist frei, ist ein Mann, ist eine wirkliche Persönlichkeit!

Gott, Himmel, Hölle, Seligkeit, Verdammnis, Ehre, Gehorsam, Gerechtigkeit, Wissenschaft, Kunst, Schönheit, Sitte, Moral usw. das alles ist nur Mumpitz, ist höchstens Mittel zum Zweck. Der Gelderfolg ist alles. Er ist der einzige wirkliche Erfolg, den es auf Erden gibt. Und dieser Erfolg ist es, den Rudolf Lebius an Karl May, dem reich gewordenen Sohn blutarmer Webersleute, bewundert!

In sozialer Beziehung gibt es nur Hammel und Schafe,

Herren und Knechte, Gebietende und Gehorchende. Die Menschheit muss Hammel werden, ganz gleich bei welcher Herde, bei den Liberalen oder bei den Konservativen, bei den Sozialdemokraten oder bei den Polen und Welfen. Geht es bei der einen Herde nicht mehr, so geht es bei der andern. Die Hauptsache dabei ist, dass der Übertritt von einer Herde zur andern mit der nötigen Begeisterung geschieht, weil die Schafe das so verlangen.

Ist man Hammel geworden, so hat man sich sofort mit einer Zeitung auszurüsten, denn die Presse verleiht Macht und Macht bringt Geld.

Mit dieser Zeitung hat man sich vor allen Dingen das Vertrauen seiner Herde zu gewinnen. Dies geschieht am leichtesten durch die so genannte redaktionelle oder journalistische Allwissenheit.

Mit dieser Allwissenheit verhält es sich folgendermaßen: Kein Mensch ist fehlerlos; jeder Mensch hat irgendetwas zu verbergen. Besonders bei den Regierenden und Befehlenden, bei den Vorgesetzten und Beamten, bei den Richtern und Polizisten, bei den Fabrikbesitzern, Fabrikanten und Direktoren hat jeder Werg am Rocken[1], hat jeder eine heimliche Schuld und Sünde, die er nicht an die Öffentlichkeit kommen lassen darf. Ein pfiffiger Leithammel und Redakteur forscht diesen Sünden ebenso heimlich nach und ruht nicht eher, als bis er sie entdeckt. Und alles, was er entdeckt, bringt er in sein Blatt, doch ja nicht so deutlich, dass ihn der Richter und die Polizei fassen können, aber doch so, dass man ihn versteht und Angst vor ihm bekommt. Hat er diese Angst und Furcht erreicht, so ist er der Gebieter über alle, denen man sonst zu gehorchen hat, und sie sind gezwungen, nach seiner Pfeife zu tanzen. Auch bei jedem anderen Menschen suche man vor allen Dingen zu erfahren, was er zu verber-

---

[1] Werg = Abfall beim Spinnen von Hanf oder Flachs; Rocken = ein Spinngerät

gen hat. Dann beherrscht man ihn sofort. Ich, Lebius, habe auf diese Weise für die Leser meiner Zeitungen, also für meine Schafe, schon oft sehr viel erreicht! Man wird dadurch nicht nur Herr der Obrigkeit, sondern auch der Untertanen. Man kommt in den Ruf, „ein tüchtiger, pfiffiger Kerl" zu sein, und kann von der Herde verlangen, was man will.

Wer etwas werden und zu etwas kommen will, der hat stets nach dem Grundsatz zu handeln:

„Wer am meisten zahlt, der hat uns!"

So oft ich mich nach diesem Grundsatz gerichtet habe, ist es mir wohl dabei gegangen. Alle meine **großen, außerordentlichen Erfolge** als **Parteimann**, als **Journalist**, als **Buchhändler** und **Verleger** habe ich diesem Prinzip zu verdanken. Auch meine **reichen Erfahrungen** und meine **besondere Beliebtheit** bei denen, die ich leite, stammen aus derselben Quelle. Man weiß, dass es nicht leicht und auch nicht billig ist, ein einflussreiches Blatt zur Seite zu haben. **Nur wer Geld hat, kann das erreichen, und nur wer Geld hat, kann sich einen eigenen Willen und eine eigene Meinung gestatten.** Leider aber haben wir Journalisten und Redakteure meist keines. Darum sind wir gezwungen, gegen unsere Überzeugung zu handeln und zu schreiben und nur denen zu dienen, von denen wir Geld bekommen. Darum wiederhole ich: **Wer am meisten zahlt, der hat uns!**

Dass diese Grundsätze zunächst nur mir gegeben wurden, und zwar aus sehr pekuniären Gründen, das sah und hörte man Herrn Lebius deutlich an. Ich stand damals an dem Entscheidungspunkt meines entsetzlichen Münchmeyerprozesses, wurde von aller Welt verurteilt und befehdet und hatte kein einziges Blatt, welches den Mut besaß, sich meiner anzunehmen. Da konnte es ein Lebius wohl wagen, zu mir zu kommen, um das Terrain unter solchen Redensarten zu sondieren.

Er hatte während des Abendessens schnell und viel starken Wein getrunken. Das war wohl der Grund, dass er so sehr viel aufrichtiger war, als er eigentlich durfte. Diese seine Aufrichtigkeit verstieg sich sogar zu folgenden zwei Punkten, die ich ganz besonders hervorzuheben habe:

Er brachte nämlich mehrere Male eine ganz bestimmte, unzweideutige Bemerkung, aus der ich ersehen sollte, dass ihm alles, was man über meine so genannten Vorstrafen sagte, **bekannt sei.**

Und er war über alle Vorwürfe, die man mir machte, und über alle Einzelheiten der so genannten Karl-May-Hetze, die damals schon fünf Jahre währte, so **genau unterrichtet,** dass ich seinen heutigen Besuch **als einen ganz ungemein wohlvorbereiteten** zu betrachten hatte. Dieser Mann handelte nach einem klar und reiflich überlegten Plan! Er sagte im Lauf der Unterhaltung, er wisse sehr wohl, dass und warum alle Welt auf mich einschlage. Er wisse, dass ich völlig unschuldig sei. Er bewundere meine Ruhe und Ausdauer. Und **er stelle mir sich selbst und seine „Sachsenstimme" zur Verfügung, um mich zu retten.** Ich antwortete ihm, dass ich keinen Retter brauche; diese Angelegenheit sei bereits ihrem Ende nahe. Hierauf äußerte er, ich sollte mir das doch erst reichlich überlegen, ehe ich sein Anerbieten zurückweise. Er seinerseits werde bis auf weiteres bei seinem Vorschlag bleiben.

Weil es sich herausgestellt hatte, dass er weder den Inhalt meiner Werke kannte, noch von meinen Idealen, Zwecken und Zielen etwas wusste, hielt ich es für gefährlich, ihn in dieser absoluten Unwissenheit zu lassen. Dass er **Geld von mir wollte,** war gewiss. Dass er es **verlangen würde,** war ebenso gewiss. Und dass er, schon um seiner Grundsätze willen, **keines bekommen würde,** selbst wenn ich welches übrig hätte, das war am allergewissesten. Hierauf stand mir, so wie ich ihn heut kennen gelernt hatte, **seine Rache mit tödlicher Sicherheit bevor.** Darum beeilte ich mich, ihn noch an diesem Abend über meine Person und meine Bücher derart aufzuklären, dass er nun ganz genau wusste, woran er war. Trat er dennoch später à la Schund und Kolportage gegen mich auf, so war er eben – – – nun der, als den Herr Rudolf Lebius sich später erwiesen hat! Er erfuhr also alles, was jeder wirkliche Karl-May-Leser über meine Bücher weiß. Ich betone ganz besonders, dass ich ihm auch alle die Aufklärungen gab, die auf den Seiten 81 bis 83[1] des vorliegenden Buches zu lesen sind, und wenn er später so tat und sogar noch heut so tut, als ob er mich zu den Schund- und Schandschriftstellern rechne und ganz und gar nichts Besseres über mich wisse, so habe ich das eben mit auf die Liste zu bringen, die ich den Lesern später über die Eigenschaften des Herrn Lebius vorlegen werde.

Noch ehe er sich an diesem Abend mit Herrn Max Dittrich entfernte, beklagte ich mich absichtlich über die vielen Briefe, in denen man mich, den gar nicht reichen Mann, mit Bitten um Geld überschüttet, und tat dies in einer Weise, die jeden gebildeten und ehrenhaften Menschen abhalten musste, mir mit ähnlichen Wünschen zu kommen. Schon gleich am nächsten Tag schrieb er mir folgenden Brief:

„Dresden-A., den 3.5.04
Sehr geehrter Herr Doktor!
Indem ich Ihnen herzlich für den freundlichen Empfang und die erwiesene Gastfreundschaft danke, bitte ich Sie, wenn Sie die Kunstausstellung besuchen oder sonst einmal nach Dresden kommen, bei uns zu Mittag essen oder den Kaffee einnehmen zu wollen.

In einem Punkt muss ich unser gestriges Abkommen widerrufen. Ihre unentgeltliche Mitarbeit kann

---

[1] Die Seitenzählung des Erstdrucks beginnt mit 81; May spielt hier also auf die angeblichen Zitate an, deren Verfasser er allerdings höchstwahrscheinlich selber war.

ich nicht annehmen. Wir zahlen 10 Pf. für die Zeile, was wohl derselbe Preis sein wird, den Sie auch von anderen Blättern erhalten haben.

Was Sie mir gestern erzählt haben, habe ich heute noch einmal überdacht. Es will mir scheinen, als ob trotz des kolossalen Absatzes Ihrer Werke der Umsatz noch erheblich gesteigert werden könnte. **Meine Buchhändler- und Verlagserfahrungen** haben mich gelehrt, dass der Wert einer richtig geleiteten Propaganda und direkten Reklame gar nicht überschätzt werden kann.

Meine Frau und ich empfehlen sich Ihrer werten Frau Gemahlin und Ihnen in **Verehrung und Dankbarkeit** ergebenst

Rudolf Lebius."

Ich hatte nämlich auf seine Aufforderung, für die „Sachsenstimme" zu schreiben, geantwortet, dass ich das nur unentgeltlich tun könne.

Um diese Zeit schrieb Max Dittrich eine Broschüre über mich und meine Werke. Er war so unvorsichtig, das Manuskript Lebius zu zeigen. Dieser kam sofort nach Radebeul geeilt, um mich zu bitten, mich bei Dittrich dafür zu verwenden, dass dieser ihm, Herrn Lebius, das Werk in Verlag gebe. Er wurde ganz selbstverständlich mit dieser Bitte abgewiesen und ich schrieb Herrn Max Dittrich, dass ich niemals wieder mit ihm verkehren würde, wenn es ihm einfalle, diesem Mann die Broschüre zu überlassen.

Dieser zweite Besuch des Herrn Lebius dauerte höchstens zehn Minuten lang. Als er fort war, fehlte mir eine Fotografie, die er mir entwendet hatte. Er durfte nie wiederkommen. Trotzdem hat er wiederholt behauptet, in meinem Haus vielfach verkehrt zu sein und mich sehr genau studiert zu haben.

Schon am nächsten Tag, am 12. Juli 1904, schrieb er mir:

> „Dresden-A., 12.7.04
> Fürstenstraße 34
> Sehr geehrter Herr Doktor!
> **Ich möchte sehr gern die Dittrichsche Broschüre verlegen und würde mir auch die größte Mühe geben, sie zu vertreiben.** Durch den Rücktritt von der ‚Sachsenstimme' – offiziell scheide ich erst am 1. Oktober d. J. aus – bin ich aber etwas kapitalschwach geworden.
>
> **Würden Sie mir vielleicht ein auf drei Jahre laufendes, 5-prozentiges Darlehen** gewähren? Ich zahle Ihnen die Schuld vielleicht schon in einem Jahr zurück.
>
> **Als Dank dafür würde ich die Broschüre so lancieren, dass alle Welt von dem Buch spricht. Ich habe ja auf diesem Gebiet besonders große Erfahrung.**
>
> Meine Zeitung kommt zu Stande und zwar auf ganz solider Basis. Nun heißt es arbeiten und zeigen, **dass man ein ganzer Kerl ist** usw. usw. Beste Empfehlung an Ihre Frau Gemahlin! Ihr Ihnen ergebener
>
> Rudolf Lebius."

Ich antwortete nicht. Ich war der Ansicht, dass jemand, der Ehre besitzt, auf ein solches Schweigen nicht weitergehen könne, zumal ich Herrn Lebius **mit der Broschüre total abgewiesen hatte.** Aber am 8. August schrieb er trotzdem wieder:

> „Die ‚Sachsenstimme' ist am 4. d. **zu vorteilhaften Bedingungen** an mich allein übergegangen. Ich kann jetzt schalten und walten, wie ich will. Um mich von dem Drucker etwas unabhängig zu machen, **würde ich gern einige tausend Mark (3-6) auf ein halbes Jahr als Darlehen aufnehmen.** Ein Risiko ist ausgeschlossen. **Hinter mir stehen die**

jüdischen Interessentenfirmen, die mich, wie die letzte Saison bewiesen hat, im weit gehendem Maß unterstützen. Das Weihnachtsgeschäft bringt wieder alles ein. Würden Sie mir das Darlehen gewähren? Zu Gegenleistungen bin ich gern bereit. **Die große Zahl von akademischen Mitarbeitern erhebt mein Blatt über die Mehrzahl der sächsischen Zeitungen.** Wir können außerdem **die** Artikel, auf die **Sie** Wert legen, an **300** oder **mehr deutsche und österreichische Zeitungen** versenden und den betreffenden Artikel **blau anstreichen. So etwas wirkt unfehlbar.** In Dresden lasse ich mein Blatt allen Wirtschaften (1.760) zugehen. Mit vorzüglicher Hochachtung
                Rudolf Lebius."

Zu derselben Zeit erfuhr ich, dass Lebius **den Offenbarungseid** geleistet hatte, dass er also nichts besaß, dass er den Drucker seines Blatts nicht bezahle, dass er überhaupt Schulden habe und dass er sogar auch Honorar schuldig bleibe. Ich war der Meinung, dass seine Behauptungen „Ein Risiko ist ausgeschlossen", von der „großen Zahl der akademischen Mitarbeiter", von den 1.760 Wirtschaften usw. vor den Staatsanwalt gehörten. Ich antwortete ihm nicht. Da schrieb er am 15. August nicht an mich, sondern an Max Dittrich:

      „Werter Herr Dittrich!
Ich gebe Ihnen für die Vermittlung ein Prozent. **Mehr als 10.000 Mark brauche ich nicht.** Ich würde aber auch mit weniger vorlieb nehmen. Das Honorar sende ich am 20. d. wie verabredet.
    Könnten Sie nicht Dr. May **bearbeiten**, dass er mir Geld vorschießt?
    Freundlichen Gruß
                R. Lebius."

Dann am 27. August:

> „Werter Herr Dittrich!
> Meine Frau kommt am 1. September zu Herrn Dr. Klenke, einen kleinen Betrag kassieren. Bei dieser Gelegenheit gibt Sie Ihnen Ihr Honorar. Sie haben meine schriftliche Zusage, dass ich Ihnen 1 Prozent von dem Geld gebe, welches Sie mir von H. V. oder Dr. M. (May) vermitteln. Sie erhalten das Geld sofort...
> Freundlichen Gruß
> Lebius."

Er war nämlich Herrn Max Dittrich ein Honorar von 37 Mark 45 Pfennigen schuldig, welches er trotz der Kleinheit dieses Betrags nicht bezahlen konnte. Es wurde daraufhin ein Spiegel gerichtlich abgepfändet. Als er von Dittrich, anstatt der 10.000 Mark von mir, eine Mahnung um diese 37 Mark 45 Pfennig bekam, schrieb er ihm am 3. September:

> „Geehrter Herr Dittrich!
> Ich habe Herrn Dr. med. Klenke ersucht, Ihnen 40 Mark zu meinen Lasten gutzuschreiben. Ihr Verhalten mir gegenüber finde ich höchst sonderbar, um nicht zu sagen beleidigend.
> Achtungsvoll
> R. Lebius."

Diesem Dr. Klenke fiel es aber auch nicht ein, die Schulden des Herrn Lebius zu bezahlen, und so kam in logischer Folgerichtigkeit am 7. September in Form einer Postkarte folgende Drohung bei mir an:

„Werter Herr!
Ein gewisser Herr Lebius, Redakteur der ‚Sachsenstimme', erzählte einem Herrn, dass er einen Artikel gegen Sie schreibt. Ich habe es im Lokal gerade gehört. Es warnt Sie ein Freund vor dem Mann. B."

Über den Verfasser und den Zweck dieser Karte war ich mir natürlich sofort im Klaren. Auch das Gutachten der **vereideten Sachverständigen** lautet dahin, **dass sie unbedingt von Lebius selbst geschrieben ist.** Jedenfalls erwartete er ganz bestimmt, dass ich auf diese Erpressung hin die 10.000 Mark zahlen werde. Gab ich sie nicht, so waren mir nicht nur der jetzt angedrohte, sondern auch noch weitere Racheartikel sicher und auch noch anderes dazu, was mich in Besorgnis setzen musste.

Ich ahnte nämlich, dass Herr Rudolf Lebius bestimmt war, der **„Redakteur oder Schriftsteller, also der Fachmann zu sein, der es noch besser als Herr Adalbert Fischer verstand, mich abzuschlachten".** Seine „Sachsenstimme" entwickelte sich immer mehr und mehr zum Skandal-, Revolver- und Erpressungsblatt, und die „Schundverlagsleute" hätten blind sein müssen, um nicht schon längst gesehen zu haben, dass dieser Mann der geeignetste Henker für mich sei! Gab ich ihm die 10.000 Mark, so hatte ich ihn auf meiner Seite und konnte überzeugt sein, dass er mit mir gegen Münchmeyers durch Dick und Dünn gehen werde. Gab ich sie ihm aber nicht, so hatte ich das Schlimmste zu befürchten. Das sagte ich mir sehr wohl! Aber meine Sache war eine gerechte, und mir einen derartigen Charakter durch Geld zu erkaufen, das hätte mich zur ewigen Scham vor mir selbst getrieben. Darum ließ ich auch jetzt nichts von mir hören und sah mit gutem Gewissen dem unvermeidlichen Artikel entgegen, der am 11. September 1904 in Nummer 33 der „Sachsenstimme" erschien und die dreifache Überschrift hatte:

„**Mehr Licht über Karl May**
 160.000 Mark Schriftstellereinkommen
  Ein berühmter Dresdner Kolportageschriftsteller"
In dieser Veröffentlichung wurde der Besuch des Herrn Lebius in meinem Haus in einer Weise ausgebeutet, zu der nur dieser seltene Mann befähigt war. Und zwar trotz seines Wortes, welches er sowohl meiner Frau als auch mir selbst gegeben hatte – – – **als Ehrenmann!** Gleich als ich diesen Aufsatz zum ersten Mal las, zählte ich **über siebzig Unsauberkeiten**, die er enthielt, zusammen. Die hauptsächlichsten von ihnen sind in der **Rudolf-Lebius-Liste, Nummer 11 bis 52** aufgezählt. Ich bitte, sie dort nachzulesen! Ich habe in dieser Liste zwischen gewissenloser Behauptung, wissentlicher Unwahrheit (also Lüge), absichtlicher Fälschung, raffinierter Bosheit und Infamie unterschieden. Dieses Buch soll in die Öffentlichkeit gehen. Wäre es nur für juristische Kreise bestimmt, so würde ich diese Unterscheidung unterlassen haben. Ich habe zu diesem ersten Artikel des Herrn Lebius gegen mich nur die folgenden, kurzen Bemerkungen zu machen:

Wenn man in einer Veröffentlichung von nur ca. 200 Zeilen über 70 fragwürdige Stellen resp. 42 mehr oder weniger boshafte oder infame Unwahrheiten anzustreichen hat, so kommt auf drei Zeilen eine Fragwürdigkeit und auf je fünf Zeilen etwas noch viel Schlimmeres. Ich meine, so etwas kann nur Herr Rudolf Lebius leisten!

Bezeichnend ist das Eingeständnis, dass er diesen Artikel wegen der Dittrichschen Broschüre geschrieben habe, die er so gern haben wollte und doch nicht bekommen hat. Also Rache hierfür!

Und noch bezeichnender ist, dass er zwischen seine unqualifizierbaren Angriffe hinein immer wieder behauptet, dass er mich trotz alledem bewundere. Dadurch schlingt er sich die Aureole der Gerechtigkeit und der Objektivität um das Haupt und ermöglicht sich den Rückzug für den Fall, dass ich das Geld vielleicht doch noch bezahle.

Kurze Zeit nach diesem Artikel wurde Herr Rudolf Lebius von dem „Leipziger Tageblatt" **als geborener Verbrecher** bezeichnet und die „Frankfurter Zeitung" beschuldigte ihn des **Größenwahns**. Fügt man hinzu, dass Lebius gleich darauf in seiner „Sachsenstimme", die er aber aus taktischen Gründen jetzt plötzlich und einstweilen „Pilatus" nannte, seinen Grundsatz **„Der Meistbietende hat uns!"** erläuterte und diese Worte sogar sehr fett gedruckt hervorhob, so wird man es begreifen, dass ich mich nicht verleiten ließ, auf seinen Artikel öffentlich einzugehen. Infolge dieses meines Schweigens und infolge des Ausbleibens des nun erst recht und ganz gewiss erwarteten Geldes bekam ich in Nummer 40 des „Pilatus" folgenden Wink:

Unserer Meinung nach **gibt es** seit dem Erscheinen des „Pilatus"-Artikels über Karl May **keine Karl-May-Frage** mehr.

Das war doch so zu verstehen, dass die Diskussion über mich zu schließen sei. Sie wurde aber, als ich auch hierauf nichts tat, sofort wieder eröffnet, indem Herr Lebius mich in seiner Nummer 43 beschuldigte, mir unberechtigterweise den Doktortitel zugelegt zu haben und meine Reiseabenteuer in meiner Radebeuler Studierstube zu erdichten. Zugleich wiederholte er, dass meine Schriften mir jährlich 160.000 Mark eingebracht hätten, jetzt aber nach den Enthüllungen über meine Person nur noch die Hälfte. Begleitet war dieser neue Hieb von meinem Bild. Das waren Kleinigkeiten, die mir andeuten sollten, dass es von nun an schlimmer kommen werde, falls ich noch weiter schweige. Und als ich dies doch tat, erschien in Nummer 44 unter der Marke **„Karl May und die Sachsenstimme"** ein schärferer Artikel, der in 51 Zeilen zwölf hervorragende Unwahrheiten enthielt. Man lese das in der **Rudolf-Lebius-Liste Nummer 54 bis 65** nach! Als ich auch auf diese Anzapfung nicht reagierte, erschien schon in Nummer 46 ein weiterer Artikel mit der Überschrift **„Zur**

Mayfrage", obgleich soeben erst in Nummer 40 behauptet worden war, dass es keine Mayfrage mehr gebe.

Das hatte einen ganz besonderen, für mich außerordentlich wichtigen Grund. Es stellte sich in dieser Nummer nämlich heraus, dass Herr Rudolf Lebius, Frau Münchmeyer, deren Rechtsanwalt Gerlach und Herr Adalbert Fischer sich zusammengefunden hatten. Herr Rudolf Lebius hatte sein Amt als „Journalspinne" angetreten und begann mich derart „abzuschlachten", wie die Herren und Damen des „Schundverlages" wünschten. Herr Fischer wurde öffentlich als der Inhaber großer, für mich sehr gefährlicher Geheimnisse hingestellt, und, last not least, die Vorstrafen wurden zum ersten Mal an dieser Stelle erwähnt, also ganz so wie Herr Fischer es mir vorausgesagt hatte. Das kam von Gerlach, dem Münchmeyerschen Rechtsanwalt!

Übrigens enthielt dieser Artikel in 58 Zeilen wieder neun offenbare Unwahrheiten, die in der **Rudolf-Lebius-Liste Nummer 66 bis 74** verzeichnet stehen.

Nun Herr Rudolf Lebius sich der Sache des „Schundverlages" angenommen hatte, ging er auf diesem moralischen Grund und Boden in höchster Energie gegen mich vor. Es kam schon in der nächsten Nummer, also 47, ein neuer Artikel, der in 110 Zeilen 13 höchst raffinierte Unwahrheiten brachte. Sie sind **Rudolf-Lebius-Liste Nummer 75 bis 86** nachzulesen.

Auf die Vorstrafen wird von jetzt an größeres Gewicht gelegt. Die Unsittlichkeitsvergehen verwandeln sich in Eigentumsvergehen und für die nächste Nummer werden noch weitere Enthüllungen verheißen. Sodann wird mein amerikanisches Doktordiplom mit Gewalt herbeigezogen, um einer Fälschung der Jahreszahl und der ministeriellen Bescheide unterworfen zu werden. Und endlich kommt das, was für die Münchmeyer das Wichtigste war. Es wird nämlich mein Prozess ganz im Münchmeyerschen Sinne dargestellt und diese Darstellung durch die **vollständig**

unberechtigte Überschrift „**Amtliches Material**" für die Richter dieses Prozesses genießbar gemacht.

Da sah ich denn ein, dass es jetzt **nicht mehr vornehm, sondern töricht war,** zu diesen unausgesetzten Angriffen zu schweigen. Es handelte sich nicht mehr allein um meine persönliche und schriftstellerische Ehre, sondern um den Verlust des Prozesses. Das mir angedrohte „**Kaputtmachen in den öffentlichen Zeitungen**" ging mit Riesenschritten vorwärts, und wenn ich hierzu noch länger schwieg, wurde ich auch noch **kaputt vor den Richtern.** Ich schritt zur Strafanzeige bei der Staatsanwaltschaft.

Das geschah am 19. Dezember. Die Antwort hierauf gab mir Herr Lebius in der Nummer 48 der „Sachsenstimme", in der er seinen Lesern mitteilte, dass ich meine Vorstrafen infolge eines Einbruchs in einen Uhrenladen erlitten habe. Diese Nummer erschien genau am 25. Dezember, also am ersten Weihnachtsfeiertag. Aber schon einen Tag vorher, am Weihnachts-Heiligenabend, prangten an den Schaufenstern der Dresdner Buchhändlerläden große Plakate, auf denen in weithin sichtbarer, rotfarbiger Riesenschrift die Ankündigung „**Die Vorstrafen Karl Mays**" zu lesen war. Das war das liebe, heilige Weihnachtsfest, welches Herr Lebius mir dafür bereitete, dass ich ihn trotz alledem bisher immer noch als Mensch betrachtet und behandelt hatte!

Über den Erfolg der Strafanzeige habe ich später zu berichten. Meine Verfolgung durch Herrn Lebius stand eine ganze Zeit lang still. Die Anzeige bei der Staatsanwaltschaft zwang ihn zur einstweiligen Ruhe. Aber ganz schweigen konnte er nicht. Er sagte in der Nummer 11 des folgenden Jahres:

„Es gibt in Sachsen nur ein Blatt, das der Wahrheit ohne Rücksicht auf die Folgen dient. Dieses Blatt ist die ‚Sachsenstimme'!" Wahrlich ein stolzes Wort! Und als Beweis brachte er unter anderen Beispielen auch mich: „Wir erinnern nur an die Stellungnahme der ‚Sachsenstimme' zum Fall Karl May..."

Ganz plötzlich warf er sich mit einem neuen, in Nummer 12 der „Sachsenstimme" erscheinenden und „Wer sind die Hintermänner der Dresdner Rundschau" überschriebenen Artikel über mich her, ohne dass ich ihm die allergeringste Veranlassung dazu gegeben hatte. Herr Lebius war mit der „Dresdner Rundschau" schwer verfeindet und führte immer während Krieg mit ihr. Im Verlauf dieser Kämpfe warf ihm die Rundschau vor, wie er sich gegen mich benommen hatte. Auf diesen Vorwurf hin zog er von neuem gegen mich los. In der **Rudolf-Lebius-Liste Nummer 88 bis 104** sind die 17 hervorragendsten Unwahrheiten aufgezeichnet, die er in diesem Artikel brachte.

Er veröffentlicht da von neuem die ganze Doktordiplom-Affäre, natürlich nur, um mir zu schaden, schadet aber nur **sich selbst**, indem er sich mit eigener Hand als absichtlichen „**Fälscher**" entlarvt. Er gesteht hier nämlich zu, dass ich das Doktordiplom am 14. März 1903 dem Ministerium vorgelegt habe, während er, um **mich** als Fälscher und Schwindler zu entlarven, in seiner „Sachsenstimme" Nummer 47 behauptete, dass ich das erst im März 1904 getan habe. Er war sogar so kühn, diese **seine eigenhändige Fälschung** damals in großen Buchstaben als „**Amtliches Material**" zu bezeichnen und ist nun hier infolge seiner Vergesslichkeit in die eigene Falle gestürzt.

Ich muss nun meine Leser **dringend** bitten, auf das, was ich jetzt zu sagen habe, **ihre ganz besondere Aufmerksamkeit zu richten**, denn es ist für die Beurteilung des Herrn Lebius **von allergrößter Wichtigkeit**.

Ich hatte bekanntlich, als dieser Herr seinen Besuch bei mir machte, den Redakteur und Militärschriftsteller Max Dittrich als Zeugen dazu geladen, aus Misstrauen und Vorsicht, um gegen etwaige spätere Lügen und Schwindeleien des Herrn Lebius durch einen vollgültigen Zeugen geschützt zu sein. Herr Dittrich war damals vom Anfang bis zum Ende anwesend und hatte jedes von mir gesprochene Wort gehört. Einen solchen Zeugen zu haben, wurde Herrn Lebius mit der Zeit immer peinlicher, immer gefährlicher. Er beschloss darum, **ihn eidesunwürdig zu machen**, also ganz dasselbe, was er auch bei mir getan hat **und noch heute tut**. Es ist das, wie sich später zeigen wird, **ein persönlicher Trick** von ihm, den er **für unfehlbar** hält – – – eidesunwürdig machen!

Er befolgt dabei den Grundsatz, den er uns während seines Besuchs bei uns vortrug: Jeder Mensch, jeder Polizist und Richter, jeder Beamte hat Werg am Rocken, hat eine Schuld auf sich, die er verheimlichen muss. Man muss das **entdecken und in die Zeitung bringen**; dann wird man Herrscher und als „**tüchtiger Kerl**" bekannt. So tat Herr Lebius auch hier. Die erste Frau Max Dittrichs war gestorben; von der zweiten Frau hatte er sich scheiden lassen; jetzt war er infolge eines Schiffsbruchs, bei dem er nur gefährlich verletzt dem Tod entging, schwer nervenkrank geworden. Das gab ein hochinteressantes Material, aus dem sich jedenfalls etwas machen ließ! Herr Lebius ging also aus, um nach dem „Werg am Rocken", nach der „heimlichen" Schuld und Sünde zu suchen. Er forschte überall, schriftlich, mündlich, persönlich. Er stellte sich überall ein, wo er glaubte, etwas erfahren zu können. Er scheute sich nicht, sogar zu Dittrichs Verwandten zu gehen. Er schlich sich zu Dittrichs alter Schwägerin, zu Dittrichs Neffen und Nichte, sogar zu Dittrichs zweiter Frau, die wieder verheiratet war und in glücklicher, stiller Ehe lebte. Er forschte sie aus, ohne dass sie ahnten, warum und wozu. Sie antworteten vertrauensvoll und unbefangen. Aber als er plötzlich zu ihrem Entsetzen die Worte „Gericht" und „Eid" fallen ließ, da fühlten sie die Krallen, in die sie geraten waren. Sie hatten nichts Böses sagen können und baten, sie aus dem Spiel zu lassen. Er versprach es ihnen. Besonders entsetzt über die Aussicht, in diesen Lebiusschen Schmutz verwickelt zu werden, war Dittrichs zweite Frau. Ihr jetziger Mann war ein lieber, guter, aber in Beziehung auf die „Ehre" sehr streng denkender, unerbittlicher Herr.

Seine Frau in **solcher** Angelegenheit an Lebius' Seite, das wäre unbedingt von den schwersten Folgen für ihn und sie gewesen! Sie bat also Lebius, sie ja nicht mit darin zu verwickeln, und er scheute sich nicht, es ihr hoch und heilig zu versprechen. Dann aber ging er schleunigst hin und brachte in Nummer 12 seiner „Sachsenstimme", die ich soeben behandle, einen Bericht, dem ich nur einige Punkte entnehme, die nicht einmal die schlimmsten sind, nämlich:

„Max Dittrich hatte von seiner ersten Frau keine Kinder, wohl aber zwei von seiner Stieftochter, bevor diese das 16. Lebensjahr erreichte."

„Seine Frau härmte sich über die Ausschweifungen ihres Mannes zu Tode."

„Obgleich seine zweite Frau sehr tolerant war, trieb Dittrich es schließlich so schlimm, dass eine Ehescheidung unvermeidlich wurde."

„Mit der 16-jährigen mit im Hause wohnenden Nichte seiner Frau unterhielt er ein mehrjähriges Verhältnis."

„Dann fing er ein Verhältnis mit einem jungen Mädchen an."

„Seine Frau ließ ihn durch ein Detektivbüro beobachten."

„Während des Ehescheidungsprozesses wohnte Dittrich mit seiner Braut zusammen und hatte auch seine Tochter bei sich."

„Jetzt ist er wegen schweren, syphilitischen Nervenleidens Halbinvalide." usw. usw.

Man kann sich den Schreck der Verwandten denken, als sie das lasen und dann als Zeugen vor Gericht beordert wurden, weil Max Dittrich ganz selbstverständlich Herrn Lebius verklagte! Die Nichte musste im Haus vernommen werden; sie lag krank. Die geschiedene Frau Dittrichs ging in ihrer Herzensangst zum Richter und sagte ihm aufrichtig, dass diese entsetzliche Sache ein absoluter Todesschlag für das Glück ihrer jetzigen Ehe sei; sie werde das wohl kaum überleben. Dieser vortreffliche Herr hatte nicht nur das Gesetz im Kopf, sondern dazu auch ein menschliches Herz in der Brust und erledigte die Vernehmung in entsprechender humaner Weise.

Selbst angenommen, dass die von Herrn Lebius angegebenen Punkte alle auf Wahrheit beruhen, so liegt doch wohl für jeden nur einigermaßen gebildeten und nicht verrohten Menschen die Frage nahe, ob die Veröffentlichung solcher Dinge **gesetzlich** resp. **pressemoralisch statthaft** sei. Ich bin überzeugt, dass jedermann, außer Herrn Lebius, diese Frage mit einem „Nein!" beantworten wird. Das würde zur Charakterisierung dieses Herrn jedenfalls genügen, ist aber noch lange nicht alles, denn wenn man Gelegenheit findet, die Akten Dittrichs kontra Lebius aufzuschlagen, so sieht man am Schluss derselben Herrn Lebius in noch ganz anderer Weise beleuchtet. Er gesteht da nämlich ein, dass seine Verleumdungen gegen Max Dittrich **nicht wahr gewesen seien**, und erklärt sich bereit, die Kosten des Verfahrens zu tragen! Ich glaube, mehr braucht man nicht zu wissen, um diesen Herrn nicht nur literarisch und journalistisch, sondern auch auf andern Gebieten für **im höchsten Grade gemeingefährlich** zu halten. Ob jemand aus dem Busch herausspringt und den andern ermordet oder ob jemand aus den Spalten seines Rowdyblattes heraus die Menschen niederknallt, so oft es ihm beliebt, das wird von der Strafgesetzgebung der Zukunft wohl ganz anders betrachtet und ganz anders behandelt werden als heutigen Tages. Doch gibt es, Gott sei Dank, auch jetzt schon geistige und menschheitsethische Instanzen, welche den Totschlag einer Menschenseele für wenigstens ebenso strafbar halten wie die Ermordung eines Menschen**körpers**.

Einen solchen Mörderhieb führte Herr Lebius in seiner nächsten Nummer 13 gegen mich aus, in der er sagte:

„Zu erwähnen bleibt noch, dass nicht wir erpicht waren, die Dittrichsche Broschüre zu verlegen, sondern dass **Herr May eifrig bemüht war, uns mit der Broschüre hereinzulegen**. Wir wollten die Broschüre nur verlegen, wenn May die Garantie für den Absatz übernahm. Da er es nicht tat, **lehnten wir die Verlagsübernahme ab**, und das war unser Glück. Wir wären andernfalls schwer hereingefallen, denn die Broschüre ist entgegen den May-Dittrichschen Verheißungen nicht gegangen."

Als ich das las, traute ich meinen Augen nicht. Das war ja eine direkte Umdrehung der Verhältnisse! Ich hätte so etwas gewiss **nicht für möglich gehalten**, wenn es nicht mir selbst geschehen wäre. Das war ja nicht mehr **raffiniert** und nicht mehr **infam**, sondern das war geradezu **höllisch, teuflisch!** Ich wäre ein vollständig ehrloser Mensch gewesen, wenn ich diese öffentliche Anklage, dass ich eifrig bemüht gewesen sei, ihn mit der Broschüre hereinzulegen, auf mir hätte sitzen lassen. Ich war gezwungen, und zwar **gezwungen durch ihn selbst**, sofort Beleidigungsklage zu erheben.

Ich habe diesen Zwang ganz besonders zu betonen, weil es Gepflogenheit des Herrn Lebius ist, die Staatsanwälte, Richter usw. glauben zu machen, dass ich es sei, der ihn verfolge, nicht aber er mich.

Die Nummer 27 der „Sachsenstimme" bringt das Ergebnis meiner Beleidigungsklage gegen Herrn Lebius, selbstverständlich mit den unausbleiblichen Randglossen. Er stellt da eine ganze Reihe der lächerlichsten, kindischsten Behauptungen auf und bringt eine Reihe von 13 Unwahrheiten, die in der **Rudolf-Lebius-Liste Nummer 109 bis 121** notiert worden sind. Ganz besonders auffällig aber ist folgendes Bekenntnis:

„**Wir wissen, wer Karl May ist, aber wir sagen es noch nicht. Ein wenig haben wir schon den Schleier von dem Geheimnis gelüftet. Wir müssten aber schlechte Kartenspieler sein, wenn wir beim Beginn der Partie unsere Trümpfe zeigten. Wir müssten schlechte Strategen sein, wenn wir vorzeitig alle unsere Minen springen ließen.**"

Wer sind diese „**wir**"? Doch nicht etwa Herr Lebius allein! Dem Juristen wird es ein Leichtes sein, diese Frage zu beantworten.

Übrigens ging es mit Herrn Lebius in Dresden jetzt zu Ende. Man hörte, dass man sich mit ihm nicht mehr zu befassen brauche; er werde ganz von selbst verschwinden.

Er brachte noch in Nummer 30 einen Artikel gegen mich, dessen Unwahrheiten man in **Rudolf Lebius-Liste Nummer 122 bis 127** nachlesen kann.

Bezeichnend ist es, dass er in derselben Nummer damit prahlte, dass er wiederholt bestraft sei, so z. B. als Angestellter der Rheinisch-Westfälischen Arbeiterzeitung einmal mit drei Monaten und einmal mit drei Wochen Gefängnis. Auch hier in Dresden sei er schon verhaftet, dann aber freigesprochen worden. Hierzu kam eine Bestrafung wegen Beleidigung des Rechtsanwalts Bernstein und vieles andere, was ihm sein Vertrauen zu Dresden verleide. Ich hörte plötzlich, dass er verschwunden sei, und niemand könne ihn finden, trotz der fleißigen Nachfrage, die man nach ihm halte. Das geschah besonders von Leuten, welche ausgelegte Gerichtskosten resp. Vorschüsse einziehen wollten. Denn noch in einer seiner letzten Nummern der „Sachsenstimme" machte er bekannt, dass er „in einem ganzen Haufen von Prozessen stecke". Nur ich, der ich mich um seinen neuen Aufenthalt doch ganz und gar nicht kümmerte, erhielt von Zeit zu Zeit ein Lebenszeichen von ihm. Das waren Zeitungen, die mir zugeschickt wurden. Sie enthielten die Artikel, die seine verflossene „Sachsenstimme" gegen mich gebracht hatte. Er verschickte sie, auch nachdem er aus Dresden verschwunden war, an die Redaktionen, sogar an die österreichischen, um selbst auch im Exil keine Pause in den Feindseligkeiten gegen mich eintreten zu lassen. Nur eine Woche, ehe er aufhören musste, in seiner vorletzten Nummer, drohte er mir unter der vorgeschobenen Adresse des „Beobachter-Verlegers", dass er mir es **„schon heimzahlen werde. Aufgeschoben ist nicht aufgehoben. Langsam, aber sicher!"**

Das sind seine eigenen Worte. Er sorgte dafür, dass sie in Erfüllung gingen, und zwar in Berlin, wo der „Bund" an die Stelle der „Sachsenstimme" trat und für die Münchmeyersche Journalspinne ein Netz bildete, dessen Fäden für mich unzerreißbar schienen. – – –

8. Erfolge und Misserfolge.

Indem ich vorstehende Kapitelüberschrift wähle, will ich gleich kurz und ehrlich sagen, dass sich diese meine Erfolge auf den Münchmeyerprozess, die Misserfolge aber auf meine Verteidigung gegen Herrn Lebius beziehen. Der Prozess an sich und in seinem weiteren Verlauf wird in einigen späteren Abschnitten ausführlich behandelt werden. Für jetzt genügt es zu sagen, dass ich ihn in allen Instanzen, auch im Reichsgericht, gewann. Das brachte mir aber keine Ruhe, sondern nur neue, größere Aufregung, denn die Münchmeyerschen Strategen spielten ihn nun zum Staatsanwalt hinüber, indem sie mich und meine Zeugen wegen Meineid anzeigten. Es war mir **sehr lieb**, dass die Voruntersuchung **auf das Allerstrengste** geführt wurde. Sie dauerte **volle vierundzwanzig Monate** lang; dann war auch dieser, wohl der schwerste Streich von allen, die man gegen mich führte, zurückgewiesen.

Über einige schon früher ausführlich besprochene Helfershelfer des „Schundverlages" habe ich hier kurz Folgendes nachzuholen.

Herr **Cardauns**, der frühere Redakteur der „Kölnischen Volkszeitung", wurde von dem „Schundverlag" in geradezu unglaublicher Weise düpiert. Er bekam die **gedruckten Münchmeyerschen Fälschungen** zugeschickt und ließ sich **weismachen**, dass es **die Originale** seien. Hierauf trat er, wie einst Goliath gegen David, alltäglich einmal aus seinem Zelt heraus, um mit Schild und Spieß zu klirren. Hatte er dann zum wievielsten Mal die große Mär erzählt, dass er sich im Besitz untrüglicher Akten und Schuldbeweise gegen mich befinde, so wich er hinter seine Leinwand zurück und war bis morgen wieder ruhig. Noch aber hat er **keinen einzigen** seiner Beweise vorgezeigt, die doch nur in meinen **von mir selbst geschriebenen Originalmanuskripten** bestehen konnten! Dieser Goliath hat, so groß er ist, doch nicht den Mut, ehrlich einzugestehen, dass er genasführt wurde!

Professor **Gurlitt,** der schon oft erwähnte, ist der Schwager des Münchmeyerschen Rechtsanwalts Gerlach und hat es sich darum gefallen lassen müssen, in die „Sachsenstimme" heruntergezogen zu werden, um die Lebiusschen Fälschungen als **„Amtliches Material über Karl May"** auf sich und seine persönliche „Magnifizenz" zu nehmen.

Über Herrn **Avenarius,** Herrn Professor **Schumann** usw. äußert man sich nur an Ort und Stelle, sonst aber nicht!

Was meine Misserfolge gegen Herrn Lebius betrifft, so beziehe ich mich zunächst auf seine Beleidigung meines Rechtsanwalts Bernstein, aus der ihm eine Geldstrafe von 50 Mark resp. fünf Tagen Haft erwuchs. Herr Rechtsanwalt Bernstein bekam die Veröffentlichung dieses Urteils auf Lebius' Kosten zugesprochen, gab aber folgende Bemerkung zu den Akten:

„Ich verzichte auf die Bekanntmachung der Verurteilung Lebius', weil ich nicht will, **dass mein Name mit dem des Lebius verbunden in die Zeitung gebracht wird."**

Meine Anzeige bei der Staatsanwaltschaft wegen Erpressung hatte keinen Erfolg. Ich wollte das, als ich es hörte, nicht glauben. Aber als ich dann später die Kampfesart des Herrn Lebius kennen lernte, wurde, wie so vieles andere, auch dieses mir begreiflich. Der Verdacht war ein großer und wohlbegründeter. Auch die vereideten Sachverständigen behaupteten, dass er der Verfasser der Erpresserkarte vom 7. September sei, aber der Mann lügt ja geradezu das Blaue vom Himmel herunter, und zwar mit einer so verblüffenden Sicherheit und Selbstverständlichkeit, dass man gar nicht erst auf den Gedanken kommt, die Sache auf ihre Wahrheit hin zu prüfen. Und das ist **die ganze, große, einzige Force**[1] des Herrn Lebius. Er lügt ins Schwarze, mit der Treffsicherheit einer Büchsenkugel. Das Loch ist da; aber nun such einmal die Kugel! So machte er der Staatsanwaltschaft weis, dass ein Hotelbesitzer vom Berge Sinai

---

[1] Frz./engl.: Kraft

da gewesen sei und meine dortigen Reiseabenteuer als Schwindel bezeichnet habe! Jeder meiner Leser aber weiß, dass ich niemals ein Sinai-Abenteuer geschrieben habe, und jedem Quartaner ist es wohl bekannt, dass es niemals ein Hotel auf dem Sinai gegeben hat. Da frage ich, die Staatsanwaltschaft ließ sich das ruhig bieten? Und noch etwas: Bei dieser Gelegenheit bekam der Staatsanwalt auch die Korrespondenz des Münchmeyerschen Rechtsanwalts mit Lebius in die Hände. Und das, was er schrieb, hat für Herrn Lebius und gegen mich gesprochen! Ich wurde mit meiner Anzeige abgewiesen!

Mit meiner Beleidigungsklage erzielte ich zunächst einen Erfolg. Herr Lebius wurde in erster Instanz mit dreißig Mark resp. fünf Tagen Gefängnis bestraft, in zweiter Instanz aber freigesprochen. Wie das gekommen ist, werde ich in einem der nächsten Kapitel beleuchten. Ich habe Erfahrungen gemacht, welche mich später bestimmten, Herrn Lebius überhaupt unbestraft laufen zu lassen, trotz der großen Zahl und der ganz ungewöhnlichen Art seiner öffentlichen Beleidigungen und Verleumdungen. Zur Charakterisierung dieses Mannes und seiner Art und Weise komme ich noch einmal auf die entsetzlichen Verleumdungen zurück, die er in der „Sachsenstimme" vom 27. März 1905 gegen Max Dittrich schleuderte. Ich bitte, die Seite 120[1] noch einmal nachzulesen! Solche Scheußlichkeiten verkündet man doch nicht öffentlich, selbst wenn sie tausendmal wahr wären! Aber am 18. November darauf erklärte Herr Lebius in der zweiten Strafkammer des Königlichen Landgerichts:

„Ich erkläre, dass ich die gegen den Privatkläger in der ‚Sachsenstimme' vom 27. März 1905 erhobenen, beleidigenden Behauptungen (!!!) als unwahr (!!!) hiermit zurücknehme und mein Bedauern über die gedachten Äußerungen in der ‚Sachsenstimme' ausdrücke und den Privatkläger deshalb (!!!) um Verzeihung bitte."(!!!)

---

[1] Die Seite 120 des Erstdrucks entspricht S. 250 des vorliegenden Bandes.

So einem Mann läuft man wohl gewiss nicht nach, um ihn zu verfolgen, sondern man schenkt ihm lieber alle Strafe und ist nur froh, ihn endlich los zu sein! So war es auch mit mir. Ich atmete endlich auf, als er aus Dresden verschwunden war. Zwar hatte mein Rechtsanwalt für mich noch mehrere Klagen gegen ihn eingereicht, ich ließ sie aber alle verfallen, um nur nicht wieder mit ihm zu tun zu haben. Er aber ließ mir keine Ruhe. Er verfolgte mich fort und fort, obgleich ich ihm nicht das Geringste tat. Er ließ seine Schmähartikel gegen mich in fremden Zeitungen weiterdrucken und verstieg sich am 30. Juni 1906 sogar zu einem so empörenden Artikel, dass ich der größten Selbstbeherrschung bedurfte, so ruhig zu bleiben wie bisher. Dieser Artikel erschien in der so genannten „Wahrheit", hatte die Überschrift **„Atavistische und Jugendliteratur von Rudolf Lebius"** und den Zweck, mir blutrünstigen „Atavismus" und „fortgesetzte Einbruchsdiebstähle" vorzuwerfen. Das ist doch wohl nicht mehr menschlich zu nennen! Das ist Kafillerei[1] und langsame Todschinderei in vollster Öffentlichkeit! Es gibt Leute, die hierfür nur das eine Wort haben: „Bestie"! Wem dieses Wort zu stark erscheint, den verweise ich auf Seite 2 seiner „Kahl-Broschüre" gegen mich, wo er ganz denselben Artikel genau wörtlich bringt, doch ohne seinen Namen, und in empörendster Verlogenheit so tut, als ob er gar nicht von ihm sei!

Dennoch blieb ich still und wollte auch still bleiben, wollte niemals wieder etwas mit diesem Mann zu schaffen haben. Leider aber sollte es anders kommen, ganz ohne meine Absicht, ohne mein Verschulden! Nämlich der Münchmeyerprozess war zu jener Zeit so weit gediehen, dass eine höchst notwendige und höchst wichtige Frage an Lebius gerichtet werden musste. Nur wollte es den Anwälten nicht gelingen, seinen Aufenthalt ausfindig zu machen. Da kam ich mit meiner Frau nach Berlin, grad

---

[1] Kafiller = Schinder, Abdecker

zur Sedansfeier 1907. Dort erfuhren wir ganz zufällig, dass Lebius hier wohne und ein Blatt „Der Bund" herausgebe. Wir wollten uns eine Nummer desselben kaufen, bekamen aber keine. Ich benachrichtigte meinen Rechtsanwalt sofort, dass ich Lebius gefunden habe. Er telegrafierte zurück: „Wenn er Telefon hat, augenblicklich anklingeln und ihm die Frage vorlegen! Es gibt keinen Grund, uns zu scheuen!" Ich telefoniere nie. Meine Frau tat es. Lebius war daheim und sagte, er werde nach dem Café Bauer kommen. Als wir uns dort einstellten, saß er allein an einem Tisch, um uns zu erwarten. Sobald wir uns aber gesetzt hatten, entfernte er sich, um Frau und Schwägerin herbeizuholen, die an einem anderen Tisch saßen. Ich wusste sofort, was das bedeutete, und warnte meine Frau. Das sollen Zeuginnen werden! Ich dachte an die Worte auf Seite 105[1], die ich zu ihm gesagt hatte, als er mich damals besuchte, „weil es bekanntlich Schurken gibt, aus deren Mund oder Feder dann alles anders klingt, als es in Wirklichkeit geklungen hat". Wir verhielten uns also außerordentlich vorsichtig. Ich legte ihm meine Frage vor. Er gab keine Auskunft. Ich sagte ihm, ich habe gehört, dass er ein neues Blatt herausgebe; gern hätte ich mir eine Nummer gekauft, habe aber keine bekommen. Das war ganz ehrlich und gut gemeint, ohne alle böse Absicht. Er aber begehrte sofort zornig auf, fragte drohend: „Haben Sie etwas vor? Dann gehe ich sofort von neuem los! Hier in Berlin gibt es über zwanzig Blätter wie die ‚Dresdner Rundschau'. Die stehen mir alle zu Gebote, wenn ich Sie totmachen will! Hier dauert das gar nicht lange!"

Ich antwortete, dass es mir gar nicht einfalle, wieder in den alten Sumpf zu steigen. Meine Frage sagte zu seiner Frau in ruhiger, freundlicher Weise, dass es die schönste Aufgabe verheirateter Frauen sei, versöhnend zu wirken und die Härten des Lebens zu mildern; dann entfernten wir uns.

---

[1] Seite 232 des vorliegenden Bandes

Das war am 2. oder 3. September. **Einen Monat später, am 1. Oktober, kam folgender Brief aus Berlin; ich war verreist:

„Geehrter Herr!
Obwohl völlig unbekannt, erlaube ich mir, bei Ihnen einmal anzufragen, ob Sie mir nähere Mitteilungen über einen Herrn Lebius, seinerzeit in Dresden, machen könnten. Genannter Herr, ehemaliger Sozialdemokrat, hat gegen mich als den seinerzeit verantwortlich zeichnenden Redakteur des ‚Vorwärts‘ die Privatbeleidigungsklage angestrengt. Es wird vor Gericht meine Aufgabe sein müssen, Herrn Lebius als ‚Ehrenmann‘ zu kennzeichnen. Auf den Rat eines Dresdner Kollegen wende ich mich vertrauensvoll an Sie, ob Sie mir über diesen Herrn vielleicht einige Auskunft geben könnten. Sollte dies der Fall sein, so sehe ich Ihrer Freundlichkeit sehr verbunden entgegen.
Mit größter Hochachtung
Karl Wermuth
Redakteur des ‚Vorwärts‘"

Ich wiederhole, dass ich verreist war und also auf diesen Wunsch, selbst wenn ich gewollt hätte, nicht eingehen konnte. Am 5. April 1908, also **ein volles halbes Jahr später**, erhielt ich von der Redaktion des „Vorwärts" eine weitere Zuschrift:

„**Zu unserem Bedauern haben Sie es bisher unterlassen**, sich über die gegen Sie gerichteten Angriffe des Lebius **zu äußern** resp. **uns die notwendigen Beweismittel** der ehrenabschneiderischen Tätigkeit des Lebius in Bezug auf Ihre Person **zur Verfügung zu stellen**. Wie ich von meinem Kollegen Wermuth erfuhr, hat Ihre Frau mitgeteilt, dass

Sie sich zurzeit auf Reisen befinden und **nicht in der Lage seien, uns mit dem gewünschten Material gegen Lebius zu versehen**. Ich hoffe, dass Sie inzwischen von der Reise zurückgekehrt sind und nunmehr..."

Hiermit ist wohl zur vollsten Genüge bewiesen, **dass nicht ich Herrn Lebius verfolge, sondern er mich**. Herr Lebius behauptet, dass ich mich damals, am Sedanstag, an ihn gemacht habe, um dem „Vorwärts" beizustehen. Hier beweise ich, dass ich damals von jener Beleidigungsklage noch gar nichts gewusst habe, sondern dass der „Vorwärts" es mir erst einen Monat später mitteilte und dann aber nach wieder sechs Monaten **noch gar keine Antwort bekommen hat!**

Hat Herr Lebius vielleicht bei der Berliner Staatsanwaltschaft ebenso gelogen wie bei der Dresdner? War auch dort vom „Sinai-Hotel", das es gar nicht gibt, und Ähnlichem die Rede?

Und während ich jetzt, bei Ankunft dieses Briefes, Herrn Lebius sechs Monate lang geschont hatte, wo es mir doch so bequem und leicht gemacht worden war, mich an ihm zu rächen, was hatte da er getan? Mir ein Schafott gebaut, auf dem ich öffentlich hingerichtet werden sollte. Sogar die Zeit, das Datum dieser Exekution, war fest bestimmt; es war der erste April. Der Henker wünschte das so, denn wenn ich länger lebte, so war er selbst verloren.

Nämlich Herr Lebius hatte den „Vorwärts" wegen Beleidigung verklagt, und der „Vorwärts" hatte mich, natürlich ohne erst viel zu fragen, als Zeugen angegeben. Sein Gewissen sagte ihm, dass er von diesem Zeugen wohl nicht viel Freundliches zu erwarten habe. Ja, es kam ihm sogar der Gedanke, dass ich von dieser Zeugenschaft schon im Café Bauer gewusst habe. Das erzürnte ihn. Er schickte seine Frau zu meiner Frau nach Radebeul, um mir zu drohen. Meine Frau wünschte diese Zusammenkunft in meinem Haus; aber darauf ging Frau Lebius nicht ein. Sie entschloss sich für ein öffentliches Lokal, weil sie da wieder eine Schwester als „Zeugin" mitbringen konnte, da es, wie bereits zweimal gesagt, „Schurken gibt, aus deren Mund oder Feder dann alles anders klingt, als es in Wirklichkeit geklungen hat". So ist es denn auch gekommen. Meine Frau wurde als Zeugin vernommen und die Schwägerin des Herrn Lebius wurde vernommen. Beide haben gegenteilig ausgesagt und beide haben ihre Aussagen beschworen. Eine von ihnen hat also gewissenlos geschworen und Gott wird Richter sein! Meine Frau, deren Gewissen ich kenne, sagt mir, Frau Lebius sei von ihrem Mann sehr gut instruiert gewesen und habe verlangt, ich solle beschwören, dass jene Erpresserkarte nicht von Lebius sei. Da wir aber heut mehr als je davon überzeugt sind, dass er sie geschrieben hat, so ist seine Gattin ganz unverrichteter Sache zu ihm nach Berlin zurückgekehrt.

Als er erfuhr, dass dieser Versuch misslungen sei, sah er sich ganz selbstverständlich auf den alten, vertrauten Trick zurückgewiesen, mich – – – **eidesunwürdig zu machen.** Er beschloss, dies durch die Herausgabe einer Broschüre zu tun, deren Inhalt, ganz gleich, **ob wahr oder unwahr,** absolut tödlich für mich sein musste. Dass das mit der Wahrheit **nicht** zu erreichen war, verstand sich ganz von selbst. **Es musste gelogen werden**, und zwar **viel** und **völlig ungeniert.** Da das aber für Herrn Lebius zu gefährlich war, sah er sich nach einem Strohmann um, der ihn und Karl May noch nicht kannte und unerfahren, vertrauensselig und bedürftig genug war, sich für einige hundert Mark **völlig ungeahnt** in die ganz sicher zu erwartende **Gefängnisstrafe stürzen zu lassen.** Er fand ihn in einem gewissen Herrn F. W. Kahl aus Basel, zog ihn in sein Netz und umspann ihn derart mit Selbstvergötterungs- und Lügenfäden, dass der junge, völlig ehrliche Mann es fast für eine Ehre hielt, sich in den Dienst eines so bedeutenden, geistig, sozial und auch juristisch hervorragenden Mannes stellen zu dürfen.

Herr Lebius ging, wie überhaupt und immer, auch hierbei außerordentlich schlau und raffiniert zu Werke. Er verschwieg anfänglich, dass es sich **nur** um eine Broschüre gegen **mich** handle. Er machte dem jungen Mann weis, dass er ein wissenschaftliches Werk über berühmte resp. berüchtigte Männer schreiben solle. Er nannte ihm die Namen derselben; darunter befand sich auch der meinige. Aber als Kahl sich an das Werk machte und täglich seine Instruktionen erhielt, lauteten diese so, dass nach und nach alle diese „Berühmten und Berüchtigten" verschwanden und nur Karl May allein übrig blieb. Aus dem „wissenschaftlichen" Werk aber sollte ein Pamphlet allerniedrigsten und allergefährlichsten Ranges werden. Kahl erkannte das von Tag zu Tag immer deutlicher. Er begann zu ahnen, dass er in aller Liebenswürdigkeit in das Verderben geführt werden solle. Als er das Herrn Lebius zu verstehen gab, hielt dieser es für geraten, ihm den ganzen Zweck der Broschüre einzugestehen. Er gab Folgendes zu:

Lebius hat den Redakteur des „Vorwärts" wegen Beleidigung verklagt.

Der „Vorwärts" hat Karl May als Zeugen gegen Lebius angegeben.

Darum ist es für Lebius notwendig, Karl May kaputtzumachen.

Um das zu erreichen, gibt er die hier in Arbeit liegende Broschüre heraus.

Der Termin, in dem Karl May als Zeuge verhört wird, findet Anfang April statt.

Darum muss die Broschüre ganz unbedingt bis zum 1. April fertig zum Versenden sein.

Wenn die Broschüre erst später fertig wird, hat sie keinen Zweck; dann braucht man sie überhaupt gar nicht erst zu schreiben.

Sie wird an die Zeitungen versandt, die darüber berichten. Das soll auf die Richter wirken.

Sie wird auch den Richtern direkt vorgelegt. Sobald dies geschieht, ist May als Zeuge kaputt.

Als der ehrliche, junge Mann das hörte, wurden seine Bedenken noch größer, als sie vorher gewesen waren. Als er diese äußerte und seiner Besorgnis, gerichtlich bestraft zu werden, Ausdruck gab, stellte Herr Lebius ihm Folgendes vor:

Wir Schriftsteller stehen überhaupt und stets mit einem Fuß im Gefängnis.

Bestraft zu sein ist für uns eine gute Reklame. Auch ich bin schon oft vorbestraft.

Sie brauchen sich vor dem Gericht gar nicht zu fürchten. Sie sind noch nicht vorbestraft, Sie dürfen schwören. May aber darf nicht schwören.

May steht unter Polizeiaufsicht. Es ist ihm verboten, in einer Stadt zu wohnen. Darum wohnt er in Radebeul.

Ich bin ein großes, forensisches Talent. Wenn ich anfange zu sprechen, sind die Richter alle mein!

Wenn man in einem Prozess steckt und man schreibt eine solche Broschüre, das wirkt ungeheuer bei den Richtern!

Die Frau May hat mich mit Tränen in den Augen um Gnade für ihren Mann gebeten.

May muss durch die Broschüre totgemacht werden. Alles Übrige ist Beiwerk, um den wahren Zweck zu verschleiern!

Die Folge von diesen und ähnlichen sonderbaren Expektorationen[1] war, dass Herr Kahl beschloss, sich von dieser Sache zurückzuziehen. Er verbot Herrn Lebius, etwas von ihm zu drucken oder gar etwa seinen Namen für diese Broschüre zu missbrauchen. Er richtete ganz dasselbe Verbot auch an den Verleger. Er glaubte, damit ganz sicher aus diesem Sumpf wieder herausgestiegen zu sein. Aber er kannte Herrn Lebius und dessen Unverfrorenheit noch nicht. Die Broschüre erschien, und zwar genau zum Hinrichtungstag, am ersten April. Ihr Titel war:

[1] Erklärungen

Karl May,
ein Verderber der deutschen Jugend
von
F. W. Kahl, Basel

Herr Kahl erfuhr erst durch eine Schweizer Zeitung, dass die Broschüre doch noch erschienen sei, und zwar unter seinem Namen. Er tat sofort die geeigneten Schritte. Der von Herrn Lebius gefürchtete Termin, an dem ich als Zeuge vernommen werden sollte, hat nicht stattgefunden. Ob er den Herren Richtern die Broschüre dennoch vorgelegt hat oder nicht, ist mir unbekannt. Aber an die Zeitungen versandt hat er sie schleunigst, und zwar mit Waschzetteln, Begleitworten usw. von deren verleumderischer – – – Niederträchtigkeit, hätte ich fast gesagt, man eine Ahnung bekommt, wenn man nur folgende Zeilen liest, die er an die „Neue Züricher Zeitung" schickte:

„Herr May hat sich an mir dadurch gerächt, dass er durch Verleumdungen meine wirtschaftliche Stellung untergrub und mich in den Bankrott trieb. Sobald ich in einer andern Stadt festen Fuß gefasst hatte, erschien er wieder auf der Bildfläche, um dasselbe Manöver zu wiederholen. Dabei liebt er es, bevor er zu einem neuen Schlag gegen mich ausholt, mich jeweils in meiner Wohnung aufzusuchen und mit tränenden Augen um Frieden zu bitten."

Hierauf erkläre ich:

Die „wirtschaftliche Stellung" des Herrn Lebius konnte überhaupt von keinem Menschen untergraben werden; sie hatte niemals Untergrund.

Herr Lebius soll mir einen einzigen Zeugen dafür bringen, dass ich ihn in den Bankrott getrieben habe.

Herr Lebius mag mir die Städte nennen, in denen ich erschienen bin, um dieses Manöver zu wiederholen!

Herr Lebius mag sagen, welches die Schläge sind, zu denen ich ausgeholt habe.

Ich bin **niemals** in irgendeiner Wohnung des Herrn Lebius gewesen.

Er hat **niemals** eine Träne in meinem Auge zu sehen bekommen.

Ich habe ihn **nie** um Frieden gebeten.

9. Die Hinrichtung

Indem ich dieses Kapitel beginne, muss ich vor allen Dingen sagen, dass es mir **jetzt** noch nicht möglich ist, in einer Verleumdungsklage gegen Herrn Lebius auf das einzugehen, "was er meine Vorstrafen nennt" und über sie berichtet und veröffentlicht hat. Es gehört das in **die letzte Phase** des Münchmeyerprozesses, wo ganz ausschließlich nur über dieses Thema verhandelt wird und nachzuweisen ist, welch ein geradezu **unbeschreiblicher**, sowohl geheimer als auch öffentlicher **Unfug** mit diesen Ausstreuungen getrieben worden ist. In diesem letzten Stadium des Münchmeyerprozesses werden sich alle die zu verantworten haben, welche an dem Münchmeyerschen Plan, **mich durch diese Ausstreuungen in allen Zeitungen kaputtzumachen**, mitgearbeitet haben. Es ist mir nicht möglich, da vorzugreifen. Meine Rechtsanwälte versichern, dass ich den natürlichen Gang der juridischen Erwägungen und Entwicklungen stören würde, wenn ich mich durch Lebius zu Schritten, die erst später erfolgen sollen, verleiten ließe. Aber es sei in dieser Beziehung für einstweilen erklärt, **dass ich mich im Vollbesitz der bürgerlichen Ehrenrechte befinde, dass ich dieselben auch als von der Vormundschaftsbehörde angestellter Pfleger und Verwalter eines bedeutenden Vermögens ausgeübt habe und dass Herr Lebius absichtlich lügt, wenn er behauptet, dass "aus bekannten Gründen mich kein Gericht vereidige". Ich bin schon wiederholt als Zeuge vernommen und vereidigt worden, und als sich im Münchmeyerprozess meine Gegner sieben Jahre lang bemühten, den entscheidenden Eid für sich zu bekommen, entschieden sich die Richter aller drei Instanzen trotz alledem für mich.**

*

Nach dieser Vorbemerkung betrete ich ohne Weiteres die Richtstätte, auf welcher ich am 1. April 1908 von Herrn Rudolf Lebius gewaltsam vom Leben zum Tode gebracht werden sollte. Das hierzu bestimmte Mordinstrument war die Broschüre, deren Titel ich wiederhole:

Karl May,
ein Verderber der deutschen Jugend.
von
F. W. Kahl, Basel

In dieser Broschüre maßt Herr Lebius sich an, öffentlich über mich zu Gericht zu sitzen. Ich frage, welcher Gott, welche Obrigkeit, welche Instanz hat ihn dazu eingesetzt und berechtigt?

!!! **Er selbst** !!!

Gut! Aber wer ist dieser Er selbst? Und als was steht er so hoch über mir? Als Mensch? Als Bürger? Als Journalist? In Beziehung auf seine Intelligenz, auf seine Moral, auf seine Religion? Ich gestatte mir hier einige Fingerzeige. Ehe Herr Lebius im Jahre 1905 aus Dresden verschwand, veröffentlichte er in seiner „Sachsenstimme" noch folgende Anekdoten als Souvenirs an seine zu Ende gehende geistige und moralische Tätigkeit:

Karlchen: „Wir haben Schule gespielt."
Mutter: „Hast du dich auch anständig betragen?"
Karlchen: „Ich brauchte nicht anständig zu sein. Ich war der Lehrer."

* * *

Richter: „Sie scheinen besonders gemeingefährlich zu sein. Mitten in der Nacht brachen Sie ein, um zu stehlen."
Angeklagter: „Das vorige Mal nannten Sie mich besonders gemeingefährlich, weil ich am hellen Tag einen Einbruch verübte. Ja, wann soll ich denn nun eigentlich einbrechen?"

* * *

Der alte Papa Eberle aus Konstanz fährt mit dem Schiff über den Bodensee und sucht unterwegs den Abort auf. Der Zufall will es, dass der Abortboden durchbricht und Papa Eberle samt dem Abortsitz in den rauschenden Wellen des Dampfers verschwindet. Der Kapitän lässt das Schiff stoppen, doch bezweifelt niemand, dass Papa Eberle ertrunken ist. Da taucht er plötzlich auf und wird gerettet. Allgemeiner Jubel. Nachdem die Schar der Glückwünschenden von Papa Eberle abgelassen hat, tritt der Herr Stadtpfarrer zu dem Geretteten. „Einen schaurig erhabenen Augenblick", sagt Hochwürden, „haben Sie durchlebt, Herr Eberle. Sie haben dem Tod ins Angesicht geschaut. Sie haben an der Schwelle zweier Welten gestanden, und es wäre mir wissenswert, zu erfahren, welches Ihre Gedanken waren, als Sie sich anschickten, unser irdisches Leben zurückzulassen und vor den Thron des Allmächtigen zu treten."

„Ei ja, Hochwürden", antwortet Papa Eberle, „ich besinne mich noch ganz genau auf meine letzten Gedanken, als ich in die Tiefe stürzte. Ich dachte: Eberle, Eberle, nu bischt du auch zum letzten Mal auf'm Klosett gewese."

* * *

Ältlicher Freier: „Das Andenken an Ihren seligen Gatten hindert Sie doch nicht, sich wieder zu verheiraten?"

Junge Witwe: „Ach nein, meine gute Mutter überlebte ihre vier Ehemänner, und meine Mutter betrachte ich als mein Vorbild, dem ich nachstrebe."

Mehr bedarf es wohl nicht, um über die Moral und die Religion des Herrn Lebius vollständig klar zu sein.

Was ihn als Schriftsteller betrifft, so hat er auch einmal einen Roman geschrieben. Die Presse äußerte sich über ihn folgendermaßen:

Lebius hat diesen Roman **verbrochen** – – **erbärmliches Machwerk** – – **Parteischmutz** – – **Skandalgeschichten** – – **schmutzige Erlebnisse** – – **grässlich langweilig** – – **Kinkerlitzchen** – – **Schnüffler** usw.

Ein Drama hat er ebenso verbrochen. Auch in diesem spielt, genau wie bei „Papa Eberle", der Abtritt die Hauptrolle. Im entscheidenden Augenblick bekommt nämlich der Hauptheld Bauchgrimmen und Leibschneiden und wird von den unwiderstehlichsten Darmbewegungen gezwungen, die Entscheidung des Stückes unter entsprechenden Gebärden draußen auf dem Klosett zu suchen. In zusammengebrochener Körperhaltung, die Hände auf dem Unterleib, kommt er dann wieder herein.

Das ist Herr Lebius als Mensch, als Schriftsteller und als Inhaber einer Moral, die sich so erhaben dünkt, dass sie sich berufen fühlt, mich mit Fußtritten aus der deutschen Literatur hinauszustoßen! Ich halte das Schicksal, auf die Angriffe dieses Herrn antworten zu müssen, für grausamer als alles andere, was mir je geschehen ist!

Ich spreche ihm nicht nur jedes Recht, sondern auch jede Art von Befähigung ab, an mir, an meiner Person oder an meinen Werken Kritik zu üben. Er schreibt nicht etwa aus literarischen, ethischen oder anderen edlen Gründen über mich, sondern nur um **Geld** zu verdienen, um sich zu **rächen** und, wie Zeuge Kahl beschwören kann, um mich **als eidesunwürdig** hinzustellen, damit man mir nicht glaube, sondern ihm. Das sind seine Gründe. Weiter hat er keine.

Das über den Verfasser. Und nun zu dem Pamphlet selbst, welches nur nach den in ihm enthaltenen negativen Dingen besprochen werden kann, weil nichts anderes daran ist.

Zunächst bringt diese Schmähschrift **keine einzige Zeile aus meinen Werken**. Sie hat es also **nur auf meine Person abgesehen** und scheidet damit ganz von selbst aus der anständigen ethisch gestatteten Literatur aus.

Der Titel ist unwahr und der Name des Verfassers ist unwahr. Ich bin kein Verderber der deutschen Jugend und der Urheber und Verfasser heißt Lebius. Der Name Kahl wurde nur **zum Zweck der Verschleierung** geschrieben. Die Broschüre beginnt also gleich in ihrem Titel mit jener **erstaunlichen Verlogenheit**, die ich schon näher gekennzeichnet habe und als seine Haupteigenschaft bezeichne. Ich habe mich auf sie noch oft zu beziehen. Um ihr gleich von vornherein die Wahrheit entgegenzuhalten, bringe ich in **Beilage A** jene grässlichen, unflätigen Anekdoten, jenes vernichtende Urteil über den Lebiusschen Roman, eine Abschrift jenes Protokolls der zweiten Dresdner Strafkammer, eine Abschrift des Urteils Bernstein-Lebius, zwei Abschriften der Dittrichschen und Kahlschen Versicherungen an Eides statt und die Abschrift eines Briefs des angeblichen Broschürenverfassers Kahl an mich.

Auf Seite 2 vergleicht mich Herr Lebius mit Manolescu[1]. Ist das Wahnwitz oder die scharfe, gewissenlose Berechnung auf den Zweck der Broschüre? Er nennt sich „ehemaliger, eifriger Mayleser" und gestand doch, noch gar nichts gelesen zu haben!

Hierauf folgt eine atavistische Taschenspielerei, an der kein ernst zu nehmendes Wörtchen ist. Sie hat nur den Zweck, seinen Verleumdungen **eine Art wissenschaftlichen Aussehens zu geben,** um damit ein Recht auf § 193 zu erwerben. Dieser Aufsatz hat schon in der „Wahrheit" gestanden, und ich beweise durch **Beilage B**, dass Herr Lebius der Verfasser ist. Dass er das, **um sich nicht zu verraten,** in der 2. Alinea[2] ableugnet, ist eben in seiner oben bezeichneten Haupteigenschaft begründet.

---

[1] Ein seinerzeit berühmt-berüchtigter Hoteldieb, über den sogar Bücher erschienen. Vgl. dazu S. 467.

[2] Druckzeile

Übrigens ist es grad für Herrn Lebius gewagt, andere mit Atavismus und Lombroso[1] in Beziehung zu stellen. In **Beilage C** beweise ich, dass ihn die „Frankfurter Zeitung", die er selbst auf Seite 14 der Broschüre als maßgebend anführt, des **Größenwahns** beschuldigt und das „Leipziger Tageblatt" ihn einen **geborenen Verbrecher** nennt.

Seite 8 beginnt Herr Lebius mit einem unerhörten Vergleich, an dem ich völlig unschuldig bin, **Beilage D** zeigt, wie man heut darüber denkt. Der das geschrieben hat, ist der Prälat **Dr. Joseph Scheicher,** Landtags- und Reichtagsabgeordneter, Mitglied des österreichischen Landesausschusses, Geheimkämmerer Seiner Heiligkeit, Professor des Kirchenrats, der Moral, der Sozialpolitik usw. Natürlich also kein Herr Lebius.

Auf derselben Seite wird behauptet, ich sei für die literarischen und kritischen Kreise abgetan, ich wende mich in meinen Schriften nur an die urteilsunfähigen Schichten des Volkes, und Lehrer und Erzieher beschäftigen sich überhaupt nicht mehr mit mir. **Das alles ist nicht wahr.** Ich gebe in **Beilage E** eine Anzahl von Zeitungsstimmen, in denen man sieht, dass ein sehr gebildeter und geübter Verstand dazu gehört, mich und meine Bücher zu verstehen und dass ich von Lehrern und Erziehern vorzugsweise gern gelesen werde.

Auf Seite 9 werde ich als Kolportageschriftsteller bezeichnet. Ich habe niemals Kolportageromane geschrieben; aber eine Kolportagefabrik, **die Freundin von Herrn Lebius,** hat einige meiner Romane **gefälscht,** wie ich durch **Beilage F** beweise, und mich dadurch unverdienterweise in den Ruf eines Kolportageschriftstellers gebracht. Herr Lebius weiß das ganz genau. Umso schlimmer, dass er trotzdem die Unwahrheit behauptet!

---

[1] Cesare Lombrose (1836-1909), italienischer Arzt und Gerichtsmediziner, der eine umstrittene Theorie vom ‚geborenen Verbrecher' vertrat. Siehe dazu auch das Vorwort, S. 18.

In Beziehung auf die beiden Beispiele von „Jugendverführungen" verweise ich auf **Beilagen G** und **H**, Seite 19, auch auf 3 und 4.

In Beilage I gebe ich ein Exemplar der „Sächsischen Volkszeitung", um den Schund zu zeigen, der die Jugend vor die Strafgerichte führt und dessen Wirkung man dann **auf mich** zu werfen pflegt. Wenn ein Vorsitzender, wie Lebius auf Seite 10 berichtet, fragt: „Auch wohl Geschichten von Karl May?", so wird und muss in allen Fällen ein Ja erfolgen, weil eben ein jeder auch mich gelesen hat. Das beweist aber doch nicht, dass ich der Schuldige bin!

Ich gebe dem Heft 22 der „Pädagogischen Zeitfragen", Seite 15, 19 usw., vollständig Recht, wenn es das Bemühen, die Schuld anderer auf mich abzuladen, als einen **„höchst verwerflichen Advokatenkniff"** und einen **„forensischen Unfug sondergleichen"** bezeichnet, siehe **Beilage H**.

Übrigens konstatiere ich, dass Lebius sich, als er bei mir war, über diesen Unfug in höchst entrüsteter Weise ausgesprochen hat und mir **sein Blatt**, „Die Sachsenstimme", **zur Verfügung gestellt hat, solcher Gewissenlosigkeit entgegenzutreten.** Nun ich ihm aber weder die sechs- noch die zehntausend Mark gegeben habe, die er von mir forderte, sind Gewissenlosigkeit, Unfug und Kniffe an die Stelle der Entrüstung getreten.

Zu dem Absatz „Gegner Karl Mays" habe ich hier Folgendes zu sagen:

1. Was Ferdinand Avenarius über mich schreibt, muss ich als völlig wertlos resp. verkehrt zurückweisen. Ein Kritiker, der mich unter die „Schundromanfabrikanten" wirft, obgleich ich niemals einen Schundroman geschrieben habe, ist kein Kritiker mehr, sondern ein Fälscher. Es ist allerdings bedauerlich, dass ein Mann von seinem Ruf und seinen Verdiensten, die auch ich anerkenne, sich durch leib- und wahlverwandtschaftliche Verhältnisse zu derartigen Auslassungen treiben lässt. Ich kann hier nur andeuten, dass er der Schwager Paul Schumanns ist und mit ihm in

Blasewitz in einem Haus zusammenwohnt, desselben Paul Schumann, den Lebius in seiner Broschüre zweimal gegen mich zu Felde führt, nämlich Seite 17 oben und 18 unten. Sie besitzen das Haus, in dem sie wohnen, in Kompanie, und so ist es kein Wunder, dass sich diese Kompanie auch auf die Unwissenheit und Feindseligkeit erstreckt, die ich Herrn Paul Schumann weiter unten nachzuweisen habe. Lebius verschweigt natürlich dies innige Verhältnis dieser seiner beiden Gewährsmänner und zieht sie so weit wie möglich auseinander, um den Eindruck, den er bezweckt, zu verdoppeln.

2. Was die „Frankfurter Zeitung" betrifft, so ist ihr die Religiosität meiner Bücher zuwider. Um dies nicht offen eingestehen zu müssen, schiebt sie andere Gründe vor, mich anzugreifen. Ganz besonders stellt sie sich, als ob sie noch gar nicht wisse, dass meine Reiseerzählungen **figürlich zu nehmen sind.** Herr Lebius ahmt ihr das schlauerweise nach. Wer so unwissend oder so böswillig ist, zu behaupten, dass ich mit dem „Ich", von dem ich erzähle, nicht die große, allesvermögende Menschheitsfrage meine, sondern nur mich selbst, der hat es freilich leicht, mich fälschlich der Dinge zu zeihen, deren mich Herr Lebius zeiht. Über die Unwissenheit könnte man still hinweggehen, zur Böswilligkeit aber soll man nicht schweigen. Die bodenlose Unwissenheit des Herrn Lebius dokumentiert sich durch die Behauptung auf Seite 14, dass ich „nicht einmal das Geografiebuch genügend studiert hätte". So drückt sich doch nur ein Knabe von sechs bis sieben Jahren aus! Heute weiß jedes Kind, dass es kein „Geografiebuch" gibt, sondern eine geografische Wissenschaft, aus der man nur für Kinder und Herrn Lebius das ABC in eine Schulfibel setzt. Die „Frankfurter Zeitung" beschuldigte mich 1899 allerdings, von einem schiffbaren, texanischen Fluss erzählt zu haben, und Texas habe doch gar keinen schiffbaren Fluss. Aber wenn sie in das famose „Geografiebuch" des Herrn Lebius guckt, wird sie finden, dass Texas nicht nur einen,

sondern sogar viele schiffbare Flüsse hat, und dass also die „Frankfurter Zeitung" und Herr Lebius die Blamierten sind! Aber sie stellte mich in demselben Jahr auch als Schwindler und Hochstapler hin, indem sie veröffentlichte, ich tue, als ob ich in Asien und Afrika reise, und liege doch in Tölz in Oberbayern versteckt. Es wurden sogar in der dortigen Fremdenliste meine Personalien gefälscht. Seitdem ist es mir unmöglich, die „Frankfurter Zeitung" als einwandfreie Zeugin anzuerkennen. Ich lehne sie ab. Ich habe Herrn Lebius, als er bei mir war, auch von dieser Zeitung erzählt. Er zeigte sich empört über ihre Lügen. Da ich ihm aber kein Geld gab, mit seiner „Sachsenstimme" gegen sie loszumarschieren, so macht er nun gemeinsame Sache mit ihr und wärmt diese Lügen tapfer auf!

3. Die auf Seite 15 erwähnte „Sachsenstimme" ist das **eigene Blatt des Herrn Lebius.** Es erschien nicht in Leipzig, sondern in Dresden. Es als ein „Leipziger Blatt" zu bezeichnen ist also eine **absichtliche Fälschung.** Diese Fälschung wird bei allen Gelegenheiten **wiederholt.** Sie geschah und geschieht, um **Polizei, Staatsanwalt und Richter irrezuleiten,** wie Herr F. W. Kahl bezeugen kann.

Eine weitere, noch augenfälligere Fälschung wird in der Wiedergabe des „Sachsenstimmen"-Artikels vom 19. Juli 1905 begangen. Man vergleiche den Punkt 3 der Broschüre mit Punkt 3 dieses Artikels, so wird man finden, dass über vier Zeilen hinzugefügt worden sind. Siehe **Beilage K.**

Und was meinen Doktortitel betrifft, so habe ich das Diplom dem Ministerium eingereicht und es wiederbekommen, und erst kürzlich ist es auch von der Staatsanwaltschaft und dem Kriminalrichter untersucht und mir ohne Weigern zurückgegeben worden. Mehr habe ich hierzu wohl nicht zu sagen.

Zu Punkt 2 erwähne ich, dass ich mich niemals als „Indianertöter" und als „adleräugig" bezeichnet habe und dass ich auch kein gescheitertes, schwächliches, kurzsichtiges Schulmeisterlein bin.

Zu Punkt 4 fordere ich Herrn Lebius auf, mir die Wahrheit desselben nachzuweisen. Richtig ist nur, dass Herr Lebius eine solche Broschüre herausgeben **wollte**, aber nicht **durfte!**

Was nun die „Vorstrafen" insbesondere betrifft, so verweise ich auf die Bemerkung, mit der ich das vorliegende Kapitel einleitete. Doch kann ich nicht umhin, durch den Inhalt der **Beilagen L, M, N usw.** nachzuweisen, mit welcher raffinierten, strategischen und taktischen Überlegsamkeit der Münchmeyersche Plan, mich durch meine „Vorstrafen" in den Zeitungen kaputtzumachen, von Stufe zu Stufe verfolgt und ausgeführt wurde. Herr Lebius begann mit der leisen Andeutung; „was er so meine Vorstrafen nennt", stieg hinauf bis zu den Plakaten, die er zu Weihnacht in die Schaufenster hängen ließ, und ist nun, da ihm die Zeitungen nicht mehr genügen, daran, sogar Broschüren darüber zu schreiben.

Wenn Herr Lebius auf Seite 15 der Broschüre, Alinea 7 sagt: „Man sehe, was dieselbe Zeitung weiter über May schreibt", so verschweigt er, dass es seine Zeitung ist und dass das, was da steht, aus seiner eigenen Feder stammt. Das nennt man „Sand in die Augen streuen" und gehört zur bekannten, schon oft erwähnten „Haupteigenschaft" des Herrn Lebius.

Den Absatz der Broschüre Seite 15 unten: „Wie es mit der Wahrheitsliebe Karl Mays bestellt ist", hat man zu verwandeln in „Wie es mit der Wahrheitsliebe des Herrn Lebius bestellt ist." Denn grad in der Angelegenheit, die er da anzieht, hat er eine seiner raffiniertesten Fälschungen begangen, indem er die 1903 in eine 1904 verwandelte und dieser Fälschung die unwahre Überschrift „Amtliches Material" gab.

Es ist sehr richtig, dass ich Herrn Gurlitt damals einen Brief schrieb, in welchem ich ihn auf die Tragweite dessen, was er hatte mit sich tun lassen, aufmerksam machte. Er war damals Rektor der technischen Hochschule. Aber er war auch der Schwager des Münchmeyerschen Rechtsanwalts. Er stieg in die „Sachsenstimme" hinab und gab seinen Namen zu den Lebiusschen Fälschungen her. Dadurch hat er die „Magnifizenz", die nicht ihm gehörte, sondern ihm seitens der technischen Hochschule für ein Jahr geliehen war, prostituiert. Der hierauf bezügliche Artikel des Herrn Lebius liegt in **Beilage R.**

Herr Lebius nennt mich auf Seite 16 der Broschüre, ganz unten, den „großen und edlen Dichter". Das soll den Anschein erwecken, als ob ich mich so bezeichne. Das ist mir aber niemals eingefallen! Auch das deutet auf seine Haupteigenschaft.

Genau dieselbe Abgefeimtheit und Durchtriebenheit zeigt er auf Seite 18 in der Behauptung, **es stehe fest,** dass ich **eine** Reise gemacht habe, und zwar mit einer Reiseagentur. Auf Seite 14 zitiert er, dass ich fremde Länder **mit keinem Fuß betreten habe,** und nun gibt er gnädigst doch wenigstens **eine** Reise zu, aber ja keine selbständige, sondern nur per Agentur! Mit Agenturen zu reisen, ist mir niemals eingefallen. Das habe ich ihm auch ganz besonders gesagt. Also auch hier gleich wieder seine „Haupteigenschaft"!

Ebenso **lügenhaft** ist die Behauptung, dass ich „den Rückzug angetreten" habe. Wo steht in Kürschners Schriftstellerlexikon vom Jahre 1898, dass diese meine Werke nicht figürlich zu nehmen sind? Wann habe ich jemals gesagt, dass sie nicht allegorisch sind? Und wie will Lebius nachweisen, ob ich evangelisch oder katholisch denke? Wer hat mir nachgewiesen, dass ich Protestant bin? Wo sind die **Schleichwege,** auf denen ich meine Leser gewinne? Ist es ein Schleichweg, wenn ich im Schriftstellerlexikon und in allen Büchern in **allergrößter Öffentlichkeit und Ehrlichkeit** zeige, dass ich in Bezug auf meinen Glauben nicht einseitig, sondern ein Christ in Christi ursprünglichem Sinne bin und mich zu den ewigen Wahrheiten des Katholizismus ebenso bekenne wie zu denen der evangelischen Abzweigung der allgemeinen christlichen Kirche?

Und nun zu Herrn Professor Paul Schumann, von dem Lebius behauptet, er habe **"nachgewiesen"**, dass es keine Indianerdialekte gibt. Ich bringe **in Beilage S** ein Verzeichnis zur Ansicht, welches ca. 125 Indianerdialekte anführt. Wie kostbar diese Bücher sind, zeigt z. B. die Nummer 125 und 266, von denen 24 Blätter in Chibchasprache 2.450 Mark und 115 Seiten Moxasprache gar 2.860 Mark kosten. Und diese Bücher bilden nur **einen Teil** der Bibliothek eines **einzelnen** Amerikanisten! Ich bitte, hieraus auf die Größe und Menge der Literatur zu schließen, die sich mit den Indianerdialekten beschäftigt! Und ebenso bitte ich, zu erwägen, welche Summe von **Unwissenheit**, **Gewissenlosigkeit** und **Böswilligkeit** von Seiten des Lebius und des Redakteurs Paul Schumann dazu gehört, mich in öffentlichen Blättern und Broschüren durch die geradezu schwachköpfige Behauptung, dass es "keine Literatur in jenen Dialekten gibt", als Lügner hinzustellen. Dass ich diesen Herrn Schumann, der sich auch noch ganz anderer Dinge schuldig machte, ad absurdum geführt habe, soll Lebius nicht mir, sondern ihm vorwerfen, denn es war der Öffentlichkeit gegenüber ganz einfach meine Pflicht!

Wie **außerordentlich gefährlich** Lebius ist, ergeht aus **Beilage T**.

Als Lebius bei mir war, fragte er mich nach den früheren Verhältnissen meines Verlegers Fehsenfeld. Ich sagte ihm, Fehsenfeld sei, bevor er mein Verleger wurde, **ein armer Sortimenter** gewesen. Der Militärschriftsteller und Redakteur Max Dittrich, welcher dabei war, als ich das sagte, bezeugt mir das in Beilage T. Wie aus **Beilage L** zu ersehen ist, macht Lebius daraus die **Fälschung**, dass Fehsenfeld **bankrott gemacht habe** – – – natürlich nur, weil ich ihm kein Geld gab – – – um mir zu schaden und mich mit meinem Verleger auseinander zu bringen.

Zu den lügnerischen Behauptungen auf Seite 15 der Broschüre, dass ich bei Münchmeyer **nicht Redakteur** gewesen sei und dass dieser **sich meiner erbarmt habe**, wurde von mir im Prozess durch zahlreiche Zeugen und Briefe usw. bewiesen, dass ich gar wohl Redakteur gewesen bin und dass sich Münchmeyer nicht meiner erbarmt hat, sondern sich ganz im Gegenteil in großer Not befand, aus der ich ihn gerettet habe. Siehe **Beilage U**, mit einem Brief meines Rechtsanwalts Klotz.

Herr Lebius kann den § 193 des St.G.B. **nicht** zu Gunsten seiner Broschüre anführen. Er hat durch die vier Anekdoten auf Seite 135 und 136 bewiesen, dass er vollständig **unwürdig** und **unfähig** ist, jemals irgendwelche literar-ethischen Interessen wahrzunehmen. Die Geschichte der Entstehung seiner Broschüre weist überzeugend nach, dass sie nur zu dem Zweck geschrieben wurde, die Richter zu beeinflussen und mich als Zeugen unmöglich zu machen. Sie ist kurz Folgende:

1. Wütende, verleumderische Angriffe in seiner „Sachsenstimme" gegen mich, weil ich ihm kein Geld gab und er infolgedessen aus Dresden verschwinden musste, denn auch andere, an denen er sich aber nicht rächen kann, gaben ihm nichts.

2. Mittwoch, den **4. September** 1907 droht mir Lebius im Café Bauer, dass in Berlin mehr als 20 Zeitungen nach dem gefährlichen Rundschaumuster seien. Wenn er sich an diese wende, sei es für immer mit mir aus.

3. Am **1. Oktober** fragt der „Vorwärts" bei mir wegen Lebius an. Er wurde von Lebius verklagt. Ebenso auch die Dresdner „Arbeiterzeitung". Beide haben mich als Zeugen benannt.

4. Am 26. Oktober schreibt Frau Lebius an meine Frau, dass ich Zeuge des „Vorwärts-Redakteurs" sei. Sie wünschte, mit meiner Frau in einer Dresdner Konditorei hierüber zu sprechen.

5. Am 29. Oktober fand diese Unterredung statt, doch nicht in Dresden, sondern in Radebeul. Frau Lebius las meiner Frau Aktenstellen vor, die ihr ihr Mann hierzu

mitgegeben hatte. Sie verlangte, dass ich als Zeuge die Unwahrheit sage, und wenn ich das nicht tue, so werde ihr Mann die Dresdner Angriffe erneuern, und dann wüssten wir ja, was daraus folgt. Meine Frau erklärte aufrichtig, dass ich die Wahrheit sagen würde. Frau Lebius ging fort, ohne mit ihrer Erpressung durchgedrungen zu sein.

6. Sofort, nachdem Lebius erfahren hat, dass ich nicht nach seiner Drohung funktioniere, nämlich Anfang November, engagiert Lebius einen gewissen F. W. Kahl aus Basel, der noch nie ein Buch geschrieben hat, und bestellt bei ihm **scheinbar** ein hochwissenschaftliches Werk „Dichtung und Verbrechen".

7. Die Bestellung stellt sich als ein **riesiger Schwindel** heraus. Das „wissenschaftliche" Werk schrumpft zu einem armseligen, lügenhaften Pamphlet zusammen, mit dem Karl May „totgemacht" werden soll.

8. Am 10. April ist Verhandlung in Dresden, in Sachen Lebius gegen die Arbeiterzeitung. Da soll ich zeugen. Lebius sagt zu Kahl, dass die Broschüre bis zum 1. April fertig sein müsse, sonst habe sie für ihn keinen Wert mehr. Er habe ihm schon 250 Mark dafür bezahlt. **Bis zum Termin müsse ich totgemacht sein.** Er sei ein **großes forensisches Talent und werde mit den Richtern schon fertig.** So eine Broschüre, wenn sie grad zur rechten Zeit fertig werde, **tue Wunder bei den Richtern.**

9. F. W. Kahl bekommt Angst. Sein Gewissen schlägt. Er weigert sich, den literarischen Mord zu begehen. Er verbietet, zu drucken, was er geschrieben habe; **er verbietet es beiden, dem Lebius und auch dem Verleger Bechly.**

10. Lebius begeht die Erpressung, sein Geld sofort zu verlangen. Bekommt er es nicht, so erscheine die Broschüre doch! Kahl kann angeblich nicht zahlen. Die Broschüre erscheint, und zwar **allem Recht zuwider unter seinem Namen.** Lebius hat sie verfasst und nur einige nichts sagende Stellen von Kahl mit eingeflochten.

11. Ich reise sofort nach Berlin zum Verleger Bechly. Dort nannte man mir Kahl, Basel, als Verfasser, obwohl man wusste, dass nicht er, sondern Lebius es war. Ich erhob gerichtliche Klage.

12. Kahl, obgleich als Verfasser genannt, erfuhr kein Wort vom Erscheinen der Broschüre. Dass und wie man ihn **hintergangen und beschwindelt** hatte, ersah er erst aus meiner Warnung, die im „Berner Bund" erschien. Er wendete sich hierauf an mich und gestand und offenbarte mir die ganze Schurkerei!

Zum Schluss habe ich zu betonen, dass es sich hier nicht um eine einfache, sondern um eine verleumderische Beleidigung handelt, **absolut wider besseres Wissen.** Auch ist sie nicht eine private, sondern **eine öffentliche**, durch den Druck und Zeitungsversand begangen. Die bei meinem Anwalt liegenden Zeitungen beweisen es.

Lebius will Redakteur sein. Kein ehrlicher Redakteur wird gegen einen Schriftsteller etwas unternehmen, ohne über ihn nachzuschlagen. Solche Nachschlagewerke sind z. B. „Unsere Zeitgenossen" oder „Deutsches Zeitgenossen-Lexikon" oder „Bildende Geister" usw. Diese Bücher geben ehrliche Auskunft. Wie eine solche Auskunft über mich lautet, mag **Beilage V** zeigen, in welcher das Nachschlagewerk „Sächsische Schriftsteller, Gelehrte und Künstler" den Nachweis führt. Und wenn Herrn Lebius diese Werke nicht zur Verfügung gestanden hätten, so konnte er sich in jedem anständigen Bücherladen informieren, wo er Auskunft erhalten hätte, wie ich sie in **Beilage W** zeige. Und in **Beilage E** gebe ich eine nur ganz kleine Probe von den hunderten der Zeitungen und Blätter, welche die Wahrheit über mich schreiben und gegen welche die vier bis fünf feindlichen mit Cardauns, Avenarius und Schumann tief unter null versinken. Das alles **kann** Herrn Lebius doch nicht entgangen sein und **ist** ihm auch nicht entgangen; **er kennt es nur zu gut;** aber es muss mit Anwendung aller Mittel weggelogen, weggeschwindelt und wegatavistet werden; ich muss beseitigt werden, totgemacht bis zum 1. April, weil am 10. die öffentliche Verhandlung ist, in welcher er zeigen will, dass er ein forensisches Talent ersten Ranges ist und den Richtern vormachen kann, was ihm beliebt! Lebius ist ein journalistischer Kehlabschneider, der für Geld literarische Meuchelmörder dingt, um einen jeden beiseite zu schaffen, der ihm im Weg steht! Seine Broschüre dient nur dem einen Zweck, mich literarisch, gesellschaftlich und geschäftlich zu morden! – – –

Rudolf-Lebius-Liste

Die Zeichen und Abkürzungen in dieser Liste haben folgende Bedeutung:
G = gewissenlose Behauptung, W = wissentliche Unwahrheit, also Lüge, A = absichtliche Fälschung, **Raff.** = raffinierte Bosheit, **Inf.** = Infamie.

1. Herr Lebius bewundere und verehre mich. W
2. Herr Lebius kenne meine Werke. W
3. Er habe große Erfahrungen als Geschäftsmann. W
4. Er habe außerordentliche Erfolge als Parteimann, Journalist, Buchhändler und Verleger. W
5. Seine „Sachsenstimme" habe **großen Anklang** gefunden. W
6. Seine Zeitung sei auf **ganz solider Basis** zu Stande gekommen. W
7. Sie sei zu vorteilhaften Bedingungen an ihn allein übergegangen. W
8. Wenn man ihm Summen wie 3 – 6.000 Mark borge, sei ein Risiko ausgeschlossen. W
9. Die große Zahl der **akademischen Mitarbeiter** seines Blättchens. A
10. Er lege sein Blatt in 1.760 Wirtschaften aus. W

In „Sachsenstimme" Nummer 33:
11. Ich sei ein Kolportageschriftsteller. W
12. Ich habe 160.000 Mark Einkommen gehabt. A
13. Jetzt aber habe ich jährlich 80.000 Mark. A
14. Ich selbst soll ihm das gesagt haben. W
15. Er kenne mich genau. Er habe öfters mit mir gesprochen, getrunken, gegessen. A
16. Meine Frau habe nicht **mir**, sondern **ihm** Recht gegeben. A

17. Meine Frau habe behauptet, Chateaubriand sei **nicht** in Amerika gewesen.[1]

18. Ich soll ihm gestanden haben, gar keine Reisen gemacht zu haben. **A**

19. Ich soll mir Marmorbüsten zum Preis von 50 – 60.000 Mark haben machen lassen. **A**

20. Um mich als Schwindler hinzustellen, behauptet er, **ich sei kurzsichtig. Raff.**

21. Mein Verleger habe mit einem kleinen Papiergeschäft **Bankrott gemacht. Inf.**

22. Er spricht von „unlängst" und von „Erkundigungen bei Fremden", wo er doch schon vor Monaten und persönlich bei mir gewesen ist. **A**

23. Er sagt die Unwahrheit über meine Leserkreise, um mich zu blamieren. **A**

24. Er stellt sich, als ob er vor dem Erscheinen der Max-Dittrich-Broschüre nichts von ihr gewusst habe, und hat sich doch so große Mühe gegeben, sie selbst in Verlag zu bekommen. **Raff.**

25. Er behauptet, diese Broschüre mache Dunst, und wollte sie doch veröffentlichen. **Inf.**

26. Er erklärt, nur deshalb Geld von mir verlangt zu haben, um es an diese Broschüre zu verwenden, und war doch mit ihr schon abgewiesen, als er die 10.000 Mark verlangte. **A**

27. Er leugnet 20 Jahre meiner Schriftstellertätigkeit hinweg. **A**

28. Er spricht von einem „fünfjährigen Stillschweigen" meinerseits, und doch sind in dieser Zeit vier vollständig neue Bände von mir erschienen.

29. Er bediente sich des Ausdrucks: „wie er selbst mir mitteilte", und doch habe ich ihm so etwas nie gesagt. **Raff.**

30. Er bezeichnet die Helden meiner Erzählungen als

---

[1] Hier wie bei den Ziffern 28, 64, 89 und 217 fehlt Mays beurteilendes Kürzel.

„Glücksritter" und weiß doch ganz genau, dass sie Personifikationen der Menschheitsseele, des Edelmenschen, des Christentums, des Islam usw. sind. **Inf.**

31. Es soll mir „peinlich gewesen" sein, dass meine Frau mich desavouiert habe. Sie hat dies aber gar nicht getan, sondern mir völlig Recht gegeben. **Inf.**

32. Das ganze Gespräch mit meiner Frau hat in grad entgegengesetzter Weise stattgefunden. **A**

33. Ich soll gestanden haben, nicht gereist zu sein. Und ich soll behauptet haben, mich „auf der ganzen Erde herumgetrieben" zu haben. **A**

34. Ich soll ihm eine „mystische Zweiseelentheorie" entwickelt haben. **A**

35. Die „zahlreichen Amateurfotografien" von denen er redet, sind nur vier ganz bescheidene, kleine Aufnahmen. **A**

36. Meine Frau ist auf diesen Aufnahmen nicht mit zu sehen. **A**

37. Er sagt: „Wie May nach dieser Anerkennung und diesem Ruhm lechzt!" Ich habe ihm ganz im Gegenteil gesagt und ausführlich erklärt, dass und warum ich diesen fürchterlichen Ruhm geradezu hasse und dass ich nichts sehnlicher wünsche, als ganz unbekannt zu sein; **die Menschen sollen mich in Ruhe lassen! Raff., Inf.**

38. Ich befände mich auf einer schiefen Ebene, die nach abwärts führt. **W**

39. Er weiß genau, weshalb ich in der Ich-Form schreibe, und dennoch schändet er sie. **A**

40. Die 400 Mark für Professor Sascha Schneider sind nicht wahr. **A**

41. Auch das von der „Karl-May-Mappe" ist nicht wahr. Ich soll dadurch als Geck, als eitler Mensch hingestellt werden. **A**

42. Er nennt Max Dittrich wegwerfend „Provinzredakteur". Dittrich war Redakteur in Straßburg, Dresden, Berlin usw. **A**

43. Er bezeichnet Max Dittrich als einen **„schwer**

Rückenmarkleidenden" und verwandelt das später öffentlich in ein **schweres syphilitisches Nervenleiden**. A, Inf., Raff.

44. Ich soll eingestanden haben, dass Dittrichs Broschüre für mein neues Buch Reklame machen solle. W

45. Als das „**Jugendbildnis**, welches mich Ende der zwanziger Jahre darstellt", aufgenommen wurde, war ich **fast 60 Jahre** alt! A

46. Ich soll den Eindruck eines Schwächlings auf ihn gemacht haben! A

47. Ich soll einen „Kneifer tragen, den ich aber verstekke"! Raff.

48. Die „österreichische Thronfolgerin" ist nicht wahr. A

49. Ich habe **nie** gesagt, dass man an kaiserlichen und königlichen Höfen „für mich schwärme". Raff., Inf.

50. Mich hat weder der Zufall noch die Not zur Kolportage getrieben. Ich habe ihr niemals angehört. W

51. Ich habe niemals skrupellos geschrieben. Inf.

52. Mein Verleger Fehsenfeld hat keinen Onkel; also ist das, was über diese Person gesagt wird, erdichtet wie sie selbst. A

53. Er sagt, ich erdichte meine Reiseabenteuer in meiner Radebeuler Studierstube. A

In „Sachsenstimme" Nr. 44:

54. Er habe, ehe er mich kannte, Bücher von mir gelesen. W

55. Ich sei ein **gebrechliches Männlein**. Ich messe aber 1 Meter 70 und habe 1 Meter 5 Brustumfang. Inf.

56. Er und ich, wir hätten Vertrauen zueinander gefasst, als wir uns kennen lernten. Raff., Inf.

57. Er habe über die Verlagsbedingungen der Broschüre des Langen und Breiten mit mir verhandelt, während ich ihn doch sofort abgewiesen habe. A

58. Ich habe unausgesetzt über meine Gegner und deren Undankbarkeit geklagt. A.

59. Er habe mich gefragt, ob ich mich pekuniär an seinem Blatt beteiligen wolle. Raff.

60. Es soll mir zugemutet worden sein, im Falle des Misserfolgs der Broschüre den Verlust des Lebius zu decken! **Raff**.

61. Sein Blatt sei damals noch wenig gelesen worden. Damals behauptete er, dass es „großen Anklang" gefunden habe. **W**

62. Er behauptet, von mir gefordert zu haben, zuzugeben, **dass ich ein Schriftsteller Jules Vernescher Art sei**. Hätte er das getan, so hätte ich ihn augenblicklich hinauswerfen lassen. **Raff., Inf.**

63. Meine Frau sei ganz mit seinem Vorschlag einverstanden gewesen. Er hat es aber gar nicht gewagt, ihn zu machen! **Raff., Inf.**

64. Meine „Indianergeschichten" seien blutrünstig. Grad das vermeide ich stets. Das habe ich ihm bewiesen.

65. Er behauptet, ich reize ernste Leute durch krankhafte Schwindeleien. **Inf.**

In „Sachsenstimme" Nummer 46:

66. Ich sei ein zweiter Leo Taxil. **Inf.**

67. Mein Vater sei Barbier gewesen. **A**

68. Ich habe Lehrer werden sollen, sei es aber nicht geworden. **W**

69. Ich sei ein sinnlich veranlagter Mann. **Inf.**

70. Meine Bekannten hätten sich darüber gefreut, dass es mir endlich besser gehe. **W**

71. Der Inhaber der Münchmeyerschen Firma, Fischer, könne ganz genau über mich Auskunft erteilen, wenn er nur wolle. **W**

72. Herr Fischer habe einen ganzen Haufen alter Briefe von mir in der Hand. **W**

73. Es habe eine hohe Konventionalstrafe zwischen mir und Fischer gegeben. **G**

74. Meine Rechtsanwälte seien Brückner und Hientzsch. **G**

In „Sachsenstimme" Nummer 47:

75. Die Überschrift „Amtliches Material" enthält die Unwahrheit. **Raff.**

76. Ich soll Wind „ausgestreut" haben und darum nun Sturm „einheimsen"! **Inf.**

77. Ich soll in jüngster Zeit zwei Broschüren zu meiner eigenen Verherrlichung haben erscheinen lassen. Ich habe mich aber bemüht, ihr Erscheinen zu verhindern. Ich habe sogar verhindert, dass Herr Lebius die eine herausgab, was er doch gar zu gern getan hätte! **Raff., Inf.**

78. Ich soll die „gekränkte Unschuld" gespielt haben. **Inf.**

79. Ich soll das Doktordiplom im März „dieses Jahres" beim Ministerium eingereicht haben. Das ist unbedingt **absichtliche Fälschung,** denn das hierauf bezügliche Material wurde Herrn Lebius in die Hand gegeben. Er wusste, dass diese Eingabe schon früher geschehen war! **Raff., Inf.**

80. Er behauptet, das Ministerium habe diese Worte nicht gesagt; ich aber erkläre, dass sie aus dem Mund des Freiherrn von Welck stammen, der als Regierungsrat im Ministerium über diese Angelegenheit zu befinden hatte und als Vertreter des Ministers meine Frau in Audienz empfing. **Raff., Inf.**

80. Ich habe mich als Messias aufgespielt! **Inf.**

81. Ich bausche den Münchmeyerprozess über Gebühr auf. **A**

82. „Ungeheure Honoraransprüche" ist unwahr. **A**

83. Den Kolportageverlag können sich nur reiche Leute leisten? Lächerlich! **Raff.**

84. Diese ganze Darstellung des Kolportageverlags ist eine einzige, große Unwahrheit, um auf meine Richter einzuwirken. **Raff.**

85. Ich habe nie behauptet, auf „diesen" Gewinnanteil Anspruch zu haben. **Raff.**

86. Dass es sich in diesem Prozess um „kein" Vermögen handelt, ist unwahr. **Raff.**

In „Sachsenstimme" Nummer 48:
87. Ich soll in einen Uhrenladen eingebrochen sein! **Inf.**

In „Sachsenstimme" Nr. 12:
88. Ich soll „Hintermann" der „Dresdner Rundschau" sein. **G**

89. Auch Max Dittrich soll der Gewährsmann dieses Blattes sein.

90. Ich soll wegen Einbruchs auf viele Jahre in das Zuchthaus gekommen sein. **Inf.**

91. Ich soll im bürgerlichen Leben einen schweren Stand gehabt haben. **Raff.**

92. Münchmeyer soll sich meiner erbarmt haben. **Raff.**

93. Ich sei gar nicht Redakteur gewesen. **Inf.**

94. Ich soll „den kriminellen Grundzug meines Wesens" nicht verloren haben. **Raff., Inf.**

95. Man könne mich als „Hochstapler auf dem Gebiet der deutschen Jugendschriftstellerei" bezeichnen. Und doch habe ich Herrn Lebius versichert und bewiesen, dass ich gar nicht Jugendschriftsteller sein will und es auch nicht bin. **Raff., Inf.**

96. Er sagt, ich behaupte noch heute, meine Indianergeschichten selbst erlebt zu haben. **Inf.**

97. Es sei irreleitend, wenn Max Dittrich sich als Redakteur und Militärschriftsteller bezeichne. **Raff.**

98. Max Dittrich sei niemals Militärschriftsteller gewesen. **Inf.**

99. Max Dittrich werde von mir über dem Wasser gehalten. **Inf.**

100. Ebenso wenig wird er sagen, der Jude so und so. Zu uns hat er wiederholt gesagt „der Jude Herzfeld"... **A**

101. Er habe keine Schandartikel gegen mich verfasst. **W**

102. Meine „eigene Verherrlichungsbroschüre". Die er doch selbst so gerne lancieren wollte! **Inf.**

103. Max Dittrich habe den Verlag bemogelt. **Inf.**

104. Nur darum habe seine Honorierung Schwierigkeiten gemacht. **A**

In „Sachsenstimme" Nummer 13:
105. Er sei nicht erpicht gewesen, die Dittrichsche Broschüre zu verlegen. **A**
106. Herr May war eifrig bemüht, Herrn Lebius mit der Broschüre **hereinzulegen!** Man weiß aber, dass er sie wollte, und ich wies ihn sofort ab, sogar persönlich und binnen zehn Minuten! **Raff., Inf.**
107. Er habe die Verlagsübernahme abgelehnt. **Raff.**
108. Er wäre schwer hereingefallen. **G**

In „Sachsenstimme" Nr. 27:
109. Ich soll das Kriegsbeil ausgegraben haben. **A**
110. Ich behaupte, der Schrecken der Indianer zu sein. **Raff.**
111. Ich behaupte, dass an meinen Händen das Blut unzähliger Indianer und Angehöriger anderer unkultivierter Nationen klebe. **Inf., Raff.**
112. Meine Freunde behaupten, dass ich 80.000 Mark Einkommen habe! Nur er selbst hat das getan! **Raff.**
113. Meine Villa gehöre meiner Frau. **Raff.**
114. Ich zahle für jede Zeichnung 400 Mark. **W**
115. Ich habe ungefähr 30 Bücher geschrieben. **W**
116. Er habe sich nie als Gegner Karl Mays gefühlt. **W**
117. Ich arbeite mit Mitteln der Brunnenvergiftung gegen ihn. **Raff., Inf.**
118. Ich fordere durch Selbstverherrlichung die Kritik heraus. **Raff.**
119. Ich habe den Angriff der „Dresdner Rundschau" inspiriert. **A**
120. Das Verhalten meines Anwalts sei reif, von der Anwaltskammer geprüft zu werden. **Raff., Inf.**
121. Die erste „Selbstverherrlichungsbroschüre". **A**

In „Sachsenstimme" Nummer 30:
122. Er habe den „Karl-May-Rummel" ein für alle Mal aufgeklärt. **W**

123. Ich sei ein in meinem Beruf gescheitertes, schwächliches, kurzsichtiges Schulmeisterlein. **Raff.**, **Inf.**

124. Ich rase vor Wut. **Inf.**

125. Meine Rachsucht schrecke vor keinem Mittel zurück. **A**

126. Ich habe einen schaurigen Enthüllungsartikel in die „Rundschau" lanciert. **Inf.**

127. Ich soll im „Beobachter" gegen ihn gewütet haben. **W**

In der inkriminierten Broschüre:

128. Schon der Titel „ein Verderber der deutschen Jugend", sagt die Unwahrheit. **W**

129. Auch der Name Kahl ist unwahr. **A**, **Raff.**

130. Der Äquivalentsatz soll Gültigkeit auf mich haben. **Raff.**, **Inf.**

131. Will ehemaliger eifriger Mayleser sein. **W**

132. Sagt, er erkläre sich mit dem Artikel in der „Wahrheit" nicht vollständig einverstanden, und **ist doch selbst der Verfasser!** Schwindel! **A**, **Raff.**

133. Hierzu gehören die Karl Mayschen Reiseschriften. **Inf.**

134. Blutrünstigkeit. **W**

135. Atavistischer Charakter! **Inf.**

136. Schwere chronische Krankheit. **Raff.**, **Inf.**

137. Ich ein Leo Taxil! **Inf.**

138. Durch mich zum Narren gehalten. **Raff.**

138. Wahrheit verschleiert. **Inf.**

140. Ich sei abgetan. Lächerlich! **A**

141. Ich wende mich an die Unbefähigten. **Raff.**

142. Lehrer und Erzieher beschäftigen sich überhaupt nicht mit mir. **A**

143. Sie seien falsch unterrichtet. **A**, **Raff.**

144. Will mich als Volks- und Jugenderzieher hinstellen. **Raff.**

145. Suche das mit allen möglichen Mitteln zu erreichen. **Inf.**

146. Jugendverführung. **Raff.**, **Inf.**
147. Wirkung der Mayliteratur. **Raff.**, **Inf.**
148. Soll dem Mörder ein Rezept gegeben haben. **Raff.**, **Inf.**
149. Ich preise mich als Wohltäter der Menschheit. **Inf.**
150. Die „Briefesammlung" soll öffentlich ausgestellt gewesen sein! **Raff.**, **Inf.**
151. „Frankfurter Zeitung" soll den Schleier von mir weggezogen haben. **W**
152. Ich soll nicht einmal das „Geografiebuch" genügend studiert haben! **W**
153. Ich schreibe geografische Böcke. **A**
154. **Die „Sachsenstimme" sei ein Leipziger Blatt!** Infame Fälschung! Er **selbst** gab sie in **Dresden** heraus. Siehe Zeuge Kahl! **Raff.**
155. Pag. 15, Aufzählung Punkt 1 - 4 enthält in Punkt 3 eine raffinierte Fälschung! **Raff.**, **Inf.**
156. Der „edle, fromme" Dichter der Himmelsgedanken. **Inf.**
158. Soll eine Reise gemacht haben, und zwar mit einer Reiseagentur! **A**, **Inf.**, **Raff.**
160. Wilde, blutige Abenteuer! **A**
161. Der Boden sei mir abgegraben worden. **W**
162. Ich soll eingesehen haben, dass manche Positionen verloren seien. **Raff.**
163. Ich soll den Rückzug angetreten haben, und zwar selbst. **Raff.**
164. Ich soll 1898 meine persönlichen Reiseerlebnisse erzählt haben. **A**
165. Es soll keine Literatur in den Indianerdialekten geben. **Inf.**
166. Professor Schumann soll das nachgewiesen haben. **Inf.**
167. Ich soll als katholischer Schriftsteller schreiben. **A**
168. Ich soll diese Positionen geändert haben. **A**
169. Sie sollen für mich so wichtig gewesen sein. **Raff.**
170. Meine Reisen sollen „auf einmal" figurisch (sic!) oder allegorisch geworden sein. **Inf.**
171. Katholischer Protestant. **A**

172. Ich habe mich für einen katholischen Schriftsteller ausgegeben. **A**
173. Ich sei „deshalb" empfohlen worden. **A**
174. Ich soll Schleichwege gegangen sein. **A**
175. Es sei mir nachgewiesen worden, dass ich protestantisch sei. **Raff.**
176. Die ganze katholische Presse sei von mir abgefallen. **A**
177. Die Art und Weise, wie ich meine Leser zu „gewinnen" suche. **Inf.**
178. Ich sei nicht aufrichtig. **G**
179. Ich habe mich in eine Lügenburg verschanzt. **Hier zeige ich die seinige! Raff., Inf.**
180. Die „Wahrheit" habe dieses Gebäude zerstört. **Inf.**
181. Ich habe Schwindel für gute Arbeit ausgegeben. **Inf.**
182. Ich habe die Öffentlichkeit jahrzehntelang irregeführt. **Inf.**
183. Meine Arbeiten seien böse Taten. **Raff.**
184. Seine Broschüre setze meine Qualität als Mensch und Persönlichkeit in das richtige Licht. **W**
185. Diese Menschen versuchten, Licht in das Dunkel zu bringen. **W**
186. Ich sei ein „lauernder Feind, ein Brunnenvergifter". **Raff., Inf.**

Im „Bund" vom 28. März 1909:
187. Die „Genossin" Klara May. **Raff.**
188. Die Frau des bekannten Indianertöters. **Raff.**
189. Der „Genosse" Karl May. **Raff.**
190. „Unter ihrem Eid". **A**
191. Meine Frau schreibe dauernd für den „Vorwärts". **Inf.**
192. Meine Frau schreibe dauernd für die Metallarbeiterzeitung. **Inf.**
193. Meine Frau bringe ungereimte Beschuldigungen gegen Lebius vor. **W**

194. Er stütze sich hierbei auf Aktenmaterial. **W, A**

195. „Genossin May", wegen Meineids und Betrugs. **A, W, Raff., Inf.**

196. Sein „Geschäft stand auch nicht allzubest". **Raff., Inf.**

197. May wurde mit Leib und Seele Spiritist. **Inf.**

198. Ich habe das vor der Öffentlichkeit verborgen. **Raff.**

199. Ich fürchtete die katholische Geistlichkeit. **Inf.**

200. Zupfen am Ärmel von Geisterhand. **G**

201. Die Plöhn horchte die Emma May aus. **Inf.**

202. Ich soll Tausendmarkscheine geschenkt haben. **G**

203. Ich soll Wirtschaftsgeld gegeben haben. Es gab keines. Diese „Ersparnisse" sind Schwindel. **G**

204. Ein Brief mit dem Befehl, Herrn Plöhn 20.000 Mark auszuhändigen. **Raff., Inf.**

205. Frau Emma habe aufs Wort gehorcht. **G**

206. Die Plöhn sei immer kühner geworden. **Raff., Inf.**

207. In kurzer Zeit hatte sie die ganzen 36.000 Mark der Emma May in ihrem Besitz. **Raff., Inf.**

208. Alles, was ich meiner Frau schenkte, hätte ich auch der Plöhn geschenkt. **G**

209. „Kleider, Schuhe, Hüte brauchte die Plöhn nicht mehr zu kaufen". **G**

210. In der Nachbarschaft hieß es sehr bald, Karl May habe zwei Frauen. **Raff., Inf., W**

211. Herr Plöhn lächelte duldsam dazu. **Inf.**

212. Es sei für ihn auch reichlich etwas abgefallen. **Raff., Inf.**

213. Frau Plöhn langweilte sich in Radebeul. **Raff., Inf.**

214. Geisterbefehl zur Fahrt nach München. **Raff.**

215. Ich sei zurückgekehrt. **G**

216. Nochmals eine Orientreise. **G**

217. Fast täglich für 10 bis 20 Mark Blumen nach dem Grab.

218. Jährliche Rente von 3.000 Mark. **Inf.**

219. Geschlechtsverkehr mit meiner Frau verbieten. **Raff., Inf.**

220. Ich sei mit der Plöhn eine Gewissensehe eingegangen. **Inf.**

221. Im ersten Wagen saßen May und die Plöhn umschlungen. **Inf.**

222. Frau Emma zu Tode vergrämt. **Raff.**

223. „Karl und ich werden uns heiraten." **Inf.**

224. „Wir sind tot, tot, tot!" **Raff., Inf.**

225. Ich wiederholte diese Szene in noch brutalerer Weise. **Raff., Inf.**

226. Unsere „Vergnügungsfahrt als Ehepaar". **Raff., Inf.**

227. Strengsten Befehl an die Emma May, zu bleiben. **W**

228. Sie blieb und wagte nicht, sich zu rühren. **Inf.**

229. Im Jenseits würde sie wieder mit ihrem Mann vereinigt sein. **Raff.**

230. Im Diesseits gehöre er mitsamt seinem Geld der Plöhn. **Inf.**

231. Am 9. März floh Emma May nach Dresden. **G**

232. Es wurde ihr „befohlen", alle belastenden Schriftstücke herauszugeben. **G**

233. Es wurde ihr „befohlen", sich in Weimar niederzulassen. **G**

234. May setzte ihr eine kleine Rente aus. **A**

235. Diese Plöhn schreibe jetzt Artikel gegen Lebius. **W, Raff.**

Im „Bund" vom 14. März 1909:

236. In der Fußnote: Auf Anstiften der Sozialdemokratie. **A, W**

237. Fälschung des tatsächlichen Sachverhalts. **A**

238. „Wir halten uns zum Abdruck der Broschüre berechtigt." **W**

Im „Bund" vom 17. Januar 1909:

239. Der Zeuge ist nämlich Herr May, **den kein Gericht aus bekannten Gründen vereidigen wird! W, Raff., Inf.** usw. usw.

Diese Liste wird fortgesetzt.

Diese Liste enthält nur die augenfälligsten Unwahrheiten, Erdichtungen usw. des Herrn Lebius. Nicht stark hervortretende Winkelzüge, Pfiffigkeiten usw. wurden weggelassen.

AN DIE 4. STRAFKAMMER DES KÖNIGLICHEN LANDGERICHTS III IN BERLIN

Die auf dem Umschlag angegebene Berufungssache steht in engstem Zusammenhang mit andern Prozessen, in die ich durch die nie ruhenden Angriffe des Herrn Lebius verwickelt worden bin. Seine fast zahllosen Beleidigungen gegen mich bilden eine einzige, sowohl nach ihrer Absicht als auch nach ihrer Ausführung zusammenhängende, juristisch lückenlose Tat. Um diese sich durch sieben volle Jahre hindurchziehende Tat begreifen und ihre geheimen und öffentlichen Motive taxieren zu können, muss man sich über die Geschichte dieses erbitterten Kampfes „Lebius gegen May" im Klaren sein. Besonders für den Richter ist es ganz unmöglich, in einem Teil dieses zusammenhängenden Ganzen Recht zu sprechen, ohne sich mit den übrigen Teilen ebenso genau beschäftigt zu haben. Ich muss daher dringend um die Erlaubnis bitten, diese Geschichte, natürlich in den kürzesten Zügen, hier geben zu dürfen, und bemerke zum Voraus, dass es sich dabei um die Aufdeckung einer ununterbrochenen Kette von Übertreibungen, Verdrehungen, Fälschungen und Erfindungen handelt, deren Raffiniertheit man, wenn man ein schlimmeres Wort vermeiden will, als genial bezeichnen muss. Diese oft lächerliche, oft imponierende Unwahrhaftigkeit bildet das prozessuale Rückgrat des Herrn Lebius, ohne welches alles schon längst zusammengebrochen wäre. Es ist ganz unmöglich, alles aufzuzählen, was dieser Herr gegen die Wahrheit gesprochen und geschrieben hat, doch will ich versuchen, wenigstens einen Teil davon in der Weise anzudeuten, dass ich die betreffenden Punkte fortlaufend nummeriere. Jede eingeklammerte Ziffer im Text bedeutet also eine neue Unwahrheit des Herrn Lebius. Was ich behaupte, belege ich durch Beilagen, in denen sich die Beweise befinden.

* * *

Ich reiste im Jahr 1902 im Süden und wurde in Trentino von einer heimatlichen Postsendung erreicht, bei der sich auch eine Zuschrift eines gewissen Lebius befand, der sich in ganz überschwänglicher Weise als einen großen Kenner und Bewunderer meiner Werke bezeichnete und die Bitte aussprach, mich einmal besuchen zu dürfen. Diese Überschwänglichkeit erregte sofort meinen Verdacht. „**Der will Geld, weiter nichts!**", sagte ich mir. Man hält mich nämlich für reich, obgleich ich es nicht bin, und besonders sind es Not leidende Schriftsteller und Journalisten, die sich um Hilfe an mich wenden. Ich antwortete diesem Rudolf Lebius, dass ich im Süden sei und ihn also jetzt nicht empfangen könne. Diese Zuschrift gab ich in Arco auf die Post. Um mich als Lügner hinzustellen, behauptet Lebius jetzt in der „Berliner Korrespondenz" und auch anderwärts, dass ich damals in Prag, nicht aber im „Süden" gewesen sei. Siehe **Beilage A**. Ich beginne also hier zu zählen (1) und meine mit dieser Eins die erste Unwahrheit resp. Lüge des Herrn Lebius. In derselben Korrespondenz, nur zwei Zeilen weiter oben, gesteht Lebius, dass ich ihm damals ein „völlig unbekannter Mann" gewesen sei, und doch schrieb er mir, er kenne und bewundere mich und meine Werke. Das ist (2), also Unwahrheit Nummer zwei. Und noch zwei Zeilen weiter oben sagt er, dass er sich infolge eines Aufsatzes der „Frankfurter Zeitung" an mich gewendet habe. In einem seiner Schriftsätze aber behauptet er, von einer Dresdner sozialdemokratischen Zeitung zu einem Interview bei mir veranlasst worden zu sein (3). Und wenn er in der „Frankfurter Zeitung" einen Artikel über den „Fall May" gelesen hat, kann ich ihm doch sodann kein „völlig unbekannter Mann" gewesen sein. Demnach (4). Und auf der letzten Zeile sagt Lebius, dass er ein Jahr später eine Einladung von mir erhalten habe. Es war aber zwei Jahre später. Ich registriere also (5). Wir haben demnach jetzt schon fünf, sage fünf wissentliche Unwahrheiten. Dieser Anfang lässt wohl viel erwarten!

Lebius sagt pfiffigerweise nur, dass er eine Einladung erhalten habe. Er sagt die Wahrheit und fälscht doch, indem er das Vorhergehende verheimlicht. Man soll nicht erfahren, dass er um diese Einladung gebeten hat. Es soll der Anschein erweckt werden, als ob nicht er mich, sondern ich ihn gewünscht habe. Er setzt diese Fälschung auch jetzt noch in der Presse fort. Die Wahrheit aber ist, dass ich ihn nur infolge des Briefes kommen ließ, den er mir am 7. April 1904 schrieb:

> „Sehr geehrter Herr!
> Schon vor anderthalb Jahren versuchte ich, mich Ihnen zu nähern, **wovon die inliegende Karte ein Beweis ist.** Inzwischen habe ich hier eine neue Zeitung herausgegeben, **die großen Anklang findet.** Können Sie mir vielleicht etwas für mein Blatt schreiben? Vielleicht etwas Biografisches, die Art, nach der Sie arbeiten, oder über derartige Einzelheiten, für die sich die deutsche May-Gemeinde interessiert. Ich würde Sie auch gern interviewen.
> **Mit vorzüglicher Verehrung**
> Rudolf Lebius
> Verleger und Herausgeber"

Lebius hatte also meine damalige Karte zwei Jahre lang sorgfältig aufbewahrt, um sich Eingang bei mir zu verschaffen. Es musste ihm also **sehr viel** daran liegen, an mich kommen zu dürfen. In dem Vorwort zu seinem neuesten Pamphlet „Die Zeugen Karl May und Klara May" aber behauptet er: „Dieser Herr May interessiert mich eigentlich überhaupt gar nicht." Also Unwahrheit Nummer (6). Er unterzeichnet **„mit vorzüglicher Verehrung"**; in dem angegebenen Vorwort aber behauptet er: „Seine Schriften sind mir so zuwider, dass es mich Überwindung gekostet hat, einiges von ihm zu lesen"; also (7). Die Behauptung, dass sein Blatt großen Anklang finde, entsprach der Wahrheit nicht; ich sollte damit geködert werden (8). Das sollte ein Blatt für die „Nationalsozialen" sein, also für königstreu und christlich gesinnte Leute, von denen er sich unterstützen ließ, obgleich er in seinem eigenen Blatt (siehe **Beilage B**) erklärte, dass er ein freier Schriftsteller und aus der christlichen Kirche ausgetreten sei. Vor Gericht aber bezeichnet er sich als Protestant (9)!

Man darf den Besuch gewisser Journalisten vom Schlage des Herrn Lebius nicht abweisen, zumal wenn sie mit einem, wenn auch noch so kleinen Zeitüngelchen bewaffnet sind, sonst rächen sie sich. Ich schrieb ihm also, dass er kommen dürfe, und er antwortete am 28. April:

> „Vielen Dank für Ihr liebenswürdiges Schreiben. Ihrer freundlichen Einladung leiste ich natürlich gern Folge. Falls Sie mir nicht eine andere Zeit angeben, komme ich Montag, den 2. Mai 3 Uhr zu Ihnen (Abfahrt 3.[31]).
> **Mit großer Hochachtung und Verehrung**
> Rudolf Lebius"

Ich mache auf die „große Hochachtung und Verehrung" aufmerksam, die er mir da heuchelt, und bezeichne sie nicht als eine neue Lüge, obgleich sie sich noch weiter wiederholt.

Er kam. Doch durfte er mich nicht interviewen. Er gesteht das im „Berliner Korrespondent" selbst ein. Ich dulde das nicht. Er wurde von meiner Frau, die ihn empfing, nur unter der Bedingung zu mir gelassen, dass absolut nichts veröffentlicht werde. Er gab erst ihr und dann auch mir sein Wort darauf. Er blieb zum Kaffee und er blieb bis nach dem Abendessen. Er sprach sehr viel; er sprach fast immerfort. Ich aber war absichtlich schweigsam. Ich sagte nur, was unbedingt nötig war. Ich traute ihm nicht und hatte, um später einen Schutzzeugen zu haben, zugleich mit ihm den Militärschriftsteller und Redakteur Max Dittrich eingeladen, der an meiner Stelle die Unterhaltung leitete.

Lebius trank viel Wein, während ich nur nippte. Er wurde umso lebhafter, je ruhiger und wägsamer ich blieb. Er gab sich alle Mühe, mich und meine Frau davon zu überzeugen, dass er „**ein ganzer Kerl**" sei. So lautete sein Lieblingsausdruck, den er sehr oft brauchte. Er sprach unablässig von seinen Grundsätzen, seinen **Ansichten**, seinen **Plänen**, von **seiner großen Geschicklichkeit**, seinen **reichen Erfahrungen** und seinen **ausgezeichneten Erfolgen** als **Journalist** und **Redakteur, Herausgeber** und **Verleger, Herdenführer** und **Volkstribun**. Ich gebe in **Beilage C** eine eidesstattliche Versicherung meines Zeugen Max Dittrich über diesen Besuch des Rudolf Lebius bei mir.

Der Versuch dieses Mannes, uns zu imponieren, geschah in der Weise eines ganz gewöhnlichen, unvorsichtigen Menschen, der so von seinen eigenen Vorzügen überzeugt ist, dass er gar nicht daran denkt, andere könnten darüber lachen. Als er sah, dass nichts bei mir verfing, wurden seine Anstrengungen krampfhafter. Ich **musste** von seiner Vortrefflichkeit überzeugt werden, **um jeden Preis!** Denn er brauchte Geld, **viel Geld!** Und die Hoffnung, die er auf mich gesetzt hatte, schien **seine letzte** zu sein! Darum offenbarte er uns in seiner Geldangst seine verborgensten Geschäfts- und Lebensgrundsätze. Er glaubte infolge des vielen Weines, uns dadurch zu gewinnen, stieß uns dadurch aber umso sicherer ab. Da ich mich hier kurz zu fassen habe, gebe ich von diesen seinen Grundsätzen nur die drei wichtigsten wieder. Nämlich:

1. Wir Redakteure und Journalisten haben gewöhnlich kein Geld. Darum dürfen wir uns auch keine eigene Meinung gestatten. Wir wollen leben. Darum verkaufen wir uns. **Wer am meisten zahlt, der hat uns!**

2. Jeder Mensch hat dunkle Punkte in seinem Charakter und in seinem Leben. **Auch jeder Arbeitgeber, jeder**

Beamte, jeder Polizist, jeder Richter oder Staatsanwalt hat solches Werg an seinem Rocken. Das muss man klug und heimlich zu erfahren suchen. Keine Mühe darf dabei verdrießen. Und ist es erforscht, so hat man gewonnenes Spiel. Man bringt in seinem Blatt eine Bemerkung, die dem Betreffenden sagt, dass man alles weiß, doch so, dass er nicht verklagen kann. Dann hat man ihn in der Hand und kann mit ihm machen, was man will. Er gibt klein bei. In dieser Weise habe ich meinen Lesern schon außerordentlich viel genützt!

3. Die Menschen zerfallen in sozialer Beziehung in Schafe und Böcke, in Herren und Knechte, in Gebietende und Gehorchende. Wer aufhören will, Herdenmensch zu sein, **der hat das Herdengewissen beiseite zu legen**. Wenn er das tut, dann laufen alle, die dieses Gewissen noch mit sich schleppen, hinter ihm her. Es ist ganz gleich, zu welcher Herde er gehören will. Er kann von einer zur anderen übertreten, kann wechseln. Das schadet ihm nichts. Nur hat er dafür zu sorgen, dass es mit der nötigen Wärme und Überzeugung geschieht, denn das begeistert. Laufen ihm die Sozialdemokraten nicht nach, so laufen ihm die anderen nach!

Als wir drei diese erstaunlichen Belehrungen hörten, brauste Max Dittrich einige Male zornig auf; meine Frau war still vor Erstaunen; ich aber ging hinaus, um den Ekel zu verwinden! Lebius bekam infolgedessen weder Geld noch sonst etwas von mir. Da sah er ein, dass diese beispiellose Selbstentlarvung nicht nur ganz umsonst gewesen sei, sondern dass er sich durch sie in unsere Hände geliefert hatte. Wir drei waren nun die gefährlichsten Menschen, die es für ihn gab. **Er durfte uns nie vor Gericht zu Worte kommen lassen**, sondern musste alles tun, **uns als unglaubhafte, eidesunwürdige Personen hinzustellen**. Ich lege großen Wert darauf, dies ganz besonders zu betonen, denn **es ist der einzig richtige Schlüssel zu** seinem ganzen späteren Verhalten, welches man ohne diesen Schlüssel wohl kaum begreifen könnte, weil der Hass dieses Mannes gegen uns drei fast unmenschlich erscheint.

Noch ehe er sich an diesem Abend mit Max Dittrich entfernte, beklagte ich mich absichtlich über die vielen Zuschriften, in denen man mich, den gar nicht reichen Mann, mit Bitten um Geld überschüttet, und tat dies in einer Weise, die jeden gebildeten ehrenhaften Mann abhalten musste, mir mit ähnlichen Wünschen zu kommen. Schon gleich am nächsten Tag schrieb er mir folgenden Brief:

„Dresden-A, den 3.5.04
Sehr geehrter Herr Doktor!

Indem ich Ihnen herzlich für den freundlichen Empfang und die erwiesene Gastfreundschaft danke, bitte ich Sie, wenn Sie die Kunstausstellung besuchen oder sonst einmal nach Dresden kommen, bei uns zu Mittag essen oder den Kaffee einnehmen zu wollen.

In einem Punkt muss ich unser gestriges Abkommen widerrufen. Ihre unentgeltliche Mitarbeit kann ich nicht annehmen. Wir zahlen 10 Pf. für die Zeile, was wohl derselbe Preis sein wird, den Sie auch von anderen Blättern erhalten haben.

Was Sie mir gestern erzählt haben, habe ich heute noch einmal überdacht. Es will mir scheinen, als ob trotz des kolossalen Absatzes Ihrer Werke der Umsatz noch erheblich gesteigert werden könnte. **Meine Buchhändler- und Verlagserfahrungen** haben mich gelehrt, dass der Wert einer richtig geleiteten Propaganda und direkten Reklame gar nicht überschätzt werden kann.

Meine Frau und ich empfehlen sich Ihrer werten Frau Gemahlin und Ihnen in **Verehrung** und **Dankbarkeit** ergebenst

Rudolf Lebius"

Ich mache darauf aufmerksam, dass er mich „Doktor" titulierte, obgleich ich ihm während seines Besuchs bedeutet hatte, und zwar wiederholt, hiervon abzusehen. Er tat dies aber nicht, denn, wie sich später herausstellte, hielt er diesen „Doktor" für eine Waffe, auf die er nicht verzichten wollte, falls er seine Absichten bei mir nicht erreichen werde.

Ich mache besonders darauf aufmerksam, dass er hier davon spricht, dass der „kolossale Absatz" meiner Werke durch Propaganda und Reklame noch erheblich gesteigert werden könne und dass er mir hierzu seine „Buchhändler- und Verlagserfahrungen" anbietet, ohne dass ich sie gewünscht habe. Unterzeichnet ist dies mit „Verehrung und Dankbarkeit"!

Um diese Zeit schrieb Max Dittrich eine Broschüre über mich und meine Werke. Er war so unvorsichtig, das Manuskript Lebius zu zeigen. Dieser kam sofort nach Radebeul geeilt, um mich zu bitten, mich bei Dittrich dafür zu verwenden, dass dieser ihm, Herrn Lebius, das Werk in Verlag gebe. Er wurde ganz selbstverständlich mit dieser Bitte abgewiesen und ich schrieb Herrn Max Dittrich, dass ich niemals wieder mit ihm verkehren würde, wenn es ihm einfalle, diesem Mann die Broschüre zu überlassen.

Dieser zweite Besuch des Herrn Lebius dauerte höchstens zehn Minuten lang. Als er fort war, fehlte mir eine Fotografie, die er mir entwendet hatte. Er durfte nie wiederkommen. Trotzdem hat er wiederholt behauptet, in meinem Haus vielfach verkehrt zu sein und mich sehr genau studiert zu haben.

Am folgenden Tag schrieb er mir:

„Dresden-A., 12.7.04
Fürstenstraße 34

Sehr geehrter Herr Doktor!

Ich möchte sehr gern die Dittrichsche Broschüre verlegen und würde mir auch die größte Mühe geben, sie zu vertreiben. Durch den Rücktritt von der ‚Sachsenstimme' – offiziell scheide ich erst am 1. Oktober d. J. aus – bin ich aber etwas kapitalschwach geworden.

Würden Sie mir vielleicht ein auf drei Jahre laufendes, 5-prozentiges Darlehen gewähren? Ich zahle Ihnen die Schuld vielleicht schon in einem Jahr zurück.

Als Dank dafür würde ich die Broschüre so lancieren, dass alle Welt von dem Buch spricht. Ich habe ja auf diesem Gebiet besonders große Erfahrung.

Meine Zeitung kommt zu Stande und zwar auf ganz solider Basis. Nun heißt es arbeiten und zeigen, **dass man ein ganzer Kerl ist** usw. usw. Beste Empfehlung an ihre Frau Gemahlin.

Ihr Ihnen ergebener

Rudolf Lebius"

Hier ist ganz besonders zu beachten, dass er sich mir hier als Verleger für die Dittrichsche Broschüre **anbietet**, obwohl ich ihm hierzu nicht die geringste Veranlassung gegeben habe. Auch kam ich hier gar nicht in Frage. Dittrich war ja als der Verfasser derjenige, der zu bestimmen hatte. Ich werde im Verlauf nachweisen, dass Lebius wiederholt und bis in die neueste Zeit behauptet hat, dass nicht er sich mir, sondern ich mich ihm für diese Broschüre angeboten hat. Also Unwahrheit Nummer (**9**).

Sein angeblicher „Rücktritt von der ‚Sachsenstimme'" ist Unwahrheit Nummer (**10**). Er ist gar nicht zurückgetreten, und darum ist es Unwahrheit Nummer (**11**), wenn er behauptet, dass seine „Zeitung zu Stande komme, und zwar auf ganz solider Basis." Durch diese der Wahrheit straff in das Gesicht schlagende Darstellung sollte ich geködert werden, ihm Geld zu geben. Ganz denselben Zweck hat es, dass er verspricht, die Broschüre derart zu lancieren, dass „alle Welt" von dem Buch redet. Ich antwortete gar nicht. Dieser Mann war für mich geschäftlich unmöglich. Trotzdem hat er sodann, sogar noch am 10. August 1910 in einer Hohensteiner Zeitung behauptet, ich habe ihm nicht nur die Broschüre, sondern auch noch Geld für seine Zeitung angeboten (12). Aber trotzdem ich ihm nicht antwortete und trotzdem ich ihn mit der Broschüre **total abgewiesen** hatte, gestattete er sich die Zudringlichkeit, mir am 8. August wieder zu schreiben:

> „Die ‚Sachsenstimme' ist am 4. d. **zu vorteilhaften Bedingungen** an mich allein übergegangen. Ich kann jetzt schalten und walten, wie ich will. Um mich von dem Drucker etwas unabhängig zu machen, **würde ich gern einige tausend Mark (3-6) auf ein halbes Jahr als Darlehen aufnehmen.** Ein Risiko ist ausgeschlossen. **Hinter mir stehen die jüdischen Interessentenfirmen, die mich, wie die letzte Saison bewiesen hat, in weitgehendem Maß unterstützen.** Das Weihnachtsgeschäft bringt wieder alles ein. Würden Sie mir das Darlehen gewähren? **Zu Gegenleistungen bin ich gern bereit. Die große Zahl von akademischen Mitarbeitern erhebt mein Blatt über die Mehrzahl der sächsischen Zeitungen.** Wir können außerdem **die** Artikel, auf die Sie Wert legen, an **300** oder mehr **deutsche und österreichische Zeitungen** versenden und den betreffenden Artikel **blau anstreichen. So etwas wirkt unfehlbar.** In Dresden lasse ich mein Blatt allen Wirtschaften (1.760) zugehen. Mit vorzüglicher Hochachtung
> Rudolf Lebius"

Allein dieser eine kurze Brief enthält folgende Unwahrheiten: Die „vorteilhaften Bedingungen" bestanden lediglich darin, dass seine bisherigen Gönner sich nun von ihm zurückgezogen hatten und er mit seinem Blättchen allein und mittellos dastand (13). „Ein Risiko ist ausgeschlossen" (14). „Hinter mir stehen die jüdischen Interessenten" (15). Die 1.760 Wirtschaften in Dresden (16). Die „große Zahl von akademischen Mitarbeitern" (17). Sein Blatt stehe über der Mehrzahl der sächsischen Zeitungen (18). In einem Brief von 16 Zeilen sechs wissentliche Unwahrheiten! Das genügt doch wohl! Zugleich erfuhr ich, dass er den Offenbarungseid geleistet habe und also nichts, gar nichts besaß! Und dabei versicherte er, dass ein „Risiko ausgeschlossen" sei! Und dabei wollte er meine Artikel „blau anstreichen" und drei- bis sechstausend Mark aus mir herausholen! Ich war der Ansicht, dass so etwas unbedingt vor den Staatsanwalt gehöre. Er konnte den Drucker seines Blättchens nicht bezahlen; er hatte überhaupt nur Schulden und konnte nicht einmal die kleinsten Honorare entrichten. Er behauptete, für die Zeile zehn Pfennige zu zahlen; das ist aber auch nicht wahr (19), denn er ist wegen noch geringerer Honorarbeträge ausgepfändet worden. Im „Berliner Korrespondent", Beilage A, gibt er (20) zu, dass er sein Blatt gern los sein wollte; indem er es herausstrich, um Geld von mir zu bekommen, machte er sich also einer strafbaren Handlung schuldig.

Diese Beilage A enthält überhaupt noch weitere Unwahrheiten:
Ich soll ihn „ersucht" haben, die Dittrichsche Broschüre in Verlag zu nehmen (21), während er mich doch in seinem Brief vom 12.07.04 darum gebeten hat. Redakteur Dittrich soll „eine alte Zuchthausbekanntschaft" von mir sein (22). Ich aber habe Dittrich 1875 in Dresden kennen gelernt. Ich soll mich als Verfasser der „Lobhudelei" bekannt haben (23); es ist aber durch Dittrich selbst wie auch durch den Zeugen Härtner in Lebius' Gegenwart beschworen worden, dass ich gar nicht der Verfasser bin. Ich soll Herrn Lebius nicht mehr geantwortet haben, weil er den Verlag der Broschüre abgelehnt habe (24), ich aber antwortete nicht, weil ich mich von ihm nicht um

mein Geld bringen lassen wollte. Seine Ablehnung habe mich in großen Zorn versetzt (**25**); da er aber gar nicht abgelehnt hat, kann ich auch nicht zornig gewesen sein. Ein in Berlin lebender Schriftsteller habe meine Schwindelei mit dem Doktortitel aufgedeckt (**26**); es hat dabei gar kein Schwindel stattgefunden. Dieser Schriftsteller soll von meinen „Einbruchsdiebstählen" erzählt haben (**27**). Ich habe nie einen Einbruchsdiebstahl begangen, und dieser Schriftsteller, namens Max Weise, hat als Zeuge vor dem Amtsrichter Dr. Musäus in Dresden beschworen, dass er niemals etwas Derartiges über mich gesagt habe. Ich soll eine Fantasieanzeige über Lebius bei der Staatsanwaltschaft erstattet haben (**28**); was ich da vorbrachte, das war nicht Fantasie, sondern Wirklichkeit und hatte nur keinen Erfolg, weil Lebius die Staatsanwaltschaft heillos belog. So schrieb er ihr z. B., der Hotelwirt auf dem Berg Sinai habe gesagt, ich sei ein Schwindler (**29**); es hat aber auf dem Sinai noch niemals ein Hotel gegeben! Ich soll diese Anzeige in verschiedenen Blättern veröffentlicht haben (**30**) und die Folge davon soll gewesen sein, dass sein Blatt einging (**31**). Dasselbe hat er schon oft auch anderweit behauptet. Bald soll ich und bald soll meine Frau ihn „kaputt" gemacht und um sein Blatt gebracht haben; als diese Letztere ihn aber deshalb beim Amtsgericht Charlottenburg verklagte, verteidigte er sich in überraschender Weise damit, dass er das ja gar nicht gesagt haben könne, weil es zu lächerlich sei, dies zu behaupten. Siehe **Beilage D**. Ich soll mich dem „Vorwärts" als Zeugen angeboten haben (**32**), eine mündliche Aussprache mit ihm gehabt und dann Lebius und seine Frau unter einem falschen Vorwand eingeladen haben (**33**). **Beilage R** beweist das Gegenteil. Ich soll seiner Frau ein Ehrenwort abgenommen haben (**34**). Wie kann das möglich sein, da ich ja gar nicht einmal weiß, ob er oder seine Frau ein Ehrenwort hat!

Diese eine „Berliner Korrespondenz" enthält nur vier

kurze Absätze des Herrn Lebius, in denen sich aber 19 handgreifliche Unwahrheiten vorfinden. Randbemerkung überflüssig!

Um nun wieder auf die Briefe des Herrn Lebius zurückzukommen, die alle geschrieben wurden, um Geld aus mir herauszulocken, so mache ich auf seine Über- und Unterschriften aufmerksam: „Sehr geehrter Herr ... Mit vorzüglicher Verehrung!" „Mit großer Hochachtung und Dankbarkeit!" „Sehr geehrter Herr Doktor ... In Verehrung und Dankbarkeit!" Lebius gesteht in Beilage A, Seite 1, Zeile 8 v. u. ein, dass ich seine Briefe trotz dieser überschwänglichen Höflichkeiten gar nicht beantwortete. Das ist wohl der beste Beweis, dass ich nichts von ihm wissen wollte und dass ich ihm die Dittrichsche Broschüre unmöglich angeboten haben kann. Als er hieraus endlich doch ersehen musste, dass auf direktem Weg nichts mit mir zu machen sei, schrieb er nicht mehr an mich, sondern an Dittrich. So am 15. August 1904:

„Werter Herr Dittrich!
Ich gebe Ihnen für die Vermittlung ein Prozent. **Mehr als 10.000 Mark brauche ich nicht.** Ich würde aber auch mit weniger vorlieb nehmen. Das Honorar sende ich am 20. d. wie verabredet.
Könnten sie nicht Dr. May **bearbeiten**, dass er mir Geld vorschießt?
Freundlichen Gruß
R. Lebius"

Dann am 27. August:

„Werter Herr Dittrich!
Meine Frau kommt am 1. September zu Herrn Dr. Klenke, einen kleinen Betrag kassieren. Bei dieser Gelegenheit gibt Sie Ihnen Ihr Honorar. Sie haben meine schriftliche Zusage, dass ich Ihnen 1 Prozent

von dem Geld gebe, welches Sie mir von H. B. oder
Dr. M. (May) vermitteln. Sie erhalten das Geld sofort...
    Freundlichen Gruß
                Lebius"

Er war nämlich Herrn Max Dittrich ein Honorar von
37 Mark 45 Pfennigen schuldig, welches er trotz der Kleinheit dieses Betrags nicht bezahlen konnte. Es wurde ihm
daraufhin ein Spiegel gerichtlich abgepfändet. Als er von
Dittrich, anstatt der 10.000 Mark von mir, eine Mahnung
um diese 37 Mark 45 Pfennig bekam, schrieb er ihm am
3. September:

    „Geehrter Herr Dittrich!
    Ich habe Herrn Dr. med. Klenke ersucht, Ihnen
40 Mark zu meinen Lasten gutzuschreiben. Ihr
Verhalten mir gegenüber finde ich höchst sonderbar, um nicht zu sagen beleidigend.
              Achtungsvoll
                  R. Lebius"

Diesem Dr. Klenke fiel es aber auch nicht ein, die Schulden des Herrn Lebius zu bezahlen, und so kam in logischer Folgerichtigkeit am 7. September in Form einer Postkarte folgende Drohung bei mir an:

    „Werter Herr!
    Ein gewisser Herr Lebius, Redakteur der
‚Sachsenstimme‘, erzählte einem Herrn, dass er einen Artikel gegen Sie schreibt. Ich habe es im Lokal gerade gehört. Es warnt Sie ein Freund vor dem
Mann. B"

Über den Verfasser und den Zweck dieser Karte war ich
mir natürlich sofort im Klaren. Auch das Gutachten der

vereideten Sachverständigen lautet dahin, **dass sie unbedingt von Lebius selbst geschrieben ist.** Jedenfalls erwartete er ganz bestimmt, dass ich auf diese Erpressung hin die 10.000 Mark zahlen werde. Gab ich sie nicht, so waren mir nicht nur der jetzt angedrohte, sondern noch weitere Racheartikel sicher und auch noch anderes dazu, was mich in Besorgnis setzen musste. Aber ich ließ auch jetzt nichts von mir hören und sah mit gutem Gewissen dem unvermeidlichen Artikel entgegen, der am 11. September 1904 in Nummer 33 des Lebiusschen Blatts, der „Sachsenstimme", erschien und die dreifache Überschrift hatte:

„Mehr Licht über Karl May

    160.000 Mark Schriftstellereinkommen

        Ein berühmter Dresdner Kolportageschriftsteller."

Ich gebe diesen entsetzlichen, verlogenen Aufsatz in **Beilage E** zur Ansicht. Dieser Mann hatte meiner Frau und mir sein Wort gegeben, nichts zu veröffentlichen. Er war sogar nur unter diesem Versprechen bei uns hereingelassen worden. Und nun veröffentlichte er doch, und zwar in welcher Weise und aus welchen Gründen! Er stellte alles auf den Kopf; er drehte alles um! Er legte uns alles, was ihm beliebte, in den Mund, und was wir wirklich gesagt hatten, das verschwieg er, um sich nicht zu blamieren. Dieser Aufsatz enthält über 70 moralische Unsauberkeiten; ich zähle aber, um nicht zu ermüden, nur die hervorragendsten auf und füge die betreffende Ziffer bei:

Ich sei ein Kolportageschriftsteller (**35**).

Ich habe 160.000 Mark Einkommen gehabt (**36**).

Jetzt aber habe ich jährlich 80.000 Mark (**37**).

Ich selbst soll ihm das gesagt haben (**38**).

Er kenne mich genau. Er habe öfters mit mir gesprochen, getrunken, gegessen (**39**).

Meine Frau habe nicht **mir**, sondern **ihm** Recht gegeben (**40**).

Ich soll ihm gestanden haben, gar keine Reisen gemacht zu haben (**41**).

Ich soll mir Marmorbüsten zum Preis von 50 – 60.000 Mark haben machen lassen (42).

Um mich als Schwindler hinzustellen, behauptet er, **ich sei kurzsichtig** (43).

Mein Verleger habe mit einem kleinen Papiergeschäft **Bankrott gemacht** (44).

Er spricht von „unlängst" und von „Erkundigungen bei Fremden", wo er doch schon vor Monaten und persönlich bei mir gewesen ist (45).

Er sagt die Unwahrheit über meine Leserkreise, um mich zu blamieren (46).

Er stellt sich, als ob er vor dem Erscheinen der Max-Dittrich-Broschüre nichts von ihr gewusst habe, und hat sich doch so große Mühe gegeben, sie selbst in Verlag zu bekommen (47).

Er behauptet, diese Broschüre mache Dunst, und wollte sie doch veröffentlichen (48).

Er erklärt, nur deshalb Geld von mir verlangt zu haben, um es zu dieser Broschüre zu verwenden, und war doch mit ihr schon abgewiesen, als er die 10.000 Mark verlangte (49).

Er leugnet 20 Jahre meiner Schriftstellertätigkeit hinweg (50).

Er spricht von einem „fünfjährigen Stillschweigen" meinerseits, und doch sind in dieser Zeit vier vollständig neue Bände von mir erschienen (51).

Er bedient sich des Ausdrucks „wie er selbst mir mitteilte", und doch habe ich ihm so etwas nie gesagt (52).

Er bezeichnet die Helden meiner Erzählung als „Glücksritter" und weiß doch ganz genau, dass sie Personifikationen der Menschheitsseele, des Edelmenschen, des Christentums, des Islam usw. sind (53).

Es soll mir „peinlich" gewesen sein, dass meine Frau mich desavouiert habe. Sie hat dies aber gar nicht getan, sondern mir völlig Recht gegeben (54).

Das ganze Gespräch mit meiner Frau hat in grad entgegengesetzter Weise stattgefunden (55).

Ich soll gestanden haben, nicht gereist zu sein. Und ich soll behauptet haben, mich „auf der ganzen Erde herumgetrieben" zu haben (56).

Ich soll ihm eine mystische Zweiseelentheorie entwickelt haben (57).

Die „zahlreichen Amateurfotografien", von denen er redet, sind nur vier ganz bescheidene, kleine Aufnahmen (58).

Meine Frau ist auf diesen Aufnahmen nicht mit zu sehen (59).

Er sagt: „Wie May nach dieser Anerkennung und diesem Ruhm lechzt!" Ich habe ihm ganz im Gegenteil gesagt und ausführlich erklärt, dass und warum ich diesen fürchterlichen Ruhm geradezu hasse und dass ich nichts sehnlicher wünsche, als ganz unbekannt zu sein, **die Menschen sollen mich in Ruhe lassen!** (60).

Ich befände mich auf einer schiefen Ebene, die nach abwärts führt (61).

Er weiß genau, weshalb ich in der Ichform schreibe, und dennoch schändet er sie (62).

Die 400 Mark für Professor Sascha Schneider sind nicht wahr (63).

Auch das von der „Karl-May-Mappe" ist nicht wahr. Ich soll dadurch als Geck, als eitler Mensch hingestellt werden (64).

Er nennt Max Dittrich wegwerfend „Provinzredakteur". Dittrich war Redakteur in Straßburg, Dresden, Berlin usw. (65).

Er bezeichnet Max Dittrich als einen **„schwer Rückenmarksleidenden"** und verwandelt das später öffentlich in ein **schweres syphilitisches Nervenleiden** (66).

Ich soll eingestanden haben, dass Dittrichs Broschüre für mein neues Buch Reklame machen solle (67).

Als das **„Jugendbildnis**, welches mich Ende der zwanziger Jahre" darstellt, aufgenommen wurde, war ich **fast 60 Jahre** alt! (68).

Ich soll den Eindruck eines Schwächlings auf ihn gemacht haben! (69).

Ich soll einen „Kneifer tragen, den ich aber verstecke"! (70).
Die „österreichische Thronfolgerin" ist nicht wahr (71).
Ich habe **nie** gesagt, dass man an kaiserlichen und königlichen Höfen für mich schwärme (72).
Mich hat weder der Zufall noch die Not zur Kolportage getrieben. Ich habe ihr niemals angehört. Und ich habe auch niemals skrupellos geschrieben (73).
Mein Verleger Fehsenfeld hat keinen Onkel; also ist das, was über diese Person gesagt wird, erdichtet wie sie selbst (74).
Er sagt, ich erdichte meine Reiseabenteuer in meiner Radebeuler Studierstube (75).
Bei der Betrachtung dieses ersten Schmähartikels gegen mich ist der Ton auf den Umstand zu legen, dass Lebius die Dittrichsche Broschüre über mich unter allen Umständen haben wollte, dass er sich alle Mühe gab und große Versprechungen machte, um sie zu bekommen. Nun er sie aber nicht bekam, sondern abgewiesen wurde, macht er Front nicht nur gegen mich, sondern auch gegen sie. Er gibt am Schluss der ersten Alinea seines Aufsatzes zu, dass sie die eigentliche Veranlassung zu diesem Aufsatz bilde. Auch in einer späteren Zuschrift an die Redaktion der „Dresdner Rundschau" gesteht er ein, durch das Erscheinen dieser Broschüre zu seinen Angriffen gegen mich **„provoziert"** worden zu sein. Natürlich aber nur dadurch, dass sie nicht in **seinem**, sondern in einem **anderen** Verlag erschien. Ich gebe die betreffende Rundschau-Nummer in **Beilage F** zur Ansicht.
Hatte Lebius die Absicht, mir in diesem Aufsatz zu zeigen, was alles noch kommen könne und kommen werde, falls ich mich nun nicht schleunigst bequeme, das gewünschte Geld zu geben, so äußerte das keine Wirkung auf mich. Ich zahlte nicht und antwortete nicht. Da brachte er in Nr. 44 seiner „Sachsenstimme" ein zweites Elaborat, von dem ich in **Beilage G** ein Exemplar zur Ansicht stelle. Dieses Elaborat enthält folgende sehr wunde Punkte:
Er habe, ehe er mich kannte, Bücher von mir gelesen (76).

Ich sei ein **gebrechliches Männlein**. Ich messe aber 1 Meter 70 und habe 1 Meter 5 Brustumfang (77).

Er und ich, wir hätten Vertrauen zueinander gefasst, als wir uns kennen lernten (78).

Er habe über die Verlagsbedingungen der Broschüre des Langen und Breiten mit mir gehandelt, während ich ihn doch sofort abgewiesen habe (79).

Ich habe unausgesetzt über meine Gegner und deren Undankbarkeit geklagt (80).

Er habe mich gefragt, ob ich mich pekuniär an seinem Blatt beteiligen wolle (81).

Es soll mir zugemutet worden sein, im Falle des Misserfolgs der Broschüre den Verlust des Lebius zu decken! (82).

Sein Blatt sei damals noch wenig gelesen worden. Damals behauptete er, dass es „großen Anklang" gefunden habe (83).

Er behauptet, von mir gefordert zu haben, zuzugeben, **dass ich ein Schriftsteller Jules Vernescher Art sei**. Hätte er das getan, so hätte ich ihn augenblicklich hinauswerfen lassen (84).

Meine Frau sei ganz mit seinem Vorschlag einverstanden gewesen. Er hat es aber gar nicht gewagt, ihn zu machen! (85).

Meine „Indianergeschichten" seien blutrünstig. Grad das vermeide ich stets. Das habe ich ihm bewiesen (86).

Er behauptet, ich reize ernste Leute durch krankhafte Schwindeleien (87).

Kurze Zeit darauf erschien in Nr. 46 der „Sachsenstimme", welche ich in **Beilage H** deponiere, ein weiterer Artikel, aus dem ich nur die folgenden Punkte ziehe:

Ich sei ein zweiter Leo Taxil (88).

Mein Vater sei Barbier gewesen (89).

Ich habe Lehrer werden sollen, sei es aber nicht geworden (90).

Ich sei ein sinnlich veranlagter Mann (91).

Meine Bekannten hätten sich darüber gefreut, dass es mir endlich besser gehe (92).

Der Inhaber der Münchmeyerschen Firma, Fischer, könne ganz genau über mich Auskunft erteilen, wenn er nur wolle (93).

Herr Fischer habe einen ganzen Haufen alter Briefe von mir in der Hand (94).

Es habe eine hohe Konventionalstrafe zwischen mir und Fischer gegeben (95).

Meine Rechtsanwälte seien Brückner und Hientzsch (96).

Schon eine Woche später erschien in Nr. 47 der „Sachsenstimme" unter dem irreführenden Titel „Amtliches Material über Karl May", ein fernerer Aufsatz, der mir Gelegenheit zur folgenden Weiterzählung gibt:

Die Überschrift „Amtliches Material" enthält die Unwahrheit (97).

Ich soll Wind „ausgestreut" haben und darum nun Sturm „einheimsen"! (98).

Ich soll in jüngster Zeit zwei Broschüren zu meiner eigenen Verherrlichung haben erscheinen lassen. Ich habe mich aber bemüht, ihr Erscheinen zu verhindern. Ich habe sogar verhindert, dass Herr Lebius die eine herausgab, was er doch gar zu gern getan hätte (99).

Ich soll die „gekränkte Unschuld" gespielt haben (100).

Ich soll das Doktordiplom im März „dieses Jahres" beim Ministerium eingereicht haben. Das ist unbedingt **absichtliche Fälschung**, denn das hierauf bezügliche Material wurde Herrn Lebius in die Hand gegeben. Er wusste, dass diese Eingabe schon früher geschehen war! (101).

Er behauptet, das Ministerium habe diese Worte nicht gesagt; ich aber erkläre, dass sie aus dem Mund des Freiherrn von Welck stammen, der als Regierungsrat im Ministerium über diese Angelegenheit zu befinden hatte und als Vertreter des Ministers meine Frau in Audienz empfing (101 a).

Ich habe mich als Messias aufgespielt! (102).

Ich bausche den Münchmeyerprozess über Gebühr auf (103).

„Ungeheure Honoraransprüche" ist unwahr (104).

Den Kolportageverlag können sich nur reiche Leute leisten? Lächerlich! (104 a).

Diese ganze Darstellung des Kolportageverlags ist eine einzige, große Unwahrheit, um auf meine Richter einzuwirken (**105**).

Ich habe nie behauptet, auf „diesen" Gewinnanteil Anspruch zu haben (**106**).

Dass es sich in diesem Prozess um „kein" Vermögen handelt, ist unwahr (**107**).

Ich bringe diese Nummer 47 der „Sachsenstimme" in **Beilage J**. Aus Nummer 48 in **Beilage K** ist nur zu erwähnen, dass ich

in einen Uhrenladen eingebrochen sein soll. Das ist nicht wahr, also (**108**).

Diese Nummer 48 kam zu Weihnacht heraus. Das war Herrn Lebius noch nicht genug. Das Fest musste mir noch besser versalzen werden. Am „heiligen Abend" hingen in den Fenstern der Dresdner Buchhandlungen Plakate mit großen, roten Buchstaben, welche die Aufgabe hatten, meine „Vorstrafen" öffentlich zu verkünden. Und damit die Aufmerksamkeit der Passanten unbedingt und unweigerlich angezogen werde, war mein Name mit dem der Gräfin Montignoso verbunden, welche damals für alle minderwertigen Menschen die „Sensation" des Tages bildete. Ein schreienderer Beweis, dass es sich **nicht** um eine literarische Tat, sondern **nur** um die Befriedigung einer niedrigen, persönlichen Rache handelte, kann wohl kaum erbracht werden! Ich gebe in **Beilage L** ein solches Plakat zur Betrachtung.

In **Beilage M** gebe ich ein Exemplar von Nummer 12 der „Sachsenstimme" vom Jahr 1905. Ich habe da folgende Punkte zu nummerieren:

Ich soll „Hintermann" der „Dresdner Rundschau" sein (**109**).

Auch Max Dittrich soll der Gewährsmann dieses Blatts sein (**109 a**).

Ich soll wegen Einbruchs auf viele Jahre in das Zuchthaus gekommen sein (**110**).

Ich soll im bürgerlichen Leben einen schweren Stand gehabt haben (111).

Münchmeyer soll sich meiner erbarmt haben (112).

Ich sei gar nicht Redakteur gewesen (113).

Ich soll den „kriminellen Grundzug meines Wesens" nicht verloren haben (114).

Man könne mich als „Hochstapler auf dem Gebiet der deutschen Jugendschriftstellerei" bezeichnen. Und doch habe ich Herrn Lebius versichert und bewiesen, dass ich gar nicht Jugendschriftsteller sein will und es auch nicht bin (115).

Er sagt, ich behaupte noch heute, meine Indianergeschichten selbst erlebt zu haben (116).

Es sei irreleitend, wenn Max Dittrich sich als Redakteur und Militärschriftsteller bezeichne (117).

Max Dittrich sei niemals Militärschriftsteller gewesen (118).

Max Dittrich werde von mir über Wasser gehalten (119).

„Ebenso wenig wird er sagen, der Jude so und so." Zu uns hat er wiederholt gesagt „der Jude Herzfeld"... (120).

Er habe keine Schandartikel gegen mich verfasst (121).

Meine „eigene Verherrlichungsbroschüre". Die er doch selbst so gerne lancieren wollte! (122).

Max Dittrich habe den Verlag bemogelt (123).

Nur darum habe seine Honorierung Schwierigkeiten gemacht (124).

Ferner Nummer 13 der „Sachsenstimme" vom Jahr 1905 in **Beilage N**:

Er sei nicht erpicht gewesen, die Dittrichsche Broschüre zu verlegen (125).

„Herr May war eifrig bemüht, Herrn Lebius mit der Broschüre **hereinzulegen!**" Man weiß aber, dass Lebius sie wollte, und ich wies ihn sofort ab, sogar persönlich und binnen zehn Minuten! (126).

Er habe die Verlagsübernahme abgelehnt (127).

Er wäre schwer hereingefallen (128).

Auch Nummer 27 der „Sachsenstimme" vom Jahre 1905 in **Beilage O**:

Ich soll das Kriegsbeil ausgegraben haben (**129**).

Ich behaupte, der Schrecken der Indianer zu sein (**130**).

Ich behaupte, dass an meinen Händen das Blut unzähliger Indianer und Angehöriger anderer unkultivierter Nationen klebe (**131**).

Meine Freunde behaupten, dass ich 80.000 Mark Einkommen habe! Nur er selbst hat das getan! (**132**).

Meine Villa gehöre meiner Frau (**133**).

Ich zahle für jede Zeichnung 400 Mark (**134**).

Ich habe ungefähr 30 Bücher geschrieben (**135**).

Er habe sich nie als Gegner Karl Mays gefühlt (**136**).

Ich arbeite mit Mitteln der Brunnenvergiftung gegen ihn (**137**).

Ich fordere durch Selbstverherrlichung die Kritik heraus (**138**).

Ich habe den Angriff der „Dresdner Rundschau" inspiriert (**139**).

Das Verhalten meines Anwalts sei reif, von der Anwaltskammer geprüft zu werden (**140**).

Die erste „Selbstverherrlichungsbroschüre" (**141**).

Und Nummer 30 der „Sachsenstimme" vom Jahre 1905 in **Beilage P**:

Er habe den „Karl-May-Rummel" ein für alle Mal aufgeklärt (**142**).

Ich sei ein in meinem Beruf gescheitertes, schwächliches, kurzsichtiges Schulmeisterlein (**143**).

Ich rase vor Wut (**144**).

Meine Rachsucht schrecke vor keinem Mittel zurück (**145**).

Ich habe einen schaurigen Enthüllungsartikel in die „Rundschau" lanciert (**146**).

Ich soll im „Beobachter" gegen ihn gewütet haben (**147**).

* * *

Das ergibt also 147, sage und schreibe einhundertsiebenundvierzig Unwahrheiten, deren sich Herr Lebius während dieser kurzen Zeit in seiner „Sachsenstimme" gegen mich schuldig gemacht hat! Wie viele Lügen, absichtliche Fälschungen, raffinierte Bosheiten und völlige Infamien hierunter sind, das will ich nicht untersuchen, sondern denen überlassen, die hierzu berufen sind. Ich betone ausdrücklich, dass diese Aufstellung nicht etwa alles, sondern nur eine Auswahl enthält. Ich könnte diese Ziffer trotz ihrer Höhe gut verdoppeln. Ich habe lange dazu geschwiegen, bis es nicht mehr zum Aushalten war. Da musste ich mich endlich wehren. Ich erstattete bei der Staatsanwaltschaft Anzeige wegen Erpressung. Ich legte Briefe bei. Auch die drohende Karte vom 7. September 1904. Die Sachverständigen erklärten, dass Lebius sie unbedingt geschrieben habe. Die erwähnte Behörde aber war der Ansicht, dass dies nicht zureiche, eine Untersuchung zu eröffnen. Und Lebius gab sich bei seinen Auskünften die größte Mühe, mich als einen Menschen hinzustellen, dem man nicht glauben dürfe. Das Meisterstück hat er dabei abgelegt, indem er der Königlichen Staatsanwaltschaft in Dresden berichtete, dass der Wirt des Hotels **auf dem Berg Sinai** in Dresden gewesen sei und sich sehr schlecht über mich ausgesprochen habe. Nun weiß aber jedermann, dass es auf dem Sinai bis heutigen Tages **noch nie ein Hotel gegeben hat;** das zeigt wohl zur Genüge, was man von der Erfindungsgabe des Herrn Lebius alles erwarten kann. Ich erhob zweimal Privatklage gegen ihn. Die eine zog ich während der Verhandlung aus reinem Ekel vor dem Schmutz, in dem ich da waten sollte, zurück. Die andere brachte ihm in der ersten Instanz eine Geldstrafe von 30 Mark; in der zweiten Instanz aber wurde er freigesprochen, weil mein Anwalt krank geworden war und einen Vertreter stellte, der die Sache führte, ohne orientiert zu sein.

Das ist alles, was ich gegen die ebenso zahlreichen wie unausgesetzten Angriffe des Herrn Lebius getan habe.

Gewiss wenig genug! Dass ich Berichterstattern Auskunft gab, wenn sie kamen, mich zu fragen, versteht sich ganz von selbst. Es kann mir niemand zumuten, diesen Herren aus Angst vor Herrn Lebius die Unwahrheit zu sagen. Dennoch behauptet er noch heute, dass nicht ich von ihm, sondern er von mir verfolgt und angegriffen werde. Ich bezeichne das jetzt als „Absichtliche Fälschung" Nummer (**148**), auf die ich später noch zurückzukommen habe.

Selbst als er aus Dresden mit Hinterlassung einer ganz bedeutenden Schuldenlast verschwunden war, hörten seine Angriffe gegen mich nicht auf. Ich erwähne da nur den Aufsatz in der österreichischen Lehrerzeitung, durch den er zirka 40.000 Lehrer auf mich hetzte. Ich schwieg. Ich schwieg selbst dann, als er in der mehr als bekannten Wilhelm Bruhnschen „Wahrheit" in Berlin, die ich nicht zu charakterisieren brauche, weil das schon genügend durch den Strafrichter geschehen ist, einen geradezu empörenden Angriff gegen mich brachte, in dem er mich als „atavistischen Verbrecher" brandmarkte, der wegen „fortgesetzter Einbruchsdiebstähle" fast ein Jahrzehnt im Gefängnis und Zuchthaus gesessen habe! Er behauptete da, dass ich eine schwere, chronische Krankheit durchgemacht habe, die „offenbar kulturhemmend" gewirkt habe. Ich lege die betreffende Nummer der „Wahrheit" in **Beilage Q** zur Ansicht nieder und beweise damit, dass Herr Rudolf Lebius **ein Mitarbeiter der Bruhnschen „Wahrheit"** ist. Er hat seinen vollen Namen unterschrieben. Hiermit haben wir, nachdem auf dem Dresdner Kampfplatz endlich Ruhe für mich eingetreten war, den Berliner Hinrichtungsplatz erreicht, auf dem ich von Herrn Lebius literarisch, geschäftlich, physisch und moralisch zu Tode gequält werden soll.

Ich hatte in dem großen Münchmeyerprozess eine Frage an Lebius zu richten. Ich erfuhr, dass er in Berlin lebe, und ging mit meiner Frau dorthin, ihn aufzusuchen. Wir entdeckten seine Wohnung. Wir hörten, dass er ein neues Blatt herausgab, der „Bund" genannt. Wir telefonierten ihm. Er bestellte uns nach dem Café Bauer. Wir folgten dieser seiner Weisung. Er kam mit seiner Frau und deren Schwester. Er beantwortete meine Frage nicht. Er leugnete alles. Ich sagte ihm, dass ich sein neues Blatt sehen möchte. Das war ganz ehrlich und gut gemeint, ohne alle böse Absicht. Er aber begehrte sofort zornig auf und fragte drohend: „Haben Sie etwas vor? Dann gehe ich auf der Stelle von neuem gegen Sie los! Hier in Berlin gibt es über zwanzig Blätter wie die ‚Dresdner Rundschau'. Die stehen mir alle zu Gebote, wenn ich Sie totmachen will! Hier dauert das gar nicht lang!"

Ich antwortete, dass es mir gar nicht einfalle, wieder in den alten Sumpf zu steigen. Meine Frau sagte zu seiner Frau in ruhiger, freundlicher Weise, dass es die schönste Aufgabe verheirateter Frauen sei, versöhnend zu wirken und die Härten des Lebens zu mildern; dann entfernten wir uns.

Das war am 2. oder 3. September. **Einen Monat später**, am 1. Oktober, kam folgender Brief aus Berlin; ich war verreist:

„Geehrter Herr!
Obwohl völlig unbekannt, erlaube ich mir, bei Ihnen einmal anzufragen, ob Sie mir nähere Mitteilungen über einen Herrn Lebius, seinerzeit in Dresden, machen könnten. Genannter Herr, ehemaliger Sozialdemokrat, hat gegen mich als den seinerzeit verantwortlich zeichnenden Redakteur des ‚Vorwärts' die Privatbeleidigungsklage angestrengt. Es wird vor Gericht meine Aufgabe sein müssen, Herrn Lebius als ‚Ehrenmann' zu kennzeichnen. Auf den Rat eines Dresdner Kollegen wende ich mich vertrauensvoll an Sie, ob Sie mir über diesen Herrn vielleicht einige Auskunft geben könnten. Sollte dies der Fall sein, so sehe ich Ihrer Freundlichkeit sehr verbunden entgegen.
Mit größter Hochachtung
Carl Wermuth,
Redakteur des ‚Vorwärts'"

Ich wiederhole, dass ich verreist war und also auf diesen Wunsch, selbst wenn ich gewollt hätte, nicht eingehen konnte. Am 5. April 1908, also **ein volles halbes Jahr später**, erhielt ich von der Redaktion des „Vorwärts" eine weitere Zuschrift:

> „**Zu unserm Bedauern haben Sie es bisher unterlassen**, sich über die gegen Sie gerichteten Angriffe des Lebius **zu äußern** resp. **uns die notwendigen Beweismittel** der ehrenabschneiderischen Tätigkeit des Lebius in Bezug auf Ihre Person **zur Verfügung zu stellen**. Wie ich von meinem Kollegen Wermuth erfuhr, hat Ihre Frau mitgeteilt, dass Sie sich zurzeit auf Reisen befinden und **nicht in der Lage seien, uns mit dem gewünschten Material gegen Lebius zu versehen**. Ich hoffe, dass Sie inzwischen von der Reise zurückgekehrt sind und nunmehr..."

Hiermit ist wohl zur vollsten Genüge bewiesen, **dass nicht ich Herrn Lebius verfolge, sondern er mich**. Herr Lebius behauptet, dass ich mich damals, am Sedanstag, an ihn gemacht habe, um dem „Vorwärts" beizustehen. Hier beweise ich, dass ich damals von jener Beleidigungsklage noch gar nichts gewusst habe, sondern dass der „Vorwärts" es mir erst einen Monat später mitteilte und dann aber nach wieder sechs Monaten **noch gar keine Antwort bekommen hat!**

Hat Herr Lebius vielleicht bei der Berliner Staatsanwaltschaft ebenso gelogen wie bei der Dresdner? War auch dort vom „Sinai-Hotel", das es gar nicht gibt, und Ähnlichem die Rede?

Und während ich jetzt, bei Ankunft dieses Briefs, Herrn Lebius sechs Monate lang geschont hatte, wo es mir doch so bequem und leicht gemacht worden war, mich an ihm zu rächen, was hatte da er getan? Mir ein Schafott gebaut, auf dem ich öffentlich hingerichtet werden sollte. Sogar die Zeit, das Datum dieser Exekution, war fest bestimmt: Es war der erste April. Der Henker wünschte das so, denn wenn ich länger lebte, so war er selbst verloren.

Bevor ich dies weiter ausführe, gebe ich als Beweisstücke folgende drei Originalbriefe des „Vorwärts" in **Beilage R**:

Die beiden oben stehenden Zuschriften und eine dritte vom 4. Oktober, vom Redakteur Wermuth geschrieben, aus welcher deutlich hervorgeht, dass meine Frau in meiner Abwesenheit **nicht** auf die Zeugenschaft gegen Lebius eingegangen ist, sondern geantwortet hat, dass sie sich bei einem „Kenner", also einem Rechtsanwalt, erkundigen werde. Das Resultat war dann eben, dass wir volle sechs Monate schwiegen.

Hiermit ist ein für alle Mal bewiesen, dass es mir nicht eingefallen ist, Lebius zu verfolgen. Ich bin an diesem Vorwurf völlig unschuldig.

Nämlich Herr Lebius hatte den „Vorwärts" wegen Beleidigung verklagt, und der „Vorwärts" hatte mich, natürlich ohne erst viel zu fragen, als Zeugen angegeben. Das Gewissen des Lebius sagte ihm, dass er von diesem Zeugen wohl nicht viel Freundliches zu erwarten habe. Ja, es kam ihm sogar der Gedanke, dass ich von dieser Zeugenschaft schon im Café Bauer gewusst habe. Das erzürnte ihn. Er schickte seine Frau zu meiner Frau nach Radebeul, um mir zu drohen. Meine Frau wünschte diese Zusammenkunft in meinem Haus; aber darauf ging Frau Lebius nicht ein. Sie entschloss sich für ein öffentliches Lokal, weil sie da wieder eine Schwester als „Zeugin" mitbringen konnte, da es, wie bereits zweimal gesagt, „Schurken gibt, aus deren Mund oder Feder dann alles anders klingt, als es in Wirklichkeit geklungen hat". So ist es denn auch gekommen. Meine Frau wurde als Zeugin vernommen und die Schwägerin des Herrn Lebius wurde vernommen. Beide haben gegenteilig ausgesagt und beide haben ihre Aussagen beschworen. Eine von ihnen hat also gewissenlos geschworen und Gott wird Richter sein! Meine Frau, deren Gewissen ich kenne, sagt mir, Frau Lebius sei von ihrem Mann sehr gut instruiert gewesen und habe verlangt, ich solle beschwören, dass jene Erpresserkarte nicht von Lebius sei. Da wir aber heut mehr als je davon überzeugt sind, dass er sie geschrieben hat, so ist seine Gattin ganz unverrichteter Sache zu ihm nach Berlin zurückgekehrt.

Als er erfuhr, dass dieser Versuch misslungen sei, sah er sich ganz selbstverständlich auf den alten, vertrauten Trick zurückgewiesen, mich – – – **eidesunwürdig zu machen.** Er beschloss, dies durch die Herausgabe einer Broschüre zu tun, deren Inhalt, ganz gleich, **ob wahr oder unwahr,** absolut tödlich für mich sein musste. Da das aber für Herrn Lebius zu gefährlich war, sah er sich nach einem Strohmann um, der ihn und Karl May noch nicht kannte und unerfahren, vertrauensselig und bedürftig genug war, sich für einige hundert Mark **völlig ungeahnt** in die ganz sicher zu erwartende **Gefängnisstrafe stürzen zu lassen.** Er fand ihn in einem gewissen Herrn. F. W. Kahl aus Basel, zog ihn in sein Netz und umspann ihn derart mit Selbstvergötterungs- und Lügenfäden, dass der junge, völlig ehrliche Mann es fast für eine Ehre hielt, sich in den Dienst eines so bedeutenden, geistig, sozial und auch juristisch hervorragenden Mannes stellen zu dürfen.

Herr Lebius ging, wie überhaupt und immer, auch hierbei außerordentlich schlau und raffiniert zu Werke. Er verschwieg anfänglich, dass es sich **nur** um eine Broschüre gegen **mich** handle. Er machte dem jungen Mann weis, dass er ein wissenschaftliches Werk über berühmte resp. berüchtigte Männer schreiben solle. Er nannte ihm die Namen derselben; darunter befand sich auch der meinige. Aber als Kahl sich an das Werk machte und täglich seine Instruktionen erhielt, lauteten diese so, dass nach und nach alle diese „Berühmten und Berüchtigten" verschwanden und nur Karl May allein übrig blieb. Aus dem „wissenschaftlichen" Werk aber sollte ein Pamphlet allerniedrigsten und allergefährlichsten Ranges werden. Kahl erkannte das von Tag zu Tag immer deutlicher. Er begann zu ahnen, dass er mit aller Liebenswürdigkeit in das Verderben geführt werden solle. Als er das Herrn Lebius zu verstehen gab, hielt dieser es für geraten, ihm den ganzen Zweck der Broschüre einzugestehen. Er gab Folgendes zu:

Lebius hat den Redakteur des „Vorwärts" wegen Beleidigung verklagt.

Der „Vorwärts" hat Karl May als Zeugen gegen Lebius angegeben.

Darum ist es für Lebius notwendig, Karl May kaputtzumachen.

Um das zu erreichen, gibt er die hier in Arbeit liegende Broschüre heraus.

Der Termin, an dem Karl May als Zeuge verhört wird, findet Anfang April statt.

Darum muss die Broschüre ganz unbedingt bis zum 1. April fertig zum Versenden sein.

Wenn die Broschüre erst später fertig wird, hat sie keinen Zweck; dann braucht man sie überhaupt gar nicht erst zu schreiben.

Sie wird an die Zeitungen versandt, die darüber berichten. Das soll auf die Richter wirken.

Sie wird auch den Richtern direkt vorgelegt. Sobald dies geschieht, ist May als Zeuge kaputt.

Als der bisher ehrliche, junge Mann das hörte, wurden seine Bedenken noch größer, als sie vorher gewesen waren. Als er diese äußerte und seiner Besorgnis, gerichtlich bestraft zu werden, Ausdruck gab, stellte Herr Lebius ihm Folgendes vor:

Wir Schriftsteller stehen überhaupt und stets mit einem Fuß im Gefängnis.

Bestraft zu sein, ist für uns eine gute Reklame. Auch ich bin schon oft vorbestraft.

Sie brauchen sich vor dem Gericht gar nicht zu fürchten. Sie sind noch nicht vorbestraft, Sie dürfen schwören. May aber darf nicht schwören.

May steht unter Polizeiaufsicht. Es ist ihm verboten, in einer Stadt zu wohnen. Darum wohnt er in Radebeul.

Ich bin ein großes, forensisches Talent. Wenn ich anfange zu sprechen, sind die Richter alle mein!

Wenn man in einem Prozess steckt und man schreibt eine solche Broschüre, das wirkt ungeheuer bei den Richtern!

Die Frau May hat mich mit Tränen in den Augen um Gnade für ihren Mann gebeten.

May muss durch die Broschüre totgemacht werden. Alles Übrige ist Beiwerk, um den wahren Zweck zu verschleiern!

Die Folge von diesen und ähnlichen sonderbaren Expektorationen war, dass Herr Kahl beschloss, sich von dieser Sache zurückzuziehen. Er verbot Herrn Lebius, etwas von ihm zu drucken oder gar etwa seinen Namen für diese Broschüre zu missbrauchen. Er richtete ganz dasselbe Verbot auch an den Verleger. Er glaubte, damit ganz sicher aus diesem Sumpf wieder herausgestiegen zu sein. Aber er kannte Herrn Lebius und dessen Unverfrorenheit noch nicht. Die Broschüre erschien, und zwar genau zum Hinrichtungstag, am ersten April. Ihr Titel war:

Karl May,
ein Verderber der deutschen Jugend
von
F. W. Kahl, Basel.

Herr Kahl erfuhr erst durch eine Schweizer Zeitung, dass die Broschüre doch noch erschienen sei, und zwar unter seinem Namen. Er tat sofort die geeigneten Schritte. Der von Herrn Lebius gefürchtete Termin, an dem ich als Zeuge vernommen werden sollte, hat nicht stattgefunden. Ob er den Herren Richtern die Broschüre dennoch vorgelegt hat oder nicht, ist mir unbekannt. Aber an die Zeitungen versandt hat er sie schleunigst, und zwar mit Waschzetteln, Begleitworten usw. von deren verleumderischer – – – Niederträchtigkeit, hätte ich fast gesagt, man eine Ahnung bekommt, wenn man nur folgende Zeilen liest, die er an die „Neue Züricher Zeitung" schickte:

„Herr May hat sich an mir dadurch gerächt, dass er durch Verleumdungen meine wirtschaftliche Stellung untergrub und mich in den Bankrott trieb. Sobald ich in einer andern Stadt festen Fuß gefasst hatte, erschien er wieder auf der Bildfläche, um dasselbe Manöver zu wiederholen. Dabei liebt er es, bevor er zu einem neuen Schlag gegen mich ausholt, mich jeweils in meiner Wohnung aufzusuchen und mit tränenden Augen um Frieden zu bitten."

Hierauf erkläre ich:

Die „wirtschaftliche Stellung" des Herrn Lebius konnte überhaupt von keinem Menschen untergraben werden; sie hatte niemals Untergrund (148).

Herr Lebius soll mir einen einzigen Zeugen dafür bringen, dass ich ihn in den Bankrott getrieben habe (149).

Herr Lebius mag mir die Städte nennen, in denen ich erschienen bin, um diese Manöver zu wiederholen (150).

Herr Lebius mag sagen, welches die Schläge sind, zu denen ich ausgeholt habe (151).

Ich bin **niemals** in irgendeiner Wohnung des Herrn Lebius gewesen (152).

Er hat **niemals** eine Träne in meinem Auge zu sehen bekommen (153).

Ich habe ihn nie um Frieden gebeten (154).

Ich gebe in **Beilage S** eine Broschüre „Der gelbe Sumpf", in welcher auf Seite 23 diese raffinierten Lügen zu lesen sind.

Und ich halte es für das Beste, die verwerflichen Punkte des Lebiusschen Machwerks schon jetzt hier aufzuzählen. Ich gebe hierzu in **Beilage Sch** ein Exemplar zum Nachschlagen.

Schon der Titel, „ein Verderber der deutschen Jugend", sagt die Unwahrheit (155).

Auch der Name Kahl ist unwahr (156).

Der Äquivalentsatz soll Gültigkeit auf mich haben (157).

Will ehemaliger eifriger Mayleser sein (158).

Sagt, er erkläre sich mit dem Artikel in der „Wahrheit" nicht vollständig einverstanden, und **ist doch selbst der Verfasser!** Schwindel! (159).

Hierzu gehören die Karl Mayschen Reiseschriften (160).

Blutrünstigkeit (161).

Atavistischer Charakter! (162).

Schwere chronische Krankheit (163).

Ich ein Leo Taxil! (164).

Durch mich zum Narren gehalten (165).

Wahrheit verschleiert (166).

Ich sei abgetan. Lächerlich! (167).

Ich wende mich an die Unbefähigten (168).

Lehrer und Erzieher beschäftigen sich überhaupt nicht mit mir (169).

Sie seien falsch unterrichtet (170).

Will mich als Volks- und Jugenderzieher hinstellen (171).

Suche das mit allen möglichen Mitteln zu erreichen (172).

Jugendverführung (173).

Wirkung der Mayliteratur (174).

Soll dem Mörder ein Rezept gegeben haben (175).

Ich preise mich als Wohltäter der Menschheit (176).

Die „Briefsammlung" soll öffentlich ausgestellt gewesen sein! (177).

„Frankfurter Zeitung" soll den Schleier von mir weggezogen haben (178).

Ich soll nicht einmal das „Geografiebuch" genügend studiert haben! (179).

Ich schreibe geografische Böcke (180).

Die „Sachsenstimme" sei ein Leipziger Blatt! Infame Fälschung! Er **selbst** gab sie in **Dresden** heraus. Siehe Zeuge Kahl! (181).

Pag. 15 Aufzählung, Punkt 1 - 4 enthält in Punkt 3 eine raffinierte Fälschung! (182).

Der „edle, fromme" Dichter der Himmelsgedanken (183).

Der „große, edle Dichter" (184).

Soll eine Reise gemacht haben, und zwar mit einer Reiseagentur! (185).

Ich soll mich gern an Plätzen aufgehalten haben, die von der Kultur beleckt sind (186).

Wilde blutige Abenteuer! (187).

Der Boden sei mir abgegraben worden (188).

Ich soll eingesehen haben, dass Positionen verloren seien (189).

Ich soll den Rückzug angetreten haben, und zwar selbst (190).

Ich soll 1898 meine persönlichen Reiseerlebnisse erzählt haben (191).

Es soll keine Literatur in den Indianerdialekten geben (192).

Professor Schumann soll das nachgewiesen haben (193).

Ich soll als katholischer Schriftsteller schreiben (194).

Ich soll diese Positionen geändert haben (195).

Sie sollen für mich so wichtig gewesen sein (196).

Meine Reisen sollen „auf einmal" figurisch (sic!) oder allegorisch geworden sein (197).

Katholischer Protestant (198).

Ich habe mich für einen katholischen Schriftsteller ausgegeben (199).

Ich sei deshalb empfohlen worden (200).

Ich soll Schleichwege gegangen sein (201).

Es sei mir nachgewiesen worden, dass ich protestantisch sei (202).

Die ganze katholische Presse sei von mir abgefallen (203).

Die Art und Weise, wie ich meine Leser zu „gewinnen" suche (204).

Ich sei nicht aufrichtig (205).

Ich habe mich in eine Lügenburg verschanzt. **Hier zeige ich die seinige!** (206).

Die Wahrheit habe dieses Gebäude zerstört (207).

Ich habe Schwindel für gute Arbeit ausgegeben (208).

Ich habe die Öffentlichkeit jahrzehntelang irregeführt (209).

Meine Arbeiten seien böse Taten (210).

Seine Broschüre setze meine Qualität als Mensch und Persönlichkeit in das richtige Licht (211).

Die Menschen versuchten, Licht in das Dunkel zu bringen (**212**).

Ich sei ein „lauernder Feind", ein Brunnenvergifter (**213**).

Um diese Schmähschrift zu widerlegen, bedürfte es einer ausführlichen Gegenschrift, zu der ich weder Zeit noch Neigung besitze, weil ich den leider schon zu oft gerochenen Sumpf von neuem durchzuriechen hätte. Es möge vielmehr genügen, einige Stellen der Broschüre zu betonen, aus denen die Kampfesweise des Herrn Lebius sich genügend erkennen lässt.

Ich verweise zunächst auf die kurze, zweite Alinea der Einleitung. „Die Wahrheit", Berlin, vom 30. Juni 1906, brachte folgenden Artikel, mit dessen Folgerungen ich mich im Übrigen **nicht vollständig einverstanden erkläre**. Hier tut er, als ob dieser Artikel ihn gar nichts angehe, und doch ist er selbst der Verfasser, hat ihn mit seinem vollen Namen unterschrieben, wie in **Beilage G** nachgewiesen wird. Um die Leser zu täuschen, verleugnet er sich also selbst, begeht eine Felonie[1] gegen sich selbst, durch welche er zeigt, dass ihm jedes Mittel recht und billig ist, und sei es auch noch so verwerflich.

Ich verweise ferner auf Seite 15, auf deren oberster Zeile er sein eigenes, von ihm selbst in Dresden gegründetes Dresdner Blatt „ein Leipziger Blatt" nennt. Vom Zeugen Kahl nach dem Grund befragt, antwortete er, er tue das, um nicht als Verfasser der angezogenen Stellen entdeckt zu werden. Also er zitiert gegen mich etwas, was er selbst geschrieben hat, und um zu **vertuschen**, dass er als sein eigener Zeuge auftritt, **fälscht** er den Erscheinungsort seines Blatts! In dieser und ähnlicher Weise gehen die Unwahrheiten und Fälschungen durch das ganze Machwerk hindurch. Ja, er fälscht sogar sich selbst! Er zitiert auf Seite 15 das, was die „Sachsenstimme" vom 29. Juli 1905 über mich gebracht hat, und setzt dem Punkt 3 vier volle Zeilen zu! Mehr brauchen wir hier jetzt wohl nicht!

---

[1] Frz.: Untreue

Er schickte, um mich „vor den Richtern kaputtzumachen", wie Zeuge Kahl bestätigen wird, diese Broschüre in alle Welt hinaus. Ich erlangte eine einstweilige Verfügung gegen sie. Sie durfte nicht weitergedruckt und weiterverbreitet werden. Und ich erhob Privatanklage wegen Beleidigung gegen ihn. Diese Privatklage konnte nicht zur Verhandlung kommen, weil mein Rechtsanwalt alle meine Beweise, und deren waren weit über hundert, verloren hatte. Sie fanden sich erst dann, als es zu spät war, bei ihm wieder. Ich war also gezwungen, auf die Vergleichsvorschläge, welche der Vorsitzende machte, einzugehen. Lebius nahm alle seine Anwürfe gegen mich, materielle wie formelle, zurück, drückte sein Bedauern aus, mich angegriffen zu haben, und versprach, mich von nun an in Ruhe zu lassen. Das tat er durch seine Unterschrift. Es war mir unmöglich, einem solchen, vor Gericht gegebenen Versprechen nicht zu glauben. Und doch war es eine Untreue und Gewissenlosigkeit sondergleichen, dass er mir dieses Versprechen gab, denn er konnte es mir nicht anders geben, als **in der Absicht, es nicht zu halten.** Er hatte sich nämlich mit meiner geschiedenen Frau in Verbindung gesetzt, um sie prozesslich gegen mich auszuspielen. Sie hatte mich öffentlich so schwer beleidigt, dass ich gezwungen war, Privatklage gegen sie zu erheben. Ihn hatte ich als Zeugen angegeben. Während der Vergleichsverhandlung im Amtsgericht versprach er mir, als Zeuge die mir schuldige Wahrheit zu bekennen. Aber noch an demselben Tag entdeckte ich nicht nur den Aufenthaltsort meiner geschiedenen Frau in Berlin, sondern ich bekam auch den Beweis in die Hand, dass er gar keine andere Absicht hatte, als sie weiter gegen mich auszuspielen. Es war also von Friede halten seinerseits keine Rede, und als der Termin kam, an dem er als mein Zeuge auszusagen hatte, weigerte er sich, sein mir gegebenes Versprechen zu halten. Ich hatte ihm, indem ich mich mit ihm verglich, eine schwere Strafe geschenkt und sah mich nun durch seinen Wortbruch gezwungen, auch auf den Sieg im andern Prozess zu verzichten. Er aber behauptet nun heut der Wahrheit strikt zuwider, dass ich es sei, der nicht Ruhe gehalten habe. Also Unwahrheit Nummer (**214**). Die Wahrheit liegt, allerdings von ihm ganz unbeabsichtigt, in seinem vorschnellen Geständnis, dass er **in Hinblick auf seinen Vergleich** mit mir von meiner geschiedenen Frau verlangt, **erst** einen Teil ihrer Schmucksachen zu versetzen, weil das nach außen hin einen besseren Eindruck mache. Also die unmittelbare Folge meiner persönlichen Haltung war, dass er diese für mich höchst gefährliche Frau durch den Verlust ihrer Juwelen sofort zu neuer Erbitterung gegen mich trieb. Ich komme an geeigneterer Stelle auf sein Verhältnis zu dieser Frau zurück, die ganz sein Werkzeug ist und infolge seiner Versprechungen keinen anderen Willen hat als nur den seinen. Ich wollte sie retten, kann aber nicht. Sie wird und muss an diesem ihrem so genannten Beschützer zu Grunde gehen.

Diese arme, von Lebius in fast jeder Beziehung vollständig ausgezogene Frau ist nicht etwa die erste oder einzige geschiedene Frau, derer er sich bemächtigt, um seine Zwecke zu erreichen. Es ist vielmehr eine ganz besondere taktische Gewohnheit von ihm, geschiedene Frauen gegen ihre Männer auszuspielen. Das eklatanteste Beispiel hiervon ist der Fall „Max Dittrich". Indem ich ihn hier kurz erwähne, bitte ich um **ganz besondere Aufmerksamkeit**, weil er für die Beurteilung des Herrn Lebius **von allergrößter Wichtigkeit ist.**

Ich hatte bekanntlich, als dieser Herr seinen Besuch bei mir machte, den Redakteur und Militärschriftsteller Max Dittrich als Zeugen dazu geladen, aus Misstrauen und Vorsicht, um gegen etwaige spätere Lügen und Schwindeleien des Herrn Lebius durch einen vollgültigen Zeugen geschützt zu sein. Herr Dittrich war damals vom Anfang bis zum Ende anwesend und hatte jedes von mir gesprochene Wort gehört. Einen solchen Zeugen gegen sich zu haben, wurde Herrn Lebius mit der Zeit immer peinlicher, immer gefährlicher. Er beschloss darum, **ihn eidesunwürdig zu machen,** also ganz dasselbe, was er auch bei mir getan hat **und noch heute tut.** Es ist das, wie sich später zeigen wird, **ein persönlicher Trick** von ihm, den er **für unfehlbar** hält – – – eidesunwürdig machen!

Er befolgt dabei den Grundsatz, den er uns während seines Besuchs bei uns vortrug: Jeder Mensch, jeder Polizist und Richter, jeder Beamte hat Werg am Rocken, hat eine Schuld auf sich, die er verheimlichen muss. Man muss das **entdecken** und **in die Zeitung bringen;** dann wird man Herrscher und als „**tüchtiger Kerl**" bekannt. So tat Herr Lebius auch hier. Die erste Frau Max Dittrichs war gestorben; von der zweiten Frau hatte er sich scheiden lassen; jetzt war er infolge eines Schiffsbruchs, bei dem er nur gefährlich verletzt dem Tod entging, schwer nervenkrank geworden. Das gab ein hochinteressantes Material, aus dem sich jedenfalls etwas machen ließ! Herr Lebius ging also aus, um nach dem „Werg am Rocken", nach der „heimlichen" Schuld und Sünde zu suchen. Er forschte überall, schriftlich, mündlich, persönlich. Er stellte sich überall ein, wo er glaubte, etwas erfahren zu können. Er scheute sich nicht, sogar zu Dittrichs Verwandten zu gehen. Er schlich sich zu Dittrichs alter Schwägerin, zu Dittrichs Neffen und Nichte, sogar zu Dittrichs zweiter Frau, die wieder verheiratet war und in glücklicher, stiller Ehe lebte. Er forschte sie aus, ohne dass sie ahnten, warum und wozu. Sie antworteten vertrauensvoll und unbefangen. Aber als er plötzlich zu ihrem Entsetzen die Worte „Gericht" und „Eid" fallen ließ, da fühlten sie die Krallen, in die sie geraten waren. Sie hatten nichts Böses sagen können und baten, sie aus dem Spiel zu lassen. Er versprach es ihnen. Besonders entsetzt über die Aussicht, in diesen Lebiusschen Schmutz verwickelt zu werden, war Dittrichs zweite Frau. Ihr jetziger Mann war ein lieber, guter, aber in Beziehung auf die „Ehre" sehr streng denkender, unerbittlicher Herr. Seine Frau in **solcher** Angelegenheit an Lebius' Seite, das wäre unbedingt von den schwersten Folgen für ihn und sie gewesen! Sie bat also Lebius, sie ja nicht mit darin zu verwickeln, und er scheute sich nicht, es ihr hoch und heilig zu versprechen. Dann aber ging er schleunigst hin und brachte in Nummer 12 seiner „Sachsenstimme" einen Bericht, dem ich nur einige Punkte entnehme, die nicht einmal die schlimmsten sind, nämlich:

„Max Dittrich hatte von seiner ersten Frau keine Kinder, wohl aber zwei von seiner Stieftochter, bevor diese das 16. Lebensjahr erreichte."

„Seine Frau härmte sich über die Ausschweifungen ihres Mannes zu Tode."

„Obgleich seine zweite Frau sehr tolerant war, trieb Dittrich es schließlich so schlimm, dass eine Ehescheidung unvermeidlich wurde."

„Mit der 16-jährigen mit im Hause wohnenden Nichte seiner Frau unterhielt er ein mehrjähriges Verhältnis."

„Dann fing er ein Verhältnis mit einem jungen Mädchen an."

„Seine Frau ließ ihn durch ein Detektivbüro beobachten."

„Während des Ehescheidungsprozesses wohnte Dittrich mit seiner Braut zusammen und hatte auch seine Tochter bei sich."

„Jetzt ist er wegen schweren, syphilitischen Nervenleidens Halbinvalide" usw. usw.

Man kann sich den Schreck der Verwandten denken, als sie das lasen und dann als Zeugen vor Gericht beordert wurden, weil Max Dittrich ganz selbstverständlich Herrn Lebius verklagte! Die Nichte musste im Haus vernommen werden; sie lag krank. Die geschiedene Frau Dittrichs ging in ihrer Herzensangst zum Richter und sagte ihm aufrichtig, dass diese entsetzliche Sache ein absoluter Todesschlag für das Glück ihrer jetzigen Ehe sei; sie werde das wohl kaum überleben. Dieser vortreffliche Herr hatte nicht nur das Gesetz im Kopf, sondern dazu auch ein menschliches Herz in der Brust und erledigte die Vernehmung in entsprechender humaner Weise.

Selbst angenommen, dass die von Herrn Lebius angegebenen Punkte alle auf Wahrheit beruhten, so liegt doch wohl für jeden nur einigermaßen gebildeten und nicht verrohten Menschen die Frage nahe, ob die Veröffentlichung solcher Dinge **gesetzlich** resp. **pressemoralisch statthaft** sei. Ich bin überzeugt, dass jedermann, außer Herrn Lebius, diese Frage mit einem „Nein!", beantworten wird. Das würde zur Charakterisierung dieses Herrn jedenfalls genügen, ist aber noch lange nicht alles, denn wenn man Gelegenheit findet, die Akten Dittrich kontra Lebius aufzuschlagen, so sieht man am Schluss derselben Herrn Lebius in noch ganz anderer Weise beleuchtet. Er gesteht da nämlich ein, dass seine Verleumdungen gegen Max Dittrich **nicht wahr gewesen seien**, und erklärt sich bereit, die Kosten des Verfahrens zu tragen! Ich glaube, mehr braucht man nicht zu wissen, um diesen Herrn nicht nur literarisch und journalistisch, sondern auch auf anderen Gebieten für **im höchsten Grade gemeingefährlich** zu halten. Ob jemand aus dem Busch herausspringt und den andern ermordet oder ob jemand aus den Spalten seines Rowdyblatts heraus die Menschen niederknallt, so oft es ihm beliebt, das wird von der Strafgesetzgebung der Zukunft wohl ganz anders betrachtet und ganz anders behandelt werden als heutigen Tags. Doch gibt es, Gott sei Dank, auch jetzt schon geistige und menschheitsethische Instanzen, welche den Todschlag einer Menschen**seele** für wenigstens ebenso strafbar halten wie die Ermordung eines Menschen**körpers**.

Am 27. März 1905 hatte Lebius die oben aufgeführten Anklagen in seiner „Sachsenstimme" gegen Max Dittrich geschleudert und am 18. November darauf erklärte er in der zweiten Strafkammer des Königlichen Landgerichts Dresden zu Protokoll:

„Ich erkläre, dass ich die gegen den Privatkläger in der ‚Sachsenstimme' vom 27. März 1905 erhobenen, **beleidigenden Behauptungen (!!!) als unwahr (!!!)**

hiermit zurücknehme und mein Bedauern über die gedachten Äußerungen in der ‚Sachsenstimme' ausdrücke und den Privatkläger deshalb (!!!) **um Verzeihung bitte."** (!!!)

Als dann einige Jahre später Lebius in Berlin Streit und Prozesse mit dem „Vorwärts" begann, gab dieser den Militärschriftsteller Dittrich als Zeugen gegen ihn an. Sofort griff Lebius zu seinem wohl bekannten Trick, Zeugen durch die Presse unschädlich zu machen. Er veröffentlichte genau dasselbe wieder, was er damals über Dittrich veröffentlicht und dann vor dem Dresdner Landgericht **„als unwahr"** (!!!) mit der Bitte um Verzeihung zurückgenommen hatte. Dittrich war demzufolge gezwungen, ihn wieder zu verklagen und auf jene Zurücknahme und Bitte um Verzeihung hinzuweisen. Was tat Lebius? Er erklärte in seinem an das Königliche Amtsgericht Charlottenburg gerichteten Schriftsatz vom 24. Dezember 1909, dass er damals jene Abbitte und jenes Eingeständnis der Unwahrheit seiner Behauptungen lediglich **„aus Gründen wirtschaftlicher Natur"** abgelegt habe. Seine Verhältnisse seien damals so bedrängt gewesen, dass er nicht zu den Gerichtsterminen nach Dresden habe reisen können. Er selbst also ist es, der das folgende moralische Porträt von sich liefert:

Lebius verleumdet den Militärschriftsteller Dittrich 1905 in seinem Dresdner Blatt.

Lebius erklärt 1905 vor dem Dresdner Landgericht, dass diese Verleumdungen erlogen seien, und bittet um Verzeihung.

Lebius bringt 1909 in seinem Berliner Blatt jene von ihm als Lügen bezeichneten Verleumdungen als Wahrheiten wieder.

Lebius erklärt 1909 in seinem Schriftsatz an das Amtsgericht Charlottenburg, dass er damals das Landgericht Dresden angelogen habe.

Und warum dieser Rattenkönig von Lügen vor Gericht? Und wie ist es möglich, dass ein Mensch, der doch Ehr-

und Schamgefühl besitzen muss, sich vor Gericht als Lügner erklären und dann auch diese Erklärung als Lüge bezeichnen kann? Er selbst gibt uns die Antwort auf diese Frage: Er befand sich in bedrängter Lage; **er hatte kein Geld!!!**

Also wenn Lebius kein Geld hat, so ist das ein für ihn vollständig genügender Grund, **Richter und Gerichtsämter zu belügen und sich als einen Charakter hinzustellen, dem kein vorsichtiger Mensch mehr etwas glauben kann!**

Ich gebe diesen seinen Schriftsatz in **Beilage T** und verweise auf Seite 2. Außerdem sind aus ihm folgende Punkte zu notieren:

Es ist nicht wahr, dass Dittrich während der Zeit des Münchmeyerprozesses „völlig erwerbsunfähig" war (**214**).

Es ist nicht wahr, dass Dittrich „wieder" bei mir hat wohnen „dürfen". Es geschah dies nur ein einziges Mal (**215**).

Es ist nicht wahr, dass wir wider besseres Wissen Verleumdungen gegen ihn verbreiteten (**216**).

Es ist eine ganz entsetzliche Lüge, dass wir in Dresden und dann auch in Berlin versuchten, ihn durch Ruinierung des Inseratengeschäfts an „den Bettelstab" zu bringen (**217**).

Es ist nicht wahr, dass Dittrich die Sozialdemokratie veranlasst hat, den inserierenden Firmen mit Boykott zu drohen (**218**).

Es ist nicht wahr, dass hierdurch ein Ausfall von 18.000 Mark pro Jahr entstand. Das alles ist aus der Luft gegriffen! (**219**).

Es ist nicht wahr, dass Dittrich nur mein Werkzeug ist. Er hat die Klage gegen Lebius aus reinem Ekel fallen lassen, ganz ohne sich um meinen Wunsch zu bekümmern (**220**).

Dittrich hat der Königin Carola niemals falsche Vorspiegelungen gemacht (**221**).

Es ist unwahr, dass Dittrich Taschengeld von mir erhält. Er verdient sich mehr, als er braucht. Lebius gibt ja selbst zu, dass Dittrich seiner Frau Geld gibt (**222**).

Unwahr ist, dass Dittrich sich als hochpatriotischer Mann gegeben habe. Er ist es in Wirklichkeit (**223**).

Unwahr ist, dass Dittrich mit den Sozialdemokraten Hand in Hand arbeitet, um Lebius zu vernichten. Er hat mit ihnen nicht das Geringste zu tun (**224**).

Unwahr ist, dass Dittrich und May sich im Gefängnis kennen gelernt haben (**225**).

Geradezu eine teuflische Lüge ist es, dass Dittrich sowohl im Prozess May-Münchmeyer als auch in dem Ehescheidungsprozess **falsch geschworen** hat. Ich stelle fest, dass er mit meiner Ehescheidung gar nichts zu tun gehabt hat und noch viel weniger da als Zeuge aufgetreten ist! (**226**).

Diesen Schriftsatz vom 24. Dezember 1909 richtete Lebius gegen Max Dittrich, während er am Tag vorher, also am 23. Dezember, in ganz derselben Angelegenheit einen Schriftsatz gegen mich verfasst und an das Amtsgericht Charlottenburg gesandt hatte. In diesem letzteren Schriftsatz, den ich in **Beilage U** gebe, behauptet er auf Seite 5:

„Meine Bekanntschaft mit May datiert aus dem Jahr **1903**. Ich hatte von der sozialdemokratischen ‚Volkszeitung' in Dresden, für die ich damals tätig war – ich bin erst **1905** aus der Sozialdemokratie ausgetreten – den Auftrag erhalten, May zu interviewen, weil May damals von sich reden machte."

Wir wissen aber, dass er nicht schon 1903, sondern erst am 2. Mai 1904 zu mir kam (**227**).

Auf meine Anfrage teilt mir die Redaktion der sozialdemokratischen „Volkszeitung" mit, dass Lebius von ihr keinen Auftrag gehabt habe, mich zu interviewen (**228**).

Zu gleicher Zeit stellten sie fest, dass Lebius nicht erst 1905, sondern schon am 24. Januar 1904 aus der sozialdemokratischen Partei ausgetreten sei (**229**).

Ich gebe diesen Brief in **Beilage V** zu lesen. Lebius operiert also vor Gericht nicht nur mit **wissentlichen Unwahrheiten,** sondern auch mit **gefälschten Jahreszahlen,** um die Wahrheit zu verschleiern und die Richter irre zu machen. Wie zahlreich diese Unwahrheiten nur in diesem einen, meinem Schriftsatz sind, möge folgender kurzer Auszug zeigen, der nur eine Auswahl, aber nicht alle bringt:

Ich sei ein Querulant und anormaler Mensch (230).

Ich prozessiere in einem Zwangszustand (231).

Es sei bei mir eine Wahnidee, von ihm verfolgt zu werden (232).

Es werde von mir alle Vierteljahre einmal gegen ihn Privatklage erhoben (233).

Er aber habe noch nie gegen mich Privatklage erhoben (234).

Eine Gegenanzeige sei der einzige gerichtliche Schritt, den er gegen mich unternommen habe. Er hat aber Privatklage gegen mich erhoben. Er hat beantragt, mich nach Amerika steckbrieflich zu verfolgen. Er hat verschiedene Anzeigen gegen mich und meine Frau bei den Staatsanwaltschaften zu Berlin und Dresden erlassen. Er hat andere verleitet, ihrerseits dasselbe zu tun usw. usw. (235).

Ich soll Kronzeuge der Sozialdemokratie gegen ihn sein, bin aber noch niemals gegen ihn vernommen worden (236).

Ich soll meinem Vater eine gestohlene Uhr und Meerschaumpfeife geschenkt haben (237).

Ich soll von Einbrüchen gelebt haben (238).

Ich soll in einen Uhrenladen in Riederwinkel eingebrochen sein (239).

Ich soll dem Arbeitshaus überwiesen worden sein (240).

Das Zuchthaus soll für mich die hohe Schule des Verbrechertums geworden sein (241).

Ich soll dort die tausenderlei Kniffe und Pfiffe gelernt haben, mit denen ich später den Behörden und der menschlichen Gesellschaft ein Schnippchen schlug (242).

Gleich nach meiner Entlassung aus dem Zuchthaus soll ich wieder Diebstähle begangen haben (243).

Ich soll da in die erzgebirgischen Wälder geflüchtet sein (244).

Ich soll mit dem fahnenflüchtigen Krügel und anderen eine Räuberbande gebildet haben (245).

Ich soll innerhalb dieser Bande und auch in der öffentlichen Meinung als unbestrittener Führer dieser Bande gegolten haben (246).

Unser Hauptschlupfwinkel soll eine Höhle gewesen sein (247).

Diese Höhle sei mit gestohlener Leinwand austapeziert gewesen (248).

Sie habe in dem herrschaftlich Waldenburgischen Wald, Abteilung 6, gelegen, zwischen Grünthal und Langenberg, oberhalb der Kirche (249).

Ich soll da täglich räuberische Überfälle ausgeführt haben, namentlich gegen Marktfrauen (250).

Ich soll da fortgesetzt Diebstähle, Einbrüche und sons-tige Schwindeleien verübt haben (251).

Ich soll bei der Ausraubung eines Uhrenladens in Waldenburg für 520 Taler Goldwaren erbeutet haben (252).

Ich soll auch gewildert und Schlingen nach Klein- und Großwild gelegt haben (253).

Meine Hehler sollen der Wegwärter Vogel in Langenberg, die Witwe Johanna Schramm in Kaufungen und der Landwirt Gäpner in St. Egidien gewesen sein (254).

Ich soll bei ihnen verschwiegene Gelage abgehalten haben, „wobei der gestohlene Wein in Strömen floss" (255).

Die Weiber sollen sich schließlich gefürchtet haben, die Wälder zu betreten (256).

Die Regierung soll zur Säuberung der Wälder Militär geschickt haben (257).

Ich soll mit Krügel in einer Gefangenenaufseher-Uniform entkommen sein (258).

Ich soll mit Krügel aus dem Fenster gesprungen und auf den Pferden der Gendarmen davongeritten sein (259).

Ich soll mir in meiner Räuberhauptmannsrolle sehr gefallen haben (260).

Ich soll auf die Tische geschrieben haben, dass ich hier gesessen und Wurst und Brot gegessen habe (261).

Ich soll mich als „Karl May, Räuberhauptmann" unterschrieben haben (262).

Ich soll mich als Feldmesser verkleidet und umhergetrieben haben (**263**).

Ich soll von dem Bauer Leonhardt in Hermsdorf hierdurch 800 Taler erschwindelt haben (**264**).

Ich soll in Amtsdiener-Uniform mit Krügel über 1.000 Taler ergaunert haben (**265**).

Ich soll der Verhaftung dadurch entgangen sein, dass ich mich täglich anders kleidete (**266**).

Ich soll nach Mailand entflohen sein (**267**).

Ich soll im Fieber meine Untaten ausgeplaudert haben (**268**).

Ich soll Krügel später mit Geld unterstützt haben, in Raten von 500 Mark (**269**).

Das letzte Mal soll dies vor drei Jahren geschehen sein. Krügel ist aber schon über zehn Jahre tot! (**270**).

Ich soll noch in den achtziger Jahren unter Polizeiaufsicht gestanden haben (**271**).

Meine Schriften sollen „in Erinnerungen aus meinem wechselreichen Verbrecherleben wurzeln" (**272**).

Die Prinzessin von Waldenburg soll mich auf ihr Schloss eingeladen haben (**273**).

Ich soll da im fürstlichen Wagen von der Bahn abgeholt worden sein (**274**).

Ich soll die fürstliche Residenz in Angst und Schrecken versetzt haben (**275**).

Ich soll ein Automobil besitzen (**276**).

Ich soll teuren Launen huldigen (**277**).

Ich soll eine Marmorbüste haben, die 40.000 Mark kostete (**278**).

Ich soll 1899 zum ersten Mal aus Deutschland hinausgekommen sein (**279**).

Ich soll mich haben als Weltreisender feiern lassen (**280**).

Ich soll auf eine „Flebbe" (gefälschte Urkunde) hin den Doktortitel geführt haben (**281**).

Diese soll 50 Mark gekostet haben (**282**).

Ich soll eine Reklameschrift über mich erscheinen lassen wollen (**283**).

Lebius habe sie in seinem Verlag herausbringen sollen. Ja, er bat darum, wurde aber abgewiesen. Siehe seine Briefe! (**284**).

Ich soll der eigentliche Verfasser derselben sein (**285**).

Die Unterhandlungen hierüber sollen sich zerschlagen haben. Die Wahrheit ist, dass ihm seine Bitte ohne alle Unterhandlung abgeschlagen wurde (**286**).

Ihm sei das Risiko zu groß erschienen, während es dabei doch gar keines gab (**287**).

Aus dieser Zeit soll mein Hass gegen Lebius stammen. Ich soll ihn hassen, weil er diese Broschüre abgelehnt habe, während doch er von mir abgelehnt wurde! (**288**).

Dittrich soll Schriftstücke vernichtet haben (**289**).

Diese Broschüre soll eine Selbstverherrlichungsbroschüre sein (**290**).

Lebius will erst dann gegen diese Broschüre geschrieben haben, nachdem sie von den Zeitungen abfällig besprochen worden sei (**291**).

Er sei mich seit jener Zeit nicht mehr losgeworden (**292**).

Ich sei sein Verfolger (**293**).

Wir seien notorische Verbrecher (**294**).

Dittrich, ich und meine Frau sollen in der Zivilklage May-Münchmeyer Meineide geleistet haben (**295**).

Dittrich und meine Frau sollen im Ehescheidungsprozess Meineide geleistet haben (**296**).

Meine geschiedene Frau soll das Opfer eines groben Schwindels sein (**297**).

Wir sollen die Ehescheidung unter falschen, schwindelhaften Behauptungen eingeleitet haben (**298**).

Rechtsanwalt Thieme soll gesagt haben, das ich mit meiner Frau wegen Meineids in das Zuchthaus kommen werde (**299**).

Ich sei verpflichtet, meiner geschiedenen Frau die Rente weiter zu zahlen, während doch er und sein Schwager Medem, der gewesene Rechtsanwalt, sie um diese Rente gebracht haben (**300**).

Ich schleppe alle möglichen Leute vor Gericht (**301**).

Wenden wir uns nun zu den Flugblättern, welche Lebius

in letzter Zeit gegen mich verfasst und in vielen tausend Exemplaren nach allen Himmelsrichtungen verbreitet hat. Ich gebe diese Flugblätter in **Beilage X** zur Ansicht und hebe hier nur diejenigen Punkte hervor, die für den Charakter und die Absichten des Verfassers am bezeichnendsten sind.

Flugblatt Nr. 1

Lebius nennt mich „Genosse", um mich herabzusetzen, indem er mich als Sozialdemokrat hinstellt, obwohl er weiß, dass ich keiner bin (302).

Mein Strafregisterauszug weise **über zehn** Jahre Gefängnis und Zuchthaus nach (303).

Ich soll in einer Gerichtsverhandlung in Schöneberg-Berlin zugegeben haben, dass ich ein Seitenstück zu dem „Fürst der Diebe", dem Hoteldieb Manolescu sei (304).

Ich soll am liebsten arme Leute bestohlen und beraubt haben (305).

Ich soll vorzugsweise Marktfrauen überfallen haben (306).

Ich soll meinen Schwiegergroßvater erwürgt haben !!! (307).

Dieser Mann soll eines Tages tot auf der Diele liegend gefunden worden sein (308).

Ich soll wie geächtet gelebt haben (309).

Schon mein Vater soll als Schlingenleger in den Wäldern herumgestreift sein (310).

Mein Vater soll auf meine Verbrechen sehr stolz gewesen sein. Er soll vor Eitelkeit darüber fast geplatzt sein (311).

Mein Vater soll den Räubern Nahrungsmittel in die Wälder zugetragen haben (312).

Meine Schwester soll außer einem kleinen Weihnachtsgeschenk nie einen Pfennig Unterstützung von mir bekommen haben (313).

Mein „Lebenssprüchlein" soll lauten: Die Welt will beschwindelt sein (314).

Ich soll meine Verbrechererinnerungen niedergeschrieben haben (315).

Mein Einkommen soll kläglich gewesen sein (316).

Der „Deutsche Hausschatz" soll „fromme Erzählungen" bei mir bestellt haben (317).

Ich soll nun „fromme Erzählungen" und „Räubergeschichten" zu gleicher Zeit geschrieben haben (318).

Ich soll mich lachend entschuldigt haben: „Soll ich etwa hungern?" (319).

Pustet soll die Herausgabe meiner Bücher abgelehnt haben (320).

Mein Verleger Fehsenfeld soll ein Habenichts gewesen sein (321).

Ich soll die Münchmeyerschen Manuskripte beiseite geschafft haben (322).

Ich soll schwer reich sein (323).

Meine Werke sollen reine Fantastereien sein (324).

Ich soll 1900 zum ersten Mal aus Deutschland hinausgekommen sein (325).

Meine Frau soll früher mit einem Baumeister verheiratet gewesen sein (326).

Der soll in ewiger Geldklemme gesteckt haben (327).

Frau Plöhn soll behauptet haben, Frau May leidenschaftlich zu verehren (328).

Frau Plöhn soll bemerkt haben, dass die Mayschen Eheleute dem Spiritismus ergeben waren (329).

Sie soll behauptet haben, ein Schreibmedium zu sein (330).

Sie soll den Plan gehabt haben, meine Frau von mir zu verdrängen (331).

Redakteur Dittrich befinde sich in der Irrenanstalt (332).

Er soll sich als mein Jugend- und Busenfreund bekannt haben (333).

Ich soll helfend eingegriffen und von Dittrich Gegendienste verlangt haben (334).

Er soll seinen Namen zu der Broschüre hergegeben haben (335).

Dittrich soll erzählt haben, dass er in Hohenstein-Ernstthal Redakteur gewesen sei (336).

Flugblatt Nr. 2

Die „Entlarvung" soll in der Notwehr erfolgt sein (337).
Ich soll mich als ehemaliger Räuberhauptmann, berüchtigter Einbrecher und literarischer Hochstapler entpuppt haben (338).
Es sei in einem gerichtlichen Schriftsatz dargetan, dass ich die Bekanntschaft Dittrichs im Arbeitshaus gemacht habe (339).
Zwei Zeugen sollen von Kahl behauptet haben, dass er zu mir gehen werde, wenn er von Lebius kein Geld mehr bekomme (340).
Ich soll für Bechly die „Prozesskosten anstandslos" übernommen haben (341).
Ich soll meiner geschiedenen Frau 4.000 Mark Rente ausgesetzt und dabei die Bedingung gestellt haben, dass sie hierfür Erklärungen zu meinen Gunsten und gegen Lebius verfasse (342).
Ich soll mich zu einer Huldigungsfahrt nach Amerika entschlossen gehabt haben (343).
Ich soll eine Rede abgelesen haben (344).
Die Versammlung soll gemerkt haben, dass sie einem Humbug zum Opfer gefallen sei (345).
Der „Bund"-Artikel soll mich als ehemaligen Räuber entlarvt haben (346).
Ich soll die Kuverts eigenhändig geschrieben haben (347).
Diese Erklärung soll durch die Gewährung einer Rente erkauft worden sein (348).

Flugblatt Nr. 3

Kein Mensch würde Mays Frieden stören, wenn er nicht in krankhafter Prozesswut Gott und die Welt verklagte (349).

Ich soll mich in meinem Fürwitz in den Kampf zwischen Sozialdemokraten und Gelben eingemischt haben (**350**).

Ich und meine Frau sollen der sozialdemokratischen Presse eine Masse Artikel geliefert haben (**351**).

Meine Frau soll das unter Eid zugegeben haben (**352**).

In der Wiener „Freistatt" dagegen gesteht May ein, den Krügel zu kennen. Er habe auf der Schulbank mit ihm jahrelang zusammengesessen (**353**).

Ich soll eingestanden haben, dass meine „Reisegeschichten" Fantasieprodukte seien (**354**).

Die angedeutete Weltreise soll von Dresden nach Berlin und von Berlin nach Dresden gegangen sein! (**355**).

Meine Behauptung, dass sechs andere Klagen gegen Lebius vorgelegen haben, soll unwahr sein (**356**).

Jene französischen Blätter sollen **keine** Mayschen Romane abgedruckt haben! (**357**). Meine Romane, z. B. die sechs Bände „Giölgeda padis'hanün", erschienen, sobald sie in Regensburg bei Pustet heraus waren, sofort auch in französischer Sprache in „Le Monde", Paris, und dann in Buchform bei Alfred Mâme in Tours.

Die Fehsenfeldsche Veröffentlichung soll von mir stammen (**358**).

Ich soll erklärt haben, dass ich aus keiner anständigen Familie stamme (**359**).

Dass meine Eltern und Geschwister keine guten Menschen gewesen seien (**360**).

Dass ich keine gute Schule besucht habe (**361**).

Ich soll behauptet haben, meine Verwandten seien schuld, dass ich ein Verbrecher wurde! (**362**).

Ich soll nicht Brot, sondern Schmucksachen gestohlen haben (**363**).

Ich sei noch heute Hochstapler (**364**).

Die Prager „Bohemia" gehöre zu den kleinen, käuflichen Winkelblättchen (**365**).

Die Broschüre des Lebius
„Die Zeugen Karl May und Klara May"

Lebius habe in Notwehr gehandelt (366).

Ich soll als Schüler verschiedene Diebstähle begangen haben (367).

Eine Schmähschrift soll ihn veranlasst haben, diese Broschüre zu schreiben (368).

Ich soll ein „gerissener" Mensch sein (369).

Es sei, als ich noch meine erste Frau hatte, in mir der Plan gereift, meine jetzige zu heiraten (370).

Es habe sich bei den Behörden der Argwohn geregt, dass ich einen Meineid geschworen habe (371).

Meine Prozessführung habe das Interesse der Staatsanwaltschaft erregt (372).

Ich soll die Richter an der Nase herumgeführt haben (373).

Ich soll zu befürchten gehabt haben, wieder in das Zuchthaus zu kommen (374).

Meine Zeugen sollen im Ehescheidungsprozess Meineide geschworen haben (375).

Die eidesstattlichen Erklärungen meiner Zeugen sollen von mir selbst geschrieben worden sein (376).

Wir seien unausgesetzt in Deutschland hin- und hergefahren und haben Sektgelage gehalten (377).

Ich soll mit dem Zeugen Dittrich im Zuchthaus beisammen gewesen sein (378).

Ich soll Lebius gesagt haben, dass ich Verfasser der Dittrichschen Broschüre sei (379).

Meine Frau habe einen Meineid geschworen (380).

Es sei frecher Schwindel, dass ich damals todkrank gewesen bin (381).

Wirft meiner Frau gleich dreimal hintereinander einen Meineid vor (382).

Ich hatte ein Schwindelmanöver angegeben (383).

Die von den Anwälten aufgenommene Erklärung der Frau Pollmer sei verlogen und von mir verfasst (384).

Ich soll beabsichtigen, meine geschiedene Frau zum Selbstmord zu treiben (**385**).

Angebliche May-Steckbriefe (**386**).

Mein Prozess drehe sich um rückständiges Schriftstellerhonorar (**387**).

Ich soll meine eigene Geschichte vergessen haben (**388**).

Münchmeyer soll von meinem Vorleben nichts gewusst haben (**389**).

Der Verleger Langenscheidt soll mich aufgefordert haben, für ihn eine Selbstbiografie zu schreiben (**390**).

Ich soll mit meiner jetzigen Frau früher Ehebruch getrieben haben (**391**).

Dittrich sei mein Zuchthauskamerad (**392**).

Ich soll durch Schwindelmanöver die Scheidung betrieben haben (**393**).

Ich soll mir meine Mission bescheinigen lassen (**394**).

Ich soll mich des Geschäfts wegen für katholisch ausgegeben haben (**395**).

Lebius habe mich interviewen sollen (**396**).

Ich hätte 300 Mark für Dittrich beansprucht (**397**).

Er will das Manuskript der Broschüre von mir mitgenommen haben (**398**).

Lebius will Mitleid mit Dittrich gehabt haben (**399**).

Lebius will mich wegen des Anzeigerstreits, der in den November fiel, angegriffen haben. Sein Angriff fiel aber auf den 2. September (**400**).

Er bewundere mich (**401**).

Ich soll mich durch seinen Artikel geschmeichelt gefühlt und ihm das später selbst gesagt haben (**402**).

Es habe noch lange nach dem Erscheinen des Artikels keine Spur von Feindschaft zwischen ihm und mir bestanden (**403**).

Ich sei in Wut geraten (**404**).

Sein Blatt sei durch mich lebensunfähig gemacht worden (**405**).

Das sei gerichtlich festgestellt (**406**).

Ich soll lügen, um zu verleumden (**407**).

Ich soll ihn durch Dittrich aufgefordert haben, ein Darlehen von mir zu verlangen (**408**).

Ich soll über seinen Bankrott gehöhnt haben (**409**).

Es sei in den Akten festgelegt, dass ich mit ihm über die Broschüre verhandelt habe (**410**).

Er habe auf seine Kosten für mich Reklame machen sollen (**411**).

Er habe mir 1.000 Mark geben sollen (**412**).

Ich habe ihn durch Darlehen ködern wollen (**413**).

Meine Rachsucht sei nicht befriedigt gewesen (**414**).

Ich soll ihn öfters antelefoniert haben (**415**).

Mein Geld habe für die „Sachsenstimme" bereit gelegen (**416**).

Meine Frau habe die Hand seiner Frau geküsst und Krokodilstränen vergossen (**417**).

Wir seien direkt von der „Vorwärts"-Redaktion gekommen (**418**).

Wir sollen Gaunerkniffe gegen Lebius angewendet haben (**419**).

Ich soll mir Blödsinn aus den Fingern gesogen haben (**420**).

Dittrich sei ein ehemaliger Zuchthäusler (**421**).

Kahl soll seinen Bekannten erklärt haben, wenn er von Lebius kein Geld bekomme, schreibe er für May gegen Lebius (**422**).

Ich soll Kahl 1.000 Mark gegeben haben (**423**).

Ich soll die Kahlsche Erklärung selbst entworfen haben (**424**).

Ich soll Bechly mit kostspieligen Prozessen bedroht haben (**425**).

Das Ehepaar May soll entlarvt und zusammengebrochen sein (**426**).

Ich soll mich als einen zweiten Christus hingestellt haben (**427**).

Ich soll seine soziale Tätigkeit vergiftend und verderbend genannt haben (**428**).

Ich soll meine Verbrechererinnerungen niedergeschrieben haben (**429**).

Ich soll wie geächtet gelebt haben (430).

Behauptung, dass Frau May und Dittrich mir als willenlose Zeugen dienen (431).

Der Schwiegersohn eines Rechtsanwalts soll auf meine Kosten studiert haben (432).

Ich soll die Zeugen Schrott und Rößler bestochen haben (433).

Ich soll gesagt haben, meine Frau sei irrsinnig (434).

Diese Leute hätten infolgedessen alle an meine Frau gerichteten Briefe an mich geschickt (435).

Ich sei durch meine Erfolge übermütig geworden (436).

Ich soll mich als das edelste und größte Genie der Jetztzeit hingestellt haben (437).

Tolle Selbstverhimmelung (438).

Ich soll Briefe gefälscht haben (439).

Ich soll Lebius „wider besseres Wissen" verdächtigt haben (440).

Ich soll den Verlagsbuchhändler Bechly durch eine Fülle von Prozessen auf das Fürchterlichste drangsaliert haben (441).

Ich soll die Prozesskosten des Bechly bezahlt haben (442).

Ich soll die Zeugin Dittrich besucht haben, um sie zu beeinflussen (443).

Der Zeuge Krügel soll von mir und meinen Anwälten gezwungen worden sein, Unterschriften abzugeben (444).

Ich soll Krügel zu einem Falscheid verleitet haben (445).

Ich soll meiner Schwester aus Angst vor Lebius eine Monatsrente von 100 Mark ausgesetzt haben (446).

Ich sei wöchentlich mehrmals betrunken nach Hause gekommen (447).

Ich soll Unzüchtigkeiten mit einem Kind vorgenommen haben (448).

Ich soll noch erst vor zehn Jahren in Niederlößnitz einen ganz gemeinen Einbruchsdiebstahl versucht haben (449).

Unsere gesellschaftliche Stellung sei unerquicklich (450).

Wir wollten deshalb nach Italien (451).

Wir sollen Frau Pollmer den ganzen Abend bearbeitet haben, ihr Zeugnis zu verweigern (452).

Meine Frau soll weinend gesagt haben, dass sie keine Gewalt über mich habe (453).

Sie soll tränenden Auges zugestimmt haben, dass sie die Frau eines ehemaligen Räuberhauptmanns sei, dass sie sich ja so schäme und dass noch weit schlimmere Sachen an das Tageslicht kommen würden (454).

Die Frau Plöhn sei meine Geliebte gewesen und ich habe schon damals die Absicht gehabt, sie zu heiraten (455).

Ich soll aus Rachsucht falsche Anzeigen gemacht haben (456).

Ich soll bandenmäßige Einbrüche in Uhrläden begangen haben (457).

Meine geschiedene Frau halte noch heut in allen Mayprozessen zu mir (458).

* * *

Eine Auswahl von Unwahrheiten aus dem Lebiusblatt
„Der Bund"

Am 28. März 1909:

Genossin Klara May (459).

Genosse Karl May (460).

Meine Frau habe Material gegen Lebius geliefert (461).

Sie schreiben dauernd für den „Vorwärts" und für die „Metallarbeiterzeitung" (462).

Kronzeugin der Sozialdemokratie (463).

Ungereimte Beschuldigungen gegen den Redakteur Lebius (464).

Wir stützen uns hierbei auf Aktenmaterial (465).

May wurde mit Leib und Seele Spiritist (466).

Ich hätte die katholische Geistlichkeit gefürchtet (467).

Es habe in der Nachbarschaft geheißen, dass Karl May zwei Frauen habe (468).

Herr Plöhn habe geduldig dazu gelächelt, denn es sei dabei für ihn etwas mit abgefallen (469).

Die spiritistischen Geister sollen verlangt haben, dass für Frau Plöhn eine jährliche Rente von 3.000 Mark ausgesetzt werde (**470**).

Ich sei mit Frau Plöhn eine Gewissensehe eingegangen (**471**).

Ich habe mit Frau Plöhn eng umschlungen im Wagen gesessen (**472**).

Frau Plöhn soll gesagt haben: „Karl und ich werden uns heiraten" (**473**).

Ich soll das in brutaler Form wiederholt haben (**474**).

Ich soll mit Frau Plöhn unsere Vergnügungsfahrt als Ehepaar fortgesetzt haben (**475**).

Ich soll Frau Pollmer gedroht haben, dass ich sie verhaften lassen werde, falls sie nicht in dem Hotel bleibe (**476**).

Frau Pollmer habe noch im Februar nicht gewagt, sich zu rühren (**477**).

Die Frau Pollmer würde im Jenseits wieder mit mir vereint sein (**478**).

Im Diesseits aber gehöre ich mitsamt meinem Geld der Frau Plöhn (**479**).

Im März sei die Frau Pollmer aus diesem Hotel nach Dresden geflohen. Sie soll sich auf meinen Befehl in Weimar niedergelassen haben (**480**).

Am 17. Januar 1909:
Kein Gericht wird mich vereidigen aus bekannten Gründen (**481**).

Am 17. April 1909[1]:
„Genosse Karl May" (**482**).
Ich sei als Räuberhauptmann entlarvt worden (**483**).
Dittrich sei eine alte Zuchthausbekanntschaft von mir (**484**).

---

[1] Bei diesem und dem folgenden Datum findet sich im Erstdruck die Jahreszahl 1910, doch muss es sich dabei wohl um einen Setzfehler handeln.

Der ganze Mayschwindel sei wie ein Kartenhaus zusammengefallen (**485**).

Ich hätte keinen Anwalt mitgebracht, offenbar aus Angst, diesem reinen Wein einschenken zu müssen (**486**).

Ich sei kopflos geworden, habe mich gar nicht mehr verteidigt (**487**).

Am 14. August 1909:
Beweislose Schwindeleien des bekannten Hochstaplers May (**488**).

Die völlige Haltlosigkeit der Mayschen Schwindeleien habe sich ergeben (**489**).

Der „Bund" werde von mir durch unzählige Privatbeleidigungs-Klagen belästigt (**490**).

Kahl habe zu Ungunsten des Lebius eine falsche eidesstattliche Erklärung abgegeben (**491**).

Ein wirklicher Indianer habe meine Schriften nachgeprüft und als verlogenen Schund charakterisiert (**492**).

Ich soll behauptet haben, mit dem Indianer oft gesprochen zu haben (**493**).

Die Sozialdemokraten sollen mich beraten haben, eine Scheinklage gegen Krügel zu erheben (**494**).

Krügel soll mich in Dresden mehrfach besucht haben (**495**).

Die Gerichtsakten, die sich auf meine Räubertätigkeit bezogen haben, sollen noch vor wenigen Jahren vorhanden gewesen, jetzt aber plötzlich verschwunden sein (**496**).

Ich soll der alleinige Kläger und Angreifer sein (**497**).

Ich soll der katholischen Kirche, der sozialdemokratischen Partei und vielen Privatpersonen versprochen haben, dass ich sie in meinem Testament bedenke (**498**).

Ich soll mir im Hotel auf meine Kosten Linoleum haben legen lassen (**499**).

Ich soll den Triumphator gespielt haben (**500**).

Ich hätte eine Siegesfeier abgehalten (**501**).

Am 19. Dezember 1909:

Ich sei wegen verschiedener Diebstähle in Waldenburg entlassen worden (502).

Ich soll eine Meerschaumpfeife gestohlen haben (503).

Ich sei in Niederwinkel in einen Uhrenladen eingebrochen (504).

Das Zuchthaus sei mir zur Hochschule des Verbrechertums geworden (505).

Ich soll da tausenderlei Kniffe und Pfiffe gelernt haben, mit denen ich den Behörden ein Schnippchen nach dem anderen schlug (506).

Ich soll gleich nach meiner Entlassung aus dem Zuchthaus wieder Diebstähle begangen haben und steckbrieflich verfolgt worden sein (507).

Ich soll in die erzgebirgischen Wälder geflüchtet sein (508).

Ich soll Krügel dort getroffen und mit ihm eine Räuberbande gebildet haben (509).

Wir sollen Hehler gehabt haben (510).

Ich soll der Führer gewesen sein (511).

Wir sollen eine Höhle gehabt haben (512).

Sie war mit gestohlener Leinwand wohnlich austapeziert (513).

Wir sollen Einbrüche unternommen haben (514).

Wir sollen Marktweiber überfallen haben (515).

Wir sollen für 520 Taler Goldwaren geraubt haben (516).

Wir sollen gewildert und Schlingen gelegt haben (517).

Wegwärter Vogel, Eduard Gäpner und Johanna Schramm sollen unsere Hehler gewesen sein (518).

Bei ihnen sollen heimliche Gelage stattgefunden haben, bei denen der gestohlene Wein in Strömen geflossen ist (519).

Ich soll eine Gefangenenaufseher-Uniform getragen haben (520).

Wir sollen aus den Fenstern auf die Pferde der Gendarmen gesprungen sein (521).

Ich soll mich auf einem Zettel als „Karl May, Räuberhauptmann" unterschrieben haben (522).

Ich soll als Feldmesser Schwindeleien getrieben haben (523).

Ich soll den Bauer Leonhardt in Hermsdorf um 800 Taler betrogen haben (524).

Ich soll täglich andere Kleidung getragen haben, um der Verhaftung zu entgehen (525).

Ich soll in Mailand das Nervenfieber bekommen haben (526).

Auch Krügel soll mit dort gewesen sein (527).

Krügel soll sich an 26 Betttüchern vom Königstein herunter gerettet haben (528).

Ich soll diesem Krügel jeweils 500 Mark geschickt haben (529).

Ich soll in den achtziger Jahren unter Polizeiaufsicht gestanden haben (530).

Ich soll Kolportageschriftsteller geworden sein (531).

Meine Schriften sollen auf meinem Verbrecherleben fußen (532).

Ich soll auf das Waldenburger Schloss eingeladen worden sein (533).

Ich soll ein kostbares Automobil besitzen und teuren Launen huldigen (534).

Ich soll eine Marmorbüste besitzen, die 40.000 Mark kostet (535).

Ich soll für ein gefälschtes Doktordiplom 50 Mark bezahlt haben (536).

Die Regierung habe diesem Unfug ein Ende gemacht (537).

Ich soll von der Sozialdemokratie hoch gefeiert sein (538).

Am 2. Januar 1910:
Ich wolle es nie zu einer öffentlichen Verhandlung kommen lassen (539).

Ich bedrohe die Tagespresse (540).

Am 10. Juli 1910:
Ich hätte Angst gehabt, den Indianer zu empfangen (541).

Ich soll den Indianern das Christentum gebracht haben (542).

Dieser Indianer will Präsident der historischen Gesellschaft von Ontario gewesen sein (543).

Er will alle Indianerhäuptlinge Nordamerikas kennen (544).

Ich wiederhole immer und immer wieder die Redensart von der aussterbenden Indianerrasse (545).

Ich hätte behauptet, zu den bestorientierten Indianerschriftstellern zu gehören (546).

Meine gewöhnliche Form der Begrüßung sei der Kuss (547).

Es herrsche in meinem Roman eine allgemeine Abschleckerei (548).

Am 28. August 1910:
Die Behauptung, dass Lebius dem Krügel 2.000 Mark angeboten habe, sei erlogen (549).

Der Fall May werde von Stadthagen vertreten (550).

Am 9. Oktober 1910:
Es sei Krügel klar gemacht worden, dass er vor dem Notar keinen Eid leiste (551).

Vor einem Richter werde er sich besinnen, zu schwören (552).

Das sind **weit über ein halbes tausend Unwahrheiten**, von denen ich jede einzelne als Unwahrheit beweisen kann. Wollte ich hinzufügen, was Lebius teils in Schriftsätzen, teils mündlich vor Gericht alles der Wahrheit zuwider behauptet hat, so würde das volle Tausend sehr schnell zu erreichen sein. Ich meine aber, dass die Ziffer (552) vollständig genügt, den Nachweis zu führen, dass man den Aussagen und Darstellungen dieses Herrn mit der allergrößten Vorsicht entgegenzutreten hat. Seine Unwahrheiten entstammen nicht etwa dem Augenblick, der momentanen Notwehr, sondern sie sind aggressiv; er pflegt sie gründlich zu überlegen und sehr wohl vorzubereiten und wartet dann mit schlauester Berechnung den geeigneten Augenblick ab, sie über sein Opfer herfallen zu lassen. Das sind nicht derartige Lügen, mit denen der skrupellose Mensch sich aus der Not zu befreien versucht; das sind auch nicht die Lügen eines geborenen Lügners, der nicht anders kann, als gegen die Wahrheit sündigen. Sondern das sind die Lügen, mit denen sich die kalte, gewissenlose Raffiniertheit wappnet, nur um zu rächen und zu – – – vernichten. Dem hat auch Frau Pollmer, obgleich sie die wohlbezahlte Hauptzeugin dieses Mannes ist, Worte gegeben, indem sie ausrief:

„Lebius ist ein Schuft, der über Leichen geht!"

* * *

Herr Lebius hat mich durch seine ununterbrochenen, maßlos beleidigenden Angriffe in zahlreiche Prozesse verwickelt. Da seine Beleidigungen ohne alle Ausnahme strafbar sind und da sie für den gesunden, einfachen Menschenverstand zweifellos als ein Produkt der Rache dafür erscheinen, dass ich ihm damals die drei-, sechs-, zehntausend Mark nicht gegeben habe, so würde er diese Prozesse unbedingt verlieren, falls es ihm nicht möglich wäre, für diese niedrigen Motive eine anständige und prozesslich wirksame Deckung zu finden. Er suchte und fand diese Deckung in den literarischen Angriffen, denen ich von der Seite, auf welcher man mich und meine Bücher nicht verstehen kann oder nicht verstehen will, ausgesetzt bin. Herr Lebius weiß gar wohl, was diese meine Werke sind und was ich mit ihnen beabsichtigte. Ich habe es ihm bei seinem Besuch ausführlich erklärt und er hat dies in seiner „Sachsenstimme" eingestanden. Um aber nicht gegen seine eigenen Absichten zu verstoßen, gibt er nur **„eine höchst mystische Zweiseelentheorie"** zu, für welche ich in dem, was ich schreibe, Anschauungsunterricht erteile. **Mir genügt dieses Zugeständnis vollständig**, weil man hieraus ersieht, dass meine Reiseerzählungen **bildlich** zu nehmen seien. Wenn er trotzdem eine jede Gelegenheit herbeizieht, um zu erklären, dass sie nicht bildlich, sondern **real** und **wirklich** zu nehmen seien, so ist das eine beabsichtigte Unwahrheit (553) sondergleichen, die nur den Zweck hat, mich als „literarischen Schwindler und Hochstapler" hinzustellen und ihm dadurch für seine eigentlichen Absichten Deckung zu gewähren. Er stellt sich so, als ob seine Angriffe nur den Zweck verfolgten, das deutsche Volk von mir als einem literarischen Schädling zu befreien. Er spricht von Enthüllungen; er behauptet, mich entlarvt zu haben. Das ist die Stelle, an der er wegelagert; das ist der Strauch, hinter dem er sich und seine Rachsüchtigkeit versteckt, und es ist wohl an der Zeit, ihn hinter diesem Busch hervorzuziehen.

Ich betrachte Lebius nicht als Mensch, als der er für mich gar nicht existiert, sondern als einen so genannten „Arbeiterführer", welcher nebenbei vorgibt, Journalist und Redakteur zu sein und darum die Pflicht zu haben, Karl May zu entlarven. Da diese „Entlarvung" durch einen unausgesetzten Strom von Beleidigungen geschieht, so konstatiere ich, dass Herr Lebius schon oftmals wegen Beleidigung bestraft worden ist, die Zahl dieser Bestrafungen vor Gericht aber nicht genau (554) anzugeben pflegt. Es gibt in Deutschland und Umgegend viele tausend Schriftsteller, Redakteure und Journalisten. Wie kommt grad Lebius, ausgesucht Lebius, dem ich kein Geld gegeben habe, dazu, den Henkersknecht an mir zu machen? Selbst wenn er ein literarisch hervorragender Mensch wäre, würde das noch lange kein Grund sein, sich für den verpflichteten Richter und Henker der deutschen Literatur zu halten! Was hat er denn eigentlich geleistet? Ist überhaupt etwas von ihm gedruckt worden? O doch! Aber wenn man so etwas liest, so pflegt man immer auf „Abtritt", „Appartement", „Pissoir", „Syphilis", „Tripperspritze" usw. zu stoßen. Mit einem „Abtritt" nahm er in seiner letzten „Sachsenstimme" von Dresden Abschied; in seinem Luftspektakel „Unter Spiritisten" spielt ein Bauchgrimmen mit Sturm auf den Abort die schließende Rolle; in den Beiblättern seines „Bund" wird man unweigerlich auf „Venerie" und „Syphilis" gestoßen, und was die beiden „Elaborate" betrifft, auf die er am stolzesten ist, so mögen einige wenige Stellen zeigen, dass es auch hier nach Lustseuche und schlimmeren Giften riecht.

In seiner Schrift „Religion der Zukunft" sind folgende Stellen zu lesen: „Die Menschheit hat lange genug im **Nebel des Christentums** herumgetappt." – – – „Das Volk wandte sich enttäuscht von Christus ab; es erkannte ihn als **politischen Schwächling**." – – – „Der Vater Christi sei der jüdische Gott, der **mit Maria Geschlechtsverkehr unterhalten habe**." – – – „Wir müssen unsere Kinder davor bewahren, viele Jahre ihres Lebens damit zuzubringen, sich von **falschen**, als **Religion** in den Schulen **eingepaukten Anschauungen** wieder zu befreien." – – – „Der Sieg über das kirchliche Christentum ist der Sieg **der Wahrhaftigkeit über die Heuchelei**"!

In seinem so genannten Roman „Gärung" führt er folgende ethische Kunststücke vor: „Die kleinen Künste vorsichtiger Frauen, **die nicht in andere Umstände kommen wollen**." – – – „Er hatte früher eine **schwere Geschlechtskrankheit** durchgemacht, die wohl seine **Zeugungskraft vernichtet** hatte." – – – „Was versteht denn eine Studentin von der Wirtschaft? **Die ist höchstens fürs Bett gut**"! – – – „Wobei er mit dem vollen Busen der jungen Frau und **ihren Schenkeln** absichtlich recht derb in Berührung zu kommen suchte." – – – „Sie wollte sich ihm **ganz hingeben**, aber er merkte nichts." – – – „Er sei ‚**betriebsunfähig**' geworden. Zur näheren Erläuterung dieser Worte zog er aus der Brusttasche eine **(Tripper-)Spritze**. Er füllte sie mit Bier und machte sich das Vergnügen, heimlich nach den herumsitzenden Mädchen zu spritzen" (in einem vielbesuchten Café)!

In solchem Ton geht es weiter, bis an das Ende des entsetzlichen Machwerks, wo es selbstverständlich heißt: „Leberecht bezahlte die drei Gläser schwedischen Punsch **und suchte dann den Abort auf**!" In dieser Weise liest man 222 Seiten durch!!! Die Kritik äußert sich folgendermaßen über dieses Werk:

„Schweinisches Machwerk! Verdient einen Ehrenplatz in einer Geschichte der Pornografie!" „Erbärmliches Machwerk! Kinkerlitzchen! Schmutz! Klatschweiber! Schnüffler! Das kann nur von Leuten gelesen werden, die Ehre und Moral verloren haben! Was soll man da erst vom Verfasser denken!"

Dieser Schmutz ist im Jahr 1907 geschrieben und in Buchform herausgegeben worden, also **genau zu der Zeit,** in welcher mich Lebius in seiner Broschüre „Karl May, der Verderber der deutschen Jugend" mit meinen sittlich reinen Werken öffentlich an den Pranger stellte! Und seine religions- und gotteslästerlichen Interjektionen veröffentlichte er **in denselben Tagen,** in denen er mich für die ganze Zeitungswelt als religiösen Heuchler verschrie! Und nachdem ihm die ganze Schmutz- und Sensationspresse dafür zugejubelt hat, zeigt er die Stirn, diesen Syphilis- und Tripperspritzen-Roman von neuem zu veröffentlichen, aber nicht in Buchform, sondern in einem angeblichen Volks- und Familienblatt, genannt **„Deutscher Bürger, nationaldemokratisches Wochenblatt".** Der Schluss ist erst kürzlich am 1. Oktober erschienen.

Man bedenke, was das heißt! Diese tierischen Unsittlichkeiten erscheinen im Verlag des „Bund", redigiert von demselben H. Speckmann, gedruckt in derselben Druckerei und verfasst von demselben Rudolf Lebius wie der „Bund". Sie werden für die Familie, für die „Bürger" herausgegeben. Sie geraten hunderttausenden von Frauen und Kindern in die Hände! Lebius, der literarische Sittenrichter, der hochgefeierte Arbeiterführer, vergiftet die Frauen, Mütter, Schwestern, Söhne und Töchter seiner Arbeiter mit Ehebruchs-, Huren-, Syphilis- und Tripper-Schundliteratur, die aus seiner eigenen Feder tröpfelt. Ausdrücke wie „Klugscheißer" sind ihm grad gut genug für die „gelben" Seelen, von denen er sich bewundern lässt! Und da darf er es wagen, an der Spitze seines Blatts eine ganze Reihe der angesehensten Firmen zu verzeichnen, mit der er, als seinen Gönnern, auf vertraulichem Fuß steht?! Ist das wohl möglich?

Allerdings ist es möglich, doch nur auf dem Gebiet, wo man aus Geschäftsrücksichten glaubt, Herrn Lebius bewundern zu müssen.

Auf literarischem Gebiet aber ist man schon längst nicht mehr blind. Herr Lebius war es selbst, der diese Kreise zur Erkenntnis führte, dass kein Mensch so wenig wie er geeignet ist, im Namen des deutschen Volkes und der deutschen Literatur sich einen Urteilsspruch über Karl Mays Leben und Karl Mays Werke anzumaßen. Die deutsche Dichtkunst ist keine Motorenfabrik oder Aktiengesellschaft, die einen Lebius braucht, wenn einmal einige kleine Geister streiten. Und noch viel weniger lässt sie sich von ihm weismachen, dass er May nicht aus gemeiner Rache, sondern aus höheren, gar ethischen Rücksichten verfolge, er, der öffentlich behauptet, dass Gott mit Maria Geschlechtsverkehr unterhalten habe! Auf diese Deckung hat Herr Lebius zu verzichten. Hinter diesem Busch kann er sich unmöglich mehr verbergen. Seine Stellung im deutschen Volk, in der deutschen Gesellschaft und in der deutschen Literatur ist nicht eine solche, dass er sich brüsten kann: „Ich bin von der deutschen Kunst und der deutschen Moral beauftragt, mit beiden Fäusten auf dich loszuschlagen; ich habe Deutschland von dir und deinen Büchern zu säubern, und kein Richter kann mich für das, was ich dir tue, bestrafen, denn ich stehe unter dem mächtigen Schutz des 193. Paragrafen!"

Dass er auf diesen Schutz nun zu verzichten hat, das weiß Herr Lebius gar zu gut. Drum sah er sich, um sich doch noch zu retten, nach einem andern Schutz um und nach andern „berechtigten Interessen", mit deren Hilfe er bei dem genannten Paragrafen doch noch unterkriechen könne. Und sein Suchen schien von Erfolg zu sein; aber er musste weit, weit herniedersteigen, nämlich von der deutschen Dichtkunst und der deutschen Moral tief, tief herunter zu einer geschiedenen Schriftstellersfrau, die nichts sehnlicher wünschte, als nicht geschieden worden zu sein. Dies war die frühere Frau Karl Mays, die aber nun nach ihrem Mädchennamen Frau Pollmer hieß, weil es ihr als der einzig Schuldigen gerichtlich verboten worden war, den Namen May ferner zu führen. Herr Lebius wusste von früheren Prozessen her, wie nützlich es ist, bei geschiedenen Frauen nach ihren geschiedenen Männern zu fragen, und so fuhr er von Berlin nach Weimar, wo Frau Pollmer wohnte, und klopfte bei ihr an, um zu versuchen, mit Hilfe ihrer Unerfahrenheit genug viel „berechtigte Interessen" zu konstruieren, und unter dem Schutz des Paragrafen 193 Rettung für sich selbst zu finden. Er glaubt, dass ihm dies gelungen sei, ich aber glaube es nicht. Jedenfalls aber ist Frau Pollmer gegenwärtig diejenige Person, auf welche Herr Lebius alle seine prozessualen Hoffnungen setzt, und ich halte es daher für geboten, dieser Frau hier diejenige Aufmerksamkeit zu widmen, die ich ihr und der Sache schuldig bin.

Indem ich mich hier gezwungenermaßen über sie auszusprechen habe, bin ich gesonnen, dies in der schonendsten und mildesten Weise zu tun, obgleich sie ihrerseits privat und öffentlich in einer Weise gegen mich vorgeht, für die es in der Sprache gebildeter Menschen keinen Ausdruck gibt. Der Umstand, dass sie doch nun einmal meine Frau gewesen ist, hat sie davor zu schützen, dass ich mich mit denselben unsauberen Waffen verteidige, mit denen ich von ihr und Lebius angegriffen werde. Ich werde sie also nur rein psychologisch zeichnen, nicht anders.

Frau Pollmer stammt aus meiner Vaterstadt Hohenstein-Ernstthal. Sie hat ihre Eltern nicht gekannt; sie ist ein Kind der Liebe. Ihr Großvater kam aus einem obererzgebirgischen Dorf als Barbier nach Hohenstein, trieb daselbst sein Gewerbe und verlegte sich später nebenbei mit auf den Verkauf homöopathischer Tropfen, Kügelchen und Pulver. Als ich ihn kennen lernte, betrug sein Einkommen ungefähr 600 Mark im Jahr.

Er war ein schöner, hoch gewachsener Mann und gab auf diese seine Schönheit mehr als viel. Auch seine beiden Kinder, ein Sohn und eine Tochter, waren mit diesem rein äußeren Vorzug begabt, und zwar zu ihrem Unglück, wie ich sagen muss. Pollmer wollte mit seinen schönen Kindern hoch über seinen Stand hinaus. Der Sohn wollte ein armes, aber braves, fleißiges Mädchen heiraten, aber er durfte nicht. Er konnte das nicht verwinden, ging fort, sank zum Vagabunden herab und ist einsam und elend in einer Dorfscheune zu Grunde gegangen. Die Tochter hatte sich im Stillen mit einem armen, ehrlichen Barbiergehilfen verlobt; aber ein solcher Schwiegersohn war für Pollmers Pläne viel zu gering; er wurde fortgejagt. Die Folge war, dass die Tochter im Wochenbett starb; ihr Kind aber, die jetzige Frau Pollmer, blieb leben.

Wie schon angedeutet, besaß Pollmer eine reichliche Gabe von Schönheitsstolz. Darüber, dass seine beiden Kinder an diesem Stolz zu Grunde gegangen waren, habe ich nie ein Wörtchen der Reue von ihm gehört. Da war er hart und unbeugsam. Und da war er auch sehr bald genügend getröstet, denn er bemerkte täglich mehr und mehr, dass seine Enkelin sich zu einer noch größeren Beauté entwickelte, als ihre Mutter gewesen war. Sie war für ihn unbedingt das schönste und wertvollste Mädchen der ganzen Gegend. Er warf alle seine früheren und auch noch neue, größere Hoffnungen auf sie und erzog sie dementsprechend in der Weise, dass sie sich für den Engel hielt, der ja nicht zu einem gewöhnlichen, sondern nur zu einem möglichst hervorragenden Mann herniedersteigen dürfe.

Dieser Teil der Erziehung gelang nur zu gut. Die Pollmersche Enkelin hat sich Zeit ihres Lebens und bis zum heutigen Tag für ein makelloses Wesen gehalten, welches wie das schillersche „Mädchen aus der Fremde" zu behandeln ist. Sie behauptet sogar noch jetzt, dass sie mein Engel gewesen sei, ohne den ich unbedingt nicht hochgekommen wäre. Aber ein großes Hindernis für die Pollmerschen Pläne bildete die große Ärmlichkeit der dortigen Verhältnisse. Nach Hohenstein-Ernstthal kamen weder Prinzen noch Millionäre, und die jährlichen 600 Mark waren nicht ausreichend, die Augen der Menschheit auf sich zu ziehen. Doch gab es hier gewisse Erbeigenschaften, die ich nicht übergehen darf. Ich meine zunächst den Aberglauben und die Hartnäckigkeit, den Eigenwillen, die Sinnlichkeit des Augenblicks, die alle Berechnung über den Haufen wirft, die absolute Unmöglichkeit, jemals verzeihen oder um Verzeihung bitten zu können, die Geldgier, welche nur so lange ungefährlich ist, als es keine Möglichkeit, sich zu bereichern, gibt, eine immer währende Selbstglorifikation und die hieraus folgende Gewohnheit, den Wert anderer nur nach dem eigenen Vorteil abzuschätzen.

Ich zähle diese angeerbten Pollmerschen Eigenschaften nicht in der Absicht auf, Frau Pollmer zu beschuldigen, sondern sie zu entlasten. **Ich wünsche, betreffs dessen, was geschehen ist, so viel Verantwortung wie möglich von ihr zu nehmen.** Der alte Pollmer war abergläubisch im höchsten Grade; er ließ sich Karten schlagen. Es war ihm Reichtum durch die Schönheit seiner Tochter prophezeit worden. Er glaubte daran; er hielt diesen Glauben mit größter Hartnäckigkeit fest; er erzog seine Enkeltochter in diesem Glauben und in dieser Hartnäckigkeit. Er behandelte sie trotz der Armut, in welcher sie beide lebten, wie ein Wesen, welches nicht nötig hat, zu arbeiten und zu sorgen. Sie durfte machen, was sie wollte. Der alte Mann hat viele hunderte von Abenden einsam und allein daheim gesessen, während sie sich anderwärts vergnügte. Als man ihn darauf aufmerksam machte, dass dies falsch von ihm sei, fuhr er zornig auf: Seine Enkeltochter sei nicht dazu erzogen, sich abzuarbeiten wie andere; er wünsche, dass sie ihr Leben genieße; sie sei jetzt groß genug und habe ihren Willen; sie solle ihre Jugend genießen und sich gut unterhalten. Und sie tat dies! So zog er ihr jenen Eigenwillen und jenes Bedürfnis nach Schwatz und Klatsch an, welches uns beiden, ihr und mir, später zum Unheil geworden ist, jene unwiderstehliche Sucht nach Schwatz, welche selbst das Heiligste aus dem Seelenleben prosaniert und sogar die verborgensten Heimlichkeiten der Ehe ohne Gewissen und Bedacht jeder Tratschbase preisgibt, nur um sich sprechen zu hören. Frau Pollmer kann nicht dafür, dass ein solches Weib aus ihr geworden ist; ich entschuldige sie. Aber dieses unheilbare Hängen an andere Weiber, dieses Vereinsamenlassen des Mannes, wie sie einst ihren alten Großvater vereinsamen ließ, hat zu der Katastrophe geführt, durch welche sie aus der Ehe gestoßen und ihren Klatschbasen überantwortet worden ist. Man wird bald sehen, dass auch alle die andern Erb- und Eigenschaften der Pollmerschen Familienseele das ihre beigetragen haben, meine einstige Frau zu dem zu machen, was sie im Lauf der Zeit geworden ist, nämlich eine körperliche Ruine, in welcher nun alle die Geister hausen, denen sie sich damals verschrieb, als sie noch keine Ruine war. Ich verurteile sie nicht, sondern ich bemitleide sie; das ist aber noch kein Grund, mich von diesen Geistern, die mich bis an den Rand des Verderbens brachten, vollends hineinstürzen zu lassen!

* * *

Ich wohnte damals in Dresden. Ich hatte meine „Geografischen Predigten" geschrieben, in denen ich das Programm meiner schriftstellerischen Zukunft festlegte. Dieses Werk war auch nach meiner Vaterstadt gelangt und, wie von vielen anderen, auch von Pollmer gelesen worden. Es gefiel ihm so, dass er es wieder und wieder las und mit allen Bekannten davon sprach. Er war, wie man sich später auszudrücken pflegte, ein „Karl-May"-Leser geworden. Das erzählte mir eine meiner dortigen Schwestern, bei der ich, von einer Reise kommend, für einige Tage eingekehrt war.

Das Geschick wollte, dass ich bei einer Freundin dieser Schwester die Enkeltochter des alten Pollmer kennen lernte oder vielmehr nicht kennen lernte, weil sie sich vollständig anders gab, als sie der Wahrheit nach sich eigentlich hätte geben sollen. Sie war so still, so zurückhaltend, so bedachtsam, außerordentlich sympathisch, dazu schön, wie man sich eine Frau nur wünschen kann. Freilich flackerte hinter dieser Stille und Ruhe zuweilen etwas dem Widersprechendes auf. Dadurch wurde mir dieses Mädchen zum Rätsel und also doppelt gefährlich, weil nichts den Schriftsteller so sehr zu fesseln vermag wie ein psychologisches Rätsel, dessen Lösung ihn interessiert. Und dieses Wort, nämlich „Ein psychologisches Rätsel", ist der Schlüssel zu allem, was nun geschah. Ich stand als Psychologe vor einer Sphinx und ich nahm mir vor, das Rätsel dieser Sphinx zu lösen. Das war eine schriftstellerisch lohnende Aufgabe, die nur dann zum Fehler werden konnte, wenn ich, anstatt kühl objektiv zu bleiben, auf den Gedanken kam, mich auch subjektiv mit diesem Rätsel zu verbinden, und leider, leider blieb es nicht bei der kalten Objektivität!

Als ich nach Dresden zurückgekehrt war, schrieben wir uns. Was ich von dieser Barbierstochter für Briefe bekam! Auch sie waren Rätsel! Ich las da von meinem „schönen, hochwichtigen Beruf", von meinen „herrlichen Aufgaben", von meinen „edlen Zielen und Idealen". Sie zitierte Stellen aus meinen „Geografischen Predigten". Sie knüpfte Bemerkungen daran, die ich für tiefsinnig hielt. Welch eine Veranlagung zur Schriftstellersfrau! Zwar trat mir die Frage nahe, ob so ein Mädchen wirklich in dieser Weise schreiben könne, aber ich hatte noch nicht die Erfahrungen gemacht, die ich später zu machen hatte, und so nahm ich an, dass sie das alles selbst verfasst habe, und hielt mich für außerordentlich glücklich, ein solches Juwel kennen gelernt zu haben.

Als bei meinem nächsten Aufenthalt in Hohenstein ihr Großvater mich besuchte und mich zum Mittagessen zu sich lud, beschloss ich, aufrichtig zu sein, und antwortete:

„Sehr gern will ich kommen, doch nur unter der Bedingung, dass ich nicht nur Ihretwegen, sondern auch um Ihrer Tochter willen kommen darf."

„Wie meinen Sie das?", fragte er erstaunt. „Haben Sie etwa Absichten auf sie?"

„Allerdings."

„Das heißt, Sie wollen sie heiraten?"

„Ja."

„Und was sagt sie dazu?"

„Sie ist einverstanden."

Da sprang er von dem Stuhl auf und rief, indem sein Gesicht sich zornig rötete:

„Daraus wird nichts, nichts, nichts! Meine Tochter ist nicht dazu geboren und nicht dazu erzogen, dass sie sich mit einem armen Teufel durch das Leben schindet! Die kann andere Männer kriegen! Die soll mir keinen Schriftsteller heiraten, der, wenn es gut geht, nur von seiner Berühmtheit und nur vom Hunger lebt!"

„Denken Sie dabei etwa an meine Vorstrafen?", fragte ich. „Das würde ich gelten lassen."

„Unsinn! Das kümmert mich nicht. Es laufen Hunderttausende in der Freiheit herum, die in das Zuchthaus gehören! Nein, das ist es nicht. Ich habe ganz andere Gründe. Sie bekommen meine Tochter nicht!"

Er rief das sehr laut.

„Oho!", antwortete ich.

„Oho? Hier gibt es kein Oho! Ich wiederhole Ihnen, Sie bekommen meine Tochter nicht. Sie haben nichts; Sie sind mir zu arm!"

Er stampfte dabei, um seinen Worten Nachdruck zu geben, mit dem Spazierstock auf den Boden. Wäre ich klug gewesen, so hätte ich ihm ruhig gesagt: „Gut, so behalten Sie sie!" Aber ich war eben nicht klug, trotz der sechsunddreißig Jahre, die ich zählte. Die „Sphinx" mit ihrem „Rätsel" hatte es mir angetan. Ich brauste nun auch auf:

„Wenn ich sie nicht bekomme, so werde ich sie mir nehmen!"

„Versuchen Sie das!"

„Ich werde es nicht versuchen, sondern ich werde es wirklich tun! Hören Sie? Wirklich tun!"

Er ging und ich sah mit dem Gefühl der Überlegenheit hinter ihm her. Ich Tor! Ich ahnte nicht, dass ich soeben den größten, ja den allergrößten Fehler meines ganzen Lebens begangen hatte. Alles, alles, was hinter meinen sogenannten Vorstrafen lag, war nichts, war gar nichts gegen das, was ich soeben gegen mich selbst verbrochen hatte. Mit der Drohung, die den alten Pollmer treffen sollte, hatte ich nur mich selbst zu Boden geworfen, hatte durch sie mein Wort verpfändet, langjährige Seelenqualen und geistige Erniedrigungen auf mich zu nehmen, die man nur im Stillen ertragen, nicht aber in hörbaren Worten oder mit lesbaren Buchstaben beschreiben kann. Diese Erkenntnis kam mir erst später, erst dann, als das große Leid schon längst nicht mehr abzuwenden war.

Nach jener Szene mit Pollmer schrieb ich seiner Enkeltochter: „Entscheide zwischen mir und deinem Großvater. Wählst du ihn, so bleib; wählst du mich, so komm sofort nach Dresden!" Ohne auf ihre Antwort zu warten, reiste ich ab. Sie wählte mich; sie kam. Ich übergab sie einer alten, lieben Pfarrerswitwe. Diese hatte zwei hochgebildete Töchter, welche Lehrerinnen waren. Bei diesen drei Damen konnte die Pollmer alles lernen, was sie für jetzt und später brauchte. Ich bezahlte alles, sogar die Kleider und Wäsche. Von da gab ich ihr Gelegenheit, sich in der Führung einer eigenen Wirtschaft auszubilden. Das währte ganz selbstverständlich längere Zeit. Inzwischen erfuhr ihr Großvater, dass ich im Begriff stehe, nicht nur ein wohlhabender, sondern sogar ein reicher Mann zu werden. Das imponierte ihm. Er begann sich mit dem Gedanken, mir seine Enkelin zu geben, auszusöhnen. Er schrieb an sie. Er verzieh ihr, dass sie ihn meinetwegen verlassen hatte. Er forderte sie auf, heimzukommen, mich aber mitzubringen. Sie erfüllte ihm diesen Wunsch und ich begleitete sie. Sie zog zu ihrem Vater und ich zu meinen Eltern.

Jetzt ging mit der Pollmer scheinbar eine Änderung vor, die aber in Wirklichkeit keine Änderung war. Sie erschien mir jetzt nur deshalb anders, weil sie sich nach und nach immer genauer so gab, wie sie war, während sie es in Dresden für nötig gehalten hatte, sich so zu zeigen, wie ich sie mir wünschte. In Dresden waren wir uns noch neu; da konnte unser Verhältnis sich sehr leicht lösen; das fühlte sie. Nun aber war eine lange Zeit vergangen; sie hielt uns für so fest verbunden, dass an eine Trennung nicht zu denken war, und so gab sie sich nicht mehr so, wie ich es wünschte, sondern so, wie es ihr anerzogen war. Ich gebe hieran nicht ihr, sondern ihrem Großvater die Schuld, der dieses Verhalten in ihr anregte und sie darin bestärkte. Ich gab ihr zu lesen und zu schreiben, um sie fortzubilden; sie hatte keine Lust dazu und ihr Vater duldete es nicht. Ich brachte sie zu meinen Eltern; die waren ihr zu ernst. Es dauerte nicht lange, so war sie täglich und allabendlich wieder bei ihren Klatschgenossinnen und ihr Großvater saß allein daheim, genau so, wie es früher gewesen war. Da, wo sie jetzt verkehrte, gab es nur Alltägliches oder gar Triviales, nur Lachen, Scherzen, Spielen, Tändeln, Tanzen, keinen Sinn für Besseres und Höheres. Ich bat, doch vergebens. Ich wiederholte meine Bitte; sie lachte und nannte mich dumm. Ich zürnte und warnte; da wurde sie grob. Ich ging zu ihrem Großvater und machte ihn auf die Folgen aufmerksam. Er lachte mich einfach aus und sagte, er habe mir ja längst schon mitgeteilt, dass seine Tochter nicht so sauertöpfisch erzogen sei, wie ich es verlange. Wenn ich mich jetzt in ihr täusche, so trage nur ich allein die Schuld daran. Es sei ja gar nicht notwendig, dass ich sie heirate, sie bekomme einen jeden andern, den sie wolle. Ich machte noch einen Versuch mit ihr selbst, aber mit schlimmstem Erfolg. Sie war empört darüber, dass ich mich bei ihrem Großvater beschwert hatte, und ließ es mich entgelten. Da verwandelte sich die entzückende Sanftmut der Augen in blitzende Wut; die schwellenden Lippen geiferten; aus den kleinen Händchen wurden drohende Fäuste; die zierlichen Füße stampften; die Stimme schnappte über; die Schönheit war vollständig verschwunden und vor mir stand mit verzerrten Zügen ein hässliches, keifendes Weib, wie man es in den Possenspielen herumziehender Theaterschmieren zu sehen bekommt. Das ekelte mich an; ich ging fort und kam nicht wieder. Aber durchschaut hatte ich sie noch nicht. Ich hielt das, was mir da so abstoßend entgegengetreten war, nicht für angeboren oder eingewurzelt, sondern für etwas Vorübergehendes, was sich vielleicht niemals wiederholen werde. Aber widerlich war es mir doch gewesen; ich blieb also fern und beobachtete von weitem. Ich gewahrte nichts erfreuliches. Meine Eltern und Geschwister warnten. Ich sah ein, dass sie Recht hatten, und verzichtete. Es bereitete mir nicht einmal besonderen Schmerz, diesem zweifelhaften Glück zu entsagen. Ich fühlte nichts von unglücklicher Liebe, arbeitete fleißig und machte Reisen. Von einer dieser Reisen zurückgekehrt, erfuhr ich, dass der „alte Pollmer" gestorben sei; der Schlag habe ihn getroffen. Das konnte nicht wundern, denn er war schon seit langer Zeit schwer asthmatisch und schlagflüssig gewesen. Ich eilte nach seiner Wohnung. Man hatte mir zu viel gesagt. Er war nicht tot; er lebte noch, konnte aber weder sprechen noch sich bewegen. Seine Enkeltochter saß nicht etwa pflegend bei ihm, sondern in einer andern Stube. Sie zählte Geld. Der alte geizige Mann hatte das, was er an klingender Münze besaß, stets sehr versteckt gehalten. Sie hatte eifrig nachgesucht und es gefunden. Nun schlugen die Münzen beim Zählen laut klingend aneinander und drüben lag der alte sterbende Mann, dem ihre Gegenwart so außerordentlich nötig war! Stand ihr das Geld etwa höher als er? Es war nur wenig; ich glaube, kaum zweihundert Mark.

Ich zog sie davon fort, zu dem Kranken hinüber. Er erkannte mich und wollte reden, brachte es aber nur zu einem unartikulierten Lallen. Aus seinen halb starren Augen sprach eine ungeheure Angst, die mich innerlich tief ergriff. Ich schrieb eine Frage in Spiegelschrift und hielt sie ihm vor. Wahrscheinlich konnte er sie lesen, aber es war ihm unmöglich, durch die von mir angedeuteten Zeichen ja oder nein zu antworten. Da kam der behandelnde Arzt. Er hatte ihn schon gleich am frühen Morgen untersucht, tat dies jetzt wieder und gab uns dann den Bescheid, dass alle Hoffnung vergeblich sei. Als er sich entfernt hatte, trat tiefe Stille ein. Der Blick des Sterbenden war mit einem unbeschreiblichen Ausdruck auf mich gerichtet. Hatte er verstanden, was der Arzt sagte? Da glitt seine Enkeltochter vor mir nieder, fasste meine beiden Hände und bat mich, wieder zu ihr zurückzukehren und sie um Gottes willen nicht zu verlassen; sie habe nun weiter niemand als mich. Ich sah zu ihr nieder und wollte „nein" sagen. Und ich sah hinüber in die ausdruckslosen und doch so fürchterlich beredten Augen des Alten; da sagte ich „ja". Ich habe dieses mein Wort gegeben und ich habe es gehalten, zweiundzwanzig Jahre lang, bis es nicht länger möglich war. Ich habe sogar noch mehr getan: Ich habe ihren Wunsch erfüllt, in Hohenstein wohnen zu bleiben, und ihr eine Häuslichkeit geboten, in der wir sehr wohl glücklich hätten sein können, wenn es nur auf mich und mein aufrichtiges Wollen angekommen wäre. Es war die Pollmersche Erbschaft, die diesem Glück entgegenstand.

So gering diese Erbschaft in materieller Beziehung war, so groß, ja so unübersehbar groß war sie auf dem Gebiet des inneren, des seelischen Lebens. Die Pollmerschen Geister waren nicht mit dem Alten begraben worden; er hatte sie uns zurückgelassen und ich ahnte nicht, wie verhängnisvoll das für mich werden sollte. Ich hatte mein Wort gegeben, seine Tochter nicht zu verlassen, und ich war fest entschlossen, dieses Wort niemals zu brechen. Ich Tor! Ich hielt mich damals für einen guten Psychologen und hatte doch nicht einmal eine Ahnung davon, dass ein krummsinniges Weib, sobald es auch nur den allergeringsten Geist besitzt, vieltausendmal stärker ist als ein geradsinniger Mann, dem sämtliche hohen Geister zur Verfügung stehen!

Die Pollmerschen Geister waren klug genug, sich nicht plötzlich zu zeigen. Die junge Ehe musste sich erst so weit befestigen, dass sie nicht gleich bei den ersten Stößen zu wanken begann. Dann aber fing es an.

Zunächst bemerkte ich, dass mir Geld verschwand, bald Gold, bald auch nur Silber. Mein Portemonnaie war nirgends sicher, selbst unter dem Kopfkissen nicht. Wer war der Dieb? Ganz gewiss der Pollmersche Geist der Geldgier, der Habsucht! Nicht etwa meine Frau, o nein! Die versicherte mir mit dem ehrlichsten Augenaufschlag, dass es ihr gar nicht einfalle, sich um mein Geld zu bekümmern! Sodann wurde mir bald hier, bald da gesagt, dass meine Frau behaupte, mein guter Engel zu sein, ohne den ich unbedingt zu Grunde gehen müsse; sie habe mich schon in Dresden unter ihren Schirm genommen. Ich verbot ihr, solche Reden zu führen; sie aber bewies mir in der aufrichtigsten Weise, dass ihr etwas so Albernes niemals über die Lippen kommen könne. Also nicht sie, sondern wieder so ein Pollmerscher Geist! Ich sitze arbeitend im Zimmer und schreibe an einer sehr ernsten, ergreifenden Szene. Da stören mich zwei laute Stimmen, die im Vorzimmer erklingen. Ich kann nicht anders, ich muss hören, außer ich halte mir die Ohren zu. Da wird vom Eichelober und vom Grünkönig gesprochen, von einer Kindtaufe und von mir, dass ich mir nichts gefallen lasse, von der Frau Uhlig, dass sie den Schnupfen hat, und von dem alten Leipziger Karl, der mit Pöklingen handelt. In diesem Ton geht es volle drei Viertelstunden lang in einem Atem fort, bis ich aufspringe und um Ruhe bitte. Und wer sind die beiden Klatschweiber, denen es ein so großes Vergnügen macht, über mich und die lieben Nächsten herzuziehen? Nicht etwa meine Frau und die im Hinterhaus wohnende alte Kartenschlägerin, o nein; diese beiden Damen tratschen nicht! Sondern es sind eben die bekannten Pollmerschen Geister der Geschwätzigkeit, deren Geschnatter ich mir gefallen lassen muss.

So kamen sie nach und nach, alle, alle, um sich zu offenbaren, die Sinnlichkeit, der Aberglaube, die Hartnäckigkeit, der Eigenwille, das giftige Geträtsch, die Engelhaftigkeit, die Geldgier, die Mitleidslosigkeit, die Unmöglichkeit, einen Fehler einzugestehen oder um Verzeihung zu bitten. Und alle diese seelischen Hässlichkeiten und Gebrechen waren in einen jugendlich schönen Körper gekleidet und rühmten sich, mein Engel zu sein, ohne den ich unbedingt zu Grunde gehen müsse. Und alle diese Untugenden und Fehler konnten so kindlich naiv lächeln und so treuherzig, ehrlich und aufrichtig dreinschauen, dass ein jeder, der dieses Pollmerkind nicht genau kannte, augenblicklich für sie eingenommen war. Auch ich war durch diese Kindlichkeit und Naivität getäuscht worden, begann aber nun, klar zu sehen, und nahm mir vor, gegen dieses Pollmersche Erbe anzukämpfen und meine Frau von ihm zu befreien. Du lieber Gott! Ja, wenn sie den Willen dazu gehabt hätte! Den hatte sie aber nicht!

Ich wollte ihr Interesse für mich und meine Lebensaufgabe erwecken. Ich las ihr meine Manuskripte vor. Sie hörte nur zu, wenn es etwas Lustiges war. Ernstes wies sie ab. Damit war es also nichts. Ich legte ihr meine gedruckten Arbeiten vor; sie las nichts, rein nichts, und wenn ich sie zwingen wollte, so wurde sie zornig und stand genau so zurückweisend und abstoßend vor mir wie damals, als sie zum ersten Mal unter Fußstampfen die Fäuste ballte. Ich gab ihr andere Bücher und andere Schriften, die nicht von mir waren; sie las sie nicht. Und wenn ich das wiederholte, so schrie sie mich an: „Lass mich in Ruh!" Aber zu Klatsch und Tratsch hatte sie immer Lust und Zeit. Da stand ihr kein Weib zu niedrig, selbst wenn es die Waschfrau war. Ging ich aus und nahm sie mit, so war ich blamiert, sobald die Unterhaltung der Gesellschaft auf Höheres kam. Sie stieg nie zu anderen hinauf, sondern sie zog diese anderen herunter. Darum trat die Entfremdung ein, die unausbleiblich war. Für mich war sie nicht mehr die körperlich schöne, sondern die geistig unwissende und seelisch hässliche Frau. Sie sah meine Gleichgültigkeit wachsen und wählte, anstatt zum richtigen Mittel zu greifen, ein so falsches, dass das Übel größer wurde, als es vorher gewesen war. Sie fälschte nämlich Briefe, Liebesbriefe an sich selbst, die sie von einem vertrauten jungen Menschen schreiben ließ und mir in die Hände spielte. Diese Briefe sollten mir sagen, dass sie einen anderweiten Geliebten habe, mit welchem sie per Stelldichein verkehre. Ich sollte eifersüchtig werden, tat dies aber nicht und zog es vor, die Sache als das zu nehmen, was sie war – ein echter Emma-Pollmer-Streich.

Leider aber hatte dieser Streich auch eine sehr ernste Seite. Er ließ mich nämlich an jene Briefe denken, die sie mir in der ersten Zeit unserer Bekanntschaft nach Dresden geschrieben hatte, jene Briefe, die ein so schönes Verständnis für mich und mein schriftstellerisches Wollen verraten hatten. Damals hatte ich an sie geglaubt und sie für die Verfasserin gehalten. Nun aber kam mit einem Mal die richtige Erkenntnis. Sie war ja gar nicht im Stande, einen derartigen Brief zu schreiben. Sie hatte schon damals, grad wie jetzt, mit einem fremden Gaul geackert, freilich mit einem edleren, als der jetzige war. Man kann sich denken, wie tief mich diese Überzeugung traf. An so ein Wesen hatte ich mein Leben, mein ganzes äußeres und inneres Sein gekettet! Um einer solchen Frau willen hatte ich dem Sterbenden mein Wort gegeben, sie niemals zu verlassen! Diese Ehe konnte von jetzt an nur noch Körper sein! Eine Zwangsverbindung ohne höheren Zweck und ohne Seele! Ich fühlte mich stark genug, mein Wort trotzdem zu halten. Nur keine Scheidung, außer es war nicht länger möglich, mit ihr unter einem Dach zu sein! Und kein Mensch durfte ahnen, womöglich sie selbst auch nicht, dass ich, in tiefster Einsamkeit versteckt, fortan allein zu leben und allein zu sterben habe. Auch sie durfte das nicht erfahren, weil sie, zu unwissend, mich zu verstehen, doch nur darüber gelacht hätte. Und noch viel schlimmer: Sie hätte es in ihrer unheilbaren Schwatzhaftigkeit allen ihren Klatschbasen ausgeliefert und das, was mir so heilig war, zum Gespött jedes Lästermunds gemacht. Und das, das durfte nicht sein!

Aber in dieser tiefen, inneren Einsamkeit in dem kleinen Städtchen, welches mir geistig gar nichts bot, wohnen bleiben, das ging nicht an; da hätte ich zu Grunde gehen müssen. Ich nahm mir also vor, nach Dresden zu ziehen, sagte dies aber nicht, sondern führte sie selbst darauf. Dass ich dort mit dem Kolportageverleger Münchmeyer ein geschäftliches Abkommen traf, ist bekannt. Weniger bekannt aber ist, dass meine damalige Frau, freilich ohne ihr Wissen, nicht unbeträchtlich dazu beigetragen hat, dass dieser Vertrag in der für mich so günstigen Weise zu Stande kam. Münchmeyer war nämlich, ich will mich so ausdrücken, ein Damenherr. Ein hübsches Gesicht konnte ihn in Ekstase versetzen, und die Pollmer hatte noch mehr als das. Kaum sahen sich beide, so war das Wohlgefallen, welches sie aneinander fanden, jedem ihrer Blicke anzusehen und jedem ihrer Worte anzuhören. Sie war Barbierstochter gewesen und innerlich geblieben. Er war Zimmergesell gewesen und innerlich geblieben. Sie ließen einander ihr gegenseitiges Wohlgefallen in echter Barbier- und Zimmermannsweise merken; sie haben lange, sehr lange füreinander geschwärmt, und dieser intimen Zuneigung der Frau Pollmer für diesen Mann hat sie gar manches zu verdanken, was ihr noch heut zur Belastung wird. Richtig jedenfalls ist: Hätte ich meinen Kontrakt, wie er lautet, allein mit Münchmeyer erreichen wollen, so wäre hierzu wohl eine wochenlange Verhandlung nötig gewesen. Im Bann dieser Frau aber ging er, nur um ihr in dem gewünschten Licht zu erscheinen, auf alles ein, was ich zur Forderung stellte, und er tat dies umso lieber, als ich ihm versprach, nach Dresden zu ziehen.

Wir zogen zwar nicht nach Dresden selbst, sondern nach Blasewitz; dies hinderte aber Münchmeyer nicht, alle seine Sonntage bei uns zu verleben. Als ihm das nicht mehr genügte, mietete er sich eine Blasewitzer Wohnung in unserer Nähe, um es zu ermöglichen, öfter als nur einmal wöchentlich bei uns zu sein. Hierdurch kam es, dass ich ihm ganz andere geschäftliche Bedingungen stellen konnte als andere Schriftsteller, die zudem weniger leisteten als ich. Aber gesagt muss hierbei sein, dass die Schwärmerei Münchmeyers und meiner Frau füreinander nicht etwa zu Dingen geführt hat, die ich mir als Ehemann hätte verbitten müssen. Diese Schwärmerei war, besonders seinerseits, zwar eine etwas derbe, doch stand ich höflicherweise immer dabei, um auch mit schwärmen zu dürfen. Und als ich es für geraten hielt, zog ich von Blasewitz, wo er sein Absteigequartier hatte, nach der Stadtgrenze. Er stellte sich zwar auch dort ein, doch nicht sehr oft, denn es bedurfte nur eines Winks für meinen sehr vernünftigen Wirt, so sagte dieser ein Wort und Münchmeyer kam nicht wieder.

Er schickte aber seine Frau. Freilich nicht in unsere Wohnung, die ihm ja verboten war und also auch ihr. Aber sie bestellte meine Frau allsonntäglich zu einer Landpartie, die ich nicht untersagte, weil ich zwar die persönlichen Besuche Münchmeyers verhindern, nicht aber geschäftlich mit ihm brechen wollte, solange meine Arbeiten für ihn noch nicht vollendet waren. Ich beteiligte mich sogar an diesen Landpartien, um die Pollmer nicht allein mit Frau Münchmeyer zu wissen.

Diese Dame passte für ihren Mann. Sie war vom Dorf wie er und hatte ihr Avancement[1] von der Dienstmagd

---

[1] Frz.: Aufstieg

über die Waschfrau bis zur Kolporteurin und Verlegersfrau gemacht. Ich finde das als sehr ehrenhaft und lobenswert, und wenn ich es nicht für geraten hielt, meine Frau mit dieser Frau allein zu lassen, so hatte dies nicht Standesursachen, sondern rein psychologische Gründe.

Die beiden Frauen waren einander nämlich ganz außerordentlich ähnlich, wenn nicht äußerlich, so doch innerlich. Auch lagen ihre Geburtsorte nur eine Viertelstunde auseinander. Es gab für sie also eine Menge von Anknüpfungspunkten, die sehr leicht zu einer engen Freundschaft führen konnten, und diese Freundschaft wollte ich nicht. Warum? Des Einflusses wegen, den ich für meine Frau fürchtete. Es war von Frau Münchmeyer weder geistig oder seelisch noch irgendwie etwas für sie zu holen. Diese Frau hatte ganz eigenartige Lebensansichten und Lebensgewohnheiten, besonders in Beziehung auf das Geld. Münchmeyers Kolportageverlag brachte ihm reichen Verdienst, und doch kam er fast nie aus den pekuniären Sorgen heraus. Ich wünschte nicht, dass seine Frau etwa die Lehrerin der meinigen werde, die auch schon ohnedies sehr große Neigung hatte, die von mir verdienten Gelder als ihr persönliches Eigentum zu betrachten. Ich ließ die beiden Frauen also nicht allein miteinander spazieren gehen, sondern ich ging mit. Aber diese Vorsicht wirkte zwar nach der einen Seite, nicht aber nach der andern. Die Münchmeyer bemerkte meine Zurückhaltung sehr wohl und hütete sich darum, bei mir anzustoßen. Die Folge war, dass sie der Pollmer gefiel. Es dauerte gar nicht lange, so imponierte sie ihr. Diese Verlegersfrau war außerordentlich resolut und in der Ehe von großer Energie; ihr Mann hütete sich sehr, sie zu erzürnen. Das gefiel der Pollmer. Sie versuchte, sich bei mir durch dieselben Mittel in denselben Respekt zu setzen. Das gelang ihr aber nicht. Ich machte kurzen Prozess: Ich zog wieder aus, und zwar nach einer Stadtgegend, die ganz entgegengesetzt von der Richtung der Münchmeyerschen Ausflüge lag.

Ich glaubte, durch diese Taktik meinen Zweck erreicht zu haben, wurde aber, leider erst nach längerer Zeit, eines Besseren belehrt. Meine Frau erkrankte. Der Arzt verordnete ihr tägliche, frühmorgendliche Spaziergänge nach dem „großen Garten", wo sie einige Stunden zu bleiben und Milch oder Kakao zu trinken hatte. Die Kur schlug sehr gut an. Die Patientin wurde kräftig und immer kräftiger, in jeder Beziehung, sogar auch in ihrem Verhalten zu mir. Auch ihre Lebensansicht und die Energie, mit der sie diese Ansicht in die Praxis übertrug, gewann von Woche zu Woche an Stärke. Ich erfuhr da sehr viel, was ich bisher noch nicht gewusst hatte: Die Frauen seien zu bedauern. Es gebe keine einzige glückliche Ehe. Die Männer seien Tyrannen, weiter nichts. Sie seien alle Verschwender, mit ihrem Rauchen, Trinken und Spielen. Die Frauen müssen darben; sie können nur heimlich sorgen, für sich und ihre Kinder, damit sie nicht im Alter hungern müssen usw.!

Das und vieles andere, Ähnliche wurde nicht etwa mit einem Mal gesagt, sondern nach und nach, in Zeit von Wochen. Ich fragte mich erstaunt, woher sie das Alles habe. Das war ja ganz genau so, als ob man Frau Münchmeyer sprechen höre! Und richtig! Bei der nächsten Gelegenheit wurde fortgefahren: Auch ich spiele den Tyrannen und sie sei die Sklavin, das Opfer! Geld bekomme sie gar nicht! Höchstens für die Wirtschaft, für Essen und Trinken, für Kleider und Wäsche, nicht aber für sich! Da sei Frau Münchmeyer tausendmal klüger als sie! Die nehme ihrem Mann das Geld heimlich weg. Die trage es in der Schürze hinunter in den Keller und verstecke es hinter den Kohlen! Die spare nicht fünf Mark oder zehn Mark, sondern gleich tausendweis. Wer das doch auch so haben könnte!

Nun wusste ich ja gleich, aus welcher Quelle diese trüben, verdorbenen Wasser flossen! Ich sagte nichts, aber ich forschte nach. Was ich da erfuhr, war sehr interessant. Nämlich Frau Münchmeyer hatte sich leidend gefühlt und den Arzt um Rat gefragt. Es war ihr der Bescheid geworden, alltäglich und frühmorgendlich einen Spaziergang nach dem „großen Garten" zu machen und dort Kakao oder Milch zu trinken! Es fiel mir nicht ein, hierüber zu sprechen; ich beobachtete still weiter und fand, dass dieser so pfiffig abgekartete Verkehr für meine Frau von einer Wirkung war, die mich zwang, ihn sofort zu untersagen. Die Münchmeyer war geradezu zum Muster, zum Ideal für die Pollmer geworden. Ich stand in größter Gefahr, die Ansichten dieses Musters auch in meiner Ehe zur Herrschaft kommen zu sehen, und griff zum dritten Mal nach demselben Mittel, welches ich schon zweimal angewendet hatte, meine Frau gegen Einflüsse, die ich nicht dulden durfte, zu schützen: Ich kündigte meine Wohnung und zog fort aus der Stadt, wo Münchmeyers wohnten, hinaus nach Kötzschenbroda, dem entferntesten Ort der Lößnitz, wo ich glauben durfte, vor weiteren Annäherungen sicher zu sein. Ich erfuhr leider erst viel später, welche Gründe Münchmeyers hatten, meine Frau für sich zu gewinnen und für sich festzuhalten. Sie war die einzige Zeugin meiner geschäftlichen Abmachung mit Münchmeyer, und weil diese Abmachung nur eine mündliche war und es über sie nichts Schriftliches gab, hatte diese Zeugin unter Umständen später einen ganz besonderen Wert.

Inzwischen hatte die Pollmer sich in Dresden außer der Frau Münchmeyer noch eine andere „Freundin" beigefügt, mit der sie innigen Umgang pflegte, obgleich ich ihr verboten hatte, mit dieser Frau zu verkehren. Das war eine Turnlehrersfrau, geborene Tischlerstochter, die in einer beispiellos sonderbaren Ehe lebte. Als ihr Mann starb, hielt sie ihm im Bekanntenkreis die kurze und bündige Leichenrede „Sein Todestag ist der schönste Tag meines Lebens!" Diese Frau kam häufig zu uns nach Kötzschenbroda, um halbe resp. ganze Tage bei uns zu bleiben. Was die Pollmer von dieser forschen Person für unsere Ehe lernen konnte und auch in Wirklichkeit gelernt hat, brauche ich nach jener zartsinnigen Leichenrede gewiss gar nicht erst anzudeuten. Ich will nur konstatieren, dass diese Turnlehrerin jahrelang die heimlichen Gelder meiner Frau empfing, um sie hinter meinem Rücken „in der Sparkasse" anzulegen.

Man wird herausfinden, dass meine Frau eine Vorliebe für Freundinnen ganz besonderer Art hatte. Ich konnte da machen, was ich wollte, so war es vergeblich; ich hatte nicht den geringsten Einfluss auf sie. Sie wählte am liebsten den Umgang, den ich ihr verbot. Die Person, die ich nicht haben wollte, saß plötzlich an unserm Tisch und kehrte täglich wieder. Ich konnte da weiter gar nichts tun, als den Hut aufsetzen und fortgehen, so oft sie kam. So schaffte sie sich in Kötzschenbroda gleich zwei neue Freundinnen an, zwei grillige alte Jungfern. Es bildete eine wahre Qual für mich, mit diesen männerfeindlichen, drastischen Mamsells zu verkehren, und doch musste ich es tun, um nicht zu verraten, dass meine Ehe eine noch viel größere Marter für mich war! Und eines Tages kam meine Frau nach Hause, mir strahlenden Angesichts mitzuteilen, dass sie in einem Dresdner Blatt annonciert habe, sich eine Freundin zu suchen. Man denke! Es meldeten sich mehrere. Sie wählte. Als ich die Erwählte zu sehen bekam, war es eine Berlinerin mit einer sehr schönen Büste, die aber nicht ganz echt erschien, und einem sehr poetisch klingenden Namen, den ich aber nicht für den richtigen hielt. Ich mochte sie nicht, musste aber schweigen. Sie kam sehr oft zu uns; sie aß bei uns; sie blieb tagelang, ja wochenlang als Gast bei uns. Während sie da war, konnte ich nicht arbeiten. Das machte mich so unglücklich. Sie brachte einen „Onkel" mit, der auch mit aß. Als dieser nicht mehr kam, brachte sie einen „Bräutigam" mit, der auch mit aß. Hierauf kam der „Onkel" doch wieder und sah den „Bräutigam". Es gab eine Szene. Ich warf sie alle hinaus. Hierauf hat der „Onkel" die „Nichte" geheiratet, ist aber schon längst wieder von ihr geschieden.

Frau Pollmer sah sich, um diesen Verlust zu ersetzen, nach einer neuen Freundin um. Die sich finden ließ, war eine Kaufmannswitwe, deren Mann sich erschossen hatte. Hierzu kam als weitere neue die junge, fette Frau eines alten Herrn, der ihr den Kosenamen Karnickel gegeben hatte, um anzudeuten, was hier an dieser Stelle nicht angedeutet werden darf. Als er starb, heiratete sie schnell weiter und immer weiter, sodass ihr Name jetzt folgendermaßen zu schreiben ist: Frau Luise Achilles, verwitwete Frau Luise Häußler, verwitwete Frau Luise Langenberg, verwitwete Frau Luise Hübner, geborene Luise Schmidt.

Diese Aufzählung mag für jetzt genügen. Sie hat den Zweck, Frau Pollmer zu charakterisieren und hierauf nachzuweisen, dass sie zwar unschuldig ist an allem, was ihr angeboren wurde, nicht aber unschuldig an alledem, was sie diesen so genannten „Freundinnen" zu verdanken hat. Diese Freundinnen sind ihre eigene Wahl gewesen. Sie hat auf diese Personen mehr gegeben als auf sämtliche Bitten, Mahnungen und Warnungen ihres Mannes, und nun die ganz selbstverständlichen, vorauszusehenden Folgen davon eingetreten sind, gibt es keinen Menschen, dem sie die Schuld zuzumessen hat als nur allein sich selbst.

* * *

Es beginnt hier ein Abschnitt, den ich eigentlich mit dem Wort „Scheidung" überschreiben müsste. Nicht, dass ich an Scheidung gedacht hätte, gewiss nicht! Das am Sterbebett gegebene Wort war mir zu heilig, als dass mir in den Sinn gekommen wäre, es zu brechen. Aber die Pollmer schien es jetzt darauf abgesehen zu haben, den Riss, der uns innerlich trennte, zum klaffenden Abgrund zu erweitern, den man auch äußerlich erkennen musste. Das Ehrgefühl erstarb in ihr. Es machte ihr Vergnügen, den oben erwähnten Riss nicht zu verbergen, sondern ihn jedermann, sogar den Dienstboten, geflissentlich zu offenbaren. Ich wollte steigen, ihr aber gefiel es unten. Sie weigerte sich, mit mir zu kommen, und zog mich bei jedem Schritt, den ich aufwärts tat, wieder hinab.

Ich arbeitete damals mehr als fleißig, oft wöchentlich zwei oder drei Nächte hindurch. Sie aber bekümmerte sich nicht im Geringsten um diese meine Arbeiten und lebte genau so, wie sie in Hohenstein bei ihrem Großvater gelebt hatte. Damals war er der Einsame gewesen; jetzt war ich es. Sie saß täglich bei ihren Klatschbasen fest oder brachte sie mir, was noch schlimmer war, ins Haus. Ich fand nach der Arbeit weder Ruhe noch Erholung daheim, denn ein geistiger Austausch war mit dieser Frau unmöglich. So hatte ich zwar ein Haus, aber kein Heim. Alles, was andere geistig beschäftigte Männer nach getaner Arbeit in ihrem Heim finden, war mir versagt. Ich musste es außerhalb des Hauses suchen, an Orten und bei Leuten, die ich lieber gemieden hätte, weil ich nicht zu ihnen gehörte. Dazu kam, dass die Pollmer allen Zank und alle Quälereien, in denen sie Virtuosin war, auf die Essenszeit verlegte. Sie begründete das damit, dass ich ja Tag und Nacht beim Schreibtisch sitze und sie also nur während der Mahlzeiten Gelegenheit habe, mir vorzuwerfen, was ihr nicht gefalle. Da stand ich still vom Tisch auf und kehrte, ohne gegessen zu haben, an meine Arbeit zurück, um, wenn der Hunger kam, ihn dann im Restaurant zu stillen. Dies war ihr nicht etwa unlieb, sondern lieb, denn nun war ich vom Haus fort und sie konnte mit ihren Freundinnen schalten und walten, wie es ihr beliebte. Das war zunächst eine Ausnahme, wurde aber nach und nach zur Regel.

Es ist mir niemals eingefallen, meiner Frau eine ungute Zensur zu geben. Ich habe alles gegen jedermann verschwiegen und sie immer nur gelobt. Das brachte sie in den Ruf einer vortrefflichen Frau, die alles Lob verdiente. Sie aber tat das Gegenteil; sie tadelte mich, wo sie nur konnte; sie wälzte alles auf mich. Sie stellte sich als meine Stütze, als meinen guten Engel hin, und wer eine Stütze, eine immer währende Engelsrettung nötig hat, der muss doch fast verloren gegangen oder doch wenigstens sehr tief gesunken sein. Dass ich sie stets nur lobte, das trug man ihr fleißig zu; infolgedessen kam sie sich auch wirklich engelhaft vor. Dass sie mich stets nur tadelte, das wurde mir ganz selbstverständlich verschwiegen, ich konnte es also nur ahnen, erfuhr es aber nicht, und weil ich demzufolge schwieg, glaubte man allgemein, es sei das alles wahr. So kam ich in den Ruf eines Menschen, der zwar sehr fleißig arbeite und ein viel gelesener Schriftsteller sei, sonst aber nicht viel tauge. Das sprach sich nicht nur in der Nähe herum, sondern es ging auch in die Ferne. Von dort aus wurde es mir von Leuten, die mich besser kannten und mich vor diesem Weib warnten, zugetragen.

Ich war hierüber empört, aber ich schwieg. Ich beobachtete scharf und erfuhr nun alles, was mir bisher verschwiegen geblieben war. Meine Frau befand sich ganz in den Händen ihrer Klatschgevatterinnen. Sie schmeichelten ihr. Diesen unglücklichen Witwen und zurückgesetzten alten Jungfern war es eine wahre Wonne, meine Frau auszunutzen und zu sich hinüber zu ziehen. Ich begann mich zu wehren, aber nicht in ordinärer, sondern in einer Weise, die mir näher lag: Ich wollte die Verlorengehende durch ganz ungewöhnliche Liebe und Güte vor dem Fall zu retten und festzuhalten versuchen. Ich erwähnte sie in meinen Schriften und Büchern. Ich lobte sie da. Ich stellte meine Ehe als eine glückliche dar und gab ihr das zu lesen. Ich sagte mir, dass nur eine Frau, die weder Einsicht noch Gefühl im Busen trägt, hier ungerührt bleiben könne. Doch war es vergeblich. Es verdoppelte nur ihre Einbildung und wurde später als Fallstrick gegen mich verwendet. Ich kaufte nur deshalb, weil sie es wünschte, ein Haus, welches in keiner Weise für mich passte. Ich stattete es ganz nach ihren Wünschen aus. Sie durfte es sich so einrichten, wie es ihr beliebte. Sie nahm das alles als selbstverständlich hin und wurde nur noch anmaßender als vorher. Ich entzog sie ihren niedrigen Gewohnheiten, ihrem Klatsch, indem ich sie mit auf Reisen nahm und mit hochgebildeten Leuten in Berührung brachte. Vergeblich! Sie blamierte mich zum Erröten! Ich gab ihr kein Wirtschaftsgeld, sondern erlaubte ihr, so viel aus der Kasse zu nehmen, wie sie für den Haushalt brauchte. Vergeblich! Ihr Dank hierfür war der, dass sie mir die Kasse völlig entziehen wollte. Ich setzte sie zur Universalerbin ein und deponierte das Testament in ihrer Gegenwart beim Gericht. Sie sollte sehen, dass ich alles für sie tat, was ein Mann für seine Frau zu tun vermag. Ich wollte sie hierdurch für immer von jeder Geld- und Nahrungssorge befreien. Vergeblich! Sie unterschlug mir trotzdem Tausende und ließ sich sogar Nachschlüssel machen, um meine kleine Privatkasse zu bestehlen, aus der ich arme Verwandte zu unterstützen pflegte. Kurz, sie blieb trotz all meiner Güte unten und ich kam trotz meiner Anstrengung nicht in die Höhe, weil es mir, so lange ich mein Wort nicht brechen wollte, nicht möglich war, mich aus ihrer Atmosphäre zu befreien.

Da kam die Zeit, die mir die Augen öffnete, erst leise und dann weiter, immer weiter. Diese Frau hatte in ihrem kolossalen Eigenwillen und ihrer Selbstüberhebung eine Tat begangen, die von fast verderblichen Folgen für mich war. Ich sah meine ganze Zukunft auf das Spiel gestellt. Die Konsequenzen dieser unglückseligen Tat erstreckten sich sogar bis in den Kreis der höchsten Behörden, die sich nun, ohne dass ich es ahnte, mit meiner Person zu beschäftigen hatten und Erkundigungen über mich einzogen. Diese wurden ganz im Pollmerschen Sinn erteilt: Meine Frau könne nur gelobt werden, von mir aber sei nur das Gegenteil zu sagen.

Hierzu gesellte sich eine Angelegenheit, deren Ausgang mich in Beziehung auf die Pollmer geradezu erschreckte. Sie besaß nämlich Postvollmacht. Sie konnte jede Summe für mich empfangen und quittieren. Da kam es mir zuweilen vor, als ob meine Einnahmen eigentlich geringer seien, als sie sollten. Ich fragte meine Frau. Sie sagte, das habe sie schon längst bemerkt. Sie sei überzeugt, dass ich vom Verleger, Drucker und Buchbinder betrogen werde. Sie unterstützte diesen Verdacht durch dieses und jenes Vorkommnis und tat dies in einer Weise, dass ich gar nicht anders konnte, ich musste daran glauben, zumal mein Verleger, wenn er mir Geld schickte, mich meist nicht wissen ließ, für welches Buch oder welche Auflage es sei. Sie riet mir, die Sache zu untersuchen. Ich tat dies und nahm sie mit. Ich fuhr nach Stuttgart und nach Freiburg in Baden und forschte da fast zwei Wochen lang, bekam aber nichts heraus. Da meinte sie, ich sei nicht pfiffig genug, ich solle die Sache der Geheimpolizei übergeben. Ich befolgte auch diesen Rat. Sie ging mit in das Detektivbüro. Sie wohnte meinen Verhandlungen mit dem Direktor bei. Sie sah, welch bedeutenden Vorschuss ich ihm zahlen musste, und sie besorgte dann die Beträge, welche ich daheim noch zu zahlen hatte, zur Post. Sie wusste also ganz genau, welche Mühe und welche Kosten mir diese Nachforschungen bereiteten. Sie sah auch, wie sehr mein Misstrauen mich mit den Geschäftsfreunden, die ich beobachten ließ, entzweite, und doch wusste sie mehr als genau, dass diese Herren völlig unschuldig waren, denn wie sich später herausstellte, war sie es selbst, die mir die Gelder unterschlug!

Ich gebe hier rein psychologische Züge, nur um anzudeuten, nicht um ausführlich zu sein. Wollte ich in eingehender Weise erzählen, was ich in dieser qualvollen Ehe erduldete, erlitt, verzieh und immer wieder verzieh, so hätte ich das an anderer Stelle zu tun, nicht aber hier. Meinen armen, vom Schlag getroffenen Vater durfte ich nur mit zehn Mark pro Woche unterstützen, obwohl er gar nichts verdienen konnte. Was er mehr brauchte, musste ich ihm heimlich schicken, doch führte sie zum Briefkasten geheim einen Nachschlüssel, um mir die Briefe zu entwenden und zu vernichten, in denen ich um Hilfe gebeten wurde. Die Pollmersche Geldgier wuchs von Jahr zu Jahr. Je höher meine Einnahmen stiegen, desto größer wurde sie. Und umso deutlicher trat auch der Einfluss hervor, den die Lehren der Frau Münchmeyer damals auf Frau Pollmer gemacht hatten. Sie hielt sich nicht nur für vollständig gleichberechtigt auf das Geld, welches ich verdiente, sondern sie betrachtete sich sogar, seit sie mein Testament in den Händen des Gerichts wusste, als die eigentliche Besitzerin alles dessen, was ich mir erworben hatte und noch erwarb. Sie verlangte allen Ernstes von mir, ihr die Villa ganz zu überlassen und mir ein Arbeitshäuschen hinüber in den entfernten Garten zu bauen. Da sei ich völlig ungestört von den Schauspielern und Sängern, die sie bei sich zu sehen beabsichtigte. Hier drang der Pollmersche Geist mit Vehemenz hindurch: „Meine Tochter ist nicht zur Arbeit geboren; sie soll ihr Leben genießen!" Das, was die Pollmer mir hier zumutete, hatte sie auch von Frau Münchmeyer gelernt. Auch diese behielt in der letzten Lebenszeit ihres Mannes die ganze Villa für sich, während er sich in einem bescheidenen Raum des Nebengebäudes wohlzufühlen hatte.

Dieser Einfluss der Frau Pollmer sollte sich leider in noch viel stärkerer Weise zeigen. Meine damalige Vorsicht, die beiden auseinander zu halten, war ohne Erfolg gewesen. Die Münchmeyer war nämlich auch nach der Lößnitz zu uns gekommen, weshalb und wozu, das gehört nicht hierher. Es gilt nur zu konstatieren, dass diese Dame das Ideal und Muster meiner Frau geblieben war und von ihr bis in die neueste Zeit in einer Weise gegen mich in Schutz genommen worden ist, die ich hier ganz unmöglich übergehen kann.

Nämlich Münchmeyer hatte den mit ihm vereinbarten Geschäftsvertrag nicht eingehalten; er war weit über das ihm Erlaubte hinausgegangen und hatte mich um ganz horrende Summen geschädigt. Ich erfuhr das leider erst lange nach seinem Tod. Ich war fest gesonnen, seine Witwe, welche das Geschäft fortführte, wegen Betrug und Unterschlagung zu belangen, aber die Pollmer gab dies nicht zu. Sie machte mir Szenen, deren Hässlichkeit kein Mensch widerstehen konnte, und diese Szenen wiederholten sich, so oft ich auf meine Absicht, Strafanzeige zu machen, zurückkam. So verschob sich die Ausführung dieser Absicht von Jahr zu Jahr, und die unwiderleglichen Beweise der Münchmeyerschen Schuld blieben im Kasten liegen. Da erfuhr ich, dass Frau Münchmeyer ihr Geschäft verkaufen wolle. Ich stand gerade im Begriff, für längere Zeit nach Afrika und Asien zu gehen und konnte dieses Gerüchts wegen unmöglich zu Hause bleiben. Aber ich warnte Frau Münchmeyer brieflich, meine Romane ja nicht etwa mit zu verkaufen, denn sie seien nun wieder mein Eigentum. Ehe ich dann abreiste, zeigte ich der Pollmer den Kasten mit den Münchmeyerschen Dokumenten. Ich sagte ihr, dass diese Schriftstücke unbedingt und auf alle Fälle die Verurteilung der Schuldigen herbeiführen müssten. Und ich machte ihr begreiflich, dass kein einziges Blatt aus diesem Kasten verloren gehen dürfe und dass er bei Feuersgefahr das Allererste sei, was gerettet werden müsse. Dann reiste ich ab. Sie brachte mich mit Plöhn und dessen Frau nach Genua.

Wer war Plöhn? Richard Plöhn war mein Freund, ein lieber, guter Mensch. Gründer und Besitzer der „Sächsischen Verbandstofffabrik" in Radebeul. Seine Frau, eine seelisch hochstehende und auch geistig sehr begabte Dame, gehört zu den weiblichen Charakteren, welche von ungewöhnlicher Weichheit sind und darum leicht beeinflusst werden. Man hat sie darum und weil ihr Wert ein hoher ist, sorgfältig zu behüten. Beide lasen meine Bücher, und darum freuten sie sich, als sie uns kennen lernten. Wir gewannen uns gegenseitig sehr schnell lieb, nannten uns baldigst du und du, obgleich ich sonst nicht Brüderschaft zu machen pflege, und hielten wie Brüder und Schwestern eng zusammen, mit niemand anderem verkehrend. Sonderbarerweise aber war Herr Plöhn absolut nicht dazu zu bringen, sich auch mit der Pollmer du zu nennen; er lehnte dies entschieden, einige Male sogar zornig ab. Es war dies nicht etwa Feindseligkeit, sondern die reine Vorsicht. Er durchschaute sie; er traute ihr nicht. Er wusste nur zu gut, wie leicht seine Frau zu beeinflussen sei, und hat ihr später auch den Vorwurf nicht erspart: „Du bist durch sie sehr weit heruntergekommen und beinahe schlecht geworden! Mich dauert ihr armer Mann. Was muss der leiden! Und wie er es trägt! Behandelte sie mich nur ein einziges Mal so wie ihn, ich glaube, ich schlüge sie tot!"

Frau Plöhn hatte eine sehr gute ästhetische Vorbildung und ein wertvolles Verständnis für alles Edle und Schöne, gehörte aber leider zu denen, die meine Bücher zwar gerne lesen, aber das, was ich in die Tiefe lege, nicht sehen und erkennen. Sie achtete mich als Verfasser, als Mensch war ich ihr nicht unsympathisch, weiter aber nichts. Ich kam nur selten zu Plöhns, denn ich hatte zu arbeiten, desto öfter aber die Pollmer. Sie kam beinahe allabendlich, aß mit, blieb bis Mitternacht und ging dann heim. Da saß ich noch und schrieb. Wenn sie sich mit mir zanken wollte, kam sie zu mir ins Zimmer; hatte sie aber gute Laune, so ging sie schlafen. Ich aber schrieb auf alle Fälle, mochte sie hereingekommen sein oder nicht, bis zum Morgen oder bis zum Mittag weiter. So sind in hunderten und aberhunderten von kalten, liebeleeren, qualvollen Nächten alle die Bücher entstanden, in denen ich von nichts als nur von Liebe rede und nichts als nur Liebe lehre.

Und während ich daheim arbeitend in meinem stillen Winkel saß, an nichts als nur an diese Liebe denkend, schwatzte die Pollmer bei Plöhns von allem Möglichen, nur nicht von Liebe zu mir. Sie rühmte sich, noch keine Zeile von mir gelesen zu haben, bezeichnete mich als ihren Tyrannen, sich aber als meinen Engel und scheute sich auch nicht, wenn andere dabei saßen und hörten, was sie sprach. Sie schloss hieran die Lebensregeln der Frau Münchmeyer, sodass Plöhn ihr sicher das Haus verboten hätte, wenn er nicht meinetwegen so rücksichtsvoll gewesen wäre, dies nicht zu tun. Übrigens litt er an einer schweren Nierenkrankheit und durfte sich nicht aufregen. Darum zankte er sich nicht mit der Pollmer, sondern ging einen anderen Weg, seine Frau von dem Einfluss dieses Schädlings zu befreien.

Ich habe gesagt, dass ich Frau Plöhn nicht unsympathisch gewesen sei; nun aber hatte sie mich infolge der Pollmerschen Schnattereien beinahe hassen gelernt. Sie hielt das alles für wahr und bedauerte meine Frau auf das Herzlichste, einen solchen Mann zu haben. Ich bemerkte das wohl, war aber still dazu. In dieser Zeit war die Zahl meiner Leser ins Riesenhafte gewachsen. Ich bekam hunderte und tausende von Briefen, die ich nicht beantworten konnte, weil ich keine Zeit dazu hatte. Wie schön, wenn ich diese Beantwortung meiner Frau hätte übergeben können. Für eine jede andere wäre das eine Pflicht, eine Freude und Ehre gewesen, die Pollmer aber brauste schon bei der ersten, kleinen Andeutung, die ich machte, zornig auf, dass ich ihr nun gar zumute, sich auch noch mit meinen Lesern herumzuschinden. Als Plöhn das hörte, bat er mich allen Ernstes, diese Arbeit seiner Frau zu übergeben; er wünsche dies dringend, ihrer Aus- und Fortbildung wegen und außerdem aus rein persönlichen Gründen. Ich verstand ihn gar wohl und erfüllte seinen Wunsch. Das war der Weg, von dem ich soeben sprach, der schnellste und sicherste Weg, durch die Einsicht in mein Wirken und Wollen seine Frau von dem Einfluss der Pollmer frei zu machen. Die Erstere ist seit jener Zeit meine Sekretärin gewesen und geblieben bis auf den heutigen Tag.

Als ich die oben erwähnte Reise antrat, wurde ich von meiner Frau und Plöhns bis Genua begleitet und dort auf das Schiff gebracht. Ich gab ihr die Weisung, von dort aus direkt nach Hause zurückzukehren und ja daheim zu bleiben, um meine jedenfalls wichtigen Briefe sofort beantworten zu können. Sie versprach es zwar, hielt aber, wie gewöhnlich, nicht Wort. In Ägypten erfuhr ich, dass Frau Münchmeyer ihr Geschäft verkauft habe und meine Werke dazu; das zwang mich zu einem Prozess, den ich sofort einzuleiten gedachte. Ich schrieb heim und gab Weisungen, erhielt aber keine Antwort. Ich schrieb und depeschierte wiederholt, doch stets ohne Erfolg, denn meine Frau war nicht nach Hause gereist, sondern nach der Riviera, Monte Carlo, Nizza, Lyon, Paris und dann zu einer Freundin auf langen Logierbesuch gegangen. Die ersten Nachrichten, die ich erhielt, kamen nicht von ihr, sondern von Plöhns. Sie hat mir während der ganzen fast zweijährigen Reise überhaupt keinen einzigen wirklichen Brief geschrieben, sondern es Herrn und Frau Plöhn überlassen, mir Antwort zu geben. Wenn ich nur aus Schonung für sie über die näheren Gründe dieses ihres Verhaltens hinweggehe, kann ich doch über zwei Punkte nicht schweigen, die noch heut von größter Wichtigkeit für mich sind. Eines Abends nämlich ist sie zu Plöhns gekommen und hat ihnen ganz vergnügt mitgeteilt, dass sie den wichtigen Kasten geleert und die sämtlichen Münchmeyerschen Dokumente verbrannt habe. „Nun ist es ihm doch nicht mehr möglich, die Münchmeyer anzuzeigen!", hat sie hinzugefügt. Plöhns kannten den Wert dieser Dokumente. Ihr Schreck war groß und sie hielten mit ihren Vorwürfen nicht zurück. Sie betrachteten es zunächst als ihre Pflicht, mich sofort zu benachrichtigen, beschlossen nach längerer Überlegung leider aber doch, mir jetzt noch nichts zu schreiben, um mich nicht der für mich als Reiseschriftsteller so notwendigen glücklichen Reisestimmung zu berauben. Ich habe später auf diesen schweren Verlust zurückzukommen.

Der zweite Punkt ist ein spiritistischer. Frau Pollmer ist nämlich enragierte[1] Spiritistin. Es ist gar nicht daran zu zweifeln, sondern es sind hundert Beweise vorhanden, dass sie eine reichliche Menge jener noch nicht erforschten magnetischen Kraft besitzt, welche der heutigen, modernen „Suggestivtherapie" zu Grunde liegt. Diese Kraft ist

---

[1] Frz.: leidenschaftlich

nachgewiesenermaßen in der Pollmerschen Familie erblich. Frau Pollmer hat sie von ihrem Großvater, der seine Heilerfolge als Pulver- und Körnchenhändler gewiss mehr dieser Kraft als der ärztlichen Homöopathie, von der er nichts verstand, verdankte. Ich schreibe es nur diesem eigenartigen Fluidum zu, dass es ihr so leicht gefallen ist und heut noch fällt, mich und andere, viel klügere Menschen über sich zu täuschen. Ganz unfähig, sich selbst zu beobachten und kennen zu lernen, ist sie auf falsche Wege geraten und zur Spiritistin geworden, und zwar zur Anhängerin jenes niedrigen Spiritismus, welcher sein Heil im Rücken der Tische, Schweben der Stühle und ähnlichen Dingen sucht. Sie spricht mit den „Geistern"; sie verkehrt auch schriftlich mit ihnen; sie tut alles, was sie wollen. Sie fragt sie um Rat, holt sich Auskunft von ihnen und setzt das, was ihr von ihnen befohlen wird, hoch über alle juristischen und ethischen Gesetze. Sie besitzt kein Verständnis dafür, dass die Stimmen dieser angeblichen „Geister" nur die Stimmentöne ihrer eigenen Anima sind und dass sie also nicht höheren, gar himmlischen Wesen, sondern nur sich selbst und ihren eigenen Regungen gehorcht.

Unter dieser Art von Spiritisten ist es Axiom, dass die wichtigsten geistigen oder seelischen Ereignisse von ganz gewöhnlichen materiellen Vorgängen abhängig sind. Wer einen Menschen töten will, braucht nur dessen Geburtsschein zu verbrennen, und wenn ein Spiritist seinen Trauschein vernichtet, so ist er dadurch für alle Ewigkeit von seiner Frau geschieden. Nun kam kurz nach Vertilgung der Münchmeyerdokumente die Pollmer wieder sehr vergnügt zu Plöhns und teilte mit, dass sie heut ihren Trauschein zerrissen und im Küchenofen verbrannt habe. Wenn eine Frau das tut, so lässt dies doch, auch wenn sie keine Spiritistin ist, mit Sicherheit darauf schließen, dass sie wünscht, ihren Mann loszuwerden. Heut aber, nachdem ich von ihr geschieden bin, behauptet die Pollmer, ich habe nicht die geringste Veranlassung zur Scheidung gehabt.

Während meiner Orientreise war in der Heimat die bekannte resp. berüchtigte Karl-May-Hetze ausgebrochen. Ich schrieb meiner Frau und bat um ausführliche Auskunft. Sie antwortete kein Wort, obgleich es sich um meine ganze Zukunft handelte. Plöhns schickten zwar einige Zeitungsartikel, die aber auch nicht ausreichten, mir als Unterlagen zur Abwehr zu dienen. Ich befand mich damals auf der Sundainsel Sumatra und telegrafierte von Padang aus der Pollmer, dass sie unverzüglich nach Ägypten kommen solle, wohin ich von Sumatra aus per Dampfer kommen werde, um von ihr über die gegen mich gerichteten Angriffe genügend unterrichtet zu werden und daraus ersehen zu können, ob ich meine Reise fortsetzen könne oder nicht. Ich gab ihr alles an, was nötig war, um pünktlich bei mir einzutreffen. Ich fuhr von Padang ab und kam zur rechten Zeit in Port Said an. Auch ihr Schiff stellte sich ein, sie aber fehlte; sie war nicht mitgekommen, hatte es aber nicht für nötig befunden, mir Nachricht zu geben. Ich telegrafierte heim; sie war abgereist. Ich wartete bis zum nächsten Schiff; sie kam nicht. Ich schrieb und telegrafierte nach allen Orten, wo ich sie vermuten konnte. Endlich erfuhr ich, sie sei an der Riviera, aber wo, das wisse man nicht. Nun ging ich mit einem englischen Dampfer nach Marseille und ließ von da aus den Telegrafen spielen. Sie steckte in Arenzano, einem kleinen Ort der italienischen Küste. Sie hatte Plöhns bei sich, die aber gar nicht ahnten, dass sie mich ganz ohne alle Nachricht gelassen hatte. Ich fuhr über Nizza hin. Dort angekommen, war meine erste Frage an sie, ob die Münchmeyerdokumente ja gut aufgehoben seien. Sie versicherte es in einer Weise, dass keine Spur von Zweifel möglich war. Plöhns standen dabei. Sie hörten diese Lüge, fürchteten sich aber, mir die Wahrheit mitzuteilen. Sie haben leider geschwiegen, bis wir nach Hause kamen.

Ich kehrte mit ihnen nach Ägypten zurück, weil ich glaubte, dass Plöhn dort Heilung finden könne. Wir wollten später über Palästina, Syrien, die Türkei, Griechenland und Italien heim. Es war keine gute, sondern eine schlimme Reise. Die Pollmer war nur gezwungenermaßen gekommen. Sie wäre lieber daheim geblieben, aus liebenswürdigen Gründen. Das ließ sie uns entgelten. Was uns zur Erholung und zum Segen dienen sollte, das wurde zur Qual und zum Fluch. In Damaskus wollte sie mich partout dazu bringen, nach Bagdad zu reiten, weil ich über diese Stadt noch viel zu schreiben hätte; sie aber kehre mit Plöhns wieder heim. Das war in der tödlichen Zeit des Hochsommers, in der es keinem Europäer einfallen darf, diesen gefährlichen Ritt durch die Wüste zu wagen. Außerdem befanden sich die dortigen Beduinen wegen gewaltsamer Steuereintreibung in Aufruhr. Es wäre geradezu Wahnsinn gewesen, zu tun, was sie begehrte. Ich erklärte ihr das; auch andere erklärten es ihr. Sie blieb trotzdem dabei. Plöhns warnten mich, ihr ja nicht etwa zu Willen zu sein. Das machte mich bedenklich. Ich fragte mich, ob es wohl Gründe für meine Frau gebe, meine Heimkehr nicht zu wünschen oder gar zu fürchten. Plöhns schwiegen. Später freilich wurde mir vieles klar, die verbrannten Dokumente gar nicht gerechnet. Sie hatte mir versichert, dass sie während meiner Abwesenheit nur sechstausend Mark eingenommen hatte; es stellte sich aber, freilich erst nach längerer Zeit, heraus, dass sie mehr als das Vierfache erhalten hatte. Es wurde mir ängstlich, auch ohne dass ich dies wusste; es trieb mich heim. Ich nahm zwar nicht an, dass sie meinen Tod wünsche, aber dass sie aus irgendeinem Grund den Tag unserer Heimkehr fürchtete, das schien mir gewiss zu sein.

Und dieser Tag kam. Wie oft hatte ich sie während der Reise nach den Dokumenten gefragt und von ihnen gesprochen! Sie hatte stets behauptet, dass sie ganz genau noch so dalägen, wie ich sie in den Kasten gelegt hätte. Sie war schließlich sogar grob und zornig geworden und hatte sich „dieses immer währende Fragen" verbeten. Nun war ich daheim. Ich fragte sie, als wir das Haus betraten, noch einmal; sie antwortete dasselbe. Ich ging hinauf in mein Zimmer und öffnete den Kasten. Er war leer. Da eilte ich hinab, fasste ihren Arm und zog sie hinauf, bis hin zur Stelle.

„Wo sind sie, die Dokumente?", fragte ich.

Da gab es kein gutes Wort, keine Entschuldigung, keine Bitte. Ihre Augen funkelten grad wie damals in Hohenstein. Sie ballte die Hände, stampfte mit dem Fuß und antwortete:

„Verbrannt habe ich sie!"

Mir war, als habe mich jemand mit einer Keule auf den Kopf geschlagen.

„Warum?", fragte ich.

„Du sollst die Frau Münchmeyer nicht anzeigen und nicht verklagen! Ich dulde das nicht!"

„Habe ich etwa nicht Recht?"

„Ja, du hast Recht! Aber ich will nicht! Ich sag nicht, warum! Nun komm: Erschlage mich!"

„Dich schlagen, dich? So ein Weib? Nein, nie!"

Ich griff zum Hut und ging fort, hinaus in die Luft, hinaus auf das Feld, hinaus in den Wald. Da bin ich geblieben, die ganze, lange Nacht, bis es Morgen wurde. Dann ging ich heim, setzte mich in meinen Winkel und arbeitete. Was? Ein Gedicht für die „Himmelsgedanken".

* * *

Von hier an stieg der Gedanke, mich von der Pollmer scheiden zu lassen, mit einer fast täglich sich vergrößernden Deutlichkeit und Schärfe vor mir auf. Nicht ich war es, der ihn nährte, sondern sie. Ich sann noch immer nach, ob es nicht doch vielleicht noch möglich sei, die Katastrophe zu vermeiden; sie aber schien von Gott und von aller Einsicht verlassen zu sein. Es gab böses Wetter in ihr. Alles voller Wolken. Bald dieser, bald jener finstere Gedanke; kein einziges Licht, kein einziger Sonnenblick dabei.

Es war einfach nicht mehr auszuhalten mit ihr. Sie aber war dabei unausgesetzt guter Laune. Sie trällerte, indem sie mich seelisch zu Boden trat. Sie schien es auf eine Kraftprobe zwischen sich und mir angefangen zu haben und vollständig überzeugt zu sein, dass ich unterliegen müsse. Ich rührte sie nicht mehr an. Ich vermied es, mit ihr allein zu sein, und schlief in einer abgelegenen Bodenkammer, wo ich mich selbst bediente. Ich aß nur von der Speise, von der vorher die Dienstboten aßen, und hatte meine guten Gründe dazu. Meist aber hielt ich meine Mahlzeiten im Restaurant. Dieses Leben regte mich körperlich und geistig auf. Ich war fast zum Skelett abgemagert, konnte kaum noch gehen, und von der Arbeit war auch kaum noch die Rede. Da starb Plöhn an seiner unheilbaren Nierenkrankheit. Die Pollmer sagte zu seiner Witwe: „Wenn doch ich an deiner Stelle wäre!" Ich hatte also ganz richtig beobachtet: Sie wünschte meinen Tod. Sie veranlasste nach dem Begräbnis die Frau Plöhn, einige Wochen bei uns zu wohnen, angeblich um besser über die erste Zeit der Einsamkeit hinwegzukommen, in Wirklichkeit aber, um mir mein Heim vollends zu verleiden und eine Verbündete gegen mich stets bei der Hand zu haben. Aber in diesen ihren Absichten scheiterte sie, denn sie war zu kurzsinnig und zu leichtfertig, als dass sie bemerkt hätte, dass Frau Plöhn, seit sie meine Korrespondenz besorgte, notwendigerweise ahnen gelernt hatte, wer den Vorwurf verdiente, ob der Mann oder die Frau, das Unglück unserer Ehe zu verschulden. Diese Ahnung wurde während der wenigen Wochen, die sie bei uns wohnte, zur festen, klaren Erkenntnis. Das Beisammenleben in denselben Räumen duldete kein Verbergen; es wurde alles offenbar. Frau Plöhn sah jetzt vor Augen, was ich so lange Jahre hindurch verheimlicht hatte. Der so genannte Engel entpuppte sich als Satan, ja oft sogar als Bestie, und alle Verleumdung, dass ich ein Tyrann sei, kam nun an den Tag. Es war, als komme es zur Offenbarung, weshalb ich damals partout nach Bagdad geschickt werden sollte. Die Ärzte teilten mir aufrichtig mit, dass es die höchste Zeit für mich sei, mich hier loszureißen und südliche Höhenluft einzuatmen. Ich beschloss diesen Rat zu befolgen und das „Losreißen" auch in einem andern Sinne zu nehmen. Ich wählte als Ziel die schöne, hohe Mendel bei Bozen, die ich kannte. In der herrlichen Luft dieses unvergleichlichen Orts wollte und musste ich gesunden. Ich reiste nicht allein; meine Frau sollte mit und Frau Plöhn ebenso. Sie war ja meine Sekretärin und wir hatten, so lange wir Plöhns kannten, alle Reisen nur in ihrer Gesellschaft gemacht. Es verstand sich also ganz von selbst, dass Frau Plöhn auch diesmal mit uns kam.

Einige Tage vor der Abreise nahm ich meine Frau sehr ernst, aber trotzdem in Güte vor. Ich sagte ihr, dass diese Reise eine letzte Probe mit ihr sei. Dass sie unser Haus nie wieder betreten und ich mich ganz unbedingt von ihr scheiden lassen werde, falls sie mir nicht untrügliche Beweise erbringe, dass sie fest entschlossen sei, sich zu ändern. Um sie vielleicht zu rühren, gab ich ihr tausend Mark zur Befriedigung der kleinen Reisebedürfnisse. Aber anstatt gerührt zu sein oder mir gar zu danken, ging sie schnell noch hin und stahl mir sechstausend Mark, die sie versteckte!

Wir gingen nicht direkt nach der Mendel; ich musste erst nach Berlin, Hamburg und Leipzig. Gleich in der ersten Nacht in Berlin schlich sich jemand in mein Zimmer. Am Morgen fand ich mein Portemonnaie bedeutend inhaltsärmer als vorher. Am zweiten Tag eskamotierte[1] die Pollmer mir einen Hundertmarkschein aus meiner Tasche. Das wiederholte sich derart, dass ich beschloss, die Verbindungstür zu verriegeln oder gar nicht mehr neben ihr zu wohnen. Sie kaufte sich vier Blusen und einen kostbaren Demimonde[2] für die Promenade. Sie verbot mir und

---

[1] Frz.: wegzaubern, verschwinden lassen
[2] Frz.: eigentlich ‚Halbwelt', hier ein Modehut

Frau Plöhn den Wein, weil er zu teuer sei, und doch wusste sie, dass mir wegen meiner Körperschwäche befohlen worden war, täglich eine Flasche Wein zu trinken. Sie ging allein aus, und zwar in Bierlokale unbekannten Rangs, wohin zu gehen, ich und Frau Plöhn uns schämten. In Hamburg trieb sie es ebenso. Sie kaufte wieder Blusen, aß nicht mit uns, ging nicht mit uns, besuchte Stehbierhallen mit geschmierten Brötchen, und als ich von einem Hamburger Senator zur Soirée geladen und gebeten wurde, meine Frau mitzubringen, schickte sie an ihrer Stelle Frau Plöhn mit und mutete ihr zu, sich für meine Frau auszugeben. Das war denn doch zu toll, und es kam noch so viel anderes hinzu, dass ich mir vornahm, nur noch einen einzigen Versuch zu machen und dann weiter keinen. Ich bat Frau Plöhn, ihrer Mutter zu schreiben, dass sie nach Leipzig komme und mit uns zusammentreffe, um mit der Pollmer ein letztes, eindringliches Wort zu reden. Diese alte, vielerfahrene Dame war nämlich nicht ohne Einfluss auf die Pollmer, und ich hoffte, dass dieser Einfluss doch vielleicht eine Wirkung zum Guten haben könne.

Die Mutter kam nach Leipzig; wir kamen auch. Die Wirkung war eine ganz entgegengesetzte. Die Pollmer erklärte, dass sie keine Bevormundung brauche, sondern selbst wisse, was sie zu tun habe. „Los will ich ihn sein!", rief sie. „Frei will ich sein! Mein Leben will ich genießen! Nehmt ihn hin!"

Frau Plöhn und ihre Mutter gaben sich die größte Mühe, sie dazu zu bringen, mich um Verzeihung zu bitten; dann sei ja alles gut! Aber sie riefen damit nur eine derartig laute Szene hervor, dass ich mich gezwungen sah, schnell abzureisen, um mich im Hotel nicht noch mehr zu blamieren.

Wir machten den nächsten Halt in München. Dort gab es im Hotel Leinefelder die entscheidende Aussprache. Die Pollmer war mit der Scheidung einverstanden. Sie stellte nur die eine Bedingung, dass sie völlig frei sein und so viel

Geld erhalten werde, wie sie zu einem sorgenlosen Leben brauche. Als ich ihr das zusagte, fragte sie gar nicht, welche Scheidungsgründe ich angeben werde, und versprach sogar, sich gar nicht zu wehren, nur um baldmöglichst geschieden zu sein. So waren wir also einig! Aber als ich sie fragte, wo sie bis zur Scheidung zu bleiben gedenke, antwortete sie: „Natürlich auf der Mendel!"

Das war wieder einmal der Geist des alten Pollmer! Sie sah mir triumphierend ins Gesicht; ich aber tat, als ob ich ganz ohne Ahnung sei. Also selbst jetzt noch eine der berüchtigten Pollmerschen Komödien! Sie wusste, dass ich auf die Mendel wollte, um zu gesunden. Dazu gehörten wenigstens sechs bis acht Wochen. Nun gab sie dieselbe Mendel auch als ihren Wohnort an, weil sie hoffte, mich während dieser sechs oder acht Wochen wieder zurückzugewinnen oder doch wenigstens noch bessere Vorteile herauszuschlagen, als ich ihr jetzt gewährte. Ich sollte also übertölpelt werden. Ich erklärte meine Zustimmung und gab ihr meine Absicht kund, morgen abzureisen. Sie war über diesen vermeintlichen Sieg so entzückt, dass sie seit langer Zeit nach dem Essen wieder an unsern Tisch kam und sich eine halbe Flasche Deidesheimer kommen ließ. „Seht Ihr's", sagte sie, indem sie sich das Glas füllte, „dass ich auch Wein trinken kann? Aber wollen muss ich nur!"

Das war eine höchst widerliche Fahrt, von München bis nach Bozen und zur Mendel! Man kann es unmöglich erzählen. Ich dankte Gott, als wir an das Ziel gelangten. Dort sagte ich ihr Folgendes: „Es ist mir unmöglich, mit dir an einem Ort zu sein. Da du hier bleibst, muss ich fort, ohne mich erholt zu haben. Hier hast du tausend Mark; sind sie alle, sende ich mehr. Nun höre: Ich befehle dir nicht, hier zu bleiben, aber ich bitte dich darum. Ich leite unsere Scheidung ein und muss also stets wissen, wo du bist, um deine Adresse angeben zu können. Ich werde darum den Wirt ersuchen, mir sofort zu telegrafieren, falls du die Mendel verlässt, ohne dass ich es weiß. Es bleibt dir unbenommen, dir einen Anwalt zu nehmen und dich zu verteidigen. Geschieden aber werden wir doch! Meine Scheidegründe werden dir zugeschickt. Nur allein auf dich kommt es an, ob du leugnest oder eingestehst, ob du dich verteidigst oder nicht und ob ich nur das Gericht oder auch meine Güte sprechen lasse!"

Hierauf bat ich die Bedienung, sich der Pollmer anzunehmen und es ihr an nichts fehlen zu lassen. Dann reiste ich ab, direkt nach Dresden, Frau Plöhn, die hier oben vollständig überflüssig war, natürlich mit. Frau Pollmer hat auf der Mendel und dann auch in Bozen ihre Schuld vollständig eingestanden und sich nicht gerichtlich gewehrt. Sie wurde bei der Scheidung als allein schuldig erkannt und des Rechts, den Namen May zu führen, für verlustig erklärt. Sie hatte also nicht das geringste Recht auf eine Unterstützung von mir. Ich habe ihr trotzdem eine höchst anständige Ausstattung geschenkt und eine jährliche Rente von dreitausend Mark, ganz selbstverständlich unter der Bedingung, dass sie mich und die Meinigen in Ruhe lässt und nichts Feindliches gegen mich oder sie unternimmt.

Was Frau Plöhn betrifft, so stand sie als Witwe völlig einsam da und hatte außer mir keinen Menschen, auf den sie sich stützen konnte. Ich war nun ebenso einsam und brauchte sie als Sekretärin. Wir gehörten in Beziehung auf die Arbeit zusammen. Wir hatten dieselbe Erfahrung; wir trugen dasselbe Leid. Wir hatten geistig und seelisch dieselben Ziele. Mit der Pollmer hatte ich nicht zur Höhe steigen können, denn sie war niedrig angelegt. Mit Frau Plöhn aber konnte ich mit Lust und Erfolg nach allem Schönen und Edlen trachten, denn sie hatte das Verständnis dafür und den inneren Trieb dazu. Wir gehörten also zusammen. Mussten wir da zwei Haushalte führen? Nein! Konnten wir da nicht zusammenwohnen? O doch, aber nur unter der Voraussetzung einer loyalen, gesetzlich erlaubten Verbindung! Gut, wir schlossen die Verbindung;

wir wurden Mann und Frau. Nicht aus niederen, Pollmerschen Gründen, sondern aus reinen, ethisch unanfechtbaren Erwägungen, deren man uns loben, nicht aber tadeln sollte.

Freilich, als Frau Pollmer und ihre Klatschbasen hiervon erfuhren, gab es kein Lob, sondern mehr als Tadel. So schrieb z. B. das schon erwähnte „Karnickel" an meine Frau: „Du Scheusal! Auch ich habe den guten Karl geliebt; aber ich habe mit dieser Liebe wie eine Löwin gekämpft; du aber hast ihn genommen!" Solche Leute pflegen nicht zu ruhen. Wir wurden angezeigt wegen Meineid. Die Staatsanwaltschaft durchforschte den Scheidungsprozess, ohne etwas uns Belastendes zu finden. Wir rächten uns nicht. Wir zahlten der Pollmer die Rente weiter, obwohl wir sie ihr sofort hätten entziehen können. Sie wurde von ihren „Freundinnen" gegen uns aufgehetzt; sie suchte nachträglich Rechtsanwälte auf und ging in höchst unbesonnener, höchst beleidigender Weise gegen uns vor. Wir zahlten ihr trotzdem ihre Rente weiter. Da fiel sie in die Hände des Journalisten Lebius, der sich die Aufgabe gestellt hat, mich literarisch und moralisch totzumachen. Beide griffen mich in einer so beleidigenden Weise an, dass ich sie verklagen und ihr die Rente entziehen musste. Sie kam und klagte, sie müsse hungern. Ich verzieh ihr, nahm die Klage zurück und gab ihr die Rente wieder. Anstatt mir dafür Dank zu wissen, versah sie den Lebius durch eine ihrer Klatschgevatterinnen wieder mit neuen Beleidigungen gegen mich und zwang mich durch die Veröffentlichung derselben abermals, ihr die Rente zu entziehen. Nun ist sie soeben wieder als Bettlerin gekommen und hat Geld verlangt. Aber sie, der ich keinen Pfennig zu leisten habe, erbittet sich nicht etwa dieses Geld, sondern sie fordert es; sie fordert es mit geballten Händen und blitzenden Augen, ganz mit derselben Wut wie damals in Hohenstein. Sie behauptet, sie habe es zu bekommen, denn sie sei zu Unrecht geschieden. Sie sagt das nicht nur zu mir, sondern zur Polizei, zum Staatsanwalt, zum Richter. Und Lebius veröffentlicht es in allen Zeitungen, bei denen es ihm gelingt, es anzubringen. Es ist nun endlich einmal an der Zeit, diesem gewissenlosen Unfug zu steuern. Ich fasse das, was ich da vorzubringen habe, kurz in Folgendes zusammen:

Beweise,
dass die Frau Pollmer an der
Scheidung ihrer Ehe schuldig ist

Zunächst wie genauer Bekannte sich über Frau Pollmer aussprechen.

Das Ehepaar Felber in Hamburg. Er war Besitzer des größten dortigen Cafés: Freuen sich, das ich „endlich, endlich Ruhe habe". Dass ich 20 Jahre dieses Joch getragen habe, ist nicht zum Ausdenken. Jeder Blick, jedes Lachen, jeder Schritt von mir wurde von Frau Pollmer gerügt. Sie war „so bös, aber so bös"! Siehe Beweis Nr. 1.

Frau Doktor Pfefferkorn in Lawrence, Massachusetts in Amerika. Sie und ihr Mann sehr mit mir und der Pollmer befreundet, schreibt an meine jetzige Frau, dass die Pollmer so hässlich zu mir gewesen sei und **mich so gern los sein wollte. Auf meinen von ihr gewünschten Tod hin** machte die Pollmer dieser Dame schon weis, dass sie sie zur Universalerbin einsetzen werde. Siehe Beweis Nr. 2.

Frau Bitali, eine hochgebildete Russin. War mit der Pollmer sechs Wochen lang im Sanatorium beisammen und dann einige Male mehrere Wochen lang bei ihr zum Besuch, kannte sie also ganz genau: Ich konnte nicht anders handeln; ich musste mich von der Pollmer scheiden lassen. **Sie hat mir den Tod gewünscht.** Sie verabscheut die Gesinnung und das Treiben der Pollmer und nennt sie eine Gefallene, die meine Knie umfassen und mich um Verzeihung anflehen sollte. Jeder, der mich kannte, habe sich fragen müssen „Wie kommt **so ein Mann wie dieser zu solch einer Frau!**" Siehe Beweis Nr. 3.

Frau Gewerberat Grund, welche die Frau Pollmer seit über 15 Jahren kennt, schreibt, der Einfluss dieser Frau ist nicht gut gewesen. Sie habe sich in gehässiger Weise über mich ausgesprochen und damit geprahlt, dass sie nichts mehr mit mir gemein habe und auch im Haus vollständig separiert von mir sei. Sie habe sich geäußert: „Für mich gibt es nur einen Wunsch, **frei zu sein von dem Kerl!**" Siehe Beweis Nr. 4.

Diesen Wunsch hat sie mir vor meiner Abreise von der Mendel schriftlich bestätigt. Siehe Beweis Nr. 5. Ein Zusammenleben mit mir sei „**vollständig unmöglich**" und ihre Zustimmung zur Scheidung **unwiderruflich**.

Frau Pollmer behauptet, dass ich sie auf der Mendel im Hotel Penegal mit Gewalt habe festhalten lassen. Das ist nicht wahr. Ich drang nur deshalb auf ihr Bleiben, weil ich stets ihre Adresse haben musste, siehe Beweis Nr. 6, und bat den Wirt nur, mir im Fall ihres Fortgehens zu melden, wohin sie reise. Sie hat auch sehr wohl gewusst, dass es nicht meine Absicht war, sie gewaltsam bis zur Scheidung dort zu halten, denn schon am 9. September, also nach ganz kurzer Zeit, bekam ich die Nachricht, dass sie abreisen wolle. Mir aber meldete sie es nicht. Und auch dem Wirt sagte sie nicht, wohin. Siehe Beweis Nr. 7.

Die Pollmer wohnte erst im Grand-Hotel Penegal auf der Mendel und dann in der köstlichen Villa Lehner in Bozen. Jetzt jammert sie über diesen Aufenthalt, als ob sie damals in einer Hölle gewesen sei, und doch war es geradezu ein Himmel, den ich ihr zur Wohnung angewiesen hatte. Siehe Beweis Nr. 8. An beiden Orten halten es nur reiche Leute länger aus. Ich habe der Pollmer da wiederholt tausend Mark gegeben und hinterher auch noch ihre Schulden zu bezahlen gehabt. Materiell hat es ihr also an nichts gemangelt, aber gesellschaftlich hat es ihr als geistig vollständig impotenter Frau allerdings nicht gefallen können, weil dort nur Angehörige der ersten Kreise verkehren, die Pollmersche Allüren sehr scharf abzuweisen wissen. Also einsam hat sie sich gefühlt, weil sie auch keinen Sinn für Naturschönheiten hat; das muss zugegeben werden.

Die Besitzerin des Hotel Penegal ist eine hochgebildete Frau, eine Aristokratin durch und durch. Ich hatte sie gebeten, Frau Pollmer in ihren Schutz zu nehmen. Sie hätte das sehr gern getan, konnte es aber nicht, denn die Pollmer stieß sie ab. Die ebenso humane wie wahrheitsliebende Dame hat mir hierüber berichtet. Ich lasse hier eine kleine Anzahl ihrer Briefe folgen:

Brief vom 15. September 1902: „Ihre Frau Gemahlin sagte zu meiner Tochter, **dass sie Ihnen so unendlich viel Böses zugefügt hätte**, dass Sie aber, hoch geehrter Herr, immer gleich gut und edel gegen sie gewesen seien, und klagt sich nun an, dass sie in egoistischer Weise ihre Pflichten als Frau **nicht erfüllt**." Siehe Beweis Nr. **9**.

Brief vom 22. September 1902: Die Pollmer hat alles gesagt, was sie in leichtsinniger Weise gegen mich gefehlt hat. Sie will mir das gestohlene Gut zurückstellen. Sie will in die Scheidung willigen. Siehe Beweis Nr. **10**.

Brief vom 11. Oktober 1902: „Ich bin froh, dass ich jeder Pflicht entbunden bin. Leichte Aufgabe war es keine, diese Frau halbwegs erträglich zu halten. Den einen Moment war sie voll bitterer **Selbstanklagen** und **voll Reue**, den anderen schalt sie sich dumm, dass sie es nicht **vernünftiger** (d. i. **pfiffiger**) **angegriffen habe**. Meine Ansicht ist heute folgende: Ihre Frau bedauert, ihr **Wohlleben** und die soziale Stellung zu verlieren, mehr – als Ihre **Persönlichkeit als Gatten** leider für immer verloren zu haben." Siehe Beweis Nr. **11**.

Brief vom 5. Januar 1903: „Ich habe dabei den Charakter Ihrer Frau ganz kennen gelernt und ich glaube Ihnen von Herzen gern, dass Sie sich von diesen so schwer drückenden Fesseln befreien wollen." „Ich versichere Sie, dass sie oft bereut, dass sie klagt, sie habe sich ihr trauriges Schicksal selbst bereitet." „Manche Charaktere vertragen die guten Tage nicht, und das war auch bei Ihrer Frau der Fall. Zudem fehlt ihr leider **jede Herzensbildung** und, wie ich glaube, **jede edlere Regung.** Dass unter solchen Umständen ein Mann wie Sie es **nicht mehr aushalten konnte,** mit einem solchen Wesen weiter zu leben, glaube ich Ihnen gern und wünsche Ihnen von ganzem Herzen baldige Erlösung." Siehe Beweis Nr. **12.**

Und die Tochter dieser Dame, Fräulein Henriette Schrott, eine der bekanntesten Schriftstellerinnen Österreichs, hatte die Pollmer auch beobachtet und schrieb mir über sie: „Ich habe noch kein Wesen getroffen, das sich **so verurteilt** wie diese **schuldbewusste Seele.**" Die Pollmer hat eingestanden: „Jetzt erkenne ich mein **schlechtes Ich.** Jetzt weiß ich, was er mir war und was ich ihm hätte sein sollen – – – er kann mir nicht mehr glauben!" Siehe Beweis Nr. **13.**

In der Villa Lehner gab es eine ganz vorzügliche Pension, geführt von Frau und Fräulein Kößler. Die Mutter, Frau Kößler, schrieb mir über die Pollmer Folgendes:

Am 8. Februar 1903: „Sie macht **sich** nur selbst die größten Vorwürfe." Siehe Beweis Nr. **14.**

Am 1. März 1903: „Dass sie selbst daran Schuld ist, sehe ich jeden Tag mehr ein." Siehe Beweis Nr. **15.**

Am 4. April 1903: „Ich sage Ihnen ganz offen: **Komödie, nichts als Komödie!** Sie will nicht vernünftig sein. Sie hat hier einmal eine solche aufgeführt; von da an durchschaue ich sie." Siehe Beweis Nr. **16.**

Am 14. März 1903: Die Pollmer will in unserer Nähe wohnen und, wie früher, mit uns reisen! Mit mir und Frau Plöhn, meiner jetzigen Frau! ... Es muss bei der Pollmer wohl schon in der Erziehung gelegen haben. Siehe Beweis Nr. **17.**

Am 23. August 1903: „Die Absicht, **bei Ihnen als Köchin zu sein,** hatte sie ja schon in Bozen. Ruhe wird sie nicht geben und das Schwätzen auch nicht lassen." Siehe Beweis Nr. **18.**

Sehr wichtig ist der Brief einer Dame aus Florenz, namens Emilie Kundet, welcher sie sich auf der Mendel angeschlossen und der sie alles, wie es scheint, der Wahrheit gemäß, erzählt hatte. Diese Dame war nach Florenz zurückgereist, bekam einen Klagebrief von ihr und antwortete am 8. Oktober 1902 folgendermaßen:

„Ihr Brief gelangte gestern in meinen Besitz und beeile ich mich denselben zu beantworten. Sie tun mir wirklich Leid, dass Sie noch so eine schwere Zeit durchzumachen haben. Aber bei aller Resignation bleibt nichts anderes übrig, als sich gutwillig den Befehlen Ihres Herrn Gemahls zu fügen, damit nicht noch größeres durchzumachen wäre. Helfen kann man Ihnen ja nicht, **das wissen Sie selbst am besten. Ihre Schuld ist zu groß**, und wie Sie es auch bereuen, es ist leider zu spät! Aber schon deshalb, weil Sie es so **bitter bereuen**, wird der liebe Gott Ihnen auch beistehen – denn es ist ja mehr Freude im Himmel über einen Sünder, der Buße tut, als über 99 Gerechte, so spricht der Herr!! – Ertragen Sie Ihr Geschick mit gottergebenem Herzen und sind Sie noch dankbar dem, der für Sie noch sorgen will, deshalb schreiben Sie ihm ja so, dass er ruhig die Sache ordnen kann – denn ich begreife, **dass er so wenig Aufsehen als möglich machen will und er Ihnen dadurch viel Aufregungen erspart.** Ein Rechtsanwalt hätte Ihnen neue Kosten verursacht und helfen hätte er doch nicht können. Denken Sie bei allem, dass Sie von der Gnade Ihres Mannes abhängen; und ich finde es von ihm noch schön und edel, dass er **Güte walten lässt.** – Wie schwer, ja schwer es ist, so einen Mann lassen zu müssen, so müssen Sie **doch noch Gott danken, dass er die Sache so ruhig abmachen will.** Ohne Zweifel wird er Ihnen Ihre Kleider, Weißzeug etc. geben. Er wird es Ihnen schicken, bitten Sie ihn schön darum. Wenn Sie auch nicht mehr nach Dresden kommen, kränken Sie sich nicht darüber, denn erst da würden neue Aufregungen über Sie hereinbrechen, er erspart Ihnen dadurch manche Demütigung.

Sie wissen, wie ich mit Teilnahme an Ihr Geschick denke, deshalb werden Sie mir wieder einmal schreiben.

Nun Gott befohlen! Mit herzlichem Gruß, Ihre Emilie Kundet"

Ich gebe das Original dieses Briefs, welcher zeigt, wie schuldbewusst sich die Pollmer fühlte und dass sie dies auch anderen Leuten offenbarte, in Beweis Nr. **19**.

Dem Vorwurf gegenüber, dass ich die Pollmer abgehalten haben soll, nach Dresden zur Verhandlung zu kommen und sich zu verteidigen, präsentiere ich ihren am 19. Oktober 1902 an mich gerichteten Brief, in dem sie mir schreibt, dass sie **„gar nicht daran denke, eine passive Rolle zu spielen"**. Sie verlangt von mir, ihre Zukunft sicher zu stellen, gibt mir nur bis zum 24., also vom Empfang ihres Schreibens an nur einen einzigen Tag, Zeit hierzu, und wenn mir das nicht möglich ist, **„so bin ich gezwungen, noch am selben Tag nach Dresden zu reisen, um meine Rechte zu wahren."** Ferner soll ich ihr die Summe angeben, die ich ihr zu ihrem Lebensunterhalt zahlen will, und dann fährt sie fort: **„Kann ich mit diesem Angebot einverstanden sein, so bleibt der auf den 29.10.02 anberaumte Termin beiderseits unbesucht und ich erkläre mich bereit, in eine einverständliche Scheidung zu willigen."** Siehe Beweis Nr. **20**.

Dieser Brief kam als Eilbrief an. Sie sah, als er fort war, ein, dass sie sich darin moralisch und prozessual vollständig entblößt hatte, und tat nun das Mögliche, ihn zurückzubekommen. Sie telegrafierte mir, ihn sofort zurückzusenden. **Sie wolle lieber meinen Willen tun.** Falls ich ihn aber nicht zurückschicke, **so sei sie am 29. im Termin.** Siehe Beweis Nr. **21**. Hieraus ergibt sich zur Evidenz, dass es eine böswillige falsche Anschuldigung ist, dass sie von mir da oben festgehalten worden sei und gar keinen eigenen Willen gehabt habe.

Und am 23. Januar 1903 schreibt sie an Frau Plöhn, meine jetzige Frau: „Sag selbst, mein Liebes, was kann mir die Zukunft bringen? **Ein einsames, verlassenes Dasein voll Reue und Selbstvorwürfen**, weiter nichts." Und am

Schluss: „**Der einzige Lichtblick** in meiner dunkeln Nacht ist, wenn du mir schreibst, so oft wie möglich; **weiter will ich nichts.**" Das schreibt sie an dieselbe Frau, gegen die sie später unter dem Einfluss rachsüchtiger Personen zur bedenkenlosen Anklägerin wird! Siehe Beweis Nr. 22.

Diesem Einfluss zufolge hat sie mich später auf das Schwerste verleumdet und fast ohne Unterlass mit Angriffen und Staatsanwaltsanzeigen verfolgt. Aber wie sie eigentlich von mir dachte, zeigt sie in den aphoristischen Zeilen, die sie mir von der Mendel aus schickte: „Dir, mein Lieber, kann das Urteil feindlicher Mächte gleich sein, denn du weißt genau, dass über deinen Wert als Mensch andere, ich darf es ruhig sagen, höhere Mächte bestimmen. Von dir wird nur die Kraft verlangt, dem Anprall zu widerstehen, nicht zu fallen und ruhig deine Aufgabe zu erfüllen." Siehe Beweis Nr. 23.

So lange Frau Pollmer auf der Mendel und in Bozen blieb, kam sie nicht mit ihren Klatschgevatterinnen zusammen und konnte nicht von ihnen irritiert resp. gegen mich und Frau Plöhn aufgehetzt werden. Infolgedessen tat und sagte sie alles, was sie damals tat und sagte, aus sich selbst heraus. Ihren damaligen Aussagen ist also unbedingt mehr Glauben und Vertrauen zu schenken als ihren späteren. Von meinen Gegnern aufgehetzt, stellte sie nachmals aus einer künstlich genährten Erbitterung heraus Behauptungen auf, durch welche sogar die Dresdener Staatsanwaltschaft veranlasst wurde, sich mit ihnen zu befassen. Die Scheidung sollte nur mit Hilfe von Meineiden usw. ermöglicht worden sein. Frau Pollmer gab die Personen, bei denen sie auf der Mendel und in Bozen gewohnt und denen sie sich mitgeteilt hatte, als Zeugen an, welche, ohne dass ich etwas davon ahnte, gerichtlich vernommen wurden und ihre Aussagen beeiden mussten. Frau Pollmer und Konsorten waren überzeugt, dass ich infolge dieser Aussagen einer schweren Bestrafung nicht entgehen könne; es wurde schon von Meineid und Zuchthaus gesprochen. Aber, wie ganz selbstverständlich zu erwarten war, schlug diese Hoffnung fehl. Es war behauptet worden, dass der oben abgedruckte Brief der Frau Emilie Kundet nicht von ihr geschrieben, sondern von mir gefälscht worden sei. Der Untersuchungsrichter Dr. Larraß wendete sich an sie nach Florenz und sie antwortete ihm am 25. Februar 1908, dass der Brief echt sei; sie habe ihn geschrieben, Frau Pollmer aber sei **eine Schwätzerin**. In Bozen wurden vernommen: Frau Schrott, die Besitzerin des Grand-Hotel Penegal, ihre Tochter Henriette Schrott, ihr Sohn Walter Schrott, der Direktor und Leiter des Hotels, und ferner Frau und Fräulein Kößler. Alle diese Personen kannten die Frau Pollmer ganz genau, denn diese hatte längere Zeit bei ihnen gewohnt und ihnen über ihre Scheidung und deren Gründe die umfänglichsten Mitteilungen gemacht. Ich bringe nur wenige hierher gehörige Punkte ihrer Bezeugung und verweise im Übrigen auf die ausführlichen Vernehmungsprotokolle, welche im Landgericht Dresden unter 2 V 21. 07 liegen. Untersuchungsrichter Dr. Larraß.

Frau Marie Schrott sagte unter ihrem Eid aus: Die Pollmer habe einen höchst unfeinen Eindruck gemacht; sie sei **derb** und **geschwätzig** gewesen und physisch **durchaus nicht gebrochen**. Mit heftigen **Selbstvorwürfen** und **Selbstanklagen** wechselten Ausbrüche einer gewissen Energie, in denen sie erklärte, **sich nicht fügen zu wollen**. Es sei sehr zu Tage getreten, dass sie mehr den Verlust ihrer materiellen Stellung, besonders der schönen Villa, als den Verlust ihres Mannes bedauerte. Sie betonte wiederholt ihre eigene Schuld. Es war ihr nicht anzumerken, dass sie keinen eigenen Willen habe. Es wurde ihr geraten, **ihre oft geäußerte Reue** mir brieflich auszusprechen. Wenn die Ehescheidungsklage Gründe enthielt, welche auf **Diebstahl resp. Unterschlagung von Geschäftsbriefen und Dokumenten** lauteten, so sei das nur dem entsprechend, was sie in ihren Selbstanklagen **oft** vorbrachte. Sie habe die **Weg-**

nahme von **Schriftstücken** eingestanden und die **Gesamtsumme** der Diebstähle auf 18.000 Gulden angegeben. Einen Auftrag, sie in Bozen festzuhalten, habe Frau Schrott keinesfalls gehabt. Die Pollmer habe oft abreisen wollen, sei aber stets von selbst wieder davon abgekommen.

Fräulein Henriette Schrott sagte unter ihrem Eid aus: Die Pollmer gestand ein, **sie habe gegen ihren Mann sehr gefehlt**; sie habe es unterlassen, den wahren seelischen Kontakt mit ihm zu suchen. Sie habe mir Geld genommen. Sie habe den **Eindruck des Komödiantenhaften** gemacht. Fräulein Schrott habe den Eindruck der Willenlosigkeit der Frau Pollmer nicht empfangen. Von Drohungen meinerseits ist ihr nichts bekannt. Ich habe gesagt, ich werde gerecht mit der Pollmer sein, aber sie dürfe mich nicht durch unschönes Betragen reizen. Die Pollmer tat öfters die Äußerung, **sie habe sich das alles selbst angetan.**

Herr Walter Schrott sagte unter seinem Eid aus: „**Ihr stand es vollständig frei**, die Mendel zu verlassen, wann sie wollte. Wir hatten keinen Auftrag, ihre Abreise zu verhindern, sondern lediglich eine solche Abreise Karl May telegrafisch bekannt zu geben."

Frau Josefa Kößler sagte unter ihrem Eid aus: Die Pollmer habe ihr mitgeteilt, dass sie von dem ihr von ihrem Mann gegebenen **Wirtschaftsgeld** 30.000 Mark oder Kronen beiseite gelegt habe, welches Geld, wenn einmal ihr Mann nicht mehr hohe Einkünfte habe, gut zu verwenden sei. Die Pollmer habe **nie** die ernstliche Absicht geäußert, abzureisen, um **gegen die Scheidung zu intervenieren**. Frau Kößler habe nicht den Auftrag gehabt, sie in Bozen festzuhalten. Die Pollmer huldigte abergläubischen und spiritistischen Ansichten. Doch sagte sie **nie**, dass sie unter dem Einfluss des Spiritismus missbraucht worden sei. Auch über den angeblichen ehebrecherischen Verkehr ihres Mannes mit Frau Plöhn verlautete sie nichts. Sie zeigte sich im Gegenteil der Frau Plöhn äußerst zugetan. Sie wurde krank, wenn diese nicht schrieb. Die Pollmer habe ein sekkantes[1], böses Wesen gehabt; sie sei von Charakter so sekkant gewesen. Die Pollmer hat ihr niemals mitgeteilt, dass sie vor ihrer Abreise von dieser Abreise abgeschreckt worden sei. Die Pollmer hat nie geklagt, dass ihr Mann sie nicht gut behandelt habe. Von einer Furcht der Pollmer vor der Plöhn war nie etwas zu hören. Sie war **tatsächlich sehr bös und sehr launisch.**

Fräulein Maria Kößler sagte unter ihrem Eid aus: Die Pollmer sei nicht bös darüber gewesen, dass Frau Plöhn damals mit mir von der Mendel abgereist sei; sie hat sogar für sie geschwärmt. Die Pollmer war überhaupt egoistisch und launisch und erzählte, dass sie ihren Mann schroff behandelt habe. Sie sagte, wenn ich Frau Plöhn heiratete, würde sie selbst **zu uns als Köchin gehen.** Als die Scheidungsschrift anlangte, war sie betrübt; dann ging sie ins Theater und die Betrübnis war verschwunden. **Niemand** hat die Pollmer in Bozen zurückhalten sollen oder zurückhalten wollen. Sie hat **nie** die Absicht geäußert, heimzufahren. Die Pollmer hat sich bei Kößlers, obgleich sie sehr vertraut mit ihnen war, **niemals** und **in keiner Weise** darüber beklagt, dass sie auf der Mendel festgehalten worden sei. Die Pollmer sagte, sie habe **in der Wirtschaft** gespart und die Ersparnisse der Plöhn zur Aufbewahrung gegeben. Fräulein Kößler erklärt, dass die Behauptung der Pollmer, wir hätten Kößlers durch Geschenke zu gewinnen versucht, unwahr sei, denn diese Geschenke stammen sogar **von der Pollmer selbst.**

* * *

Infolge dieser fünf Zeugenaussagen fielen die Anzeigen der Pollmer und ihrer Genossen gegen mich und Frau Plöhn in nichts zusammen; aber die Angriffe wurden derart fortgesetzt, dass die 4. Strafkammer des Landgerichts III in Berlin infolge einer Berufungssache sich veranlasst sah, die Ver-

---

[1] zudringlich

nehmung derselben Zeugen zu wiederholen. Sie fand am 23. November 1910 vor dem beauftragten Richter in Bozen statt, und zwar mit folgendem Resultat, von dem ich nur einige ausgezogene Sätze bringe:

Frau Schrott beeidet Folgendes:

Es ist kein Auftrag gegeben worden, die Pollmer im Hotel festzuhalten oder am Abreisen zu verhindern. Nur telegrafisch verständigt sollte ich werden, sobald sie sich entfernte. Sie klagte sich an, dass sie **verdiene, dass ihr Mann sich von ihr trennte**, denn sie sei bös und aufgeregt mit ihm gewesen; sie habe ihm **große Summen unterschlagen**, von 10.000 bis 20.000 Gulden; auch war die Rede, sie habe ihm **Schriftstücke unterschlagen**. Infolge ihrer **Selbstanklagen** müsse man sie für eine schlecht handelnde Person halten. Sie bedauerte, mir nicht Abbitte geleistet zu haben, da ich ihr unter dieser Voraussetzung Verzeihung zugesichert hatte. Ich habe sie sehr gut behandelt und es tue ihr Leid, dass sie aus der Villa fortmüsse, wo sie so schöne Pelze, Kleider etc. hatte. Sie ist **ohne Abschied** von der Mendel abgereist, damit ich nicht erfahren solle, wohin sie gehe. Ich habe sie dann wochenlang vergeblich suchen müssen, weil das Amtsgericht ihre Adresse haben musste. Einmal bereute sie und ein andermal bedauerte sie, es nicht klüger angefangen zu haben, mich noch länger zu täuschen. Ihr Betragen war oft ordinär, gemein. Von einer Beeinflussung durch Suggestion oder Spiritismus hat sie nie gesprochen. Sie wusste sich schuldbewusst. Sie hat sich über die Zeugenaussagen der Frauen Plöhn und Beibler nie geäußert. Sie besaß **Energie** und war jedenfalls **nicht willenlos.**

Fräulein Henriette Schrott sagte unter ihrem Eid aus: Die Pollmer erging sich in Selbstanklagen. Sie gestand, **bös an mir gehandelt zu haben, mir Kästen erbrochen und Geld entwendet** zu haben, mir **Dokumente unterschlagen** und anderen Leuten ausgeliefert zu haben, welche einen nachteiligen Gebrauch für mich davon gemacht haben. **Nun sei meine reine Schreibweise durch sie geschwärzt.** Sie erkenne erst jetzt, wer ich sei. Sie schien von Reue erfüllt zu sein. Sie war aber überzeugt, dass ich ihr keinen Glauben mehr schenken könne. Sie beklagte es besonders, dass sie sich von ihren „schönen Sachen" trennen müsse. Über Spiritismus hat sie nie gesprochen. Auch von einer Rolle der Frau Plöhn im Ehescheidungsprozess war nie die Rede. Sie hat auch **niemals** gesagt, dass sie auf der Mendel bleiben müsse und der Scheidung keinen Widerstand entgegensetzen dürfe.

Herr Walter Schrott erklärt Folgendes unter seinem Eid: Die Pollmer habe sich mit mir verständigt, auf der Mendel zu bleiben. Reise sie trotzdem ab, so sei mir das telegrafisch mitzuteilen. Zurückgehalten wurde sie nicht. Es stand ihr frei, abzureisen, ohne gehindert zu werden. Von einer spiritistischen Beeinflussung der Pollmer ist ihm nichts bekannt.

Frau Josefa Kößler beeidet Folgendes:
Die Pollmer hat nie festgehalten und an der Abreise verhindert werden sollen. Sie gab an, **von ihrem reichlich bemessenen Wirtschaftsgeld** 30.000 Kronen oder Mark beiseite gelegt zu haben. Den Eindruck, dass sie nur gezwungenermaßen in Bozen sei, gab es nicht. Vom spiritistischen Ansinnen und dass sie eine Zeit der Sühne und Buße durchzumachen habe, hat sie **nie** etwas gesagt. Sie war sehr abergläubisch und zog aus allen zufälligen Dingen Schlüsse auf die Zukunft. Sie hat nie die Absicht geäußert, nach Deutschland zu reisen und beim Scheidungsprozess zu intervenieren. Sie hat sich bei Advokaten Rat geholt, ist also prozessuell nicht unberaten gewesen. Frau Kößler hätte schon deshalb die Pollmer nicht zum Bleiben gezwungen, weil sie froh gewesen wäre, wenn sie gegangen wäre. Beklagt hat sich die Pollmer über mich **niemals**.

Fräulein Kößler bezeugt mit ihrem Eid: Die Pollmer sprach davon, dass sie ihrem Mann **Geld genommen habe.**

Einen Zwang, sie am Abreisen zu verhindern, gab es nicht. Sie hat sich in den Ehezerwürfnissen als den schuldigen Teil betrachtet. Es war an ihr kein Mangel an Energie oder eigenem Willen zu bemerken. Sie war sehr abergläubisch und maß jedem Krachen der Diele oder eines Kastens geisterhafte Bedeutung bei. Sie sagte, wenn ich die Absicht habe, Frau Plöhn zu heiraten, so würde ich von Frau Plöhn nichts Gutes zu essen bekommen, und darum würde sie dann **zu uns als Köchin gehen.**

* * *

Bei diesen Vernehmungen war der dortige Rechtsanwalt Dr. Rudolf Schlesinger zugegen. Herr Rudolf Lebius war als Angeklagter auch dabei. Er hat über die Zeugen einen Bericht veröffentlicht, der gerichtlich zu beleuchten ist. Einstweilen hat Herr Rechtsanwalt Dr. Schlesinger mir eine Berichtigung zugestellt, welche den Weg zur öffentlichen Verhandlung zu nehmen hat. Die echt Lebiusschen Ausdrücke über Frau Schrott zurückweisend, sagt dieser Herr: „Die Zeugen Schrott, so bestätige ich ausdrücklich, sind ehrenwerte Leute, die hierzulande sich des besten Ansehens erfreuen und denen von vornherein jeder anständige Mensch zubilligt, dass sie unter ihrem Eid vor Gericht nichts als die Wahrheit angeben." Über das Weitere ist für jetzt zu schweigen.

* * *

Die Pollmer hatte in Frau Plöhn ihre aufrichtigste und opferwilligste Freundin gehabt, selbst dann noch, als sie von ihr durchschaut worden war. Frau Plöhn hat sich die größte Mühe gegeben, sie zu entschuldigen und mich von dem Gedanken der Scheidung abzubringen. Sie ist noch heutigen Tags ihre wärmste Fürsprecherin. Sie ließ sogar, wie bereits erzählt, damals ihre Mutter von Dresden nach

Leipzig kommen, um die Pollmer womöglich noch zu retten, aber sie konnte trotz allen guten Willens nichts erreichen, weil ich fast täglich auf neue Dinge stieß, die es mir unmöglich machten, ein Wesen wie die Pollmer im Haus zu behalten. Von der Mendel heimgekehrt, ging ich ihre Kästen durch. Was fand ich da alles! Doppelschlüssel, ganze Stöße unterschlagener Briefe, höchst wichtige Gegenstände, die sie mir heimlich weggenommen und versteckt hatte, einen mir unterschlagenen Verlagskontrakt, den ich lange und vergeblich gesucht hatte. Sein Inhalt hing mit dem geheimnisvollen Verschwinden meines Einkommens zusammen. Auch eine Spur der vernichteten Münchmeyer-Dokumente fand sich vor, nämlich ein Brief von Münchmeyer, den er an sie geschrieben hatte und der von mir heilig aufgehoben worden war. Alles andere hatte sie verbrannt, diesen Brief aber nicht, weil Münchmeyer sie da seinen Rettungsengel genannt hatte. Der war aus diesem Grund der Vernichtung entgangen und meinen Augen entzogen worden. Als ich das Frau Plöhn und ihrer Mutter erzählte, erwähnte ich auch den wieder gefundenen Kontrakt, die vermissten Gelder und den Eifer der Pollmer, mich in dem Gedanken zu bestärken, dass ich von meinem Verleger, dem Drucker und Buchbinder betrogen werde. Da konnten die beiden nun nicht mehr schweigen. Die Pollmer hatte mir jahrelang ganz bedeutende Summen unterschlagen, wie viel, das war von ihr wohl nie zu erfahren, aber zu Plöhns hatte sie nach und nach 42.000 Mark gebracht und diese hatten es angenommen, natürlich um mir es wiederzugeben und damit sie ja nichts zu anderen Leuten, bei denen es verschwinden würde, trage. Dass mir das Geld jetzt nun zurückgegeben wurde, versteht sich ganz von selbst. Wir benachrichtigten die Pollmer hiervon und sie war damit einverstanden; sie konnte gar nicht anders; es gehörte ihr ja nicht.

Nach der Scheidung kam sie nach Dresden, uns zu besuchen und uns ihre Wünsche vorzutragen. Als die allein

Schuldige hatte sie nichts von mir zu fordern, ich war aber gewillt, für sie zu sorgen. Ich glaubte, sie werde mir hierfür dankbar sein, hatte mich aber getäuscht. Den Grund erfuhr ich bald; er war bei ihren Klatschbasen zu suchen. Sie korrespondierte mit jenem langarmigen „Karnickel" und hatte auch jene forsche Turnlehrerswitwe besucht, deren schönster Lebenstag der Todestag ihres Mannes gewesen war. Unter diesem Einfluss begann sie jetzt ganz unerwartet, mir Schwierigkeiten zu machen, die aber nicht von Bedeutung waren. Sie ging von Dresden fort, und zwar nach Weimar, für welches sie schwärmte. Sie war vor drei Jahren mit Frau Plöhn dort gewesen und hatte mich sogar bestimmen wollen, hinzuziehen, so gut gefiel es ihr da. Ich ließ ihr alles, was sie bei mir besessen hatte, stattete ihr, der einzelnen Person, eine höchst anständige Familienwohnung mit meinen besten Möbeln aus, von denen nur das eine Zimmer über 4.000 Mark gekostet hatte, sodass sie sich also nichts Besseres wünschen konnte, und setzte ihr eine Rente von 3.000 Mark pro Jahr gerichtlich fest. Das sind sechzig Mark pro Woche, wohl genug für eine allein stehende, einstige Barbierstochter, die nichts, aber auch gar nichts von mir zu fordern hatte! Ich war überzeugt, den Anforderungen der Humanität und meines Gewissens mehr als genügt zu haben. – – –

* * *

Es ist ein starker Ton auf den Umstand zu legen, dass die Pollmer droben auf der Mendel und in Bozen, wo sie **nur von der Wahrheit der Tatsachen und von ihrem eigenen Innern** beeinflusst wurde, ganz ehrliche Geständnisse ablegte. Sie gibt sich an allem nur selbst die Schuld. Sie bekennt die Unterschlagung des Geldes und die Vernichtung der Dokumente. Sie behauptet **nie**, dass sie das Geld **geschenkt** bekommen habe, sondern sie spricht stets nur von „**Wirtschaftsgeld**". Sie gibt weder mir noch Frau Plöhn die Schuld. Warum? Sie befindet sich bei guten, hochgebildeten, reinen Menschen, an die sie sich mit keiner Lüge wagt. Sobald sie diese Gegenden und diese guten, ehrlichen Menschen verlässt und wieder in die Hände ihrer Klatschgevatterinnen gerät, sind die ihr angeborenen Pollmerschen Geister wieder in ihrem Element. Wie damals vor dem Sterbebett in Hohenstein so hat sich die Pollmer auch in Bozen vor mir auf die Knie niedergeworfen und mich gebeten, ihr wenigstens noch einmal die Hand zu geben. Ich habe es nicht getan, denn ich dachte genauso wie die Zeugin Kößler: „Komödie, nichts als Komödie!" Damals am Sterbebett kannte ich das noch nicht. Aber mochte dieser Fußfall hier immerhin Komödie sein, so war er doch eine Demütigung, die nur durch das Schuldbewusstsein ermöglicht wurde. Später, als die Freundinnen sich ihrer wieder bemächtigten und sie gar in die Hände ihres Dompteurs Lebius geriet, waren solche Eingeständnisse nicht mehr möglich. Sie stieg in dieser Zeit herab, tief herab und ist bis heut da unten geblieben. Ich muss sagen: Sie ist nie ein Engel gewesen, auch der nicht, für den sie sich ausgegeben hat. Aber darauf konnte ich schwören und dafür lege ich auch heut noch meine Hand ins Feuer, **einen Meineid, einen falschen Eid zu leisten**, dazu war sie **um keinen Preis** fähig. Das konnte es in meinem Haus und in meinem Bereich überhaupt nicht geben. Diesen Bereich hat sie verlassen. Aber trotzdem stand sie, so lange sie ihren Unterhalt von mir bezog, doch wenigstens so weit noch unter meinem Einfluss, dass ihr die Achtung der Gesetze und die Ehrfurcht vor Gericht und richterlichen Handlungen, zu denen die Eidesabnahme ja gehört, **geblieben war.** Nun ist sie zu Lebius übergegangen, bezieht von ihm stattliche Summen und wird von ihm geformt und verwendet, wie er sie braucht. Sie besitzt in Beziehung auf die Wahrhaftigkeit keinen eigenen Willen mehr, hat allen Halt verloren, erzählt Dinge, die es nie gegeben hat, und stellt bei ihren gerichtlichen und außergerichtlichen Bekundungen alles, was eigentlich zu meinen Gunsten sprechen sollte, in einer Weise dar, dass es zu Lebius Gunsten spricht.

Noch als sie in der ersten und zweiten Instanz des Münchmeyerprozesses als meine Zeugin trotz unserer Scheidung der Wahrheit die Ehre gab und auch noch heute bei ihrer damaligen Aussage beharrt und immer beharren wird, weil es eben die Wahrheit war, die sie damals bezeugte, befand sie sich zwar schon wieder im Bann ihrer Klatschbasen, besonders der „Löwin", jedoch Herrn Lebius kannte sie noch nicht. Seit er sie aber aufgesucht hat und in so innigen Verkehr mit ihr getreten ist, dass sie ihm sogar die Geheimnisse ihres Geschlechtsverkehrs mitteilt, hat sie und hat auch er mir hundert Mal Veranlassung zu der Überzeugung gegeben, dass ihr Verhältnis zur Wahrheitsliebe jetzt ein ganz anderes geworden ist.

Um die Verbindung Lebius-Pollmer möglichst kurz zu charakterisieren, stelle ich das Resultat einer Zeugenvernehmung voran, welche jetzt am 14. und 15. November 1911 in Weimar stattgefunden hat. Es handelte sich um die Privatklagesache Lebius-May, Amtsgericht Hohenstein-Ernstthal. Um Lebius und sein Verhältnis zur Pollmer zu kennzeichnen, waren als Zeugen, außer der Frau Pollmer, angegeben: Rechtsanwalt Schäfer, der prozesslich oft mit ihr in Berührung gekommen war, die Kammersängerin Selma von Scheidt, die Frau Chordirektor Saal, deren Mutter, die verwitwete Frau Marie Bär und endlich der stellenlose, zwanzig Jahre alte Geiger Fritz Appunn, welcher schon seit Jahren der Geliebte der 55-jährigen Frau Pollmer ist. Die drei Damen sind intime Bekannte der Frau Pollmer, alle fünf Zeugen also wohl im Stande, wahre Auskunft zu geben.

Der Zeuge Appunn sagte unter Eid aus, dass die Pollmer zeitweise **monatlich hundert Mark** von Lebius bekommen und dass ich zwar unrecht an ihr gehandelt habe, dass aber die Artikel des Lebius gegen mich die Sachen **sehr aufgebauscht** und **entstellt** hätten.

Die Zeugin Saal sagte unter Eid aus, dass die Pollmer öfters Stellen aus den Lebiusschen Artikeln gegen mich **als Lügen** bezeichnet habe. Einmal habe sie sogar dreimal erregt ausgerufen „Lüge, Lüge, Lüge!" Die Frau Pollmer habe **mehrfach** gesagt, es sei ihr klar, dass Lebius nicht nur aus Mitleid mit ihr, sondern auch **in seinem eigenen Interesse handle.**

Die Zeugin Bär, eine alte, ehrwürdige Dame, sagte unter Eid aus, sie kenne die Geschichte meiner Ehescheidung sehr genau. Die Artikel des Lebius seien **aufgebauscht** und **entstellt**. Ihr Empfinden sei, dass diese Artikel **der Rache des Lebius gegen mich entspringen**. Lebius habe es sich **zur Lebensaufgabe gemacht, Karl May schriftstellerisch zu vernichten.** Der Besuch des Lebius bei der Pollmer konnte dieser nur schädlich sein und die Tatsachen haben das bewiesen. Frau Pollmer hatte **vorher ihr gutes Auskommen; infolge des Lebius** hörte ihre Rente auf und sie kam in eine pekuniär schwierige Lage. Die Pollmer habe mit dem Empfang des Lebius eine **Dummheit** begangen. Die Pollmer habe sich damit entschuldigt, dass sie sagte, **sie habe Lebius angewiesen, nichts ohne ihr Wissen und Wollen zu unternehmen, weil sie sonst ihre Rente verliere.**

Die Frau Pollmer sagte **unvereidigt** aus: Lebius habe gesagt, er komme aus Mitleid zu ihr. Er habe ihre Erzählungen zum Teil entstellt und verdreht. Im Großen und Ganzen entsprach es aber der Wahrheit; die Verwechslungen seien offenbar unabsichtlich. **Sie habe Lebius kein Material zur Veröffentlichung zur Verfügung gestellt, wie es überhaupt nicht ihre Absicht gewesen sei, dass ihre Meinung über ihre Ehe in die Öffentlichkeit dringen sollte.** Lebius habe ihr **im Ganzen 1.100 Mark** gegeben. Einmal habe er 300 Mark von ihr zurückverlangt, **obwohl er ihr nur 200 gegeben habe.** Er habe ihr da auch mit **einem Zahlungsbefehl** gedroht. Sie habe seinetwegen ihre Preziosen versetzt und dabei habe er gesagt, **das sehe nach außen besser aus.** Im Übrigen sagt sie ganz auffällig zu Lebius Gunsten aus.

Herr Rechtsanwalt Schäfer sagte unter Eid aus: Sie habe ihre Differenzen mit mir **begraben sein lassen wollen**, da sei Lebius gekommen. Er habe ihr **versprochen, zu schweigen**, besonders auch **nichts zu veröffentlichen**. Er habe aber nicht Wort gehalten. Sein Artikel habe ihre Erzählungen **außerordentlich entstellt** und mit Einzelheiten **ausgeschmückt**, von denen sie nichts gesagt habe. Vorher habe sie sich **sehr wohl befunden und keine Sorgen gehabt**; nun sei sie in Bedrängnis geraten. Sie sehe ein, **dass Lebius sie nur habe ausnützen wollen. Ich sei nur gegen ihren Willen angegriffen worden. Es täte ihr dies Leid und sie wolle es gern wieder gutmachen.** Sie hat dann eine Erklärung vom 1. November 1909 ganz freiwillig und dann am 14. April 1910 mehrere weitere Erklärungen, und zwar **ohne jeden Zwang**, abgegeben. Herr Rechtsanwalt Schäfer hat ihr sogar wiederholt gesagt, sie möge sich ja überlegen, was sie erkläre, denn er wünsche dann nicht zu hören, sie habe sich geirrt oder sei beeinflusst worden. Diese Erklärungen werden nachher im Wortlaut folgen.

Fräulein von Scheidt sagte unter Eid aus: Die Pollmer habe **häufig bedauert**, dass sie so schwach gewesen sei, sich **von Lebius aushorchen zu lassen**. Sie habe ihn aber gebeten, **nichts zu veröffentlichen, sondern zu schweigen**, weil sie dadurch womöglich **ihre Rente verlieren könne**. Als dann die Lebiusschen Artikel erschienen, war sie **außer sich** und bereute es bitter, sich ihm anvertraut zu haben, sie bezeichnete ihn als „**einen Schuft, der über Leichen gehe.**"

Ehe Lebius bei ihr erschien, hatte sie sich **mit der Ehescheidung abgefunden** und fühlte sich **durchaus glücklich und zufrieden**. Sie hat dies **oft und selbst versichert**.

Das Protokoll dieser Vernehmungen befindet sich abschriftlich im Kuvert Beweis Nr. 24. Die Erklärung der Pollmer vom 1. November 1909, zu welcher sie sich aus eigenem Antrieb beim Anwalt einstellte, lautete wie folgt:

„Weimar, den 1. November 1909

Es erscheint Frau Emma Pollmer und erklärt:
‚Von mir aus möchte ich eine gütliche Vereinbarung mit Herrn Karl May herbeigeführt haben.
Ich bin bereit, Folgendes zu erklären und mit Veröffentlichung dieser Erklärung einverstanden:
»Die von mir gegen Herrn Karl May erhobenen Beschuldigungen **kann ich nicht aufrecht erhalten** und nehme sie unter dem **Ausdruck des Bedauerns** zurück. Die Artikel des Herrn Lebius beruhen auf Entstellungen von Mitteilungen, die ich Herrn Lebius gemacht habe.

Ich verpflichte mich ferner, die entstandenen Kosten zu tragen. Schließlich verspreche ich, in Zukunft Herrn und Frau May mit Angriffen und Verdächtigungen irgendwelcher Art zu verschonen.«

Ich bitte Herrn und Frau May, mir meine Angriffe zu verzeihen und mir trotz derselben die Rente weiter zu gewähren, da ich leidend bin und ärztlicher Behandlung und guter Pflege dringend bedarf. Ich bitte weiter, die Rente am 1. November 1909 auf 4.000 Mark zu erhöhen und mir 1.500 Mark für ein halbes Jahr nachgewähren zu wollen, eben weil ich krank bin.

Ich weiß, dass ich auf diese Unterstützung keinen Rechtsanspruch habe.

Vorgelesen und genehmigt, auch selbst durchgelesen und mit unterschrieben.

Frau Emma Pollmer'
Nachr.
Schäfer, Rechtsanwalt"

Siehe Beweis Nr. **25**.

Die Erklärungen vom 14. April 1910, die ebenso ohne allen Zwang abgegeben wurden, sind folgende:

Nr. 1

„Erklärung

Ich höre, dass Rudolf Lebius, der meinen früheren Mann Karl May einen ‚geborenen Verbrecher' genannt hat, am 12. des Monats vom Schöffengericht Charlottenburg freigesprochen worden ist, und zwar meinetwegen, auf Grund ‚berechtigter Interessen'. Ich erkläre hiermit, dass Lebius **nie** meine Interessen vertreten hat, sondern nur seine niedrige Rache gegen Karl May. Und ich höre, dass der betreffende Richter diesem Lebius das Lob erteilt hat, er habe ‚edel' an mir gehandelt. Das ist mir rein unerklärlich! Der Richter hat doch den inkriminierten Brief in der Hand gehabt und laut vorgelesen! Da bekennt Lebius doch selbst, dass er mich vollständig ausgebeutet und mich sogar gezwungen hat, meine Juwelen zu versetzen, damit es ‚**nach außen hin**' **den Anschein gewinne,** dass Karl May, mein gewesener Mann, an diesem Elend schuld sei, **welches ich doch keinem anderen als nur Lebius verdanke!**

Ich halte es für meine Pflicht, diese Zeilen an die Öffentlichkeit zu richten, vor der sich Lebius nun als Sieger gebärdet, der er doch gar nicht ist.

Weimar, den 14. April 1910,
  Frau Emma Pollmer"

Nr. 2

„Erklärung

Indem ich den Schriftsteller Karl May, meinen früheren Mann, bitte, die wegen des Artikels ‚Ein spiritistisches Medium...' gegen mich erhobene Beleidigungsklage zurückzunehmen, erkläre ich zu der Entstehung und dem Inhalt dieses Artikels Folgendes:

Ich bin an den wahrheitswidrigen Behauptungen und bodenlosen Kombinationen, die dieser Artikel enthält, unschuldig. Mein früherer Mann hatte mich durch eine jährliche Rente von 3.000 Mark lebenslänglich gegen alle Not und Sorge sichergestellt. Ich führte in Weimar ein zufriedenes Leben. Da kam Lebius zu mir; ich kannte ihn nicht. Ich ahnte nicht, dass ich in ihm den Mann vor mir hatte, dessen Lebensaufgabe es ist, Karl May zu vernichten, weil dieser **ihn** vernichten kann, wenn er nur will. Und ebenso wenig ahnte ich, dass er mich nur zu dem Zweck aufgesucht hatte, die bekannte Bitterkeit geschiedener Frauen auszunutzen, um mich zu seinem gefügigen Werkzeug gegen meinen gewesenen Mann zu machen. Es gelang ihm, mich zu täuschen. Er wollte etwas über meine Scheidung erfahren. Er versprach heilig, zu schweigen; es werde kein Wort veröffentlicht. Ich gab ihm einige Auskunft. Da ging er hin, schrieb sofort den obigen Artikel, der von übel wollenden, absichtlichen Fantasmen strotzt, und veröffentlichte ihn. Dadurch war meine Rente bedroht. Karl May musste mich verklagen. Ich eilte in meiner Angst nach Berlin zu Lebius. Er brachte mich zu seinem Schwager Medem, einem **gewesenen Advokaten**. Der sollte meinen Prozess gegen May führen. Er schrieb an May, dass er als mein Bevollmächtigter auf die Rente verzichte. May ging sofort darauf ein. Dadurch wurde ich vollständig mittellos und geriet in die Hände des Lebius. Der versprach mir Geld. Vorher aber zwang er mich, meine Preziosen zu versetzen. Bei Gericht liegt ein Brief von ihm, in dem er ungescheut sagt, dass seine Advokaten ihm geraten hätten, **ich müsse das alles erst versetzen,** damit es den Anschein gewinne, als ob Karl May es sei, der mich in solche Not getrieben habe. Nun musste ich Schriftsätze unterschreiben, die ich nicht verstand und deren Tragweite ich nicht übersehen konnte. Ich habe sogar mit Tränen dagestanden und meine Unterschrift verweigert. Bis mir endlich die Augen aufgingen und ich einsah, dass es Lebius nicht im Geringsten darauf ankam, sich meiner anzunehmen, sondern nur Karl May zu vernichten. Er hat **niemals im berechtigten Interesse gehandelt**, sondern **nur um seiner Rache zu frönen.** Ich sah ein, dass ich umkehren müsse, wenn ich nicht verloren gehen wolle. Und so nehme ich denn alle Schriftsätze, die ich in dieser Klagesache unterschrieben habe, **nach ihrem ganzen Inhalt** hiermit ausdrücklich zurück. Sie sind Produkte Lebiusscher Gewissenlosigkeit, Übertreibung und Fantasie. Ich habe schon an anderer Stelle gesagt: ‚**Er ist ein Schuft, der über Leichen geht.**' Er hat das gelesen, mich aber nicht verklagt. Ich bin auch noch jetzt dieser Meinung und stets erbötig, den Wahrheitsbeweis sofort anzutreten.

Er hat gewagt, Karl May einen geborenen Verbrecher zu nennen. Ich höre, dass er am 12. des Monats in einer hierüber am 12. April geführten Gerichtsverhandlung in Charlottenburg die Stirn gehabt hat, sich dadurch vor der Strafe zu retten, dass er angab, zu dieser Behauptung durch mich und meine Interessen berechtigt gewesen zu sein.

Dieser Trick ist ihm einstweilen gelungen. Ich aber erkläre hiermit, dass er es nur durch seine Raffiniertheit fertig brachte, mich in seine Netze zu bekommen, und dass ich mich glücklich preise, ihm wieder entgangen zu sein. Hierauf die Wiederholung, dass ich meine sämtlichen Schriftsätze, die ich in der Beleidigungsklage May-Pollmer unterschrieben habe, nach ihrem ganzen Inhalt zurücknehme. Es ist mir unmöglich, mich zu ihnen zu bekennen.

Weimar, den 14. April 1910,

Frau Emma Pollmer"

Hierher gehört eine dritte Erklärung, welche die Pollmer kurz vorher in Dresden bei meinem Vertreter, Herrn Rechtsanwalt Retcke, in Gegenwart und unter Beihilfe ihres Vertreters, des Rechtsanwalts Thiele abgegeben hat: Sie lautet:

„In der Angelegenheit
Rudolf Lebius und **Pater Pöllmann gegen Karl May** hat Frau Pollmer in Weimar, Karl Mays geschiedene Frau,
folgende Erklärung zur Veröffentlichung
gegeben:

Bezüglich der Vorgänge, welche der im Jahr 1909 gegen Karl May von der Zeitschrift ‚Der Bund' in Charlottenburg eingeleiteten Hetze und zugleich der Privatklage von Karl May gegen mich, anhängig beim Schöffengericht zu Weimar, zu Grunde liegen, gebe ich folgende wahrheitsgemäße Darstellung:

Nach der Scheidung von Karl May bin ich nach Weimar verzogen; meine Existenz war durch eine mir von der jetzigen Frau May in gültiger Form ausgesetzte Rente von 3.000 Mark jährlich sichergestellt. Ich fühlte mich dort wohl und hatte keine Veranlassung zu Differenzen mit meinem geschiedenen Ehemann.

Vor ca. Jahresfrist kam der Journalist Lebius aus Charlottenburg, der der wirkliche Leiter der Zeitschrift ‚Bund' ist, zu mir und suchte mich über Karl May auszufragen. Dass er der Feind von Karl May sei, war mir vollständig unbekannt. Er tat so, als wenn er Mitleid mit mir hätte; er hätte erfahren, dass es mir ungerechterweise schlecht gegangen sei, schlich sich auf die Art in mein Vertrauen und horchte mich aus. Als ich bemerkte, dass er sich Notizen machte, fing ich an vorsichtiger zu werden und nahm ihm das Versprechen ab, dass er nichts davon veröffentlichen dürfte. Dieses Versprechen gab er mir ausdrücklich.

Wie ich dann erfahren habe, hat er sich von einem Tag zum andern in Weimar aufgehalten; er hatte schon am ersten Tag versucht, mich zu treffen, aber vergebens; am zweiten Tag ist es ihm dann gelungen. Trotz seines bestimmt gegebenen Versprechens erschien kurze Zeit darauf in seinem Blatt ‚Der Bund' der gegen Karl May und seine jetzige Frau gerichtete Artikel ‚Ein spiritistisches Schreibmedium' mit Entstellungen und Unwahrheiten, zu denen er aus der Besprechung mit mir keine Veranlassung bekommen hat. Ich geriet nun in Angst, dass Karl May mich mit dem Artikel in Verbindung bringen und mir meine Rente, auf der allein meine Existenz beruhte, entziehen könnte. Tatsächlich erhielt ich auch nur wenige Zeit später eine Privatklage Karl Mays gegen mich zugestellt, nachdem der kurz vorher fällig gewordene Rentenbetrag auch nicht an mich gelangt war. Nun blieb mir nichts anderes übrig, als mich sofort an Lebius zu wenden, der an der Sache schuld war. Ich fuhr nach

Charlottenburg, machte ihn für die Sache verantwortlich und blieb zunächst in Berlin wohnen. Lebius versprach mir, für mich zu sorgen und mir vor allen Dingen einen Anwalt zu verschaffen, der sich meiner gegen Karl May annähme. Bei meinen häufigen Besuchen bei Lebius in Charlottenburg stellte er mir seinen Schwager, den Rechtsanwalt Medem, vor, und dieser nahm nun meine Angelegenheit in die Hand. Ich sollte von ihm Unterstützung in der Privatklagesache wider mich erhalten. Außerdem sollte ein Prozess gegen Frau May auf Zahlung von 36.000 Mark als Erbin ihres ersten Mannes angestrengt werden. Ich stellte Medem Vollmacht aus und dieser erklärte, wie ich später erfahren habe, bereits im Juni 1909 Karl May gegenüber den über die 3.000 Mark Rente abgeschlossenen Vertrag für absolut unverbindlich. Er bezeichnete den Vertrag auch mir gegenüber als einen Wisch, den ich hätte nie unterzeichnen dürfen. Ebenfalls habe ich hinterher erfahren, dass Karl May diese Erklärung meines Anwalts akzeptiert hat.

Die ganze Unterstützung von Lebius bestand nun darin, dass ich hin und wieder zum Essen kam, und schließlich gab er mir auf mein Drängen nach und nach 200 Mark, über die er sich zunächst Darlehensquittungen ausstellen ließ, während er später sagte, er wolle das Geld überhaupt nicht wieder haben.

Später, als ich Miene machte, mich mit Karl May in dem Privatklageverfahren auszugleichen, drohte er mir Klage über 300 Mark an, mit der Bemerkung, die 100 Mark seien wegen der Ansprüche, die ich gestellt habe.

In der Zwischenzeit hatte Karl May auch eine Beleidigungsklage gegen Lebius in Charlottenburg anhängig gemacht. Darüber äußerte sich Lebius mir gegenüber auch einmal und das war im Mai 1909. Er erzählte mir, er habe in diesem Prozess einen Vergleich mit Karl May abgeschlossen. Weiteres sagte er nicht.

Zu derselben Zeit war ich in Berlin und da fanden die vorhin bezeichneten Besprechungen zwischen Lebius bzw. Medem und mir statt.

In dieser ganzen Zeit hat Lebius fortgesetzt mich als Werkzeug gegen Karl May zu benutzen gesucht, indem er sich den Anschein gab, als wenn er nur bezweckte, mir zu helfen. Ganz besonders ist mir erinnerlich, dass er wiederholt auf den Münchmeyer-Prozess zu sprechen kam, auf meine Aussage, die ich in diesem Prozess als Zeugin erstattet hatte, und **dass er versuchte, mich mit dieser Aussage in Widersprüche zu verwickeln**, indem er von mir die Erklärung wollte, ich sei zu dieser Aussage von Frau May verleitet worden, wobei ich ihm **auf das Bestimmteste** widersprochen habe. Ich bin deshalb wiederholt auf den Gedanken gekommen, dass er mit dem Anwalt der Frau Münchmeyer, Gerlach, **den er übrigens als seinen Freund bezeichnete**, wegen des Prozesses in Beziehung stehen müsse. Es ist mir jetzt bekannt geworden, dass Rechtsanwalt Gerlach eine Vollmacht zu den Akten meines Ehescheidungsprozesses überreicht hat, die ich mich nicht besinnen kann, auf seinen Namen ausgestellt zu haben. Was es mit dieser Unterschrift von mir für eine Bewandtnis hat, ist mir unerklärlich. Es ist zwar von Lebius davon gesprochen worden, dass Gerlach mich vertreten könne, aber meines Wissens ist eine Vollmacht für Gerlach von mir nie gefordert worden. Persönlich habe ich das erste Mal jetzt bei meiner Anwesenheit in Dresden im ‚Hotel zum Goldenen Engel', wohin er ohne meine Veranlassung kam, mit ihm gesprochen, wo er wiederum Vollmacht für meine Prozesse haben wollte, **was ich ihm verweigert habe.** Dabei hat er mit keinem Wort die frühere Vollmacht erwähnt. Ob ich eine Vollmacht auf einen leeren Bogen für Lebius ausgestellt habe, die dann Lebius an Gerlach weitergegeben haben könnte, weiß ich nicht mehr. Der Wortlaut der mir abschriftlich vorgelegten Vollmacht Anlage A ist mir unbekannt. Ich habe auch nie das Bedürfnis gehabt, mich irgendwie Gerlach zu nähern oder mich gar ihm zu enthüllen. Ich hätte nicht gewusst, weshalb und was ich enthüllen sollte.

Mir ist erzählt worden, dass Lebius bei der Schwester Karl Mays gewesen wäre, um in meinem Auftrag Unterstützung und Fürsprache für mich nachzusuchen. Ich habe Lebius nie dazu ermächtigt. Lebius hat mir aber ferner gesagt, er hätte sich an den Kommerzienrat Pustet in Regensburg, den langjährigen Freund und früheren Verleger Karl Mays, um Unterstützung für mich gewandt, mit dem Vorwand, Karl May ließe mich verhungern, und die Unterstützung sei zugesagt worden. Dieses ganze Verhalten von Lebius hat mich schließlich bestimmt, mich zu Bekannten in dem Sinne zu äußern, **dass sein Vorgehen ein schuftiges sei,** und ich habe dies **aus voller Überzeugung** seiner Handlungsweise gesagt. Diese Bemerkung ist durch einen meiner Bekannten Karl May zu Ohren gekommen, und wie mir gesagt worden ist, schon im Oktober 1909 an Lebius anlässlich eines Strafprozesses weitergegeben worden, ob in derselben Form, weiß ich allerdings nicht. In dieser Ansicht über Lebius werde ich noch mehr dadurch bestärkt, dass mir bekannt geworden ist, dass er verschiedene Zeugen, ehe sie in der Privatklagesache von Karl May gegen mich vernommen worden sind, aufgesucht hat, zumal er bei dieser Gelegenheit sich **eidesstattliche Versicherungen von diesen Zeugen verschafft haben soll,** von denen ich, als ich sie früher gesehen habe, annahm, sie seien vor Gericht aufgenommen.

Auffallend ist es mir gewesen, dass auch der Benediktiner-Pater Ansgar Pöllmann in Beuron, der, wie ich gehört habe, auch Artikel gegen Karl May schreibt, sich brieflich an Freundinnen und Bekannte von mir gewendet hat, um meine Adresse zu erfahren. Der Zweck ist mir bisher nicht bekannt.

Diese Erklärung habe ich nach reiflicher Überlegung in Gegenwart meines Anwalts und nach genauer Durchsprache den Eheleuten **May** und ihrem Anwalt gegenüber in dessen Büro aus voller Überzeugung der Richtigkeit und ohne jede Beeinflussung abgegeben.

Vorgelesen, genehmigt und unterschrieben.

Dresden, den 14. Februar 1910.

gez. Frau Emma Pollmer

Rechtsanwalt Kurt Thiele
Retcke, Rechtsanwalt"

Auch diese beiden Rechtsanwälte haben vor Gericht mit ihrem Eid belegt, dass diese Erklärung von der Pollmer nach genauer Durchsprechung und Überprüfung **vollständig freiwillig abgegeben worden ist.** Die Pollmer hat also alle die hier gebrachten Erklärungen vor Rechtsanwälten abgegeben und mit ihnen vorher genau durchgesprochen. Es ist ihr Zeit gelassen worden, sich jede Zeile reiflich zu überlegen. Der Inhalt dieser Erklärungen verdient also ganz ohne Zweifel mehr Glauben und Vertrauen als alles Gegenteilige, was sie später unter dem Druck der Verführung, der Geldnot und der Nahrungssorge zu sagen gezwungen war. Ich habe darum diese Erklärungen vorausgeschickt, weil in ihnen der Gesichtswinkel liegt, unter welchem alles Weitere zu betrachten ist.

Wenn ich von „Verführung" spreche, so denke ich dabei an Lebius und an die Klatschgevatterinnen der Pollmer. Zu zeigen, aus welchen Gründen diese gegen mich wühlen, mag ein einziges Beispiel genügen, welches die schon bekannte, äußerst korpulente Frau Luise Achilles, gewesene Frau Luise Häußler, vormalige Frau Luise Langenberg, einstige Frau Luise Hübner, geborene Luise Schmidt betrifft. Sie war in Beziehung auf Liebesbedürfnis und Redegewandtheit die hervorragendste Freundin der Pollmer, und darum hatte Frau Plöhn nicht umhin gekonnt, mit ihr zu verkehren und sich sogar du mit ihr zu nennen. Ich hatte dieser Frau aus sehr triftigen Gründen niemals Veranlassung gegeben, anzunehmen, dass sie mein Herz auch nur im Geringsten verwundet habe, und war überzeugt, dass auch sie, zumal bei der ungewöhnlichen Frequenz ihrer Ehebündnisse, keinen Augenblick Zeit gefunden hatte, mich in ihr Inneres einzuschließen, erfuhr aber jetzt das Gegenteil. Sie hörte, dass ich von der Pollmer geschieden und wieder verheiratet sei, und zwar mit keiner, die Luise hieß, sondern mit Frau Plöhn. Da ergrimmte sie und schrieb an die Letztere einen Brief voll flammender Vorwürfe wie z. B.: „Du Scheusal! Auch ich habe den guten Karl (damit meinte sie leider mich) heiß geliebt, aber ich habe wie eine Löwin mit dieser Liebe gekämpft!" Als sie dies geschrieben und abgesendet hatte, machte die „Löwin" eine kühne Anzeige an den Staatsanwalt, in der sie mich, meine Frau und deren Mutter des Meineids beschuldigte und die Ehe für zu Unrecht geschieden erklärte. Sie behauptet noch heute, diese Anzeige nur deshalb gemacht zu haben, weil ich ihre Freundin Pollmer in Not und Hunger gestürzt habe; aber es handelte sich da um die Zeit ca. eines Jahres, und in diesem Jahr hat die Pollmer nach und nach weit über 5.000 Mark aus mir gezogen. Von Not und

Hunger konnte also keine Rede sein. Und dann folgte die feine Ausstattung und die Rente von 3.000 Mark! So kühn ist die „Löwin", wenn sie etwas behauptet; Lebius aber ist noch kühner als sie. Und wenn ich sage, dass beide einander nicht nur kennen, sondern auch sich gegen mich verbunden haben, so ist die doppelte Kühnheit der gegen mich gerichteten Angriffe sehr leicht begreiflich.

Lebius hat in einem Schriftsatz vom 30. August 1910 behauptet, diese Frau habe von mir erzählt, ich sei manchmal so schwarz („besoffen") und dreckig in ihr Haus gebracht worden, dass sie sich meiner geschämt habe. Und zu meiner jetzigen Frau habe sie geäußert: „Er hat dich nie geliebt; nur mich hat er geliebt, und was du jetzt hast, hätte ich längst haben können!" Und meine jetzige Frau, die für mich sofort in den Tod gehen würde, die so hoch und vornehm denkt und so stolz auf unsere beiderseitigen Ideale ist, soll zu diesem „Karnickel", welches sich eine „Löwin" nennt, tränenden Auges gewimmert haben: „Mein erster Mann hat nie mit dem Gericht etwas zu tun gehabt. Und pass auf, Kaninchen, es kommen noch weit schlimmere Sachen an das Tageslicht. Ich schäme mich ja so!" Derartige Ausdrücke verraten eine solche ganz unbeschreibliche Gefühlsrohheit und Verlogenheit, dass sie nichts als nur Ekel erregen können. Lebius hätte wohl nie auf Pollmerschem Acker eine so reiche Ernte gehalten, wenn dieser Acker ihm nicht vorher durch die bekannten Klatschbasen und „Löwinnen" so vortrefflich zubereitet worden wäre. Und Lebius würde die Pollmer schon längst verloren haben, wenn sie ihm nicht immer wieder durch diese Basen zugetrieben würde. Aber da sie selbst auch Base ist, so ist sie mit ihnen verwandt und kann unmöglich von ihnen und Herrn Lebius lassen!

Sie lebte, wie durch Zeugen eidlich erhärtet ist, ganz glücklich und zufrieden in Weimar. Sie hatte da anständige Freundinnen, die keine Klatschen waren, und ihre gesellschaftliche Stellung war nicht nur befriedigend, sondern sogar erfreulich. Das Letztere war eine direkte Wirkung des Namens Karl May. Man fand sie als die Frau des viel gelesenen Schriftstellers hochinteressant und gesellschaftlich begehrenswert. Daher auch ihre Bekanntschaft mit Fräulein Selma vom Scheidt, der als Kammersängerin und Operndiva alle Türen offen standen. Zwar durfte die Pollmer meinen Namen nicht mehr tragen; er war ihr gerichtlich verboten. Sie hat jede Übertretung dieses Verbots mit 500 Mark Strafe oder sechs Wochen Gefängnis zu büßen, aber ich ließ mir es ruhig gefallen, so lange sie sich anständig gegen mich betrug. Und das musste sie ja, weil sie sonst ihre Rente verlor. Wer sie verführte, sich als Werkzeug gegen mich benutzen zu lassen, der raubte ihr nicht nur ihre Rente, sondern auch den Namen, den sie in unerlaubter Weise trug, und brachte sie um die gesellschaftliche Stellung, die allein es ihr ermöglichte, nicht vollends unterzusinken; also in Summa: Er brachte sie um alles! Sie hat das alles auch wirklich verloren, den Namen, die Stellung, die Rente. Durch wen? Durch Lebius! Aber er gibt doch vor, **nur in ihrem Interesse** gehandelt zu haben und gerade darum unter dem Schutz des Paragrafen 193 zu stehen, wenn er Karl May einen geborenen Verbrecher nennt! O bitte! Die **wirklichen** und **wahren Interessen** der Frau Pollmer hat **nur allein** dieser „geborene Verbrecher" zu vertreten, der ihr alles gab, was sie nur brauchte. Lebius kam **nur deshalb** zu ihr, um sich **von ihr Prozessmaterial gegen mich zu verschaffen.** Das hat er in seinem Schriftsatz vom 30. August 1910 mit großer Verve verkündet. Es wird nötig sein, sein Verhalten zur Pollmer einmal vom Standpunkt des 193. Paragrafen aus genauer zu untersuchen als bisher.

Er wünschte Aktenmaterial gegen mich und kam deshalb nach Weimar, um die Pollmer aufzusuchen, wie es überhaupt seine Taktik ist, geschiedene Frauen aufzusuchen, deren Männer er prozessieren will. Er wurde nicht vorgelassen und blieb also bis zum nächsten Tag in Weimar, wo es ihm gelang, bei der Pollmer vorgelassen zu werden. Sie hatte sich in die Scheidung gefunden, fühlte sich wohl und zufrieden und trug nur noch die gewöhnliche Schärfe in sich, die bei den meisten geschiedenen Frauen gegen ihre Männer vorhanden ist. Sie betrachten sich viel weniger schuldig, als sie sind, und ergreifen jede Gelegenheit, diese ihre vermeintliche Unschuld an das Licht zu stellen. Bei diesem Punkt setzte Lebius an; er traf hier auf die Vorarbeit der Klatschbasen und hatte den Erfolg, dass die Pollmer zu erzählen begann. Wenn sie das aber einmal tut, so hört sie nimmer auf. Lebius notierte. Als sie das sah, forderte sie Verschwiegenheit von ihm, insbesondere soll er ja nichts veröffentlichen, weil sie sonst ihre Rente verliere. Er versprach es ihr, dachte aber gar nicht daran, sein Wort zu halten. Er hat in anderen Prozessen dasselbe Versprechen auch anderen geschiedenen Frauen gegeben und sein Wort ganz ebenso gebrochen wie hier bei der Pollmer. Er trug die hysterischen Fantastereien dieser Frau mit Freuden heim, fügte seinen ganzen Hass gegen mich hinzu und formte für sein Blatt „Der Bund" einen Artikel daraus, der alles übertraf, was ich auf pamphletischem Gebiet jemals gelesen habe.

Ich hörte ganz selbstverständlich sofort mit meinen Zahlungen an die Pollmer auf, habe aber keineswegs erklärt, dass ich ihr die Rente nehmen wolle, sondern ich wartete nur darauf, dass sie nun tun werde, was mir gegenüber ihre Schuldigkeit war. Wäre sie zu mir gekommen, um mir ein gutes, anständiges Wort zu sagen, so hätte ich ihr verziehen und ihr die Rente weiter gezahlt. Das tat sie aber nicht, sondern sie ging nach Berlin zu ihrer Freundin, der Löwin vulgo Karnickel, und mit dieser dann zu Lebius, wo man ihr die Weisung für ihr weiteres Verhalten erteilte. Sie gehorchte und bekam Geld. Sie wurde einem Schwager von Lebius übergeben, einem „Rechtsanwalt a. D.", der es übernahm, ihre „Sache gegen mich" zu führen, und nun vor allen Dingen schrieb, dass er den gerichtlichen

Kontrakt vom 5. Januar 1904, nach dem ich der Pollmer eine lebenslängliche Rente von 3.000 Mark zu zahlen hatte, „als völlig unverbindlich ansehe". Ich ging ohne Zögern hierauf ein und hatte nichts mehr zu zahlen. Auf diese Weise hat Lebius die Pollmer um ihre Rente gebracht. Sie wurde hierdurch vollständig mittellos und befand sich ganz in seiner Hand. Er gab ihr zunächst 200 Mark, doch musste sie ihre Preziosen versetzen, „weil das nach außen hin einen besseren Eindruck macht". Es sollte also nach außen hin so aussehen, als ob ich es sei, der sie in diese große, pekuniäre Not gestürzt habe.

Der Artikel des Lebius im „Bund" enthielt nur eine einzige Wahrheit, nämlich meine damalige Fahrt mit der Pollmer nach der Mendel. Das andere alles war ein großer, abstoßender Wust von Unwahrheiten vom Anfang bis zum Ende. Diese Fahrt wurde mit einer Menge von Gemeinheiten und Schlechtigkeiten, die ich begangen haben sollte, verbrämt. Es glich einem grausigen Schundroman allerniedrigsten Rangs. Ich musste unbedingt wissen, wie weit die direkte Beteiligung der Pollmer an diesem Machwerk reiche, und erhob darum Privatklage gegen sie. Es stellte sich heraus, dass sie jene Reise nach der Mendel allerdings derart geschildert hatte, dass sie als Opfer schien, aber alle die anderen Unwahrheiten waren freie Erfindungen und Verzerrungen des Herrn Lebius, die er beigefügt hatte, um mich als Lump und Gauner darzustellen.

Um der Pollmer einen rettenden Rückweg zu mir und zur Wahrheit zu schaffen, gab ich mir in diesem Beleidigungsprozess alle Mühe, das, was sie erzählt hatte, von dem, was von Lebius hinzugefügt worden war, trennend herauszusuchen. Ich wollte und wollte einen Grund haben, ihr verzeihen zu dürfen. Leider aber stand sie so sehr unter dem Bann dieses Mannes, dass sie jeden Schriftsatz, der von ihm stammte, unterschrieb, ohne ihn gelesen zu haben. Sie nahm alles, und zwar ungeprüft, auf sich. Wo etwas Schlimmes über mich behauptet wurde, stand „Frau

Emma May" darunter. Das war ein Missbrauch meines Namens, den ich ganz unmöglich länger dulden konnte. Aber noch schonte ich; ich tat keinen gerichtlichen Schritt, sondern ich machte nur in einem Schriftsatz darauf aufmerksam, dass es Frau Pollmer untersagt sei, meinen Namen zu führen. Als Lebius hierauf in seinem nächsten Schriftsatz sich nicht entblödete, zu behaupten, dass der ihr rechtlich zukommende Name nicht Pollmer, sondern May sei, war ich dann freilich gezwungen, ihnen das Gegenteil zu beweisen. Die Sache wurde vor Polizei und Gericht gebracht und die Führung des Namens May ihr bei Androhung der schon oben erwähnten Strafe verboten. So wurde sie also durch Lebius nun auch, nachdem sie schon ihre Rente verloren hatte, um meinen Namen und infolgedessen um ihre bisherige gute Stellung gebracht. Wie raffiniert und erbarmungslos man vorgegangen ist, um die Pollmer vollständig verarmt und schutzlos in die Hände des Lebius zu bringen, geht auch aus Folgendem hervor:

Am 3. Mai 1909 bekam ich von Wilhelm Heyder, dem Wirt der Frau Pollmer in Weimar, eine Depesche. Sie war von Weimar fort und ihm die Miete schuldig geblieben. Er wollte sie pfänden lassen und fragte mich, ob ihre Möbel ihr einwandfreies Eigentum seien. Siehe Beweis Nr. 26. Ich antwortete ihm derart, dass ihr die Möbel blieben. Trotz dieser Not, in der sie sich also befand, verzichtete der Schwager des Lebius, Rechtsanwalt a. D. Medem, auf ihre Rente, indem er mir am 8. Juni schrieb, dass er den Vertrag, der ihr diese Rente sicherte, als völlig unverbindlich ansehe. Siehe Beweis Nr. 27. Und am 20. Juli 1909 bekam ich vom Wirt einen Brief, in dem er mir mitteilt, sie sei „seines Wissens" in Berlin, habe ihn aber noch immer nicht bezahlt, und er müsse sie folglich auf Räumung der Wohnung verklagen. Siehe Beweis Nr. 28. Also sie hat im Mai kein Geld zur Miete und soll gepfändet werden; sie hat im Juli kein Geld zur Miete und soll verklagt und gepfändet werden, und im Juni, also mitten in dieser Bedrängnis, verzichtete Lebius durch seinen Schwager auf 3.000 Mark Rente für sie! Ist das nicht unerhört? Und sie selbst hat mir und meiner Frau sodann in Dresden die Versicherung gegeben, dass Lebius sie in Berlin habe verführen wollen, „lieber ihre Pension **gar nicht zu bezahlen**, sondern sie schuldig zu bleiben", ganz selbstverständlich **zur großen Schande ihres geschiedenen Mannes**, von dem es dann geheißen hätte, er habe sie zur Betrügerin gemacht!

Das war die Zeit, in der er sie durch diese Not zwang, ihre Juwelen zu verpfänden, zu meiner Schande und damit sie leben könne. In dieser schweren, monatelangen Zeit bröckelte er der armen Frau, die gewohnt war, aus dem Vollen zu leben, nach und nach 200 armselige Märkchen hin und forderte aber dafür 300 Mark zurück, indem er mit Zahlungsbefehl drohte. Im Vertrauen auf ihn hatte sie mich und meine Unterstützung verscherzt. Sie glaubte, nun nur ihn allein zu haben und nur noch von seiner „Güte" leben zu können. Darum stand sie ihm für die armen Brocken, die er ihr hinwarf, Rede und Antwort auf alles, was er sie über mich fragte, bis nichts mehr aus ihr herauszuholen war. Alles, was er da hörte, wurde von ihm in seiner Weise und nach seinen Bedürfnissen bearbeitet und dann vor Gericht oder öffentlich gegen mich vorgebracht. Aber für alles dies zahlte er nichts als nur die 200 Mark. Sie hätte nun verhungern können, wenn ihr nicht ein alter Bekannter von uns, der in Württemberg lebt, eine größere Summe vorgeschossen hätte. Sie nahm an, dass ich diese Schuld für sie bezahlen und ihr helfen würde, von Lebius loszukommen, falls sich die richtige Person zur Vermittlung finden ließe. Sie sandte darum die Operndiva und Kammersängerin Fräulein vom Scheidt zu mir, die zwar früher gegen mich gewesen war, nun aber eingesehen hat, dass nicht Lebius, sondern ich es war, der es ehrlich mit der Pollmer meinte. Sie bat eindringlich. Sie legte im Namen der Pollmer alle Geständnisse ab, die mich veranlassen konnten, ihr zu verzeihen. Sie teilte mir auch die wörtliche Versicherung der Pollmer mit, **Lebius habe schlimm an ihr gehandelt; er sei „ein Schuft, der über Leichen geht"!**

Dieses Wort ist eine Beleidigung, wie man sie sich gar nicht größer denken kann. Er hat sie wiederholt gehört oder gelesen; er hat sie sogar aus meiner Hand zu lesen bekommen, sich aber nie dagegen gewehrt, sondern sie auf sich liegen lassen. Er muss also sehr genau wissen, dass ihm die Wahrheit dieses Ausspruchs bewiesen werden kann. Ein einziges Mal nur hat er gedroht, diese Drohung aber nicht ausgeführt. Er schrieb nämlich an Fräulein vom Scheidt, dass er sie und Frau Pollmer verklagen werde, unterließ es aber, dies zu tun. Dieser Brief ist derselbe, in dem er mich einen „geborenen Verbrecher" nennt und der die Veranlassung zu der für den 18. Dezember zu erwartenden Gerichtsverhandlung in Berlin ist.

Verschiedene Umstände verhinderten die Aussöhnung mit der Pollmer. Sie kam erst den 14. Februar 1910 zu Stande, und zwar bei meinem Rechtsanwalt Franz Netcke in Dresden, bei dem die Pollmer mit ihrem juristischen Vertreter, Rechsanwalt Kurt Thiele, erschien. Die Erklärung, welche sie da abgegeben hat, ist oben auf Seite 100[1] zu lesen. Später, am 14. April 1910, kam ich zu ihr nach Weimar, um meine gegen sie gerichtete Privatklage zurückzunehmen. Die von ihr bei dieser Gelegenheit abgegebenen Erklärungen sind oben auf Seite 98[2] verzeichnet. Die bei diesen Dresdner und Weimarer Erklärungen anwesend gewesenen Anwälte und sonstigen Personen haben eidlich bekundet, dass Frau Pollmer sie vollständig überzeugt und unbeeinflusst abgegeben hat. Ich sicherte ihr gerichtlich eine jährliche Rente von 2.400 Mark auf Lebenszeit zu, stellte aber die ganz selbstverständliche Bedingung, dass sie alle Angriffe etc. gegen mich und die Meinen zu unter-

---

[1] Das entspricht Seite 420 ff. des vorliegenden Bandes.
[2] Seite 419 d. v. Bd.

lassen habe, **widrigenfalls diese Unterstützung sofort verloren gehe.**

Dass Lebius es nicht wagt, gegen den Vorwurf, **er sei ein Schuft, der über Leichen geht,** sich gerichtlich zu wehren, beweist folgender Vorfall:

Der Verlagsbuchhändler Bechly in Berlin hatte gegen Lebius eine Erklärung abgegeben, in welcher Lebius **wissentlich** gefälschte **Tatsachen** und **verwerfliche Absichten** vorgeworfen wurden. Siehe Beweis Nr. **29.** Bechly wurde von Lebius verklagt und ich mit. Die Klage gegen mich zog Lebius zurück, die gegen Bechly blieb stehen. Da bat mich Bechly, ihm einen Schriftsatz gegen Lebius zu machen, und da ich sein Mitangeklagter war, tat ich es. Ich schrieb den in Beweis Nr. **30** vorgelegten Schriftsatz, in dem ich erwähnte, dass Frau Pollmer gesagt habe, Lebius sei ein Schuft, der über Leichen gehe. Ich gab die Pollmer und Fräulein vom Scheidt als Zeuginnen an. Ich wusste, dass dies die beabsichtigte Wirkung auf Lebius sofort haben würde. Und wirklich, es wirkte **sofort.** Am 3. November war dieser Schriftsatz geschrieben und am 5. November, also schon zwei Tage darauf, teilte Lebius Bechly brieflich mit, dass er die Klage zurücknehme. Er fügte aber ergrimmt hinzu: „Herrn May, der den Schriftsatz vom 3. November verfasst hat, können Sie sagen, dass ich die Sache nun satt habe. Ich werde jetzt unter meinem **eigenen** Namen ein umfangreiches Buch herausgeben." Siehe Beweis Nr. **31.**

Diese Rachedrohung ging im Dezember 1910 in Erfüllung. Da erschien seine sehr umfangreiche Broschüre „Die Zeugen Karl May und Klara May", die er als einen „Beitrag zur Kriminalgeschichte unserer Zeit von Rudolf Lebius" bezeichnete. Lebius fühlt sich also berufen, **Mitarbeiter unserer Kriminalistik zu sein!** Diese Mitarbeit scheint aber eine sehr verhängnisvolle für seine eigenen Mitarbeiter zu sein. Denn er hat durch dieses Machwerk seine Mitarbeiterin Pollmer **abermals um ihre Rente gebracht.** Diese unbegreifliche Frau hatte nämlich im Gefühl des Glücks, wieder Geld von mir zu bekommen, ganz vergessen, dass sie nichts mehr gegen mich und die Meinen reden, tun oder schreiben dürfe. Sie schrieb einer Freundin in Berlin einige Briefe, die höchst vertraulich sein sollten. Diese Briefe enthielten so arge Beschuldigungen gegen mich und meine Frau, dass wir sie uns ganz unmöglich gefallen lassen konnten, falls sie uns zu Gesicht kamen. Und sie kamen uns zu Gesicht! Denn weil sie gar so vertraulich waren, wurden sie zu Herrn Lebius getragen und dieser druckte sie mit grenzenlosem Vergnügen in seiner Broschüre ab, die mir von der Post in das Haus getragen wurde. Das konnte mich gar nicht wundernehmen, denn diese ebenso verschwiegene wie vertraute Freundin war keine andere als die bekannte vielnamige „Löwin", welche mich einst so heiß geliebt hatte, dass sie mir jetzt unbedingt eine Grube graben musste. Doch stürzte in diese Grube nur die Pollmer, nicht aber ich. Sie verlor ihre Rente wieder, und zwar wie es scheint für immer, denn es ist nicht jedermanns Sache, der Unvernunft Tausende und jährlich neue Tausende zuzuwerfen, um für diese völlig unverdiente Güte nichts als nur Undank und endlose Aufregung zu ernten. In diesen Briefen handelt es sich nämlich darum, dass ich Blutschande mit einem achtjährigen Kind, der Tochter einer Schwester, begangen haben soll. Das ist sogar angezeigt und vom Staatsanwalt untersucht worden. Wenn die Pollmer, das Karnickel und der Lebius bei solchem Wahnsinn angekommen sind, so kann ich für die Erstere nichts mehr tun, als dass ich sie den beiden andern nun ganz und für immer überlasse. Sie ist freilich heftig erschrocken, als der Rentenzahltag kam, aber kein Geld. Sie wendete sich sofort an diese beiden andern, und zwar in einer Weise, dass Lebius sich gezwungen gesehen hat, ihr Ersatz für den Verlust zu verschaffen, freilich nur mangelhaft. Er hat ihr hundert Mark pro Monat bezahlt und damit abermals bewiesen, dass er sich keineswegs sicher fühlt. Er weiß, dass sie in mehreren Prozessen zwischen ihm und mir als Zeugin auszusagen hat, und ebenso weiß er, welchen Wert das Geld bei ihr besitzt. Er gibt ihr dieses Geld, während ich es ihr entziehe, weil sie das vollständig verdient und weil ich es nicht nötig habe, mir das Wohlwollen eines Zeugen zu erkaufen.

Neunhundert Mark sind es, die er ihr in diesem Jahr vom Januar bis September entrichtet hat; da aber hörte es auf. Das war vorauszusehen gewesen. Sie bat mich brieflich, mit mir sprechen zu dürfen. Ich erlaubte es ihr; sie kam. Sie klagte mir ihre Not. Sie habe nur noch dreißig Mark gehabt und die seien alle geworden. Sie verlangte Fortsetzung der Rente. Sie bat nicht darum, sondern sie forderte. Ich kenne sie genau genug, um zu wissen, dass dahinter ein Trick von Lebius zu suchen war. Er wollte sie im Guten loswerden und ich sollte mich im Bösen zur Zahlung zwingen lassen. Ich erklärte, dass ich ganz unmöglich Geld geben oder gar eine Rente zahlen könne, weil das den Anschein hätte, als ob ich mir jetzt, für November und Dezember, wo sie zweimal als Zeugin benannt worden sei, ihr Zeugnis erkaufen wolle. Ich könne sie freilich nicht hungern lassen und werde ihr etwas borgen; zu Weiterem aber sei ich nicht befugt. Ich borgte ihr 300 Mark; sie gab mir einen Schuldschein dafür.

Drei Wochen später schrieb sie wieder nach Geld; aber sie verlangte nicht etwa ein Darlehen wieder, sondern ihre Rente. Das klang ganz wie Lebius! Und um ihre Forderung zu unterstützen, drohte sie mir mit ihren „Memoiren". So lächerlich das klingt, so meint sie es doch ernst und Lebius steht dahinter. Er will die Zahlungen loswerden! Sie behauptet, es sei ein Berliner Verleger bei ihr gewesen – den Namen weigert sie sich, zu nennen – und habe ihr angeboten, ihre Memoiren herauszugeben; einen Schriftsteller habe er schon dazu, und wenn sie einwillige, so gebe er ihr sofort 500 Mark voraus!

Ich habe ihr gar nicht geantwortet; sie geht mich nichts mehr an, außer es gelingt ihr, mich zu überzeugen, dass sie doch noch nicht die ganz Verlorene ist, für die ich sie jetzt halte. – – –

Berufungssache May-Lebius
16 P. 221/17 10

Am 22. November 1909 schrieb Lebius an die Kammersängerin Fräulein vom Scheidt folgenden Brief:

„Sehr geehrtes gnädiges Fräulein!
Da ich seinerzeit mit dem Schriftsteller Karl May, **den ich für einen geborenen Verbrecher halte,** sehr schlechte Erfahrungen gemacht hatte, so wandte ich mich im Frühjahr d. J. an seine geschiedene Gattin, die auch ein Opfer seines kriminellen Egoismus geworden war. Frau Emma bat mich mit Tränen in den Augen, ihr wieder zu ihrem Recht zu verhelfen. Sie sagte mir, sie hätte seit Jahren nach einem Schriftsteller ausgeschaut, der für ihre Sache auch vor der Öffentlichkeit kämpfen wolle. Sie brachte mir Feder und Papier und diktierte mir alle für einen solchen Kampf wichtigen Angaben. Als nun May im Verlauf dieses Kampfes seiner geschiedenen Frau die Monatsrente entzog, habe ich Frau Emma mit mehreren hundert Mark unterstützt und ihr gesagt, **dass ich ihr bis an ihr Lebensende hundert Mark Monatsrente gewähren würde,** falls von May die Rente auf rechtlichem Weg nicht zu erhalten sei. Auf Anraten meines Rechtsanwalts habe ich allerdings im Hinblick auf meine gerichtliche Einigung mit May **verlangt, dass Frau Emma erst einen Teil ihrer Schmucksachen versetzt, weil das nach außen hin einen besseren Eindruck macht.**
Ich habe mich sodann mit aller Macht des Rechtsschutzes der Frau Emma angenommen und hintereinander folgende Rechtsanwälte mit der Bearbeitung der Mayschen Akten betraut:

1. Rechtsanwalt Medem
2. Rechtsanwalt Dr. Miethke
3. Rechtsanwalt Dr. Blau
4. Geheimer Justizrat Ueberhorst und
5. Rechtsanwalt Dr. Gerlach.

Nachdem ich nun in diesem Rechtskampf mehrere hundert Mark Verbindlichkeiten eingegangen bin, höre ich plötzlich zu meinem größten Befremden in einem von May verfassten Schriftsatz, dass Frau Emma, ohne mich und ihre Rechtsanwälte zu benachrichtigen, durch Sie mit May in direkte Verhandlung getreten ist. May schreibt sogar, Frau Emma hätte durch Sie ihm erklären lassen: ‚**Lebius sei ein Schuft, der über Leichen ginge.**‘

Ich ersuche Sie höflichst um Aufklärung, **widrigenfalls ich gegen Sie und Frau Emma die Privatbeleidigungsklage anstrengen werde.** Ich habe auch durch meinen Syndikus Herrn Geheimrat Ueberhorst Schritte vorbereiten lassen, **um wieder zu meinem Geld zu kommen.**

Hochachtend
gez. Rudolf Lebius"

Lebius nennt mich in diesem Brief einen „**geborenen Verbrecher**". Er gibt zu, der Pollmer mehrere hundert Mark gegeben und ihr versprochen zu haben, dass er ihr bis an ihr Lebensende hundert Mark Monatsrente gewähren würde. Er gesteht ein, **auf Anraten seines Rechtsanwalts** von ihr **verlangt** zu haben, erst einen Teil ihrer Schmucksachen zu versetzen, weil das nach außen hin einen bessern Eindruck mache. Und er droht, dass er bereits rechtsverbindliche Schritte getan habe, wieder zu seinem Geld zu kommen. Infolge dieses Briefes war ich nicht nur gegen mich, sondern auch gegen Frau Pollmer verpflichtet, Beleidigungsklage gegen Lebius anzustrengen. Ich tat es.

Lebius beantwortete meine Klage am 24. März 1910.

Er bestritt, dass er behauptet habe, ich sei ein geborener Verbrecher. Sei dieser Ausdruck doch gefallen, so sei es nicht in beleidigender Absicht geschehen. Vielmehr sei dieser Ausdruck keine Beleidigung, sondern eine Entschuldigung für mich. Er trete aber den Wahrheitsbeweis für diese Behauptung an. Um diesen Beweis zu erbringen, brachte er über 30 Punkte, in denen er alle die Schwindler- und Banditen-Fälschungen, mit denen er mich schon seit Jahren bewirft, auffürt. Sie sind so allgemein bekannt, dass ich es nicht für nötig halte, sie hier zu wiederholen. Um Ordnung in die Beantwortung dieser Punkte zu bringen, bezeichnete ich sie mit a bis z und aa bis ff und schrieb mir alles nieder. Diese Niederschrift memorierte ich, um sie in der Hauptverhandlung mündlich vorzutragen. Ich hielt es nicht für nötig, einen Rechtsanwalt mitzunehmen. Die Beleidigung erschien mir so klar erwiesen, und was den „Wahrheitsbeweis" bilden sollte, das setzte sich aus so vielen teils lächerlichen, teils empörenden Unwahrheiten und Erfindungen zusammen, dass es gewiss keines Advokaten bedurfte, die Notwendigkeit einer Bestrafung einzusehen. Dies war zwar richtig, aber ich hatte jene juristischen und prozessualen Imponderabilien vergessen, die ich nicht kannte, mit denen sich aber ein jeder, der Prozesse führt, vertraut zu machen hat. Die schriftliche Aufzählung der Punkte, welche ich mündlich vortragen wollte, war, indem ich die Seiten der Lebiuschen Klagebeantwortung beziffere, folgende:

a) Welches sind die verschiedenen Diebstähle, wegen denen ich aus dem Seminar zu Waldenburg entlassen bin? Seite 2.

b) Beweis, dass ich meinem Vater eine Uhr und eine Tabakspfeife als Weihnachtsgeschenk mitgebracht habe. Seite 2.

c) Beweis, dass ich von Einbrüchen lebte. Seite 3.

d) Beweis, dass ich in einen Uhrenladen in Niederwinkel eingebrochen bin. Seite 3.

e) Beweis, dass ich im Zuchthaus tausenderlei Pfiffe und Kniffe lernte. Seite 3.

f) Beweis, dass ich den Deserteur Krügel im Wald traf, ihm meine Not klagte und mit ihm eine Räuberbande bildete. Seite 3.

g) Beweis, dass ich eine Räuberhöhle bewohnte. Seite 3.

h) Beweis, dass ich Marktfrauen räuberisch überfiel. Seite 3.

i) Aufzählung der „fortgesetzten Diebstähle, Einbrüche und sonstigen Schwindeleien", die ich als Räuberhauptmann verübt habe. Seite 3.

k) Beweis meiner Ausraubung eines Uhrenladens in Waldenburg mit 520 Taler Goldwaren. Seite 4.

l) Beweis, dass ich Schlingen für Klein- und Großwild gelegt habe. Seite 4.

m) Beweis, dass Vogel, Gäpner und die Schramm meine Hehler waren und dass bei unseren Gelagen der Wein in Strömen floss. Seite 4.

n) Beweis der vielen gestohlenen Kleidungsstücke, der Gefangenenaufseher-, Gerichtsdiener- und Amtsdieneruniformen, in die ich mich verkleidet haben soll. Seite 4.

o) Beweis der Flucht auf den beiden Pferden. Seite 4.

p) Beweis, dass ich geschrieben habe: „Hier haben May und Krügel gesessen und haben Brot und Wurst gegessen." Und: „Heut habe ich hier genächtigt. Karl May, Räuberhauptmann." Seite 5.

q) Beweis, dass ich mir von den Bauern Leonhardt in Hermsdorf auf diese Weise 800 Taler erschwindelte. Seite 5.

r) Beweis, dass ich im Verein mit Krügel und derart verkleidet diesen Bäcker um 1.000 Taler brachte. Seite 5 und 6.

s) Beweis, dass ich in Mailand war und dort das Nervenfieber bekam. Seite 6. Übrigens soll ich hier, also ca. 1870, in Mailand gewesen sein, und am anderen Ort behauptet der Angeklagte, dass ich vor 1900 nicht aus Deutschland hinausgekommen sei! Seite 6.

t) Beweis, dass ich Krügel, den ich gar nicht kannte, Geld gegeben habe! Gar in Posten von 500 Mark! Das letzte Mal vor drei Jahren, also 1907. Er ist aber schon 1901 gestorben![1]

u) Beweis, dass Pustet „fromme" Reiseerzählungen bei mir bestellte. Seite 7.

v) Beweis, dass ich gesagt habe: „Soll ich etwa hungern?" Seite 7.

w) Beweis, dass ich bei der Prinzessin in Waldenburg war und mehrmals abgeholt wurde im fürstlichen Wagen. Seite 7.

x) Beweis, dass ich in ersten Dresdener Kreisen verkehre. Seite 7.

y) Beweis, dass Pustet mich damals vor die Wahl gestellt hat. Ich schrieb schon nicht mehr für ihn. Hatte längst schon mitten in einer Erzählung abgebrochen, und zwar eines Waschzettels wegen! Seite 8.

z) Beweis, dass ich dem Verlag gestattete, die unsittlichen Stellen nach Belieben fortzuführen. Und dass der Verlag mir alle Manuskripte aushändigte. Ich habe kein einziges bekommen! Seite 8.

aa) Beweis, dass ich im Jahr 1900 zum ersten Mal aus Deutschland hinausgekommen bin. Seite 9.

bb) Beweis, dass mein Vater vor Eitelkeit über den „Verbrecher" platzte. Seite 10.

cc) Beweis, dass ich für diese angeblich „gefälschte" Urkunde 50 Mark gegeben habe. Seite 10.

dd) Beweis, dass damals, also vor meiner Scheidung, in mir der Plan reifte, die Witwe Plöhn zu heiraten. Seite 10.

ee) Beweis, aus der „Augsburger Postzeitung", dass und wie ich meine Anhänger beschwindele. Seite 12.

ff) Beweis, dass der ehemalige Staatsanwalt und jetzige Rechtsanwalt Dr. Thieme in Dresden auf Grund gewisser Briefe und Unterlagen gesagt habe, dass hier ein großer Schwindel verübt worden sei und Karl May und seine jetzige Frau wegen Meineids in das Zuchthaus kommen würden. Dr. Thieme hat nämlich am 11. Februar als Zeuge

---

[1] Hier fehlt bereits im Erstdruck der Seitenhinweis.

erklärt, dass es ihm unmöglich sei, sich dieser Angelegenheit zu erinnern.

Das Übrige muss ich hier übergehen, weil es Gegenstand einer anderen Klage ist. Aber alle die jetzt von a) bis ff) aufgeführten Punkte **nehme ich in die gegenwärtige Beleidigungsklage auf und stelle sie zur Bestrafung, und zwar nach den §§ 185, 186 und 187 des Strafgesetzbuchs.** Denn wenn schon die 31 angeführten Punkte das „**Wider besseres Wissen**" vollauf beweisen, so geht doch noch viel mehr aus dem eigentlichen Bestreben des Angeklagten, alles so gefährlich wie möglich für mich zu gestalten, die unverkennbare Absicht hervor, alles zu übertreiben und in ein schlimmeres Licht zu stellen, als sich mit der Wahrheit verträgt. Das, was er da tut, das tut er **wissentlich**, mit **voller Absicht und Überlegung.**

Die Hauptverhandlung fand am 12. April 1910 statt. Sie verlief ganz anders, als ich erwartet hatte, und brachte ein geradezu frappierendes Resultat. Es kann mir nicht einfallen, dem Vorsitzenden persönlich nahe treten zu wollen, aber er schien wegen der Überzahl der heut zu erledigenden Sachen große Eile zu haben, und ich gewann den Eindruck, als ob er gesonnen sei, die unserige in höchstens einer halben Stunde zu erledigen. Es gab eine Eile, die schon gleich vom Anfang an zum Schluss drängte. Lebius resp. sein Anwalt sprachen in einem fort. Mir wurde hier und da eine Frage vorgehastet, doch ohne dass ich den nötigen Raum bekam, sie sachgemäß zu beantworten. Die Anklagen schwirrten nur so gegen mich; man konnte zwischen ihnen kaum Atem holen. Ich konnte nur immer wieder bitten, auch sprechen zu dürfen. Da musste ich, ohne mich verteidigen zu können, anhören, dass ich schon im Seminar eine Uhr und Meerschaumpfeife gestohlen, dann in den Wäldern eine Räuberbande gebildet, Marktweiber angefallen, Uhrenläden ausgeraubt, zahlreiche Einbrüche verübt habe usw. usw. Lebius wurde von dem Vorsitzenden als ein **sehr edler** Mensch bezeichnet, obgleich er eingestehen musste, dass er meine geschiedene Frau nur aufgesucht habe, **um sich Prozessmaterial gegen mich zu holen.** Auch dass er ihr Geld gegeben habe, gab er zu. Und plötzlich, ganz unerwartet, klappte dieser Herr die Akten zu, zog sich in das Beratungszimmer zurück und verkündete wiederkehrend, dass Lebius zu **fünfzehn Mark Geldstrafe** verurteilt worden sei. Der Anwalt des Angeklagten erhob Einspruch. Es könne noch gar kein Urteil gefällt werden, weil er mit seinen Ausführungen noch keineswegs zu Ende sei. Und, was ich für ganz unmöglich gehalten hätte, die Verhandlung begann von neuem. Es wurde mir kaum Zeit zu dem Einspruch gelassen: „**Ich denke, es ist soeben ein Urteil verkündet worden!**" Der Rechtsanwalt des Angeklagten durfte sprechen, wie, was und so lange er wollte, ich aber nicht. Ich legte dem Vorsitzenden die Schrift mit den 31 Punkten vor und sagte ihm, dass ich das vortragen werde. Ich tat dies mehrere Male. Als der gegnerische Rechtsanwalt endlich aufhörte, wurde ich gefragt, ob und was ich hierauf zu erwidern habe. Ich bat um ca. zwei Stunden Zeit, meine Punkte vorzutragen. Nach dem, was man hier alles gegen mich vorgebracht habe, könne ich mich ganz unmöglich kürzer fassen. Hierauf bekam ich keine Antwort. Der Vorsitzende schob mir meine Aufzeichnungen zurück, klappte seine Akten wieder zu und zog sich mit den Schöffen zur abermaligen Beratung zurück. Als er wiederkam, verkündigte er, dass Lebius **freigesprochen** worden sei! Das geschriebene Urteil, welches auch die „Gründe" enthält, ging mir später zu. Es lautete:

„Im Namen des Königs

In der Privatklagesache des Schriftstellers Karl May in Dresden, Villa Shatterhand, Privatklägers, gegen den Journalisten Rudolf Lebius in Charlottenburg, Momsenstr. 47, vertreten durch die Rechtsanwälte Paul Bredereck, Dr. Karl Walter und Dr. Kretschmann in Berlin, Friedrichstr. 169, Angeklagten wegen Beleidigung, hat das Königliche Schöffengericht in Charlottenburg in der Sitzung vom 12. April 1910, an welcher teilgenommen haben:

Amtsgerichtsrat Wessel, als Vorsitzender,
Bankbeamter Lange, Gärtner Weber als Schöffen,
Diätar Moldenhauer als Gerichtsschreiber,
für Recht erkannt:

Der Angeklagte wird von der Anklage der Beleidigung freigesprochen. Die Kosten des Verfahrens fallen dem Privatkläger zur Last.

Gründe.

Der Beklagte und der Ankläger stehen auf sehr feindlichem Fuß und befehden sich gegenseitig durch Presseartikel.

Am 12. November schrieb nun der Angeklagte an die Opernsängerin Frl. vom Scheidt, die mit der geschiedenen Ehefrau des Privatklägers, Emma May, in nahem freundschaftlichen Verkehr steht, einen Brief folgenden Inhalts:

Sehr geehrtes Fräulein!

Da ich seinerzeit mit dem Schriftsteller Karl May, **den ich für einen geborenen Verbrecher halte**, sehr, sehr schlechte Erfahrungen gemacht habe, so wandte ich mich im Frühjahr dieses Jahres an seine geschiedene Gattin, die auch ein Opfer seines kriminellen Egoismus geworden war. Frau Emma bat mich mit Tränen in den Augen, ihr wieder zu ihrem Recht zu verhelfen. Sie sagte mir, sie hätte seit Jahren nach einem Schriftsteller ausgeschaut, der für ihre Sache auch vor der Öffentlichkeit kämpfen wolle. Sie brachte mir Feder und Papier und diktierte mir alle für einen solchen Kampf wichtigen Angaben! – – Ich habe mich fortan mit aller Macht des Rechtsschutzes der Frau Emma angenommen und hintereinander folgende Rechtsanwälte mit der Bearbeitung der Mayschen Akten betraut. 1. Rechtsanwalt Medem etc... Nachdem ich nun in diesem Rechtskampf mehrere hundert Mark Verbindlichkeiten eingegangen bin, höre ich plötzlich zu meinem größten Befremden in einem von May verfassten Schriftsatz, dass Frau Emma, ohne mich und ihre Rechtsanwälte zu benachrichtigen, durch Sie mit May in direkte Verhandlungen getreten ist. May schreibt sogar, Frau Emma hätte durch Sie ihm erklären lassen ‚Lebius sei ein Schuft, der über Leichen ginge'. Ich ersuche Sie höflichst um Aufklärung, widrigenfalls ich gegen Sie und Frau Emma Privatbeleidigungsklage anstrengen werde.

Durch diesen Brief verfolgte der Angeklagte sowohl fremde Interessen, nämlich die der Ehefrau des Privatklägers, als auch die eigenen, wie aus dem Schlusssatz hervorgeht.

Frau Emma, die geschiedene Frau des Privatklägers, hatte ihn mit der Wahrnehmung ihrer Rechte gegenüber dem Privatkläger betraut. Die Wahrnehmung ihrer Interessen beruhte daher nicht lediglich auf ethischen Gründen wie Mitleid.

Da aber der § 193 St.G.B.s sich auch auf § 185 St.G.B.s bezieht, so kommt in Frage, ob dem Angeklagten wegen der gerügten Ausdrücke der Schutz jenes Paragrafen zugesprochen ist.

Die Bezeichnung ‚geborener Verbrecher' ist erst neuerlich auf Grund der von Lombroso gemachten Untersuchungen in die gerichtlich-medizinische Wissenschaft eingeführt. Ob nun die von dem Angeklagten über den Privatkläger in dem Brief an Frl. vom Scheidt ausgesprochene Ansicht zutreffend ist oder nicht, könnte nur auf Grund eingehender Gutachten von Sachverständigen festgestellt werden.

Dagegen sind die aus dem Vorleben des Privatklägers von dem Angeklagten angeführten Begebenheiten noch keineswegs maßgebend.

Das Gericht hatte daher keine Veranlassung, die umfangreichen Wahrheitsbeweise, auf die sich Angeklagter bezieht, zu erheben, zumal nur wegen formeller Beleidigung aus § 185 St.G.B.s das Verfahren eröffnet ist. Dass Privatkläger bereits mehrmals vorbestraft ist, gibt dieser zu.

Auch wenn unter den Vorstrafen sich entgegen der Behauptung des Angeklagten keine Zuchthausstrafe befinden sollte, so ist dennoch aus dem ganzen Zusammenhang des Briefs und der Anwendung des fachmännischen Ausdrucks noch keinesfalls auf eine Absicht der Beleidigung zu schließen.

Wie aus dem Brief weiter hervorgeht, fasst der Angeklagte die Bezeichnung ‚geborener Verbrecher' als kriminellen Egoismus auf, dem auch seine geschiedene Ehefrau als ‚Opfer' verfallen sei.
Das Gericht ist daher auf Grund des § 193 St.G.B.s zu einer Freisprechung gelangt. Die Kostenentscheidung beruht auf § 499, 503 St.P.O.

gez. Wessel

Ausgefertigt
Charlottenburg, den 22. April 1910
Kantstr. 7"

Es versteht sich ganz von selbst, dass ich gegen dieses Urteil Berufung einlegte. Dies geschah schon am 15. April. Es war hochinteressant, zu beobachten, wie Lebius und Genossen sich zu dieser Zeit gebärdeten. Es handelte sich hier keineswegs um einen hochwichtigen Prozess, auf den die Augen der ganzen Welt gerichtet sein müssen, sondern um eine ganz kleine, bescheidene Beleidigungsklage, für welche sich eigentlich kaum ein halbes Dutzend Personen zu interessieren hatten. Auch lag nicht etwa eine große, endgültige Entscheidung vor, sondern das Urteil fiel nur in erster Instanz und es war sogar fraglich, ob es überhaupt als Urteil gelten dürfe. Auch lagen in anderen Gerichtsämtern verschiedene Klagesachen, die ganz unvergleichlich wichtiger waren als dieser sehr einfache Handel um den „geborenen Verbrecher". Lebius aber beeilte sich, sie als eine cause célèbre[1] darzustellen, durch welche ein für alle Mal über mich und mein Schicksal entschieden worden sei. Mit einem Wort, ich war vernichtet worden, vollständig vernichtet! Er schien mit Unterstützung seiner Zeitungsagentur Tag und Nacht an der Arbeit zu sein, seinen großen Sieg und meinen moralischen Untergang durch die Zeitungen aller Länder zu schleifen. Ich wurde sogar abgebildet. Die „Wiener illustrierte Kronen-Zeitung" z. B. brachte mich, tiefgebeugt vor meinen Richtern stehend, sodann mich und einen Räuber befreiend, und setzte darunter „Der entlarvte Karl May, zuerst Räuber, dann Jugendschriftsteller". Siehe Beweis 33. – Das war eine Zeit der raffiniertesten Demütigungen, die sogar heut noch nicht vorüber ist. Ich erinnere nur an die bereits erwähnte amerikanische Zeitung, welche tausenden von Lesern da drüben erzählte, dass ich in dieser Verhandlung zusammengebrochen sei und dass sich meine Freunde auf mich stürzen mussten, um mich vor Selbstmord zu bewahren. Alle Welt glaubt diese Unwahrheiten und alle Welt hält mich nun wirklich für den herabgekommenen Menschen, als den Lebius mich hinstellte. Ich hatte keine literarischen Gegner mehr, sondern nur noch persönliche Feinde, welche meine Bücher ebenso wie mich selbst in Verruf erklärten.

Meine Berufung gegen das Wesselsche Urteil wurde von meinen Anwälten begründet. Ihre Schriftsätze gehören nicht hierher. Wohl aber habe ich den gegnerischen Antworten einige Bemerkungen zu widmen, denen eine höchst

---

[1] Frz.: berühmter Rechtsstreit, Angelegenheit von öffentlichem Aufsehen

wichtige Frage vorangestellt werden muss, nämlich die Frage: Ist es wahr, dass man einen ehrlichen Gegner am leichtesten dadurch vernichtet, dass man ihn durch Beschimpfung zu einer Beleidigungsklage zwingt? In dem Recht, sich verteidigen zu dürfen, häuft man dann so viel Schmach und Schande auf ihn, dass er entweder darunter ersticken muss oder wenigstens derart eingeschüchtert wird, dass er es nie wieder wagt, sich auch als Mensch zu fühlen! So geht es mir! Ich werde ein geborener Verbrecher genannt; ich verklage. Der Mann, der mich beleidigte, zählt in der Verhandlung eine Menge von Unwahrheiten auf, die mich von neuem, und zwar vierzigfach beleidigen. Aber er bringt keinen Beweis für die Wahrheit dieser Behauptungen, nicht einen einzigen! Ich will mich verteidigen; ich darf nicht. Ich will diese neuen Beleidigungen mit zur Privatklage fügen, damit auch sie zu bestrafen sind. Ich sage das; aber ich weiß nicht, ob man es hört oder ob man darauf achtet. Ich bitte, mir Zeit zur Aussprache, zur Erweiterung des Strafantrags zu stellen; man verweigert sie mir. Der Richter lässt mich mit meiner Bitte stehen, klappt die Akten zu und spricht den Angeklagten frei! Wie steht es nun? Ist Lebius noch immer nur wegen der einen Beleidigung angeklagt, dass er mich einen geborenen Verbrecher nannte, oder auch wegen der 31 Punkte, die ich bringen wollte, aber nicht bringen durfte? Und nun in der zweiten Instanz bringt er wieder keinen einzigen Beweis für das, was er in der ersten behauptete, wohl aber immer nur Verleumdungen, die kein Ende nehmen wollen. Und welche Blindheit mutet er den Lesern seiner Schriftsätze zu! Man hat bei jeder Zeile das Gefühl, als ob man auf das Eis geführt werden soll. Oder ist es nicht ein „Auf das Eis geführt werden", wenn der Angeklagte sich befähigt glaubt, hochgebildete juristische Fachleute mit Ausdrücken, wie „kriminalistische Wissenschaft", „kriminalanthropologische Schule" zu düpieren? Siehe sein Schriftsatz vom 16. Juni 1910, erste Alinea. Wenn Lombroso einem berühmten Psychiater schreibt, das

Schinderhannes ein geborener Verbrecher gewesen sei, so handelt es sich hier um zwei hervorragende Fachmänner, die das nicht persönlich, sondern fachlich betrachten, und der, den es betrifft, ist schon über hundert Jahre tot; ihn kann es nicht mehr berühren. Wenn aber Lebius an Fräulein vom Scheidt schreibt, er halte May für einen geborenen Verbrecher, so handelt es sich (die Dame wird es mir wohl verzeihen) um zwei Personen, welche von „kriminalanthropologischen" Dingen nicht das Mindeste verstehen, und Karl May ist nicht seit 100 Jahren tot, sondern noch am Leben. Mit anderen Worten: Wenn Lombroso es an Professor Wundt nach Leipzig schreibt, so ist es ein psychologischer Terminus technicus; wenn aber der Verfasser von Tripperspritzenromanen es an eine Sängerin nach Weimar schreibt, so ist es eine Beleidigung, die umso größer und strafbarer ist, als dieser Mann ganz genau wusste, dass May und diese Dame miteinander verkehrten!

Wenn Lebius mich in der nächsten Alinea dieses Schriftsatzes als ein Musterbeispiel für kriminalpsychologische Erscheinungen bezeichnet, so ist das eine neue Auflage, ja eine Verstärkung der Beleidigung. Was Herr Wulffen über mich schreibt, ist freilich höchst interessant, aber Herr Lebius versteht davon wahrscheinlich noch weniger als Herr Wulffen. Klarer und bedeutend wissenschaftlicher ist, was andere, objektivere Gelehrte über mich schreiben, z. B. der berühmte Psychologe und Folklorist Dr. Friedrich Krauß in Wien, der in einer Kritik meiner Autobiografie folgendermaßen schreibt:

„**Karl May.** Mein Leben und Streben. Selbstbiografie. Band I. 319 S. 8°. Freiburg i. B. (1911). F. E. Fehsenfeld.

Seit 15 Jahren zählt May zu den gelesensten, weil beliebtesten und darum verfolgtesten deutschen Schriftstellern. Der ungeheure Erfolg seiner eine

Bibliothek bildenden Schriften zeitigte eine Schar von Erpressern, die ihn auf verbrecherische Weise verleumdet und vor die Gerichte zerrt, nachdem es ihnen auf die Dauer missglückte, ihn bis auf die Knochen auszurauben. Sie entdeckten, dass er vor 45-50 Jahren ‚vorbestraft' sei und dichteten ihm gruselige Banditenstreiche an, die zu schlecht erfunden sind, als dass sie anders denn **Ekel erregend** wirken könnten. Und doch haben sie mittelbar das Verdienst, dass sie May zur Abfassung dieses Buches veranlassten. **Hätte May nichts anderes als diese Selbstbeichte geschrieben, so verdiente er schon daraufhin den Namen eines unserer größten, unserer ehrlichsten Schriftsteller.** Für den Psychoanalytiker als den eigentlichen Sexualforscher ist die Arbeit ein kostbares Geschenk. Ohne es selber zu merken, entwirft May von sich ein ganz vortrefflich anschauliches Bild eines schwer belas-teten Neurotikers, der da seine durch eine verpfuschte Jugend krankhaft gesteigerte Sexualität endlich zu einem religiös mystischen Edelmenschentum sublimiert hat. Der ‚Diebstahl' und der ‚Betrug', derenthalben er jahrelang in Gefängnissen büßte, erscheinen für den Psychoanalytiker lediglich als Zwangshandlungen eines Neurotikers, die als **Strafausschließungsgründe gelten müssen.** Davon hatten seine einstigen Richter offenbar **keine Ahnung**, als sie ihn zu schweren Strafen verdonnerten, und May selber tut sich ein **gewaltig Unrecht** mit seinen Selbstbeschuldigungen an. Wäre er mit den Schriften Freuds und seiner Schüler irgendwie vertraut, so hätte er gleich gemerkt, dass er nur einen typischen Fall von schwerer Neurose darstellt, die wieder bloß infolge des Umstands, dass er trotz seiner Belastung zu höchster literarischer Anerkennung gelangen konnte, von großer Bedeutung ist.

May ist einer von jenen Neurotikern, die sich einbilden, sie seien Verbrecher gewesen und hätten sich erst zu Edelmen-schen emporarbeiten müssen. Er hält darum auch die Erotik für verdammenswert und **verurteilt aufs Allerschärfste die Räuberromantik und die Schundromanfabrikation.** Auch das muss man ihm verzeihen, dem die von gewissen chrowotischen Akademikern erzeugten und als wissenschaftlich-geschichtliche Arbeiten ausposaunten Machwerke unbekannt geblieben sind. Dagegen gehalten wirkt der Schauerroman ‚Rinaldo Rinaldini' wie eine abgeklärte ethnologische Studie Prof. Karl von den Steinens. Mich, der ich glücklicherweise von gesunden Vorfahren abstamme, die sich immer gut nähren konnten, ließen die chrowotisch-akademischen Wahnausgeburten ständig kalt, doch reizten sie mich öfters zu Satiren, während ich sie jetzt als Ausbrüche kranker Gehirne anders zu würdigen weiß. Vor drei Jahren suchte ich May auf, weil ich aus einigen seiner Erzählungen den großen Kenner der Erotik herausfühlte und ihn zum Mitarbeiter zu gewinnen hoffte. In seinem Buch, da deutete er sehr viel vom Schmutz und Sumpfe seines Heimatorts Ernstthal an, und darüber hätte ich gern von ihm genaue Angaben gewünscht. Er versagte, weil ihm die Erinnerung daran weh tat, doch munterte er mich zum Ausharren in meinen Studien auf. Er bewährte sich zu mir **als ein feiner Psychologe** und wir sind seither in freundschaftlichem Verkehr. Ich denke, es wäre für ihn am besten, er ließe seine Angreifer unbeachtet, anstatt sich über deren Gebelfer fortwährend aufzuregen. **Sie sind seines Zorns nicht wert.**

Krauß"

Diese Kritik steht im VIII. Band der „Anthropophteia", Seite 501, siehe Beweis Nr. 34. Die Lebiussche Behauptung, dass ich von Wulffen eine sträfliche Abfuhr erlitten habe, ist Erfindung. Eine „Abfuhr" auf meine höfliche Anfrage wäre allerdings „sträflich" gewesen und ich hätte es mir auch nicht gefallen lassen; aber er schrieb mir ganz selbstverständlich ebenso höflich wie ich ihm, dass die Entfernung der betreffenden Zeilen aus den gebundenen Bänden eine Unmöglichkeit sei; er wolle sich jedoch mit dem Verleger hierüber verständigen. Aus einer höflichen Antwort eine „sträfliche" Abfuhr machen, nur allein aus sich selbst heraus, das ist wieder einmal ein echt charakteristisches Beispiel von der unheilbaren Art und Weise, in welcher dieser Mann seine eigene Glaubwürdigkeit zerstört.

Wenn man bei sich selbst keine Wahrheit findet, wird man sie beim Gegner erst recht nicht suchen. Es ist also gar nicht zu verwundern, dass Lebius in diesem seinem Schriftsatz vom 16. Juni, Seite 2 behauptet, meine erstinstanzliche Angabe, dass andere unter meinem Namen Verbrechen begangen haben und bestraft worden sind, sei erfunden. Sein Anwalt Blau hat dies in Nr. 6 des Blatts „Das Gericht" vom 21. Mai 1910 in folgender Weise ausgeführt: „May will nämlich glauben machen, dass die Verbrechen von **anderen** Personen ausgeführt worden seien, die sich nur den Namen Karl May beigelegt hätten und auch unter diesem Namen bestraft worden seien. Über diese Ausrede auch nur ein Wort zu verlieren, hieße die Urteilsfähigkeit des Publikums recht gering einschätzen. Wer sich so verteidigt, klagt sich gewiss an." So sagt Herr Blau. Leider muss ich ihn in seiner kriminalistischen Selbstschätzung stören. Ich lege im Beweis **35** die Nummer 162 der „Dresdener Neuesten Nachrichten" vom 18. Juni 1905 bei, auf deren vierter Seite unter der Überschrift „Ein König der Schwindler" über eine Verhandlung vor dem Königlichen Landgericht berichtet wird. Ein alter, abgefeimter und gemeingefährlicher Verbrecher namens Zerabek hatte 32 Betrügereien begangen und sich dabei **den Namen Karl May** beigelegt. Er bekam nach mehrstündiger Beweisaufnahme **acht Jahre Zuchthaus**, 3.300 Mark Geldstrafe und zehn Jahre Ehrverlust. Und das ist nicht der einzige Fall. Ich bin im Stande, mehrere nachzuweisen. Und wem habe ich das zu verdanken? Herrn Lebius und ähnlich gesinnten Leuten, die mich in hunderten von Zeitungen derart schildern, dass die Verbrecherwelt geradezu darauf geführt wird, sich bei ihren Missetaten meinen Namen beizulegen. Es ist das ein Skandal ganz ohnegleichen!

Zu der unwahren Behauptung, dass ich in meiner Vaterstadt Zeugen bearbeitet habe, sage ich der Wahrheit gemäß, dass diese Zeugen, die ich gar nicht kannte, sich mir freiwillig angeboten haben. Sie warnten mich, mir die Lebiusschen Verfolgungen noch länger gefallen zu lassen. Der Vernehmung der hier auf Seite 3 genannten Zeugen sehe ich mit Genugtuung entgegen.

Sollte das Kammergericht wirklich entschieden haben, dass es nicht gleichgültig sei, **wer** beleidigt wird? Oder ist das auch nur ein Lebiusscher Bluff? Bestände diese Entscheidung wirklich, so gnade Gott den armen Vorbestraften! Sie müssten sich lebenslang alles gefallen lassen und könnten nie wieder in die Höhe kommen. Das wäre ja ganz unmenschlich!

Die Wahrheit dessen, was auf Seite 4 erzählt wird, dass die Pollmer durch namhafte Geldunterstützung „umgefallen" und zu mir „hinübergezogen" worden ist, bestreite ich. Sie hält zu ihm und sie steht in seinem Sold. Er hat ihr seit Januar monatlich 100 Mark gegeben, bis September also 900 Mark. Da war sie in Dresden, hatte sich ausgegeben und kam in dieser Not zu mir. Ich borgte ihr 300 Mark gegen Schuldschein, wie jedem anderen Hilfsbedürftigen. Lebius wirft mir vor, dass ich meine geschiedene Frau hungern lasse. Er behauptet, dass ich die Pflicht habe, sie zu unterhalten. Falls ich diese Pflicht aber erfülle, klagt er mich an, diese Frau als Zeugin gegen ihn zu kaufen. Also: Ernähre ich sie, so bin ich ein Schurke gegen ihn, ernähre ich sie nicht, so bin ich ein Schurke gegen sie; folglich bin ich ein Schurke, ich mag sie ernähren oder nicht.

Was aber hat er für ein Recht, für eine Pflicht, ihr Geld zu geben? In welcher Absicht tut er dies? Hat er so viel übrig, wie er ihr zahlt? In der Untersuchung darüber, dass er Krügel 2.000 Mark versprochen habe, behauptet er, er habe ja gar nicht so viel versprechen können, weil er nicht so viel besitze, und der Pollmer verspricht er eine jährliche Rente von 1.200 Mark und hat ihr schon 1.100 Mark gegeben! Und wer bezahlt dieses Geld? Etwa er? Steht nicht etwa im Kassenbuch der GmbH „Der Bund" deutlich zu lesen: „200 Mark Vorschuss für Frau Pollmer?" Wird die Pollmer etwa von dieser GmbH unterhalten, damit ihrem Redakteur Lebius nichts geschehen kann? Er behauptet, im Interesse der Pollmer zu handeln. Konnte er dies nicht tun, ohne sie um ihre Rente, ihren Namen, ihre Stellung, ihre Preziosen und ihre Wahrheitsliebe zu bringen? Musste er sie zu sich nach Berlin zerren? Musste er nicht, wenn er wirklich die göttliche Berufung als Retter der Pollmer hatte, ehrlich Mann gegen Mann zu mir kommen, um mir seine Vokation[1] vorzulegen und die Sache in Ruhe zu besprechen? Und was die Hauptsache ist: Besaß die Pollmer in Wirklichkeit „berechtigte Interessen" gegen mich? Und wenn sie sie besaß, konnten sie nur in dieser rohen, jeder Bildung hohnsprechenden Weise vertreten werden? Und wenn es wahr wäre, dass Lebius wirklich von ihr beauftragt worden wäre, ihre Interessen zu vertreten, besaß sie denn das Recht, diesen Auftrag keinem andern als nur diesem Mann zu erteilen, der einen so unerhörten Missbrauch damit trieb? A. besitzt einen Hund. Er beauftragt den B., diesen Hund zu prügeln. B. aber prügelt den Hund nicht

---

[1] Berufung in ein bestimmtes Amt oder eine Funktion

nur, sondern er sticht ihm die Augen aus und zerschmettert ihm die Beine. Er wird wegen Tierquälerei angezeigt. Kann er freigesprochen werden, weil er behauptet, im Auftrag und im berechtigten Interesse des A. gehandelt zu haben? Gewiss nicht! Nun, A. ist die Pollmer, B. ist Lebius und der gemarterte Hund bin ich!

Was die Erwähnung der Rente auf Seite 5 betrifft, so ist keine Lebiussche Spitzfindigkeit im Stande, es unwahr zu machen, dass diese Rente wirklich eine **rein freiwillige** war. Die Pollmer hatte nichts zu fordern, keinen Pfennig. Wenn ich ihr trotzdem für Lebenszeit jährlich 3.000 Mark sicherstellte, so geschah das aus reiner Güte, aus reiner Menschenfreundlichkeit. Und jeder vernünftig Denkende wird die Bedingung, die ich hieran stellte, für ganz selbstverständlich halten. Lebius wäre wohl der Allerletzte, der ihr trotz ihrer unaufhörlichen Feindseligkeit die 3.000 Mark weiterzahlte!

* * *

Was den Lebiusschen Schriftsatz vom 30. August 1910 betrifft, so habe ich über ihn einstweilen Folgendes zu sagen:

Seite 1, dritte Alinea: Dass Lebius von der Redaktion des Dresdner sozialdemokratischen Blatts beauftragt worden sei, mich zu interviewen, ist nicht wahr. Übrigens schon einmal nachgewiesen. Siehe Beilage V.

Ich habe damals nicht in Prag geweilt, sondern wirklich im Süden. Er hat meine Karte von Arco aus bekommen.

Dass ich Lebius **gebeten** habe, zu mir zu kommen, ist nicht wahr, sondern er wünschte das und schrieb es mir. Siehe seinen Brief auf Seite 3 dieser Schrift.

Dass ich andere Dinge mit ihm vorhatte, ist nicht wahr. Ich hatte gar nichts mit ihm vor. Ich wollte ihn loswerden. Ich wollte ihn gar nicht sehen.

Dass ich mit Dittrich zusammen im Zuchthaus gesessen habe, ist nicht wahr.

Dass ich nur seinen Namen auf das Titelblatt zeichnen musste, ist erfunden. Das Buch ist von Dittrich geschrieben worden, **nicht von mir**. Der Kupferstecher Härtner, ein Neffe Dittrichs, hat am 22. März 1911 vor dem Amtsrichter Musäus in Dresden beeidet, dass Dittrich der Verfasser ist. Lebius war dabei und hat es gehört. Außerdem gebe ich in Beweis Nr. **36** ein Exemplar dieses Buches, auf dessen Vorblatt Dittrich selbst bestätigt, dass es von ihm geschrieben ist.

Dass ich ihn in Radebeul empfangen habe, lediglich um ihn zu „bitten", den Verlag der Broschüre zu übernehmen, dass ich ihm ein „glänzendes Geschäft" versprochen habe, dass er 300 Mark zahlen sollte etc., das alles ist nichts als Erfindung. Ich wusste, dass dieser Mann seine Gesinnungen wie oft gewechselt hatte und dass er nichts als nur Schulden besaß. Er wäre der Allerletzte gewesen, dem dieses Buch angeboten worden wäre. Geradezu ein Wahnsinn aber wäre es gewesen, wenn ich, wie er behauptet, sein Blatt hätte kaufen oder mich beteiligen wollen. Er sagt, die ganze Angelegenheit sei in den Akten 3. P. 53/05 Dresden festgelegt. Da stehen nur seine Behauptungen, bewiesen aber hat er nichts.

Man lese seinen Brief vom 12.7.04 auf Seite 7 dieser Schrift[1]. Da bietet er sich an für die Broschüre, obgleich ich ihn, wie auf Seite 6[2] zu lesen ist, bereits abgewiesen hatte. Trotz dieser Abweisung bietet er sich abermals an und verlangt sogar – echt Lebius! – ein Darlehen dazu! Am 8. August (siehe Seite 8[3]) bittet er um drei- bis sechstausend Mark, macht hierfür alle möglichen Versprechungen, sagt aber von der Broschüre, die ich ihm angeblich angeboten haben soll, kein einziges Wort. Das ist doch wohl Beweis!

Der angebliche, jetzt in Berlin lebende Schriftsteller, ein

---

[1] Seite 301 f. des vorliegenden Bandes [2] Seite 301 d. v. Bd.
[3] Seite 303 d. v. Bd.

gewisser Kurt Weiße, jetzt Redakteur an den „Dresdener Neuesten Nachrichten", wird von Lebius sehr oft gebracht, wenn es gilt, sich hinter jemand zu verstecken. Ich habe ihn kürzlich in einer andern Sache, aber auch gegen Lebius, gerichtlich vernehmen lassen und er hat beeidet, dass die Lebiusschen Behauptungen über ihn unwahr seien. Lebius war von der Vernehmung dieses Zeugen unterrichtet und hat am Tag vorher an ihn geschrieben. Auch ist er bei der Mutter dieses Zeugen gewesen und hat ihr eine sehr gute Stelle für ihren Sohn angeboten.

Dass ich den Vorwurf der Erpressung gegen Lebius immer wieder erhebe, nicht nur in sozialdemokratischen, sondern auch in dutzenden von anderen Zeitungen, soll er durch Vorlegung dieser Zeitungen beweisen!

Auch diejenigen „zahlreichen sächsischen Zeitungen", für die ich Artikel geschrieben und gesagt haben soll, es schwebe gegen ihn eine Untersuchung wegen Erpressung, Betrugs und sonstiger Schwindeleien, soll er vorlegen. Ich kenne keine einzige.

Mein befriedigtes Rachegefühl habe keine Grenzen gekannt, als ich erfuhr, dass sein Blatt infolgedessen eingegangen sei. Sonst kommt es nur den unbefriedigten Rachegefühlen zu, keine Grenzen mehr zu kennen; bei Herrn Lebius aber ist das auch den befriedigten gestattet, wie man sieht! Sein Blatt soll bald meinetwegen und bald meiner Frau wegen eingegangen sein. Bald sagt er, ich habe ihn kaputt gemacht, bald behauptet er, durch meine Frau kaputt gemacht worden zu sein. Er zwang dadurch meine Frau, ihn zu verklagen. In seiner Klagebeantwortung sagte er dann: „Diese Behauptung kann gar nicht von mir stammen, weil sie zu sinnlos ist, denn ich bin ja gar nicht kaputt!" Siehe Beilage D.

Ich soll ihn in Berlin öfters antelefoniert haben, um ihn zu verhöhnen und ihm anzukündigen, dass ich ihn brotlos machen werde. Wer so etwas Unsinniges behauptet, muss es auch beweisen können. Ich kann nämlich gar nicht telefonieren und habe es niemals getan. Meine Gehörnerven sind so empfindlich, dass ich die Nebengeräusche viel lauter höre als die Stimme und diese also absolut nicht verstehen kann.

Ich und meine Frau, wir sollen Artikel im „Vorwärts" gegen ihn geschrieben haben. Er beweise es! Es ist niemals geschehen.

Wir sollen uns in den „Vorwärts"-Prozessen als Zeugen gegen ihn angeboten haben. Durch die „Vorwärts"-Briefe auf Seite 20 und 21[1] dieser Schrift, die Originale in Beilage R, ist erwiesen, dass uns dies gar nicht eingefallen ist.

An dem Tag, an dem ich mit Lebius im Café Bauer war, soll ich persönlich in der „Vorwärts"-Redaktion gewesen sein. Dieser Tag war der 2. oder 3. September. Wie diese Briefe beweisen, haben wir aber erst am folgenden 1. Oktober erfahren, dass Lebius eine Klage mit den Sozialdemokraten hat. Und nach vollen sechs Monaten hatten wir diesen Leuten noch nicht einmal geantwortet! Was für ein Mensch ist der, der uns da eine „Falle" vorwerfen kann!

Der Zeuge Dittrich wird abgelehnt, ganz selbstverständlich, weil da die höchst belastenden Dinge zum Vorschein kämen, die ich in dieser Schrift von Seite 29[2] an beschrieben habe. Ich bitte da nachzuschlagen und auch die Beweise T, U und V zu öffnen.

Es ist mir von großer Wichtigkeit, dass er auf Seite 2 dieses Schriftsatzes die Geständnisse macht, dass er zu der Pollmer gekommen ist, um sich Prozessmaterial zu verschaffen und dass er ihr eine monatliche Rente von 100 Mark versprochen hat. Hoffentlich sieht er ein, dass er sie nun auch wirklich zahlen muss. Wenn er hier sagt, dass er ihr diese Rente nur für den Bedürftigkeitsfall versprochen habe, so entgegne ich, dass er an anderer Stelle die Zahlung für den Fall versprochen hat, dass ich sie ihr nicht zahle. Siehe den inkriminierten Brief. Das Letztere gilt.

---

[1] Seite 319 f. d. v. Bd.   [2] Seite 331 d. v. Bd.

Die erzwungene Verpfändung der Juwelen war schon deshalb eine Barbarei, weil die Bedürftigkeit auch ohne sie erwiesen werden konnte. Denn wenn Lebius von einem Wert dieser Sachen „von vielen tausenden" Mark redet, so ist das auch eine jener Aufbauschungen, die ihm so oft und staunenswert gelingen.

Dass die Erklärungen der Pollmer falsch und erpresst sind, ist nicht wahr. Dass sie vollständig freiwillig und wohl überlegt gegeben wurden, haben Rechtsanwalt Schäfer, Weimar, am 14. November 1911, Rechtsanwalt Netcke, Dresden, am 22. März 1911 und Rechtsanwalt Thiele, Blasewitz, am 23. März 1911 beeidet. Dass Rechtsanwalt Thiele als Zeuge ausfalle, weil sein Schwiegersohn auf meine Kosten studiert hat und mir zur Dankbarkeit verpflichtet ist, ist wieder eine der Ungeheuerlichkeiten des Herrn Lebius. Rechtsanwalt Thiele ist nämlich noch so jung, dass er selbst beim besten Willen wenigstens noch 15 Jahre zu warten hat, ehe es für ihn möglich ist, Schwiegervater zu werden.

Herr Lebius schreibt auf Seite 3 seines Schriftsatzes mit ganz erstaunlicher Aufrichtigkeit: „Es war also **mein** höchstes Interesse, zu verhindern, dass auf **meine** Kosten Frieden geschlossen wurde." Er hat also gehandelt aus Rücksicht auf **seine** Kosten und auf **sein** Interesse. Er war gegen jeden Frieden zwischen mir und meiner geschiedenen Frau, der **ihm** keinen **Nutzen** brachte. Mit anderen Worten: Er war fest entschlossen, der Frau Pollmer nur dann zu helfen, wenn es für **ihn** von Vorteil war. Darum musste er verhindern, dass Fräulein vom Scheidt als die Pollmersche Abgesandte es zu einem Friedensschluss zwischen den beiden Geschiedenen bringe. Darum musste er sich beeilen, Fräulein vom Scheidt derart gegen mich einzunehmen, dass sie von allem weiteren Verkehr mit mir absah. Darum musste er einen Brief an sie schreiben, der sie vor mir warnte. Darum teilte er ihr gleich am Anfang dieses Briefes mit, „**dass er sehr schlechte Erfahrungen mit mir**

gemacht habe", denn hierdurch musste ja in ihr der Gedanke entstehen, dass auch sie derartige schlimme Erfahrungen mit mir machen werde. Damit diese Befürchtung nicht nur wahrscheinlich, sondern ganz sicher in ihr erweckt werde, musste gleich auf der zweiten Zeile des Briefs der Superlativ aller Bösartigkeit gezeichnet werden, nämlich **dass ich ein geborener Verbrecher sei.** Darum musste er in diesem Brief sagen, dass **ich** ihrer Freundin die Rente entzogen habe, nicht aber, dass **er** die Veranlassung sei. Darum musste er sagen, dass er die Pollmer schon mit mehreren hundert Mark unterstützt und ihr sogar eine lebenslängliche Rente versprochen habe. Verschweigen aber musste er, dass diese Unterstützung, die vom April bis mit November, also volle acht Monate zu reichen hatte, nur armselige 200 Mark betrug und dass sein Rentenversprechen keinen Pfennig wert war, weil er es nicht in der gesetzlich vorgeschriebenen Weise gegeben hatte. Sagen musste er ihr auch, dass er sich gerichtlich mit mir geeinigt habe und es ihm also nicht möglich sei, sich meiner Geschiedenen anzunehmen, solange sie sich wohl befinde. Darum habe er von ihr **verlangt,** dass sie ihre Schmucksachen versetze, weil das nach außen den Eindruck macht, dass sie sich **nicht** wohl befinde, und er sie also „retten" darf. Hierauf zählt er fünf Anwälte auf, die er der Pollmer zu ihrer Rettung zur Verfügung stellt. Es ist sogar ein Geheimer Justizrat dabei, um Fräulein vom Scheidt zu imponieren. Und falls auch das keine Wirkung haben sollte, so ballt er am Schluss beide Fäuste und bedroht beide, das Fräulein und die Frau, mit Privatbeleidigungsklagen. Hieran fügt er noch den letzten, materiellsten Druck, indem er andeutet, dass er durch „seinen" Syndikus, den oben genannten Geheimen Justizrat Ueberhorst, bereits Schritte vorbereiten ließ, um wieder zu „meinem" Geld zu kommen! Das klingt ganz wie Jupiter: „Meinen Syndikus!" Alle Wetter! Wenn Herr Lebius einen Geheimen Justizrat als „meinen Syndikus" besitzt, was ist er da für ein großer,

großer Mann! Von da an konnte es Fräulein vom Scheidt nicht mehr einfallen, selbst im Traum nicht, noch einmal zu „dem May" zu gehen, um Versöhnung zu erbitten! Leider aber hatte Lebius mit seiner letzten Zeile den beabsichtigten Eindruck des ganzen Briefes vernichtet. Das waren die Worte „um zu **meinem** Geld zu kommen!" Das waren lumpige 200 Mark für volle acht Monate! Und um das einzuklagen, bedurfte es der „Vorbereitung von Schritten"? Und zu diesen Schritten war kein anderer fähig als grad „mein Syndikus", der Geheime Justizrat Ueberhorst? Diese 200 Mark nannte Herr Lebius erst „Unterstützung"! Und trotzdem dann „sein" Geld! Unterstützungen nimmt man doch nicht wieder! Noch viel weniger klagt man sie ein! Und für diese 200 Mark drohte Herr Lebius mit einem Zahlungsbefehl auf 300 Mark! Und zu diesem Zahlungsbefehl hatte es der vorbereitenden Schritte eines Lebiusschen Geheimrats bedurft!

Indem Fräulein vom Scheidt sich das alles überlegte, kam sie zu dem Entschluss, sich nicht nach Herrn Lebius, sondern nach dem „geborenen Verbrecher" zu richten: Sie schickte mir den Brief!

Als ich ihn gelesen hatte, sah ich ein, dass sie gar nicht anders hatte handeln können. Dieser Brief ist ein Meisterstück! Aber ein lebiussches! Die Pollmer wäre mit Freuden in dieses Netz geflogen, und das war es ja, was berechnet wurde. Die fein fühlende und scharf blickende Diva aber durchschaute den Verfasser und tat alles, ihm sein Opfer zu entziehen. Es ist ihr leider nur für kurze Zeit gelungen!

Lebius fährt auf Seite 3 seines Schriftsatzes fort, dass es seine Absicht gewesen sei, mich und die Pollmer unter den **Druck der öffentlichen Meinung** zu bringen. Das war es aber doch gerade, was sie ihm verboten hatte. Sie selbst sagt es und alle Zeugen bestätigen es, dass sie ihm untersagt hat, etwas zu veröffentlichen, weil sie sonst Gefahr laufe, ihre Rente zu verlieren. Und grad das, grad das hat er getan! War das etwa im „Pollmerschen Interesse" gehandelt? Stellt ihn das in den Schutz des 193. Paragrafen? Wo er eingesteht, dass die Pollmer eher zu Grunde gehen sollte, als dass er den Frieden ohne seinen Vorteil zu Stande kommen ließ! Er klagt ja auch in den nächsten Zeilen darüber, dass eine Einigung zu Stande gekommen ist und dass die Pollmer dabei Erklärungen über ihn und sein Verhalten abgegeben hat. Mussten diese Erklärungen denn partout gegen ihn sein? Und brauchte er sie zu fürchten, falls er ein gutes Gewissen besaß?

Er behauptet weiter, die 300 Mark bar zugewendet zu haben. Sie aber sagt bei ihrer Vernehmung am 14. November 1911 in Weimar wörtlich aus: „Vor etwa zwei Jahren hat Lebius von mir die Rückzahlung von 300 Mark verlangt, obgleich er mir damals im Ganzen nur 200 Mark gegeben hatte. Er **drohte** mir auch wegen dieser Summe mit einem **Zahlungsbefehl**." Siehe Beweis 24. Er begründet diese Mehrforderung damit, dass sie zuweilen bei ihm gegessen habe! In dem inkriminierten Brief und auch anderweit gebärdet er sich, als ob er ihr die 200 Mark geschenkt habe. Nun stellt sich heraus, dass er sich Darlehensquittungen geben ließ, um das Geld später einklagen zu können. Schließlich verlangt er sogar Geld dafür, dass er sie zum Essen eingeladen hat. Wie er gerade in Beziehung auf dieses Geld sich brüstet und mit Unwahrheiten um sich wirft, geht daraus hervor, dass er in der erstinstanzlichen Verhandlung behauptet, dass er ihr monatlich 100 Mark gegeben habe, also nicht etwa bloß 200 Mark. Hierauf lobte ihn der Vorsitzende: „Dass Sie der Frau monatlich 100 Mark geben, **ist ja sehr edel!**" Worauf ich einfiel: „Das ist ja alles nicht wahr! 200 Mark hat er ihr aufgezwungen und jetzt soll sie sogar 300 Mark wieder zurückzahlen!" Siehe Beweis Nr. **32**.

Ich soll die Pollmer als irrsinnig bezeichnet haben. Das ist nicht wahr. Schrotts sollen mir Pollmersche Briefe nach Radebeul gesandt haben. Das ist ebenso unwahr.

Was die Zeugen Meyer, Dittrich und Achilles betrifft,

so behaupte ich, dass Lebius bei ihnen gewesen ist und ihnen ihre eidesstattlichen Versicherungen vorgeschrieben hat. Dass dies geschehen ist, geht schon aus der Gleichheit der Anfänge hervor. Übrigens weise ich sowohl Frau Achilles als auch Frau Dittrich als Zeuginnen zurück. Sie sind nicht einwandfrei, sondern gegen mich erbittert. Frau Achilles ist jenes langnamige „Karnickel", welches mit ihrer Liebe zu mir wie eine „Löwin" gekämpft hat und nun, da ich eine andere genommen habe, diese andere als „Scheusal" betrachtet. Und Frau Dittrich ist jene Turnlehrerswitwe, welche den Todestag ihres Mannes als den schönsten Tag ihres Lebens betrachtete. Meine erste Frau sollte ihr einst in meiner Abwesenheit 800 Mark geben; sie hätte das wohl auch getan, ohne es mir zu sagen, aber meine jetzige Frau, damals meine Sekretärin, duldete es nicht, weil es unehrlich gegen sie sei. Ferner wiesen Plöhns die Besuche dieser Frau streng zurück. Und endlich verführte die Turnlehrerin meine damalige Frau, heimlich Gelder zu ihr zu bringen, für welche sie ein Sparkassenbuch anlegte. Plöhns erfuhren das und hielten es als aufrichtige Freunde für ihre Pflicht, es mir mitzuteilen. Da musste diese Frau das Geld hergeben. Aus allen diesen Gründen ist sie nicht fähig, eine wahre, ungetrübte Aussage über mich resp. meine jetzige Frau zu machen.

Was ich über Glasermeister Beyer gesagt habe, weiß ich von wahrheitsliebenden Leuten. Diese behaupten es noch heut. Dass ich nur aus reinem Zufall nicht wieder in das Zuchthaus gekommen sei, ist eine Beleidigung, die gar nicht größer gedacht werden kann. Ich überlasse es meinem Anwalt, die hier gebotenen Schritte zu bestimmen.

Er nennt es eine „theatralische Unrichtigkeit", dass kein Mensch das Recht habe, einem andern seine Vorstrafen vorzuwerfen. Ich gebe in Beweis 37 ein Beispiel der Auffassung, dass man nach gesühnter Tat kein Verbrecher mehr ist. Dies ist die Auffassung eines jeden gebildeten Mannes. Er behauptet: „May tut es ja auch selbst mir gegenüber." Das ist nicht wahr. Wollte ich Gleiches mit Gleichem vergelten, so hätte ich schon längst die mangelhafte Aufzählung seiner Vorstrafen berichtigt. Er spricht auch in dem gegenwärtigen Schriftsatz nicht davon, dass er z. B. auch in Dresden bestraft worden ist. Und wo noch? Und stets wurde er nur wegen Beleidigungen bestraft, Beleidigungen in Zeitungen, wegen Behauptung unwahrer Tatsachen. Er ist in diesem Fach Spezialist, sagen wir: **Gewohnheitsverbrecher**, und verdient also Strafverschärfung. So beleidigte er in seiner Zeitung den Rechtsanwalt Bernstein in Dresden. Er wurde verurteilt und Bernstein erhielt das Recht zugesprochen, das Urteil veröffentlichen zu lassen. Er verzichtete aber darauf, weil er nicht wünsche, dass sein Name öffentlich neben dem des Lebius stehe!

Es ist nicht wahr, dass ich durch die Zentrums- und sozialdemokratische Presse unterstützt worden bin. Diese Unwahrheit ist umso größer, als ich niemals für irgendein sozialdemokratisches Blatt Mitarbeiter gewesen bin. Diese Unwahrheit ist **wissentlich**, ist sogar **berechnet**. Er bezeichnet mich und meine Frau als „Genosse" und „Genossin" May, um glauben zu machen, dass wir Sozialdemokraten seien. Er mag die sozialdemokratische Zeitung bringen, deren Mitarbeiter ich gewesen bin, und wäre es auch nur für eine Zeile!

Ferner mag er beweisen, dass **ich selbst** jene Broschüre verfasst habe. Er mag zeigen, wann und wo ich mich **mit Christus verglichen** und als das **edelste** und **größte Genie** der **Jetztzeit** hingestellt habe. Er spricht von „angeblichen Zuschriften", die das „Tollste an Selbstverhimmelung darstellen, was es gibt". Er behauptet, dass ich diese Briefe gefälscht habe und fordert ihre Vorlegung. Wohlan, es sieht zwar wie Prahlen aus, wenn ich die Wirkung meiner Schriften nachweise, aber Lebius zwingt mich dazu: Ich gebe in Beweis Nr. **38** und **39** die von ihm geforderten Originale und auch noch 500 Stück darüber.

Seite 4 seines Schriftsatzes behauptet er: „Die Darstellung, als wenn May allegorische Reisebeschreibungen verfasst hätte, ist erst neueren Datums." Das ist nicht wahr. Sie sind stets allegorisch gewesen und ich habe das nie geleugnet. Aber **stärker betonen** musste ich es, als Leute vom Charakter des Herrn Lebius es ableugneten, um mich als Lügner und Schwindler hinzustellen. Da war ich gezwungen, nun auch **laut** zu erklären, dass ich nur symbolisch schreibe. Aber trotz dieser Symbolik habe ich nicht nur behauptet, sondern behaupte auch noch heut, alle diese Reiseabenteuer selbst erlebt zu haben. Wer das nicht begreift, dem fehlt es eben an Einsicht, über mich und die Aufgaben, die ich mir gestellt habe, zu urteilen.

Was den bei den Akten befindlichen Brief an den Verlagsbuchhändler Langenscheid betrifft, so sticht sich Lebius hiermit in das eigene Fleisch. Langenscheid, den ich gar nicht kannte, schickte mir den von ihm herausgegebenen Band Manolescu. Er fragte mich, ob ich gesonnen sei, ihm einen zweiten Band dazu zu schreiben. Ich war erstaunt über diese mehr als sonderbare Zumutung und schickte ihm sein Buch zurück. Hierzu schrieb ich den Brief, von dem Lebius sagt, dass er bei den Akten liege. Ich werde bei der Verhandlung bitten, ihn sehen zu dürfen. Das, was ich da geschrieben habe, kann nur für, nicht aber gegen mich sprechen.

Ich kann mich nicht erinnern, schon zwei Tage nach unserm Friedensschluss an die Staatsanwaltschaft I einen Lebius beleidigenden Brief gerichtet zu haben. Ich bezweifle auch sehr, dass die Staatsanwaltschaft ihn diesem Herrn vorgezeigt hätte. Ich beantrage, dass Lebius ihn vorzuzeigen hat. Sodann soll ich unter dem Pseudonym Moenanus heftige Angriffe gegen ihn erhoben haben. Das ist eine wissentliche Unwahrheit, denn er ist Journalist, und jeder erfahrene Journalist weiß, dass unter Moenanus ein Aachener Chefredakteur schreibt.

Was den Indianer Brant Sero betrifft, so habe ich ihn nicht nur auf der Dresdner Völkerwiese aufgesucht, sondern sogar seine nicht unbeträchtlichen Schulden bezahlt.

Die Quittungen liegen bei meinem Anwalt. Das tat ich aus Interesse für die rote Rasse. Ich wollte diesen Mann vor Konflikten mit der Polizei bewahren, habe aber doch nicht verhindern können, dass er dann in Berlin doch noch vor den Untersuchungsrichter geführt worden ist. Lebius behauptet, dass dieser Rote ein Gelehrter sei, dass er zweiter Vorsitzender einer kanadischen geografischen Gesellschaft sei, dass er alle amerikanischen Indianerhäuptlinge kenne usw. Ich glaube nicht daran. Ein ehrenhafter Indianer lässt sich niemals für Geld sehen; das duldet sein Stolz nicht. Es ist nachzuforschen, ob Brant Sero wirklich der ist, für den er sich ausgibt. Er hat etwas gegen mich geschrieben, ganz im Lebiusschen Sinne, und hierbei eine ganz erstaunliche Unwissenheit verraten. Lebius will das nicht etwa selbst verfasst, sondern nur in das Deutsche übersetzt haben. Ich ließ Brant Sero in Berlin vernehmen. Hierbei stellte sich heraus, dass von diesen beiden guten Bekannten einer gerade so klug war wie der andere und dass der Rote von dem Weißen bezahlt worden war. Brant Sero ist nämlich seit seiner Jugend nicht mehr in Amerika gewesen!

Ich fordere, mir die „Berge von Zeitungen" vorzulegen, in denen ich Stimmung für den Prozess zu machen versuchte.

Es soll mir im Jahr 1905 gelungen sein, ihn durch einen „solchen Schwindel" bankrott zu machen. Ich verweise bei dieser immer wiederholten bewussten Unwahrheit von neuem auf Beilage D, wo er in seinem eigenen Schriftsatz sagt, das sei lächerlich, denn er sei ja gar nicht bankrott gewesen! Kennzeichnend für ihn!

Dass Lebius Bettelbriefe an meinen Freund, den Kommerzienrat Pustet in Regensburg geschickt hat, ist von Frau Pollmer bestätigt worden. Siehe ihre Erklärung vom 14. Februar 1910, siehe Seite 102[1] dieser Schrift. Und wenn

---

[1] Seite 426 d. v. Bd.

sie sich 1.500 Mark hat borgen müssen, so ist es doch klar, dass er die Schuld daran trägt. Es wäre doch nicht nötig gewesen, wenn sie nicht durch ihn ihre Rente verloren hätte.

Ich habe niemals erklärt, dass mein Verleger zahlungsunfähig sei.

Seite 5, zu 1., der Verlagsbuchhändler Bechly. Lebius mag die „**Fülle von Prozessen**" aufzählen, durch welche ich Bechly „**aufs Fürchterlichste drangsaliert**" habe. Er mag zeigen, welche „Prozesse" (Plural) ich zurückgezogen habe. Und er mag beweisen, dass **ich** die Prozesskosten bezahlt habe. Ich bin nämlich bei alledem gar nicht persönlich dabei gewesen. Die neueste Erklärung hat Lebius von Bechly nur durch falsche Darstellung herausholen können. Ich gebe im Beweis Nr. **40** drei Postkarten, die Bechly an mich schrieb. In Nr. 1 teilt er mir mit, dass man neuerdings bei der Behörde gegen Lebius etwas zu haben scheine; jedenfalls sei man bei der politischen Polizei nicht gut auf ihn zu sprechen. In Nr. 2 sagt er, dass er Lebius einen Brief schreiben werde, den er sich nicht träumen lasse, und dass er ihm Ohrfeigen anbieten werde. In Nr. 3 gesteht er mir zu, dass Lebius (jedenfalls infolge dieses groben Briefs und der angebotenen Ohrfeigen) an ihn geschrieben habe **und ihn wieder für sich einfangen zu wollen scheine**. Na, das ist nun geschehen; er hat ihn wieder eingefangen!

Was den Zeugen Kahl betrifft, so soll Lebius die Prozesse nennen, durch deren Androhung ich ihn gefügig gemacht haben soll. Ich habe Kahl in **anderer** Sache am 15. September in Überlingen am Bodensee vernehmen lassen. Er hat seine Aussagen eidlich erhärtet. Es sei hiervon nur einiges, weniges erwähnt:

1. Lebius sage wissentlich Falsches, Unwahres.
2. Lebius verleitete ihn zur Lüge, zur falschen Aussage.
3. Lebius hat gesagt, May müsse kaputt gemacht werden, weil er als Zeuge gegen ihn benannt sei.

4. Lebius wollte die Berliner Professoren Lieszt und Kahl übertölpeln, gegen May.

5. Lebius habe gewaltig mit seinen forensischen Talenten geprahlt.

6. Lebius sagte, May müsse totgemacht werden; alles andere sei nur Beiwerk.

In Beziehung auf die Behauptung, dass ich Kahl 3.000 Mark gezahlt habe, erklärte er mir, dass seine Schwägerin das **nicht** gesagt habe und fügte eidlich hinzu:

7. Es ist nicht wahr, dass Herr May mir solche Summen bezahlt oder angeboten hat.

Das Protokoll dieser Zeugenvernehmung lege ich als Beweis Nr. 41 bei.

Der Zeugin Achilles habe ich kein Darlehensanerbieten machen lassen, sondern es war nur von ihrem Bruder die Rede. Der war ein armer, aber fleißiger, braver Mann und bat mich brieflich um Geldunterstützung und Kleidung, weil er durch sie seine ganzen Ersparnisse verloren habe.

Dass ich Krügel „mehrfach" nach Dresden kommen ließ, ist nicht wahr, Krügel kam damals nicht als Zeuge in Betracht. Es ist weder von mir noch von meinen Anwälten irgendjemand „gezwungen" worden, Erklärungen gegen Lebius zu unterschreiben. Dass ich eine „Scheinklage" erhoben habe, ist nicht wahr. Dass ich die feste Absicht gehabt habe, mich zu vergleichen, ist nicht wahr. Dass Krügel einen Falscheid geleistet habe, ist nicht wahr. Dass ein „Anstiften" meinerseits stattgefunden habe, ist nicht wahr. Kurz, diese ganze Darstellung ist unwahr. Ich bitte, Lebius anzuhalten, diese seine Behauptungen zu beweisen.

Dass ich ganz besondere Angst vor meiner Schwester habe, ist mehr als Unwahrheit; das eigentlich richtige Wort will ich nicht schreiben. Grad diese Schwester ist mir immer wert gewesen. Er suchte sie auf, wie er die Pollmer aufsuchte, um Prozessmaterial gegen mich zu gewinnen, bekam aber keins. Und er suchte sie auf, um seine Zahlungsverpflichtungen gegen die Pollmer loszuwerden. Er wusste nämlich, dass ich viel auf sie gab, und forderte von ihr, mich zu überreden, der Pollmer ihre Rente wieder zu geben. Das tat sie aber nicht. Er ging von der Schwester fort, ohne das Geringste erreicht zu haben. Und nun kommt er mit seinen Unwahrheiten! Vierzig Jahre lang habe diese Schwester für mich nicht existiert! Und nun nach seinem Besuch bei ihr habe ich ihr gleich eine Jahresrente von 1.200 Mark gewährt! Das ist – – nicht mehr Unwahrheit, sondern Schlimmeres! Diese Schwester war mein Gast in Dresden, als sie ihren Hebammenkursus absolvierte; mehr brauche ich wohl nicht zu sagen. Sie hat dann gewissenhaft ihren Beruf erfüllt und redlich verdient, was sie brauchte. Zuschüsse oder irgendwelche Almosen zu nehmen, dazu war sie zu charaktervoll. Als sie älter wurde und ich der andern Schwester eine Rente zu zahlen begann, teilte ich ihr mit, dass ich nur auf ihren Wunsch warte, auch ihr dieselbe Summe zu zahlen. Sie war die Jüngere und wartete noch; aber von dem Tag an, an dem sie es wünschte, hat sie ihren Unterhalt von mir bezogen, ohne dass ein Mann wie Lebius dazu vonnöten war.

Was hierauf von mir und dem Kind erzählt wird, klingt so genau nach Lebius und Pollmer, dass es eigentlich vollständig überflüssig ist, darauf einzugehen. Dieselbe Schwester, von der soeben behauptet wurde, dass sie 40 Jahre lang nicht für mich vorhanden gewesen sei, kam zu mir und vertraute mir, dem Kinderlosen, ihr Töchterchen an, damit in meine Ehe ein wenig Sonnenschein komme. Ich war glücklich darüber, hatte das Kind lieb und gab mir Mühe, es gegen die Rohheiten meiner Frau, der Pollmer, zu schützen. Vergebens! Das Kind wurde geschlagen, mit Hunger bestraft, in den Keller gesteckt, musste zur Strafe die kleinen nackten Füßchen stundenlang in kaltes Wasser halten, kurz es musste sich ganz à la Marquis de Sade behandeln lassen, ohne dass ich eine Ahnung davon hatte, denn hätte es sich bei mir beschwert, so wäre noch Schlimmeres zu erwarten gewesen. Damals verkehrten die mich liebende „Löwin" und die Witwe mit dem „glücklichsten Lebenstag" bei der Pollmer, ohne dass ich es zu ändern vermochte, und ich hatte es fast noch schlimmer als das Kind. Da plötzlich erschien meine Schwester und erklärte mir zu meinem Erstaunen, dass sie gekommen sei, ihr Töchterchen wiederzuholen. Das Dienstmädchen hatte es verraten, wie sehr das Kind zu leiden hatte, ohne dass ich es wusste. Ich gab es hin, der Sonnenschein war verschwunden.

Jetzt nun, nach so langer Zeit, formulierte die Firma Löwin-Lebius-Pollmer eine Anzeige wegen Blutschande gegen mich. Die Betreffenden wurden vernommen. Meine Schwester und das damalige Kind, welches nun schon Mutter ist, haben den mir gemachten Vorwurf natürlich in höchster Entrüstung zurückgewiesen und die damaligen Grausamkeiten der Pollmer an das Licht gestellt.

Dass die Wulffschen Veröffentlichungen vor den Lebiusschen geschrieben seien, ist nicht wahr. Lebius schrieb schon 1904 gegen mich; aber Wulffens „Psychologie des Verbrechens" ist erst 1908 erschienen. Übrigens mag Wulffen Aktenstücke bringen, so viel er will, aber ob das, was er daraus schließt, das Richtige ist, das kann wohl selbst kein Lebius entscheiden. Jedenfalls ist es weder menschlich noch christlich, sondern die grausamste aller Vivisektionen, die Seele eines Menschen bei lebendigem Leib in aller Öffentlichkeit zu zerreißen, zu zerfetzen und zu zerstückeln, damit die Schand- und Schundpresse sich an diesen Fetzen delektiere. Wenn das die Aufgabe der Kriminalpsychologie ist, so steht sie im gleichen Rang mit dem Pranger und der Folter!

Dass ich noch vor zehn Jahren, also im Jahre 1900, einen „ganz gemeinen Einbruchsdiebstahl" versucht haben soll, ist eine gradezu wahnsinnige Beschuldigung. Ich soll durch das Glasdach in den Saal gefallen und mit verstauchten Füßen dort aufgefunden worden sein. Nun hat aber dieser Saal gar kein Glasdach, und ich kann meine Füße fragen, wie ich will, sie bleiben dabei, niemals im ganzen

Leben auch nur im Geringsten verstaucht gewesen zu sein. Lebius war sehr besorgt, dass ich sofort zu den Wirtsleuten gehen und sie beinflussen würde. Das habe ich aber nicht getan, sondern gewartet, bis ich mit dem Wirt Hempel im Zeugenverhör zusammentraf, und da hat er, wie nicht anders zu erwarten war, beeidet, dass von einem Einbruch oder von einem Versuch hierzu gar keine Rede sein kann.

Was Ilbenstadt in Hessen betrifft, so ist dieses Dorf mir und meiner Frau derart unbekannt, dass wir seinen Namen jetzt zum ersten Mal hören. Wir kennen auch keine Alma Schubert und keinen Postagenten Rau. Dass meine Frau eine Karte dorthin geschrieben hat, ist nicht wahr. Hierzu kommt, dass der Zeuge Kurt Weiße hierüber in Dresden vernommen worden ist und auf seinen Eid genommen hat, dass ich niemals zu ihm behauptet habe, Lebius eine Falle gestellt zu haben.

Ich habe der Pollmer niemals gesagt, dass man mich ruinieren werde. Nie ist ein Mann wie Lebius im Stande, meinen Ruin herbeizuführen. Auch habe ich niemals von der Pollmer die Unterzeichnung unwahrer Erklärungen gefordert.

Die Herabsetzung der Rente soll ich mit den Worten begründet haben: „Ich verdiene lange nicht mehr so viel wie früher. Außerdem verschlingen die Prozesse ein enormes Geld." Und auf Seite 5, oben, soll ich sie damit begründet haben, dass mein Verleger zahlungsunfähig sei, „was eine Unwahrheit ist". Man sieht, wie er bald so und bald so sagt, um **mich** einer Unwahrheit zeihen zu können!

Es ist mir gar nicht eingefallen, zu sagen, dass ich die Achilles mit ein paar tausend Mark unterstützen wolle. Ich habe nur gesagt, dass ich es früher, wo sie bei uns wohnte und wir Lebius noch gar nicht kannten, vielleicht getan hätte.

Was nun noch folgt, ist Ausgeburt des Trio „Löwin-

Lebius-Pollmer". Da vereinigen sich Hass und Rache mit hochgradiger Hysterie und anderen ähnlichen Dingen. Die Schilderung des „Champagnergelages", wie Lebius sich an anderer Stelle auszudrücken beliebt, ist unwahr. Wahr ist, dass ich nur die von mir sehr verehrte Künstlerfamilie Scheidt zu mir geladen hatte, Fräulein vom Scheidt, Kammersängerin, ihre Mutter und ihren Bruder, hoch begabter Bariton in Köln. Es sollte ein schöner Abend werden mit interessanten, ernsten Kunstgesprächen gefüllt. Da kam die Pollmer mit dem Karnickel, gänzlich uneingeladen und ungewünscht. Nun war der Abend verdorben! An Stelle des heiligen Ernstes traten Klatsch und Tratsch. Und hinterdrein wird alles umgedreht und gefälscht, wie man es braucht.

Es ist uns gar nicht eingefallen, zu sagen, dass unsere Stellung unerquicklich sei und dass wir nach Italien übersiedeln würden. Der Pollmer habe ich **nur wegen ihrer Angst vor Lebius beigestimmt,** das Zeugnis zu verweigern, um sich nicht zu blamieren. Von mir aus aber verlange ich von ihr ganz das Gegenteil: **Sie soll und muss aussagen!** Ich will von diesen Personen los, von ihnen allen! Ich will frei sein! Und das werde ich nicht dann, wenn es Lebius und der Pollmer noch länger möglich ist, sich hintereinander und hinter den Weiberklatsch zu verstecken, sondern nur dann, wenn sie beide gezwungen sind, sich vor das scharfe Auge des Gesetzes zu stellen, ohne sich gegenseitig herauslügen zu können.

Alles, was auf dieser letzten Seite des Schriftsatzes gesagt wird, charakterisiert sich durch die vorletzte Alinea, wo meine Frau gestanden haben soll, dass sie vor der gerichtlichen Erörterung unserer Ehescheidung sehr große Angst habe. Es ist gerad das Gegenteil der Fall: Wir freuen uns auf diese Erörterung, denn sie wird endlich Klarheit bringen, jedermann den ihm gebührenden Platz anweisen und uns beide von dem Schmutz befreien, mit dem niedrig denkende Menschen uns bewarfen.

Die am Schluss erwähnte Broschüre eines Gymnasiallehrers ist, genau wie die Machwerke des Indianers Brant Sero, vollständig Lebiusscher Abstammung und hat nicht den geringsten kritischen Wert.

* * *

Ein noch viel schlimmeres Machwerk ist die von Lebius verfasste Broschüre „Die Zeugen Karl May und Klara May", durch welche er mich mit einem Schlag vollständig zu vernichten gedachte. Es ist geradezu Unmenschliches, was da geleistet wird. Ich lege diese Broschüre als Beweis Nr. 42 bei. Von ihrem ganzen, entsetzlichen Inhalt, sollen mich hier nur die letzten vier Seiten kümmern (von pag. 330 an: „Zur Kritik der Entscheidungsgründe"). Sie beziehen sich auf die Vernehmung der Zeugen Schrott und Kößler in Bozen. Lebius war dabei selbst zugegen. Er erkannte, dass unter der Wahrheitswucht dieser Zeugnisse sein ganzes, für die Pollmer aufgebautes Kartenhaus zusammensinken müsse, und gab sich am Ende der genannten Broschüre alle Mühe, durch eine vollständig gefälschte Darstellung die Zeugen und ihre Aussagen lächerlich zu machen und dadurch zu retten, was noch zu retten war. Der Bozener Rechtsanwalt Dr. Rudolf Schlesinger hatte der Vernehmung beigewohnt. Er bekam die Broschüre zugeschickt. Als er die letzten vier Seiten las, übermannte ihn der Zorn über die Gesinnung, die sich in diesen Erfindungen offenbarte. Dass eine allgemein so hoch geachtete Dame wie Frau Schrott von einem Mann wie Lebius hier öffentlich und gedruckt als „kolossal und fettgepolstert" karikiert werden durfte, das musste ihn empören. Er schrieb sofort eine Berichtigung wenigstens der größeren Unwahrheiten, die Lebius sich da geleistet hatte, und schickte sie mir zu, damit man an geeigneter Stelle hierüber befinden möchte. Ich gebe diese Berichtigung hier wörtlich wieder:

„**Berichtigung**

Ich, gefertigter Dr. Rudolf Schlesinger, Rechtsanwalt in Bozen, habe Herrn Karl May, Schriftsteller in Dresden-Radebeul, in seiner Privatklagesache gegen Herrn Lebius bei der Verhandlung in Bozen am 23. November l. J. vertreten und erbiete mich, jederzeit zu bezeugen, dass die von Herrn Lebius über den Verlauf der Verhandlung unter ‚Zur Kritik der Ehescheidungsgründe' gegebene Darstellung **entstellt** und **lügenhaft** ist.

Ich stelle insbesondere richtig:

Dass eine Begrüßung zwischen Herrn Karl May und dessen Gattin einerseits, Frau Schrott, Mutter des Eigentümers des Mendelhotels Walter Schrott, und deren Tochter Henriette andererseits erfolgen **musste**, war eine gesellschaftliche Notwendigkeit, da die genannten Personen seit dem Aufenthalt des Herrn Karl May und seiner Gattin auf der Mendel miteinander bekannt waren.

Was zwischen diesen Personen bei der Begrüßung gesprochen wurde – es handelt sich keineswegs um mehr als konventionelle Redensarten – entzog sich vollkommen der Kenntnis des gar nicht in der Nähe befindlichen Herrn Lebius.

Es ist eine **Unwahrheit**, was dieser über den Inhalt des erwähnten Gesprächs mitteilt. Die wenigen Minuten, welche zwischen der Ankunft der Eheleute May vor Gericht und dem Beginn der Verhandlung lagen, wären schon wegen der Kürze der Zeit vollkommen unzureichend gewesen, die Zeugen namens Schrott über den Verhandlungsstoff zu unterrichten, dessen Erörterung fast den ganzen 23. November in Anspruch nahm.

Die Zeugen Schrott, so bestätige ich ausdrücklich, sind ehrenwerte Leute, die hier zu Lande sich des besten Ansehens erfreuen und denen von vornherein jeder anständige Mensch zubilligt, dass sie unter ihrem Eid vor Gericht nichts als die Wahrheit angaben.

Die Verhandlung begann ganz richtig mit der Vernehmung der Zeugin Frau Schrott.

Unwahr ist, dass diese zugab, dass sich May mit seinen beiden Damen unter falschem Namen in ihrem Hotel aufgehalten habe.

Vielmehr gab die Zeugin an, es sei ihr nicht bekannt, unter welchem Namen sich die Ankömmlinge meldeten.

Auch gab die Zeugin nicht an, dass Karl May und seine ‚Geliebte' (die Witwe Plöhn) schon am zweiten oder dritten Tag spornstreichs in einer Kutsche fortgereist seien.

Vielmehr lautete die diesbezügliche Aussage dieser Zeugin: ‚Herr May sei nach einigen Tagen mit der einen Dame per Wagen abgereist, da damals noch keine Bahnverbindung bestand.'

Die Zeugin bestätigte, nach einigen Tagen einen Brief Mays erhalten zu haben, in welchem er mitteilte, die zurückgelassene Dame sei seine Frau, im Hause der Zeugin habe sich sein Schicksal vollzogen, er müsse sich von ihr scheiden lassen, und bat, Zeugin möge sich seiner Frau annehmen, und, falls sie sich entfernen sollte, ihn sofort telegrafisch verständigen. May habe ferner geschrieben, seine Frau müsse hier (auf der Mendel) bleiben; er habe ihr aufgetragen, hier zu bleiben; es sei ihm unmöglich, mit seiner Frau weiter zu leben, nachdem sie sich ihm gegenüber so schlecht betragen habe. Frau May habe mit einem jungen Mann Verkehr, Zeugin möge, falls dieser auf die Mendel komme, May davon in Kenntnis setzen.

Unwahr ist, dass Zeugin bestätigte, dass May ihr

mitteilte, sich von seiner Frau scheiden lassen zu müssen, weil diese ihn bestohlen habe.

Dagegen gab Zeugin an, nach Empfang dieses Schreibens habe sich Frau May selbst angeklagt, sie verdiene es, wenn ihr Mann sich von ihr trenne; sie habe ihm **große Summen von 18.000 bis 20.000 Mark entwendet**; sie sei böse und aufgeregt mit ihm gewesen; sie habe ihm **Schriftstücke unterschlagen**; ihr Mann habe sie stets gut behandelt und sie bedauere, dass sie aus der Villa Shatterhand fort müsse, wo sie so schöne Pelze und Kleider habe.

Es ist unwahr, dass Herr Lebius sich an die Zeugin mit dem Bemerken wandte: ‚Die geschiedene Frau May behauptet, **dass Sie von May bestochen seien.**‘

Daher gab Zeugin auch nicht die von Lebius behauptete Antwort.

Unwahr und erfunden ist, dass Herr Lebius, an diese Frage anknüpfend, das von ihm behauptete Gespräch mit Frau Schrott geführt hat.

Unwahr ist also, dass Herr Lebius an diese Zeugin folgende Fragen gestellt oder zu ihr folgende Äußerungen getan hat:

1) Zum Mindesten steht fest, dass May Sie hat bestechen wollen. Er hat Papiergeld in die Ihnen gesandten Briefe gesteckt. Warum ergreifen Sie Partei gegen die geschiedene Frau May?

2) Sie sind eine schlechte Menschenkennerin.

3) Die Menschenkenntnis der Hotelbesitzer erstreckt sich nur auf den Geldbeutel der Reisenden. Je mehr ein Gast ausgibt, desto edler ist er in den Augen der Gastwirte.

4) Darin sieht man eben, wie gutartig diese angeblich schlechte Frau ist. Selbst der Wurm krümmt sich, wenn er getreten wird, aber diese schuldlose Frau wehrte sich nicht gegen ihre Peiniger und falschen Ankläger. Sie konnte unendlich viel gegen

Karl May vorbringen, aber schwieg, sie kennt ihn, vor dem der Polizeipräsident als vor einem gefährlichen Verbrecher und Hochstapler warnt, aber sie vergalt Böses mit Gutem und schwieg.

5) Ich glaube es nicht, wenn sie es aber tat, geschahen die falschen Anschuldigungen vielleicht aus gewissen verworrenen spiritistischen Gedanken heraus. Bei der schwachen energielosen Intelligenz der geschiedenen Frau ist es auch möglich, dass man ihr ihre Schuld eingeredet hatte. Welche Frau wäre dem Verrat gewachsen gewesen, dem die geschiedene Frau zum Opfer fiel! Ihr Mann, mit dem sie 23 Jahre verheiratet gewesen, konspirierte heimlich mit ihrer besten Freundin gegen sie. Sie merkte erst nach Jahr und Tag, was gegen sie gespielt worden war.

6) Sie ist eben nicht Ihre Vertraute gewesen. Sie hatte instinktiv gefühlt, dass die Schrotts Werkzeuge ihres Mannes waren.

Es ist daher auch unwahr, dass Frau Schrott die ihr von Lebius fälschlich in den Mund gelegte Entgegnung getan hat und dass Herr May zu der Bemerkung lachte.

Wahr ist dagegen, dass derartige Beleidigungen der Zeugen, wie sie Herr Lebius vorgebracht haben will, vom amtierenden Richter im Sinne der österreichischen Strafprozessordnung niemals geduldet worden wären.

Es ist unwahr, dass die Zeugin Fräulein Henriette Schrott, als sie aufgerufen wurde, mit Frau May spazieren gegangen war, dass diese Zeugin die geschiedene May als eine boshafte, tückische Person schilderte und bemerkte, das Gesicht der Frau habe gewöhnlich einen teuflischen Ausdruck gehabt.

Es ist unwahr, dass Herr Lebius zu dieser Zeugin folgende Bemerkungen gemacht hat:

1) Dieses Geld wurde im Beisein und auf Veran-

lassung der jetzigen Frau May, die damals Mays Geliebte war, fortgenommen und zum Kauf von Geschenken für diese Person ausgegeben.

2) Gespart, nicht gestohlen; bei der finanziellen Lotterwirtschaft ihres Mannes hatte die Frau die sittliche Pflicht, zu sparen. Hätte sie das Geld, wie ihr Mann zu tun pflegte, verschwendet, so hätte niemand etwas gemerkt. So sparte sie, **um ihrem Mann zur silbernen Hochzeit eine Hochzeitsgabe überreichen zu können,** und sie gab schließlich der Geliebten ihres Mannes dieses Geld zur Aufbewahrung. Wer darf sich erdreisten, bei dieser Sachlage von Diebstahl zu reden.

3) Angesehene Männer und Frauen, die mit der geschiedenen Frau jahrelang verkehrt sind, stellen ihr das beste Zeugnis aus. Sie sind mit ihr nur drei Wochen zusammen gewesen und verunglimpfen sie. Sie ist unbestraft, May dagegen ist ein schwer vorbestrafter Mensch.

Um die ‚Berichterstattung‘ des Herrn Lebius über diese Zeugenaussagen zu kennzeichnen, genügt es vollkommen, die dem **amtlichen Protokoll** entnommene Aussage der Zeugin Fräulein Henriette Schrott hier wortgetreu wiederzugeben:

‚Zur Zeit, als Karl May und Frau Plöhn auf der Mendel weilten, bin ich mit ihnen nicht bekannt geworden. Erst als Frau May allein auf der Mendel zurückblieb, fiel mir der schmerzhafte Zug auf und erfuhr ich, dass die unter dem Namen Friedrich im Hotel lebende Dame die Frau Karl Mays sei.

Da mir diese Frau wegen ihres leidenden Ausdrucks Mitgefühl erregte, habe ich mich ihr genähert und ihre Gesellschaft gesucht. Dies hatte den Erfolg, dass sie mich einmal mit in ihr Zimmer nahm und sich dort in Selbstanklagen erging. Sie sagte, sie habe gegen ihren Mann **böse gehandelt,** ihm **Geld aus seinen Hosen entwendet,** sie habe ihm **verschlossene Kästen erbrochen** oder erbrechen lassen und daraus **Dokumente entwendet**, die sie anderen Leuten ausgeliefert habe, welche einen nachteiligen Gebrauch für ihren Mann davon gemacht hatten. Und nun sei **die reine Schreibweise ihres Mannes durch sie geschwärzt worden.** Den genauen Wortlaut kann ich heute nicht mehr angeben und ich habe nur den Eindruck an ähnliche Worte dieses Sinnes. Erst jetzt erkenne sie, wer ihr Mann sei und welch edlen Charakter er habe. Frau May schien damals **ganz gebrochen** und **von Reue erfüllt zu sein**, und ich erbot mich, mich an ihren Mann zu wenden, um eine Aussöhnung herbeizuführen. Sie nahm meinen Vorschlag an und sagte mir, sie wäre gern bereit, ihr weiteres Leben an der Seite ihres Mannes zu verbringen, wenn er ihr verzeihen würde. Ich habe dann auch an Karl May meinem Versprechen gemäß geschrieben, dieser hat jedoch meiner Mutter, wie ich glaube, geantwortet, dass mir mit Rücksicht auf meine Jugend das Verständnis für diese Lage abgehe und dass er so viel gelitten, dass er unmöglich an der Seite seiner Frau weiter leben könne.

Über Vorhalt des Briefes des Herrn Karl May erkläre ich, dass dieser von meiner Hand herrührt und dessen Inhalt den Tatsachen entsprechend ist, insbesondere, dass Frau May damals die Erwähnung machte, ihr Mann könne ihr mit Rücksicht auf das Vorgefallene keinen Glauben mehr schenken. Dieser Brief ist übrigens rein impulsiv auf Grund des Mitleids mit Frau May von mir selbst verfasst und geschrieben worden. Als die abschlägige Antwort ihres Mannes eintraf, war Frau May hierüber furchtbar aufgebracht und obwohl ich mich an ihre Äußerungen nicht mehr erinnere, hatte ich den Eindruck, dass sie ihrem Mann feindlich gesinnt sei. Erinnerlich ist mir, dass Frau May besonders darüber klagte, dass sie sich jetzt von ihren schönen Sachen, Pelzen etc. trennen müsse.

Seit diesem Auftritt habe ich Frau May nie mehr gesprochen. Frau May sprach sich stets über ihren Mann **lobend** aus. Über Spiritismus wurde nie gesprochen. Den Eindruck, dass Frau May unter einer Zwangsvorstellung leide, habe ich **nie** gehabt, wohl aber schwebte ihr immer vor, dass sie aus ihren angenehmen Verhältnissen heraus komme und keine Aussicht habe, dieselben wieder zu erlangen.

Eine physische Krankheit habe ich an Frau May nicht bemerkt. Sie hustete wohl, das schien jedoch nicht von einer schweren Krankheit herzurühren.

Bezüglich der Frau Plöhn kann ich nichts angeben, da ich sie nicht kannte und auch von ihrer Rolle im Ehescheidungsprozess nie die Rede war. Ich weiß **nichts** davon, dass Frau May unter einem moralischen oder physischen **Zwang** auf der Mendel oder in Bozen blieb. Ich hörte wohl davon, dass sie hier bleiben solle, und Karl May soll auch meiner Mutter geschrieben haben, er wünsche, dass seine Frau hier bleibe, sie solle für sie sorgen.

Dass Frau May äußerte, sie müsse auf der Mendel bleiben und dürfe dem Scheidungsbegehren keinen Widerstand entgegensetzen, da sie sonst ihre Unterstützung Mays verliere, ist mir **nicht** bekannt.'

Was schließlich den für den Zweck des Herrn Lebius gänzlich negativen Verlauf – und die deshalb von Herrn Lebius auch fast gänzlich übergangenen Aussagen der Zeugen: Herrn Walter Schrott, Frau Josefa Kößler, Frl. Marie Kößler, betrifft, so ist nur Folgendes richtigzustellen.

Es ist unwahr, dass Herr May auf Befragen erklärt, seine Werke an alle Zeugen geschickt zu haben.

Wahr ist vielmehr, dass Zeugin Frau Josefa Kößler zugab:

‚Ich habe weder von Herrn May noch von Frau Plöhn jemals Geschenke erhalten, außer einige Bücher, die aber erst eintrafen, als Frau May schon weg war.'

Es ist unwahr, dass die Zeugin Frl. Marie Kößler angab, Herrn May mitgeteilt zu haben, dass seine geschiedene Frau ihn bitten lasse, sie wenigstens als Köchin bei sich aufzunehmen, er möge sie nicht ganz verstoßen.

Wahr ist vielmehr, dass Frl. Marie Kößler Folgendes angab:

‚Ich erinnere mich, dass Frau May die Befürchtung aussprach, ihr Mann werde bei Frau Plöhn nicht jene gute Verköstigung erhalten, die sie ihm besorgt habe, und sie würde, wenn er **die Plöhn heirate,** zu ihm als **Köchin** gehen.'

Ich deponiere schließlich als Rechtsanwalt an Herrn Karl May Folgendes:

Über die Vorgänge bei der in Bozen in dieser Privatklage geführten Verhandlung vom 23. November l. Js. macht das Verhandlungsprotokoll vollen Beweis. Keine der von Herrn Lebius angeblich gestellten Fragen sind im Verhandlungsprotokoll enthalten. Der amtierende Richter hatte daher auch keinen Anlass, dieselben als unzulässig zurückzuweisen, was wohl das Schicksal der meisten Fragen gewesen wäre, wenn sie überhaupt gestellt worden **wären,** weil diese Fragen sich nicht als Fragen nach Tatsachen, sondern als eine Polemik dargestellt hätten, zu welcher die Bozener Verhandlung zur Beweisaufnahme nicht bestimmt war.

Bozen, den 22. Dezember 1910
               Der Rechtsanwalt:
               gez. Dr. Rudolf Schlesinger"

Dies die Zuschrift des ehrlichen Bozener Rechtsanwalts, dem ein derart geniales Fälschen und Beunwahrheiten bisher als vollständig unmöglich erschienen war. Und in der Tat, wenn der Inhalt von nur vier Seiten dieses Machwerks einer so langen Berichtigung bedurfte, wie viele Unwahrheiten waren da wohl in den übrigen 331 Seiten zu vermuten!

Wenn Lebius diese Presseversündigungen nur durch den Buchhandel vertriebe, so wäre ihm doch beizukommen. Aber er versendet sie gratis und privatim an alle Stellen, wo es ihm möglich ist, mir Schaden zu bereiten, an die höchste Aristokratie, wo meine Bücher gelesen werden, an meine Freunde und Verwandten, an meine Behörden, sogar an den Gemeindevorsteher meines Wohnorts, der mir die Sache gab, damit ich mich wehren könne. Sogar an die Zeitungen, mit denen ich verkehre, und an die Hotels, wo ich wohne, schickt er sie!

552, sage fünfhundertzweiundfünfzig Unwahrheiten des Lebius brachte ich bis zur Seite 48[1] dieser Schrift zusammen. Ich wollte in dieser Aufstellung fortfahren, kam aber nur noch bis zu 553 und 554; da wurde mir übel vom Zählen; ich hörte auf. Hätte ich fortgefahren, wie hoch wäre ich gekommen. Welche Zahl von den kaltblütigsten Unwahrheiten und Erfindungen ist nur in seinen beiden Schriftsätzen vom 16. Juni und 30. August 1910 enthalten! Sollte es da einem nicht vor solchem Mann grauen? Um das, was man **„absolute Verlogenheit"** nennt, an ihm nachzuweisen, bedarf es da – so frage ich mich – wohl großer Anstrengung? Ich verweise da nur auf sein Verhalten in der Max Dittrichschen Beleidigungsklage gegen ihn. Ich bitte da Seite 31-32[2] dieser Schrift nachzuschlagen. Da beleidigt er mit Lügen, gibt vor Gericht diese Lügen zu, bittet um Verzeihung und bezahlt die Kosten und bringt nach einiger Zeit ganz genau dieselbe Beleidigung mit

---

[1] Seite 354 d. v. Bd.   [2] Seite 333 f. d. v. Bd.

denselben Lügen wieder und sagt, dass er damals **gelogen** und auch **das Gericht belogen** habe! Warum? Ganz einfach nur darum, weil es ihm an **Geld zur Eisenbahnfahrt** gefehlt habe! Also die Geldfrage genügt bei ihm für die **größte Lüge**, selbst zur **Lüge vor Gericht**! Und nun kommt aber die Hauptsache zu seiner Charakterisierung: Nämlich, er hat gelogen, **weil er kein Geld hatte**, so behauptet er; aber doch übernahm er es ausdrücklich, **die Gerichtskosten zu bezahlen**. Das war also gleich wieder eine Lüge, sagen wir ruhig, ein Schwindel, denn er hatte ja eben kein Geld! Bei ihm wird immer die nächste Unwahrheit aus der vorhergehenden geboren, und so geht das ununterbrochen immer fort, von der Seite 2 bis ganz an den Schluss dieser meiner Schrift! Ich gebe in Beweis Nr. 43 den betreffenden Vergleich Dittrich-Lebius vom 18. November 1906.

Dass er auch über seine Vorstrafen nicht die Wahrheit sagt, sondern sie verschweigt, belege ich mit Beweis Nr. 34. Er wird da wegen Beleidigung des Rechtsanwalts Bernstein bestraft. Diesem wird die Befugnis zugesprochen, die Verurteilung auf Kosten des Schuldigen im Amtsblatt bekannt zu machen, er lehnt das aber mit den Worten ab: „**Ich verzichte auf die Bekanntmachung der Verurteilung des Lebius, weil ich nicht will, dass mein Name mit dem des Lebius verbunden in die Zeitung gebracht wird.**"

So! Das ist Herr Lebius! Nun denke man sich eine Frau Pollmer! Die ihn nicht kennt, von seinen Unwahrheiten umgarnt und festgehalten, ihm vertraut und von ihm derart umnebelt wird, dass es ihr schließlich ganz unmöglich ist, seine selbstsüchtigen Interessen von den ihrigen zu unterscheiden! Ein Mann, der **vor Gericht** eingestanden hat, dass von ihm **vor Gericht** um nur wenigen Geldes wegen sehr straff **gelogen** und diese Lüge dann wieder **umgelogen** wurde! Und eine Frau, die um des Geldes wegen ihren Mann jahrzehntelang belog und betrog, um dieses Geldes willen von ihm geschieden wurde und sich nun mit Lebius und Konsorten vereinigt, um den Raub, den sie zurückerstatten musste, gewaltsam und gegen alles Recht wieder an sich zu reißen. Sieht man diese beiden Menschenkinder so nebeneinander stehen, dann wird man alles begreifen, was man vorher nicht begreifen konnte, sogar die „Wahrung berechtigter Interessen!" Einst versagte ich ihm die drei-, sechs- und zehntausend Mark, die er von mir verlangte. Jetzt ist seine Zeit gekommen. Er rechnet mit mir ab. Und wer wird die Rechnung bezahlen? Wer bezahlt sie schon jetzt durch Not und Sorge und Kummer? Nicht ich, sondern sein Opfer, die Frau Pollmer!

1911, den 3. Dezember
Karl May

BEGLEITWORT
der Erstfassung von 1910

Herr Rudolf Lebius zwingt mich durch seine allerneuesten Kabalen, den beifolgenden Schriftsatz, der eigentlich nur für das Berufungsgericht bestimmt war, derjenigen Öffentlichkeit zu übergeben, an die er sich mit Vorliebe zu wenden pflegt, wenn es gilt, Tatsachen zu verschleiern oder gar gleich in das Gegenteil zu verkehren. Er hat in diesem Fach, welches er geradezu genial beherrscht, schon fast Übermenschliches geleistet, aber das, was heut in seinem „Bund" und in den von ihm genasführten Blättern steht, übertrifft ihn selbst und alle seine bisherigen Meisterstücke. Es gilt die Privatklage, die ich gegen ihn erhob, weil er mich einen „geborenen Verbrecher" genannt hatte, und die jetzt in der zweiten Instanz zur Entscheidung liegt.

Er hat vor Zeugen den großen, selbstbewussten Ausspruch getan: **„Ich bin ein ganz bedeutendes forensisches Talent; sobald ich vor Gericht zu sprechen anfange, sind die Richter alle mein!"** Und wirklich, es gelang ihm in der ersten Instanz, ein Unikum von Doppelurteil zu erzielen, welches in der Geschichte der Rechtsprechung wohl kaum seinesgleichen hat: Er wurde bestraft und wieder freigesprochen. Die forensische Kunst des Herrn Lebius bestand in diesem Fall darin, den Richter ohne Zeugenvernehmung und Beweiserhebung glauben zu machen, dass er unter dem Schutz des § 193 gehandelt habe, indem die „berechtigten Interessen" meiner geschiedenen Frau von ihm wahrgenommen worden seien.

Er hatte nämlich Frau Pollmer, die als meine geschiedene Frau nun wieder ihren Mädchennamen zu tragen hat, an sich gelockt, um sie für seine prozessualen Zwecke gegen mich auszunützen. Sie war von mir durch eine lebenslängliche Jahresrente von 3.000 Mark gegen alle Not und Sorge sichergestellt worden und lebte in Weimar das angenehme Leben einer freien Dame, die sich glücklich fühlt und keinen anderen Lebenszweck mehr hat, als sich zu amüsieren. Da kam Herr Lebius, den sie gar nicht kannte und von dem sie nicht ahnte, dass er sich die Aufgabe gestellt hat, mich, ihren früheren Mann, „totzumachen". Er begann, „ihre Interessen wahrzunehmen". Er versprach ihr alles Mögliche, besonders viel Geld, wohl hundert Mark pro Monat, auf Lebenszeit. Sie ging in die Falle. Kaum hatte sie das getan, so ließ er sie durch seinen Schwager, einen gewesenen Rechtsanwalt, verleiten, auf ihre Rente zu verzichten. Sie gehorchte und geriet dadurch völlig in seine Hand. Aber das war ihm noch nicht genug. Er ließ sie ihre Schmucksachen versetzen, damit die Welt denken sollte, dass sie durch mich einem so tiefen, schweren Elend verfallen sei. Hierauf musste sie für ihn gegen mich tätig sein. Er forschte sie nach den intimsten Verhältnissen meines und ihres Lebens aus, um dies in seinen Prozessen und Zeitungsartikeln gegen mich zu verwenden. Sie musste wichtige, für das Gericht bestimmte Schriftsätze unterschreiben, deren eigentlichen Zweck und Tragweite sie gar nicht ahnte. Es kam vor, dass sie sich unter Tränen weigerte, dieser Forderung nachzukommen, aber doch gezwungen wurde, es zu tun. Aber dafür bekam sie nicht etwa die versprochenen monatlichen hundert Mark, sondern sie musste von dem leben, was sie sich von Bekannten borgte, in Summa 1.500 Mark. Er lieh ihr zwar nach und nach die Kleinigkeit von **200** Mark, verlangte dann aber **300** zurück. Da sah sie denn doch endlich ein, was für einem Mann sie in die Hände geraten war. Sie hielt es nicht länger aus. Sie bereute. Sie sehnte sich, von ihm wieder freizukommen. Sie schickte ihre Freundin, die großherzoglich sächsische Kammersängerin Selma vom Scheidt zu mir und ließ mich um Verzeihung und Wiederherstellung des früheren Verhältnisses bitten. Sie war nicht die eigentlich Schuldige, sondern nur die Verführte; ich verzieh. Aber nun bezieht sie anstatt der früheren 3.000 Mark nur noch 2.400 Mark, hat ihre Schmucksachen einzulösen und 1.500 Mark Schulden zu bezahlen. Das verdankt sie dem „Vertreter ihrer Interessen", Herrn Rudolf Lebius! Wie er diese „ihre Interessen" vertreten hat, ist daraus zu ersehen, dass er ihr, der durch ihn Verarmten, nichts gab, sondern Bettelbriefe an vornehme Freunde von mir schrieb, um unter dem Vorgeben, dass ich meine frühere Frau so arm gemacht habe, Geld zu erlangen. Er hatte auch wirklich Erfolg, ich aber die Schande. Auch suchte er eine meiner Schwestern in Hohenstein auf, damit sie **mich** zur Zahlung des Geldes treibe, welches **er** meiner geschiedenen Frau versprochen hatte, aber es ihr zu zahlen niemals gewillt gewesen war. Ich wiederhole: Das nannte er, „ihre Interessen vertreten"! Und dafür forderte er den Schutz des Paragrafen 193!

Als er sah, dass ihm sein Opfer entkommen war, schrieb er an die genannte Kammersängerin einen zornigen Brief, in dem er mich einen „geborenen Verbrecher" nannte und verwegenerweise sich rühmte, auf Anraten seines Anwalts Frau Pollmer veranlasst zu haben, ihr Geschmeide zu versetzen. Die Dame sandte mir den Brief und ich verklagte Lebius.

Für den Verstand des Laien lag und liegt nun die Sache so: Der Angeklagte hat gerichtlich nachzuweisen, dass ich **noch jetzt** ein Verbrecher sei und dass ich als Verbrecher **geboren** sei. Er hat also zu zeigen, dass mir das Verbrechen **angeerbt** ist, dass meine **Vorfahren** Verbrecher waren. Aber hiervon war in der Verhandlung der ersten Instanz mit keinem Wort die Rede, und als Lebius behauptete, die „Interessen der Frau Pollmer" vertreten zu haben, und ich wiederholt dazwischenrief: „Das ist ja gar nicht wahr!", wurde ich nicht gehört, wurde kein Beweis erhoben und kein Zeuge gefragt, sondern der Richter klappte die Akten zu und ging mit den Schöffen hinaus, das Urteil zu fällen.

Ich wiederhole, dass weder eine Beweiserhebung noch eine Zeugenvernehmung stattgefunden hat. Nur Behauptungen wurden aufgestellt. Diese Behauptungen gipfelten darin, dass ich in den sächsischen Wäldern Räuberhauptmann gewesen sei und mit meiner Bande eine Menge von Schandtaten verübt habe. Ein gewisser Krügel, Gartenarbeiter in Ernstthal, sollte der Gewährsmann des Herrn Lebius hierfür sein. Ich verklagte diesen Krügel, obgleich ich überzeugt war, dass er nur der Verführte, Lebius aber der Hauptschuldige, der spiritus rector des ganzen Lügengewebes sei. Die Verhandlung, welche am 9. des Monats in Hohenstein-Ernstthal stattfand, hat dies vollauf bestätigt. Lebius hat sich wiederholt in der dortigen Gegend, die meine Heimat ist, herumgeschlichen, um Böses über mich zu erfahren. **Er hat Geld dafür geboten.** Da ist er zu Krügel gekommen, hat aber nur dessen Hauswirtin angetroffen, zu dieser hat er sofort gesagt: „**Krügel kann sich bei mir viel Geld verdienen, wenn er das tut, was ich will!**" Als er Krügel dann fand, ist er mit ihm in den Gasthof gegangen, hat ihm Bier und einige Fünfpfennig-Zigarren gegeben und ihm für das, was er von ihm erfuhr, fünf Mark bezahlt. Hierauf ist er zum Glasermeister Beyer gegangen, hat ihm Geschriebenes über mich vorgezeigt und ihm eine **gute** Belohnung – wohl **zehn Mark** – versprochen, wenn er das Geschriebene mit seinem Namen unterzeichne. Es stehe nur da, dass Karl May Räuberhauptmann gewesen sei. Beyer und dessen Frau aber haben ihn hinausgewiesen. Er hat noch viele andere Leute belästigt und sich von da an wiederholt in der Stadt und deren Nähe herumgetrieben. Am Tag vor der Verhandlung war Krügel von Berlin aus per Depesche für Nachmittag 1 Uhr 20 Minuten in das Hohensteiner Wirtshaus zu Lebius bestellt. Beide blieben volle sieben Stunden beisammen und auch dann ist Krügel noch nicht nach Hause gegangen. Während der Verhandlung befragt, was Lebius ihm in diesen sieben Stunden bezahlt oder versprochen habe, antwortete er, **das komme auf den Erfolg** der Verhandlung an; er könne das also erst dann sagen, wenn sie vorüber sei. **Der Rechtsanwalt Krügels wurde von Lebius bezahlt – – eine Summe von ca. 100 Mark, und erhielt von Lebius die Instruktionen.**

Am Abend vor der Verhandlung kamen gegen zehn Uhr zwei Frauen zu mir in das Hotel. Sie waren sehr erregt. Sie suchten Krügel. Er hatte aus Angst gedroht, sich das Leben zu nehmen. Die eine war seine Frau. Sie jammerte und weinte. Sie klagte Lebius an, so große Schande über die ganze Familie gebracht zu haben. Sie bat mich, ihren Mann zu schonen. Lebius sei heut auch bei ihr gewesen. **Er habe ihr 20 Mark geboten**, damit sie ihren Mann im Lebiusschen Sinne bearbeite. Sie aber habe das Geld zurückgewiesen und gesagt, sie sei eine ehrliche Frau, sie verzichte auf solches Geld. Da hatte er lachend geantwortet, da sei er anders als sie; **er würde sogar fünf Pfennige nehmen, wenn sie ihm dafür angeboten würden.** Die andere Frau war Krügels Schwägerin. Auch bei ihr war Lebius gewesen. Er hatte ihr versprochen, **sie sehr gut zu belohnen**, falls sie vor Gericht auch nur ein paar Worte in dem Sinne sage, wie er es wünsche. Sie war nämlich auch als Zeugin geladen.

In der Stadt herrschte große Aufregung gegen Lebius. Während der Verhandlung sagte kein einziger Zeuge günstig über ihn aus und nach der Beendigung derselben wurde er auf der Straße **von der Bevölkerung öffentlich ausgepfiffen**. Ich hatte diese Privatklage nur zu dem Zweck erhoben, mir Klarheit darüber zu verschaffen, wer der Schuldige sei, um ihn dann fassen zu können. Das Resultat war, dass von den ca. 20 Klagepunkten nur fünf auf Krügel haften blieben. Dieser erklärte: „**Das andere alles und auch die Ausschmückung hat Lebius dazugemacht.**" Das genügte mir. Ich zog also die anderen Punkte alle zurück, um Herrn Lebius in Berlin damit zu fassen. Sie gehörten nun **nicht mehr** in das Hohensteiner Schöffengericht, **sondern** vor die Berliner Berufungskammer. Die fünf auf Krügel haften gebliebenen Punkte aber wurden als unwahr bewiesen. Er nahm sie zurück und ich drang nicht auf Strafe, weil er der Verführte war. So wurde der Wunsch seiner armen Frau erfüllt. Er musste die Gerichtskosten auf sich nehmen und durfte dann gehen.

Herr Lebius hatte die feste Absicht gehabt, die Verhandlung vertagen zu lassen, natürlich aus Angst vor der Entscheidung. Da hat er sich freilich zu viel zugetraut. Dass er **gar nicht** gefragt worden ist, dass überhaupt kein Mensch ihn beachtet oder gar mit ihm gesprochen hat, das bringt sein großes, forensisches Talent in zornige Wallung. Dieser Zorn treibt nicht nur in der heutigen Nummer 33 seines „Bund", sondern auch anderweit sonderbare Blüten. Ich habe in dem beifolgenden Schriftsatz eine Auswahl von Unwahrheiten gesammelt, nicht alle, die aus dem Mund und der Feder des Herrn Lebius bei seinen immer währenden Angriffen auf mich geflossen sind. Es sind ihrer 416. Es kommen heute neue hinzu:

Er behauptet, dass von Krügels und seiner Seite der Prozess nicht vorbereitet worden sei. **Und doch hat Krügel seine Schriftsätze aus Berlin von Lebius bezogen**; beide haben ihre Zeugen benannt und Lebius hat Wochen vorher die Umgegend abgeklopft und unsicher gemacht! Sogar mit dem Rechtsanwalt wurde der Preis verhandelt. Er verlangte 100 Mark. Ist das „nicht vorbereitet"? Ferner sollen die eigentlichen Zeugen nicht geladen gewesen sein. Die sollen nun zur Berufungsverhandlung geladen werden. Wen aber lässt er da laden? Einen Cardauns in Bonn, einen Niedersedlitzer Rechtsanwalt, einen bayrischen Klosterpater und einen hohenzollernschen Klosterpater! Also Leute, die mit der Beleidigung, um die es sich in dieser Privatklage handelt, gar nichts zu tun haben! Wer sind nun „die eigentlichen Zeugen"? Niemand! Er hat keine! Er kann die Punkte, die auf ihn gefallen sind und die er nun zu beweisen hat, ebenso wenig beweisen wie Krügel die seinigen, denn sie sind erlogen; es gibt da gar keine Zeugen. Um das zu vertuschen, zieht er andere Anschuldigungen und andere Zeugen herbei, die mit den zu beweisenden Räuberhauptmännereien gar nicht in Beziehung stehen. Krügel sagte während seiner Befragung: **„Ich habe Lebius veralbert."** Demgemäß lautet jetzt heut die Frage:

„Will Herr Lebius nun etwa seinerseits die Zeitungen, die Leser und alle sonst Leichtgläubigen ebenso veralbern wie Krügel ihn?" Will er denen, die nicht alle werden, noch immer weismachen, dass er für seine Räuberlügen noch Zeugen in petto habe?

Eine weitere, fast unglaubliche Lüge ist es, wenn er behauptet, dass ich es sei, der ihn verfolge. Meinen Privatklagen gegen ihn ist stets ein beleidigender Artikel oder eine ganze Reihe von Pressangriffen seinerseits gegen mich vorausgegangen. Und was seinen Indianer Brant Sero betrifft, so verdient Herr Lebius für diese Posse, die er sich mit ganz Deutschland erlaubt hat, eine extra hohe Strafe. Wo werden die Vorträge gemacht und zugestutzt, die Brant Sero hält? Weiß Herr Lebius nicht, dass Miss Grace Ford halbe Nächte lang gesessen hat, für Brant Sero zu schreiben? Kennt Herr Lebius seine eigene Schreibmaschine nicht, die doch der „Indianer" so genau kennt? Warum lässt Herr Lebius Herrn Brant Sero sagen, dass ein Indianer eher kämpft als küsst, und dann legt dieser Indianer in der Dunkelheit, wo er das Gas aufschrauben soll, denn Arm um Fräulein L. F. und verlangt, sie küssen zu dürfen? Warum erzählt der Indianer seinen jungen Begleiterinnen im Lunapark, niemand dürfe wissen, dass er Lebius kenne, weil er vor Gericht das beschwören müsse? Weiß Herr Lebius, wozu und von wem der Indianer jetzt sein Geld bezieht? Warum müssen in der Pension der Potsdamer Straße, wo Brant Sero wohnt, die Wirtin und ihre „Töchter" lügen, dass sie Herrn Lebius nicht kennen, und dann erzählt seine eigene Frau, dass er mit ihr sehr häufig dort verkehrt und sogar an den Mahlzeiten teilnimmt? Warum bezahlt Herr Lebius nicht die Schulden seines roten Freundes und Bundesgenossen? Warum habe ich es getan, weit über 300 Mark, aus reiner Liebe zur roten Rasse, für Brant Sero, der mich ohne allen Grund befeindet, nur weil Herr Lebius es will? Wünscht Herr Lebius, dass ich das Geheimnis der Firma Lebius & Brant Sero offenbare? Ich werde es tun, doch nicht hier, sondern an besserer Stelle.

Wie kommt Herr Lebius dazu, in einem Atem von der „Mayschen Verlogenheit" und von der Ernstthaler „Scheinklage" zu sprechen? Warum hat er wiederholt zu Krügel gesagt, dass dieser sich ja nicht fürchten solle, wenn er auch zum „Sitzen" käme; Herr Lebius würde seine Familie so lange, bis er wieder aus dem Gefängnis käme, mit 18 Mark wöchentlich unterstützen, ungefähr Krügels Wochenverdienst? Gibt man solche Versprechen bei einer „Scheinklage"? Nun, wo er nichts bekommen hat, erzählt Krügel ohne Scheu, dass Herr Lebius ihm sehr viel Geld versprochen habe, wenn die Verhandlung gut ausfalle! Er werde dann keine Sorge mehr haben! Bietet man solche Summen, wenn es sich um eine „Scheinklage" handelt? Oder gar, wenn man überhaupt „nicht vorbereitet ist" und die „eigentlichen Zeugen" gar nicht geladen hat?

Dass ich der katholischen Kirche, der sozialdemokratischen Parteikasse und noch vielen Privatpersonen Versprechungen für mein Testament gemacht habe, solche raffinierten Lügen können nur im Kopf eines Lebius entstehen. Ebenso echt Lebius ist die Lüge, dass ich im Hohensteiner Gasthof meine Zimmer telegrafisch bestellt und auf meine Kosten mit Linoleum habe auslegen lassen. Auch die Unwahrheiten, dass ich „umgeben von meinen Freunden" im Verhandlungssaal erschienen sei und dass meine ganze Familie alles aufgeboten habe, dem Prozess einen ehrenvollen Ausgang zu sichern. Meine blutarmen Verwandten haben ganz und gar keinen Einfluss. Ich habe nur mit meinen beiden Schwestern gesprochen, und zwar auch nur erst nach der Verhandlung; eher hatte ich keine Zeit. Und von aller Welt bin ich gebeten worden, Krügel ja nicht etwa laufen, sondern streng bestrafen zu lassen; er sei längst reif dazu. Dass ich ihm trotzdem verzieh, war also ganz und gar nicht der „ehrenvolle Ausgang", den man sich dort wünschte.

Auch dass ich nach der Verhandlung mit „meinem Anhang und meinen Anwälten nach dem ersten Weinrestaurant" gegangen sei, um dort eine „Siegesfeier" zu veranstalten, ist eine Lüge. Mein Hohensteiner Rechtsanwalt Dr. Haubold musste als Stellvertreter des verreisten Bürgermeisters sofort nach dem Rathaus. Mein Berliner Anwalt Dr. Puppe machte einen Spaziergang, um das Städtchen nebst Umgebung kennen zu lernen, und ich ging mit meiner Frau nach meinem Zimmer, wo ich zwei Stunden lang sehr angestrengt mit der Feder gearbeitet habe. Das ist die „Siegesfeier"! Und da spricht Herr Lebius von **meiner**, nicht aber von **seiner** Verlogenheit! Diese beispiellose Dreistigkeit bildet den näheren Grund für mich, die Liste der Lebiusschen Unwahrheiten hier zu veröffentlichen. Es ist allerhöchste Zeit dazu! Durch die Benennung der vier Zeugen, deren Namen er jetzt schnell in den Zeitungen veröffentlicht, soll nur sein **Unvermögen, seine Behauptungen zu beweisen**, verdunkelt werden. **Hoffentlich nimmt die Berufungskammer diesen Beschluss, der nur zu unabsehbaren Verschleppungen führen kann, wieder zurück.**

Radebeul, im August 1910
                                Karl May

KARL MAY
GESAMMELTE WERKE

1. Durch die Wüste
2. Durchs wilde Kurdistan
3. Von Bagdad nach Stambul
4. In den Schluchten des Balkan
5. Durch das Land der Skipetaren
6. Der Schut
7. Winnetou I
8. Winnetou II
9. Winnetou III
10. Sand des Verderbens
11. Am Stillen Ozean
12. Am Rio de la Plata
13. In den Kordilleren
14. Old Surehand I
15. Old Surehand II
16. Menschenjäger
17. Der Mahdi
18. Im Sudan
19. Kapitän Kaiman
20. Die Felsenburg
21. Krüger Bei
22. Satan und Ischariot
23. Auf fremden Pfaden
24. Weihnacht
25. Am Jenseits
26. Der Löwe der Blutrache
27. Bei den Trümmern von Babylon
28. Im Reiche des silbernen Löwen
29. Das versteinerte Gebet
30. Und Friede auf Erden
31. Ardistan
32. Der Mir von Dschinnistan
33. Winnetous Erben
34. „ICH"
35. Unter Geiern
36. Der Schatz im Silbersee
37. Der Ölprinz
38. Halbblut
39. Das Vermächtnis des Inka
40. Der blaurote Methusalem
41. Die Sklavenkarawane
42. Der alte Dessauer
43. Aus dunklem Tann
44. Der Waldschwarze
45. Zepter und Hammer
46. Die Juweleninsel
47. Professor Vitzliputzli
48. Das Zauberwasser
49. Lichte Höhen
50. In Mekka
51. Schloß Rodriganda
52. Die Pyramide des Sonnengottes
53. Benito Juarez
54. Trapper Geierschnabel
55. Der sterbende Kaiser
56. Der Weg nach Waterloo
57. Das Geheimnis des Marabut
58. Der Spion von Ortry
59. Die Herren von Greifenklau
60. Allah il Allah!
61. Der Derwisch
62. Im Tal des Todes
63. Zobeljäger und Kosak
64. Das Buschgespenst
65. Der Fremde aus Indien
66. Der Peitschenmüller
67. Der Silberbauer
68. Der Wurzelsepp
69. Ritter und Rebellen
70. Der Waldläufer
71. Old Firehand
72. Schacht und Hütte
73. Der Habicht
74. Der Verlorene Sohn
75. Sklaven der Schande
76. Der Eremit
77. Die Kinder des Herzogs
78. Das Rätsel von Miramare
79. Old Shatterhand in der Heimat
80. Auf der See gefangen
81. Abdahn Effendi
82. In fernen Zonen
83. Am Marterpfahl

Mein Hengst Rih, Karl-May-Atlas, Karl-May-Filmbuch, Vinnetu (lat.)
Karl May und die Musik (mit CD), Karl May auf sächsischen Pfaden
Auf Winnetous Spuren, Karl-May-Bibliografie 1913–1945
Auf Karl Mays Fährte, Fürst und Junker

KARL-MAY-VERLAG
BAMBERG · RADEBEUL
www.karl-may.de

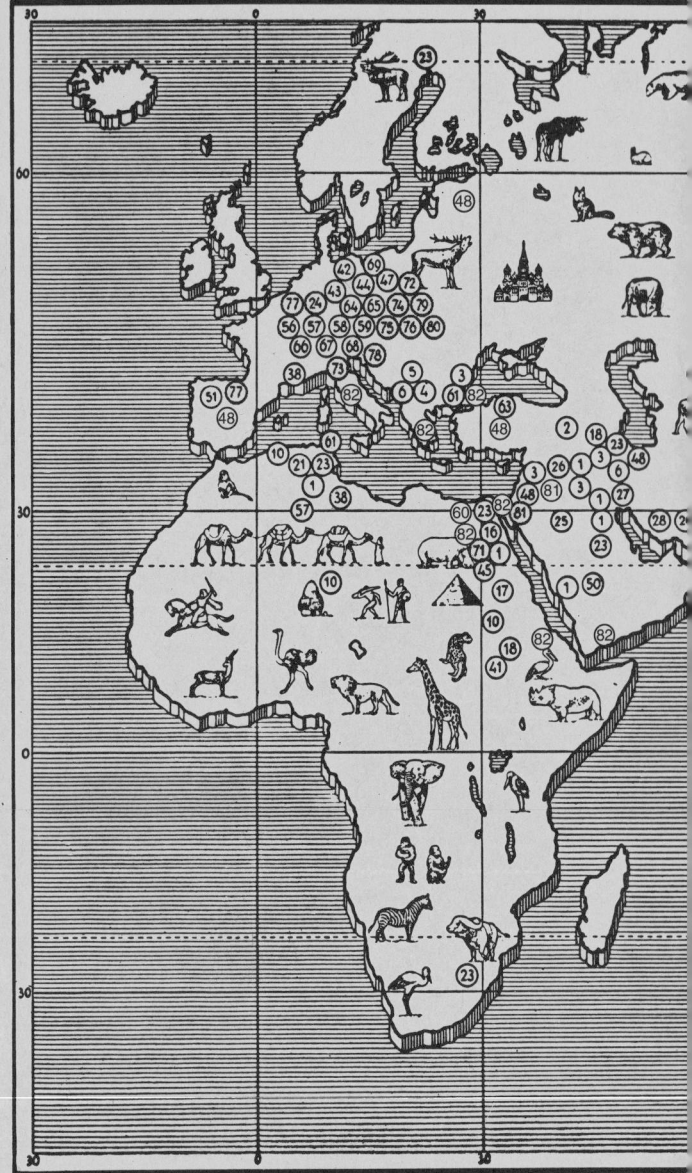